utb 4180

Eine Arbeitsgemeinschaft der Verlage

Böhlau Verlag · Wien · Köln · Weimar
Verlag Barbara Budrich · Opladen · Toronto
facultas.wuv · Wien
Wilhelm Fink · Paderborn
A. Francke Verlag · Tübingen
Haupt Verlag · Bern
Verlag Julius Klinkhardt · Bad Heilbrunn
Mohr Siebeck · Tübingen
Nomos Verlagsgesellschaft · Baden-Baden
Ernst Reinhardt Verlag · München · Basel
Ferdinand Schöningh · Paderborn
Eugen Ulmer Verlag · Stuttgart
UVK Verlagsgesellschaft · Konstanz, mit UVK / Lucius · München
Vandenhoeck & Ruprecht · Göttingen · Bristol
vdf Hochschulverlag AG an der ETH Zürich

Studientexte Bildungswissenschaft

herausgegeben von
Thorsten Bohl, Hans-Ulrich Grunder,
Bernd Hackl und Heike Schaumburg

Thorsten Bohl, Dr. rer. soc., geb. 1965, ist Professor für Schulpädagogik an der Eberhard Karls Universität Tübingen. Seine Arbeitsschwerpunkte: Forschung und Entwicklung in den Bereichen Unterricht, Schule, Lehrerprofessionalität und Schulsystem.
Martin Harant, Dr. phil. Dr. theol., geb. 1974, ist wiss. Mitarbeiter an der Eberhard Karls Universität Tübingen sowie Lehrbeauftragter am Staatlichen Seminar für Didaktik und Lehrerbildung in Stuttgart. Seine Arbeitsschwerpunkte: Schultheorie, Erziehungs- und Bildungsphilosophie, Theorie der Erziehungswissenschaft und Lehrerbildung.
Albrecht Wacker, Dr. phil., geb. 1969, ist Professor für Erziehungswissenschaft mit dem Schwerpunkt Schulpädagogik – Pädagogik der Sekundarstufe I an der Pädagogischen Hochschule Heidelberg. Seine Arbeitsschwerpunkte: Schulsystem und Steuerung im Bildungswesen, Lehrerprofessionalität und Unterrichtsforschung zu Abschlussprüfungen.

Thorsten Bohl
Martin Harant
Albrecht Wacker

Schulpädagogik und Schultheorie

Verlag Julius Klinkhardt
Bad Heilbrunn • 2015

Online-Angebote oder elektronische Ausgaben zu diesem Buch und der Reihe
„Studientexte Bildungswissenschaft" sind erhältlich unter www.utb-shop.de

Die Deutsche Bibliothek – CIP-Einheitsaufnahme
Die Deutsche Nationalbibliothek verzeichnet diese Publikation in der Deutschen Nationalbibliografie;
detaillierte bibliografische Daten sind im Internet über http://dnb.d-nb.de abrufbar.

Satz: Elske Körber, München.
Umschlagbild: © Katarzyna Bruniewska-Gierczak / 123RF.
Einbandgestaltung: Atelier Reichert, Stuttgart.

Druck und Bindung: Friedrich Pustet, Regensburg.
Printed in Germany 2015.
Gedruckt auf chlorfrei gebleichtem alterungsbeständigem Papier.

utb-Band-Nr.: 4180
ISBN 978-3-8252-4180-3

Inhalt

Vorwort der Herausgeberschaft

Im Idealfall gelten Schule und Unterricht als Orte schultheoretisch untermauerten, schulpädagogisch professionalisierten Handelns. Ausschließlich erfahrungsorientiertes, nicht auf theoretische Konzepte und Modelle referierendes pädagogisches Handeln in schulischen und unterrichtlichen Kontexten läuft Gefahr, sich in alltagsverbundenen, lange erprobten und deshalb als selbstverständlich geltenden Routinen zu verlieren. Ein dogmatischer Theoriebezug dagegen würde die schulische Alltagspraxis ignorieren. Schulpädagogische und schultheoretische Überlegungen dienen nicht zuletzt auch dazu, das Verhältnis von Theorie und Praxis in pädagogischen Handlungssettings zu klären.

Was schulpädagogisches Handeln bedeutet, was es impliziert und welche Instrumente mit ihm verbunden sind, beschreiben die Autoren dieses Bands ebenso wie seine schultheoretischen Prämissen und Implikationen. Sie verknüpfen damit zwei schulpraktisch relevante Stränge theoretischen Nachdenkens über Schule unter der Zielperspektive einer reflektierten unterrichtlichen und institutionellen Praxis.

In dieser ambitiösen Zusammenschau liegt eine der Herausforderungen bei der Lektüre dieses Buchs. Da schulpädagogische und schultheoretische Argumente dazu einladen, die Praxis distanziert zu bedenken, erlaubt die Reflexion über Schule unter diesen Vorzeichen Abstandnahme und das sich Einlassen auf empirisch und historisch begründete und theoretisch fundierte Aussagen. Die Autoren stellen mit ihrer Thematik Reflexionswissen eigener Dignität zur Diskussion. Dessen unmittelbare Nutzbarmachung für die alltägliche Praxis in Schule und Unterricht ohne weitergehende Überlegungen zum Theorie-Praxis-Transfer verbietet sich. Die Leserinnen und Leser dieses Buchs sind dazu eingeladen, während der Lektüre den für erziehungswissenschaftliches Denken unabdingbaren Abstand, die reflexive Distanz zur alltäglich erfahrenen oder künftigen Schul- und Unterrichtspraxis produktiv zu nutzen.

Fasst man die *Schulpädagogik* als empirisch, historisch und systematisch reflexive erziehungswissenschaftliche Sub- oder Bereichsdisziplin, erscheint sie als eine Theorie pädagogischen Handelns unter schulischen Voraussetzungen und unter Berücksichtigung von deren außerschulisch wirksamen Prämissen für die schulische Arbeit. Ihre Domänen sind das pädagogische Handeln, die Schule als Institution, die Schulklasse als pädagogisches Handlungsfeld, die Lehrenden und Lernenden, der Unterricht als didaktische Situation und die auf pädagogisches Handeln in Schule und Unterricht wirkenden lebensweltlichen Einflussgrößen. Indem sie die Gegenstandsbereiche Schule, Unterricht, Lehrpläne/Curricula und das pädagogisch professionelle Handeln der in ihr tätigen Akteur/innen untersucht, fragt die Schulpädagogik nach dem Zweck und der Gestaltung von Schule (sie beschreibt deren gesellschaftliche Funktionalität) und legt die Grundlagen für die Entwicklung der Institution (sie konstruiert eine didaktisch-methodisch aussagekräftige Unterrichtstheorie). Die Schulpädagogik widmet sich insbesondere den für Schule und Unterricht charakteristischen Prozessen des Erziehens, Unterrichtens, Beratens, Beurteilens und Innovierens. Seit einigen Jahren begleitet sie ebenfalls den Diskurs um die Qualität von Schule und Unterricht.

Der Anspruch einer Theorie der Schule liegt in einer empirisch-analytisch und historisch konsistenten, also widerspruchsfreien Wissenschaftskonzeption, aus der sich ein trag- und erklärungsfähiger Theoriebegriff ergibt, mit dem die Institution, ihre Funktionen, ihre Aufgaben und die an sie gestellten Erwartungen beschreibbar werden. Die schultheoretische Betrachtung offeriert demzufolge einen Ordnungskontext für alle Sachverhalte, die mit Schule zusammenhängen, dient der Analyse der Schule unter vielerlei Perspektiven und erklärt und strukturiert die Bedingungen des Handelns aller an ihr Beteiligten. Darum ist zu erwarten, dass schultheoretische Argumentationen gegenüber Schulpraxis und Bildungspolitik nicht nur deskriptiv, sondern auch kritisch ausfallen.

Die Autoren dieses Bandes, dessen drittes Kapitel Schultheorie Martin Harant als Erstautor verantwortet, bringen eine in der bisherigen schulpädagogischen und schultheoretischen Argumentation kaum eingenommene Sichtweise ein, wenn sie den Begriff *Bildung* als Möglichkeit einer übergeordneten Rahmung der Schulpädagogik im Allgemeinen und der Schultheorie als einem konstitutiven Teilgebiet im Speziellen heranziehen, gerade weil sie ihn sowohl als erziehungswissenschaftlich traditionell *einheimischen* Terminus als auch als *die zentrierende Kategorie der wissenschaftlichen Disziplin Schulpädagogik* hervorheben. Damit wenden sie die schulpädagogische Basis dieses Bandes bildungsphilosophisch, verknüpfen den Terminus *Bildung* mit Herbarts Begriff *Bildsamkeit* und verorten ihn insofern auch schultheoretisch, als Bildung sich auf die Subjektseite (Zögling/Schüler/in; Erzieher/in/Lehrkraft) und die institutionell-gesellschaftliche Seite (Institution Schule) im historischen Wandel bezieht. Die Schulpädagogik, aber auch die Schultheorie versuchen indessen unterschiedlich initiativ, beide Aspekte zu verknüpfen. Infolgedessen beschreiben die Autoren die vielfächerigen Zugänge vom subjektwissenschaftlichen Bildungsansatz bis zur schultheoretisch begründeten Steuerungsforschung.

Diese Ausgangslage, aber auch der Hinweis auf die von außen auf die Schule und ihre Akteure einwirkenden lebensweltlichen Einflussgrößen lassen Schulpädagogik und Schultheorie an ihren thematischen Rändern verschwimmen und verweisen zugleich auf die vielfältigen und oft auseinanderstrebenden Perspektiven, was divergente Ansprüche an die beiden Bereiche erklärbar macht. Dieser Konnex spricht dafür, Schulpädagogik und Schultheorie als erziehungswissenschaftliche, in pädagogischen Aussageformaten darstellbare Teildisziplinen der Bildungswissenschaften zu beschreiben, die sich – theoretisch-empirisch fundiert und historisch bewusst – auf Schule, Lehrplan und Unterricht sowie auf das professionelle Handeln der Akteure in der Institution Schule beziehen und die, als eigenständige Teilbereiche oder zweckmäßig amalgamiert, die erziehungswissenschaftliche Disziplin mitkonstituieren. Die schulpädagogische Herangehensweise, die vorwiegend in erziehungswissenschaftlicher Optik bearbeitet wird, ergänzen die Autoren um Theorien pädagogischen Handelns unter institutionellen, also schultheoretischen Voraussetzungen, und verbinden sie mit ihnen. Insoweit behaupten sie einen zweifachen Ausgangspunkt, nämlich den individuellen und den institutionellen. Damit rahmen sie die schulpädagogischen Kernthemen und positionieren sie im größeren Umfeld schultheoretischen Denkens.

Der systematischen Betrachtung und der Übersichtlichkeit geschuldet, unterteilen die Autoren ihren Text in einen knapperen schulpädagogischen und einen umfangreicheren schultheoretischen Abschnitt. Darin erarbeiten sie die Genese der Schulpädagogik und ihre wichtigsten Inhaltsbereiche, was sich in einer Skizze ihrer disziplinären Entwicklung und ihrer aktuellen Situation niederschlägt. Angesichts des Umstands, dass die Diskussion um die Positionierung der Bereichsdisziplin Schulpädagogik in den vergangenen beiden Jahrzehnten zwar intensiv geführt, aber kaum systematisierend geordnet worden ist, gelingt den für Kapitel 2 federführend verantwortlichen Autoren Albrecht Wacker und Thorsten Bohl eine Profilierung der Schulpädagogik auch mit Blick auf ihre Nachbardisziplinen. Im folgenden Abschnitt wird der Anspruch eingelöst, über die Betrachtung schultheoretischer Ansätze die Schule in ihrer Phänotypik und in ihrer gesellschaftlichen Relevanz zu beschreiben. Die Autoren gehen chronologisch vor, indem sie die herangezogenen Theorieentwürfe auf ihre Urheber beziehen. Es geht ihnen darum, aufgrund fokussierter Fragen die jeweiligen Theoriebezüge zu erhellen und dabei zu veranschaulichen, welche Probleme das jeweils erörterte Modell aufwirft und inwieweit es geeignet ist, Antworten zu liefern. In diesem Kontext ist es sinnvoll, dass die Autoren den Zusammenhang zwischen empirischer Forschung und theoretischer Argumentation deutlich akzentuieren. Das abschließende Fazit greift die wichtigsten schultheoretischen und schulpädagogischen Sachverhalte nochmals auf.

Dieser Band der Reihe Bildungswissenschaften im Klinkhardt Verlag soll Studierenden der Lehrämter und der Erziehungswissenschaft sowie bereits im Beruf stehenden Lehrkräften dazu dienen, gleichermaßen ihr schulpädagogisches und ihr schultheoretisches Wissen zu vertiefen und ihre Positionen zu schärfen, indem sie die aus beiden erziehungswissenschaftlichen Teildisziplinen herangezogenen Theoriekonstrukte und Modelle unter dem Blickwinkel einer integrierenden Betrachtung präsentiert erhalten und sich dergestalt anregen lassen, Differenzen herauszuarbeiten und Verbindungen zu knüpfen.

Hans-Ulrich Grunder, Basel
Bernd Hackl, Graz
Heike Schaumburg, Berlin
Thorsten Bohl, Tübingen   im Juli 2014

Vorwort der Autoren

Am Anfang unseres Unterfangens, einen Studientext zum Themenkomplex Schulpädagogik und Schultheorie zu verfassen, stand die Erkenntnis, dass unsere unterschiedlichen Arbeitsschwerpunkte in der Schulforschung und Theoriebildung zu vielfältigen Fragestellungen und Blickwinkeln auf den Gegenstand Schule führen, welche zusammenzutragen und zu bündeln sich lohnen.

Mit dem jetzt vorliegenden Buch möchten wir die in Geschichte und Gegenwart der Schulpädagogik und Schultheorie gegebenen Denkformen, die praktizierten Forschungsansätze und daraus resultierenden Befunde aufgreifen und diskursiv aufeinander beziehen – aus bildungsphilosophischer bzw. geschichtlich-hermeneutischer wie auch aus sozialwissenschaftlich-empirischer bzw. forschungsbasierter Perspektive. Damit verfolgen wir das Ziel, den Leserinnen und Lesern – seien sie Studierende, Lehrende, Schülerinnen und Schüler, wissenschaftlich Tätige oder Interessierte – in der Zusammenschau eine distanzierende Sichtweise auf Schule zu ermöglichen.

Dass eine solche mehrdimensionale Betrachtung des Feldes mitunter irritiert, weil sich die verschiedenen Denk- und Forschungsansätze zur Schule aufgrund unterschiedlicher disziplinärer Zugangsweisen und Sprachkulturen unterscheiden und schwer vermitteln lassen, hat uns bei der Erstellung dieses Lehrbuches immer wieder zum kritischen Nachdenken und Nachprüfen angeregt. Auch solche Zugänge zum Thema, die aktuell kaum herangezogen werden, suchten wir aufzunehmen und diese (wieder) unter den Vorzeichen aktueller Entwicklungen in den öffentlichen Diskurs einzubringen. Wir hoffen, dass sich der geneigte Leser dieses Buches von den unterschiedlichen Betrachtungen anregen lässt. Über alle Anregungen, Ergänzungen, Hinweise sowie inhaltlichen Verbesserungen freuen wir uns.

Wir danken den Reihenherausgebern, insbesondere Herrn Prof. Dr. Hans-Ulrich Grunder, für ihr einführendes Vorwort. Herrn Aaron Halama danken wir für sein sprachliches Gegenlesen des Druckmanuskripts und seine konstruktiven Vorschläge. Unser Dank gilt ebenfalls Herrn Klinkhardt und Herrn Tilsner für ihre Hilfe in allen Fragen, Frau Körber für die akribische Korrekturlesung sowie allen Mitarbeiterinnen und Mitarbeitern des Klinkhardt-Verlags für ihre Unterstützung.

Martin Harant, Tübingen
Albrecht Wacker, Heidelberg
Thorsten Bohl, Tübingen   im Juli 2014

1 Einleitung: Bildung als Zentralbegriff

Der Bildungsbegriff stellt die übergeordnete Rahmung der Schulpädagogik im Allgemeinen und der Schultheorie als einem konstitutiven Teilgebiet im Speziellen dar. Er bildet – nicht nur aus der Tradition heraus begründet, sondern auch im aktuellen Diskurs – die zentrierende Kategorie der wissenschaftlichen Disziplin Schulpädagogik. Unzweifelhaft gilt, dass Wilhelm von Humboldt den Grundansatz neuzeitlicher Bildungstheorie mitbegründet hat. Er konzipiert „Bildung weder als Herrschaft des Menschen über die Welt noch als Anpassung des Menschen an vorgegebene Weltinhalte" sondern stellt die Wechselwirkung von „Mensch und Welt" in den Mittelpunkt (Benner 1990, 33). Der *Bildungsbegriff* ruht auf dem Begriff der Bildsamkeit auf, den Herbart als den Grundbegriff der Pädagogik ausweist. Unter Bildsamkeit versteht Herbart ein „Uebergehen von der Unbestimmtheit zur Vestigkeit" (Herbart 1835, 1): Wird der Mensch als zunächst unbestimmt verstanden, dann ist er zum einen offen für mannigfaltige Eindrücke, also lernfähig, zum anderen ist damit zu rechnen, dass er nicht unabhängig von äußeren Einwirkungen, denen er ausgesetzt ist und die ihn so gesehen auch zu bestimmen vermögen, gedacht werden kann. In der Definition ist ein wesentlicher Anspruch dessen auszumachen, was die Schulpädagogik und die Schultheorie ungeachtet ihrer erfolgten Wandlungen konturiert: Im Bildungsbegriff ist einerseits die Seite des Subjekts angesprochen, also die Person des Zöglings, bzw. Schülers sowie die Person des Erziehers bzw. Lehrers, andererseits die Seite der Welt, also der Kultur und des gesellschaftlichen Systems in ihrem zeitlich bedingten Wandel. Die wissenschaftliche Disziplin Schulpädagogik steht im Spannungsfeld zwischen „Ich" als den subjektiven Ansprüchen des Individuums (z.B. nicht als durch biologische Anlagen oder gesellschaftliche Verhältnisse in seinem Erleben und Verhalten immer schon bestimmt gedacht zu werden) und „Welt", als Inbegriff dessen, worin sich das Individuum stets schon vorfindet. Im Feld der Schule kann „Welt" zum einen die Fülle an menschlichen Lebensäußerungen bedeuten, wie z.B. Kunst und Technik, sie kann sich jedoch auch als System bzw. als Institution manifestieren, durch die sie als von Sachzwängen und Notwendigkeiten durchwaltet erscheint und dem Individuum (obwohl durch Menschen hervorgebracht) in Form eines verselbständigten mitunter „stahlharten Gehäuses" (Weber) gegenübertritt, dem es sich nicht zu entziehen vermag. Die Schulpädagogik sucht beide Pole aufeinander zu beziehen. Dementsprechend vielfältig sind ihre Zugänge, die vom subjektwissenschaftlichen Ansatz gleichsam auf der einen Seite bis zur Steuerungsforschung auf der anderen

Seite, um nur zwei Beispiele unter vielen anzuführen, angesiedelt sind. Im Bestreben, den divergenten Bezugspunkten und daraus resultierenden Ansprüchen gerecht zu werden, nimmt sie in Kauf an ihren Rändern unscharf zu werden. Im Kern aber wird sie von pädagogischen Theorien bestimmt, die sich auf Schule, Lehrplan, Unterricht und das professionelle Handeln in der Institution Schule beziehen und die in ihrem Zusammenwirken und Ineinandergreifen von etlichen pädagogischen Teiltheorien die Disziplin konstituieren (Apel/Grunder 1995). Die Schultheorie, die von keiner weiteren Disziplin ebenfalls bearbeitet wird, ist als zentrale Theorie hier ansässig, die freilich um Theorien pädagogischen Handelns unter institutionellen Bedingungen zu ergänzen ist. Mit dem doppelten Bezugspunkt von Ich und Welt als einem zentralen Bezugspunkt der Theorie werden nachfolgend wesentliche Kernthemen der Schulpädagogik als einer Rahmung, und daran anschließend der Schultheorie, als einem wenngleich wichtigen aber in der Geschichte immer wieder vernachlässigten Gebiet veranschaulicht.

2 Schulpädagogik: Eine erste Annäherung

In diesem Kapitel besprechen wir
- historische Entwicklungslinien der Disziplin Schulpädagogik unter Berücksichtigung ihrer Inhalte sowie der institutionellen Verortung der Disziplin. Dabei gehen wir von der philosophisch geprägten Pädagogik früherer Jahrhunderte aus und spannen den Bogen über die Phase der Bildungsexpansion bis in die Zeit der internationalen Schulleistungsstudien
- zentral bedeutsame Inhaltsfelder der Schulpädagogik, die wir anhand einer vielfach aufgewiesenen Strukturierung untergliedern: der Ebene des Bildungssystems (Makroebene), der Einzelschulebene (Mesoebene) und der Ebene des Unterrichts (Mikroebene). Ausführungen zur Professionalisierung der Lehrkräfte als wichtiges Teilgebiet schließen wir an
- Problembereiche der Disziplin anhand von drei ausgewählten Diskussionsfeldern: das Theorie-Praxis-Problem, dem Spannungsfeld, das dadurch erwächst, dass Schulpädagogik am Schnittpunkt zwischen einer eigenständigen und integrativen Disziplin angesiedelt ist, sowie der „Normativität" als konstitutivem Element der Disziplin
- am Ende eine mögliche Definition des Begriffs Schulpädagogik und aktuelle Herausforderungen der Disziplin

Der Begriff Schulpädagogik geht auf einen Text zurück, welchen der Soziologe und Kulturphilosoph Georg Simmel im Wintersemester 1915/16 seiner Pädagogik-Vorlesung an der Universität Straßburg zu Grunde legte (Simmel 1922). Das Manuskript der Vorlesung, die wegen des Krieges nur wenige Studenten besuchten, war ursprünglich nicht für den Druck bestimmt, wurde aber 1922 – vier Jahre nach Simmels Tod – von dessen Assistent Hauter posthum veröffentlicht (Danner 1991). Der Begriff Schulpädagogik tritt bei Simmel nur im Titel, nicht jedoch im Text, auf. Simmen diskutiert dabei nicht den Wissenschaftscharakter der Pädagogik oder ihre Beziehungen zu anderen Wissenschaften: „Schule halten" bedeutet für ihn die zu unterrichtenden Inhalte mit den psychischen Strukturen und der Individualität der Schüler zu synchronisieren, also objektiv gültige Lehrinhalte nicht zu transportieren (Fend 2008, 256).

Der Begriff wurde zunächst im Hinblick auf die berufsspezifische Ausbildung der Lehrer im Bereich der pädagogischen Akademien in den 1920er Jahren verwandt. Schulpädagogik versteht sich in dieser Tradition als „angewandte Erziehungswissenschaft", die aus den älteren und wissenschaftlich fragwürdig gewordenen Begriffen „Praktische Pädagogik" oder „Praxeologie" und „Allgemeine Unterrichtslehre" herauswächst (Keck 1994, 299). In der Phase der Bildungsexpansion in den 1960er Jahren, in der sich die Disziplin als eine Wissenschaftsdisziplin konstituierte, wurde die Allgemeine Didaktik, welche diese zuvörderst auf die Praxis gerichteten Inhalte in wissenschaftlicher Hinsicht aufgreift, aus der Allgemeinen Pädagogik herausgelöst und um „Fragen der gesellschaftlichen Bedingtheit und Bedeutung von Schule und Unterricht" erweitert (Lichtenstein-Rother 1971, 38). Die so entstehende Schulpädagogik bezeichnete nun mehr als das enger eingegrenzte Gebiet der Allgemeinen Didaktik und ist auf den Geltungsbereich der allgemeinbildenden Schule insgesamt ausgerichtet. Als ihre inhaltlichen Teilbereiche benannte Keck (1994): Theorie der Schule und Schulorganisation, Allgemeine Didaktik und Methodik, Historische und Vergleichende Schul- und Bildungsforschung, Theorie des Schullebens und der Schulerziehung, Fragen der Schuladministration und des Schulrechts, Schülerbeurteilung und Schüler-/Schulberatung sowie Schulhygiene.

Schulpädagogik begründet sich so mit Verweis auf ihre Tradition aus dem Praxisfeld heraus als wissenschaftliche Disziplin und ist in ihrem Denken und in ihren Konzepten an der *Gestaltung* von Schule und Unterricht orientiert. Dabei wandelt sie sich aufgrund neuerer Anstöße zunehmend zu einer Forschungsdisziplin. Im Folgenden zeichnen wir die Herausbildung der Schulpädagogik als wissenschaftliche Disziplin im historischen Prozess bis zur forschenden Disziplin heutiger Gestalt nach.

2.1 Zur geschichtlichen Entwicklung

Über lange Zeit bis zum 20. Jahrhundert waren die Theologie und die Philosophie für die Ausbildung der Anwärter auf Lehrerstellen und damit für pädagogische Belange zuständig. Mit der Trennung der kirchlichen Aufsicht über die Schulen und ihrer Überführung auf den Staat und vorgebildetes Personal wurde zu Beginn des 20. Jahrhunderts die Institutionalisierung der Pädagogik maßgeblich befördert. Im Jahr 1900 gab es nach Horn (2008, 14) nur an fünf deutschen Universitäten Professuren bzw. Honorarprofessuren für Pädagogik (Berlin, Halle, Jena, Leipzig und München). Diese Zahl erhöhte sich in den Jahren der Weimarer Republik rapide, so wuchs von 1919 bis 1932 die Zahl der Professoren von 19 auf 71 an. Nur an drei Universitätsstandorten war 1932 noch keine pädagogische Professur besetzt, an allen anderen Standorten dagegen mindestens eine Professur präsent (Horn 2003, 69). Allerdings waren hiervon lediglich ein kleiner Teil ausschließlich der Pädagogik gewidmet, die meisten davon standen in Verbindung mit der Philosophie (Horn 2003, 70). Schulpädagogische Fragen wurden so lange Zeit in der Allgemeinen Pädagogik und dort hauptsächlich als Gegenstand der Praktischen Pädagogik behandelt (Kemper 2001, 10). Dies änderte sich in den 1960er Jahren. Mit ihr war eine maßgebliche Umgewichtung der pädagogischen Reflexion verbunden, die „weg von der Dominanz des Praxiswissens hin zu methodisch kontrollierten Formen des Umgangs mit der Erziehungswirklichkeit" führte (Tenorth 2010, 206). In diesem Prozess ist der Rahmen für die Herausbildung der Schulpädagogik als wissenschaftliche Disziplin zu sehen. Der Begriff Schulpädagogik vermochte sich seit den 1950er Jahren im wissenschaftlichen Sprachgebrauch zu etablieren (Steindorf 1972). In den 1960er Jahren gelang es der Disziplin, sich von den Vorgängerdisziplinen wie etwa der Praktischen Pädagogik und Unterrichtslehre als wissenschaftliche Disziplin zu emanzipieren (Kemper 2001, 9). Ihre Wurzeln gehen besonders auf die in Lehrerseminaren, spezifisch aber von deren Direktoren, verfasste Literatur für angehende Volksschullehrer zurück (Fend 2006a; Tillmann 2009). In den 1950er und 1960er Jahren war Schulpädagogik in diesem Zusammenhang noch fast ausschließlich in der Volksschullehrerausbildung vertreten; nur wenige Lehrstühle an den Universitäten und in der Ausbildung von Gymnasiallehrern bestanden, die auf die Allgemeine Erziehungswissenschaft ausgerichtet waren (Tillmann 2009).

2.1.1 Philosophische Pädagogik

Johann Friedrich Herbart (1776-1841) gilt in diesem Zusammenhang vielen als Anfang der wissenschaftlichen Pädagogik. Er studierte Rechtswissenschaft, Philosophie und Literatur und war danach als Hauslehrer in Bern tätig, wo sein Interesse für die Pädagogik erwuchs. Anschließend promovierte und habilitierte er sich an der Universität Göttingen und wurde dort 1805 zum Professor ernannt. In den folgenden Jahren legte er bedeutende Veröffentlichungen vor, z.B. seine „Allgemeine Pädagogik aus dem Zweck der Erziehung abgeleitet". 1809 wurde Herbart an die Universität Königsberg als Professor für Philosophie und Pädagogik berufen – auf den Lehrstuhl, auf dem bis 1804 Immanuel Kant gelehrt hatte.

Herbart unternahm den Versuch „das Erziehungsdenken und die Erziehungserfahrung zu systematisieren" und damit die Erziehung wissenschaftlich zu begründen (Prange 2009, 27). Der Kerngedanke seines Denkens (und das Neuartige) seiner Schrift „Allgemeine Pädagogik aus dem Zweck der Erziehung abgeleitet" (1806) liegt darin, die Erziehungswissenschaft aus dem Zweck der Erziehung allein und nicht aus anderen Zwecken, wie beispielsweise dem Staat oder der Ökonomie zu legitimieren. Deshalb gilt Herbart als Begründer einer systematischen Pädagogik (Prange 2009, 28). In der Einleitung zu dieser Schrift beschreibt Herbart Erziehen als gewollte, geplante und organisierte Veranstaltung. Sie ist nicht bloße Sozialisation sondern von einem Zweck und Ziel her zu denken. Darum bedarf es einer Reflexion darauf, was wir wollen (Prange 2009, 29). Herbart argumentiert von dem Standort der inhaltlichen Reflexion, unter der Annahme, dass es über Reflexion möglich sei, das erzieherisch planvolle Handeln zu bestimmen und damit der subjektiven Beliebigkeit entgegenzutreten (Prange 2009, 30f). Pädagogik soll von einem Sammelplatz von Meinungen und Praktiken zur Wissenschaft geführt werden. Dazu muss sie sich auf „einheimische Begriffe" (Herbart 1806) besinnen, um sich erkennbar als wissenschaftliche Disziplin zu konturieren. Herbart beschreibt in seinem Werk als einheimische Begriffe „Bildsamkeit", „Unterricht" sowie „Vielseitigkeit des Interesses als Grundlage der Charakterstärke und Sittlichkeit". Diese Begriffe, die schon hier auf die Schultheorie als Teilgebiet der Schulpädagogik verweisen, werden im Kapitel „Erziehender Unterricht und Schule: Herbart" näher ausgeführt. Herbart legte auch eine Formalstufentheorie für die Artikulation des Unterrichts vor, in heutigen Begriffen eine Art Aufbauschema zur gedanklichen Gliederung von Unterricht. Mit dem bis heute verwendeten Begriff *Artikulation* wird diese Gliederung von Lern- und Unterrichtsprozessen in Phasen, Stufen oder Schritte bezeichnet. Herbart weist vier Stufen aus (zusammengefasst nach Schaub/Zenke 2007, 283):

a) Klarheit über neue Inhalte/Vorstellungen
b) Assoziation als Verknüpfung des Neuen mit bereits vorhandenen Vorstellungen
c) System als Integration des Wissens in größere Zusammenhänge
d) Methode als Erprobung, Übung und Realisierung

Auf der ersten Stufe geht es darum, an den gegenwärtigen Stand des Lernenden anzuschließen, so dass daran anknüpfend auf der zweiten Stufe etwas Neues eingeführt werden kann. Das kann z.B. eine Kenntnis über etwas sein, eine Fertigkeit oder auch eine Haltung. Beide Stufen werden zusammenfassend auch als „Vertiefungsstufe" etikettiert. Die dritte Stufe bezeichnet die Integration des Aufgenommenen in das, was bisher gekonnt (oder gewusst und gewollt) war. Dies bedarf der Übung und Vertiefung und erzeugt nach Herbart vielleicht bleibende Motive und Interessen, was in den Bezeichnungen der vierten Stufe zum Ausdruck kommt (vgl. Prange 1983, 99). Diese beiden Stufen rubriziert Herbart unter dem Begriff „Besinnungsstufen". Das Stufenschema hat zum Ziel, im Unterrichtsprozess die Vielseitigkeit des Schülerinteresses zu wecken und zu fördern und dabei zugleich Selbstdisziplin, Sittlichkeit, Moralität und Ordnungssinn auszubilden. Herbart erkennt dabei das Interesse der Schüler nicht nur als eine Vorbedingung oder Einstiegsvoraussetzung für erzieherisches Handeln, sondern als ihr maßgebliches Ziel. Diesen Sachverhalt fasst er im Begriff „Charakterstärke der Sittlichkeit".

Herbarts Begriff des Unterrichts stellt einen Teil seiner systematischen Pädagogik dar, in welcher insgesamt die Frage nach dem Menschen, die Didaktik und die pädagogische Ethik ausgewiesen sind. Prange (2009, 37f) fasst die Teile der Systematik zusammen:

„Die Pädagogik als Wissenschaft hat drei Bauelemente: erstens eine Lehre vom Lernen, und zwar zweitens in Hinsicht auf Unterricht als Ordnung des Vorstellungskreises, und drittens verbunden mit und gerichtet auf Moralität. Pädagogische Anthropologie, Didaktik, pädagogische Ethik: das gehört zu einer systematischen Pädagogik."

Johann Friedrich Herbarts Ausführungen, vor allem aber seine Unterrichtstheorie wurden von einer Gruppe von Pädagogen im 19. Jahrhundert aufgegriffen und weiterentwickelt. Zu den „Herbartianern" gehörten zuvörderst K. V. Stoy in Leipzig, T. Waitz in Marburg, F. W. Dörpfeld im Rheinland und W. Rein in Jena. Ihre Modifizierungen waren im Kern auf eine möglichst fehlerfreie Anwendung des Artikulationsschemas in der Praxis gerichtet, wurden aber später oft als Verkürzungen und mechanistische Rezeptologien kritisiert, „die den bildungstheoretischen Ansprüchen Herbarts nicht mehr gerecht werden konnte[n]" (Schaub/Zenke 2007, 283). Neuere Kritik wirft die Frage auf, was am Herbartianismus wissenschaftlich sei, weil Wissenschaftlichkeit „eher inszeniert als praktiziert" wurde und die Pädagogik im Herbartianismus nicht zu einer disziplinären Eigenständigkeit gefunden habe (Herzog 2005, 37). Insgesamt ist jedoch herauszustellen, dass der Herbartianismus mit seiner Akzentsetzung auf die Systematisierung von Unterricht und im Aufgreifen psychologischer Überlegungen für die Professionalisierung der Lehrerbildung ein bis heute bedeutsames Instrumentarium zur Reflexion von didaktischen Entscheidungen sowie von Lehr- und Lernprozessen in der Schule darstellt.

Mit Wilhelm Dilthey (1833-1911) ist ein weiterer Wissenschaftler anzuführen, der die Pädagogik maßgeblich von der Philosophie her als Leitidee beeinflusste und von dem eine „Jahrhundert-Wirkkraft" ausgegangen sei. Dilthey wurde 1883 an die Berliner Universität berufen und hielt dort bis 1894 Vorlesungen zur Psychologie und Pädagogik; zuvor war er ab 1871 Professor in Basel und Kiel sowie Breslau, wo er ebenfalls verschiedentlich pädagogische Themen behandelte.

Für Dilthey lautet eine (philosophische) Grundfrage, wie Pädagogik als eine Reflexionsform die Legitimation „für handelndes Eingreifen in diese Welt bieten kann" (Uhle 2003, 9). Ausgangspunkt seines Denkens ist eine Kritik an den bisher vorgelegten pädagogischen Systemen, wie etwa am Denken Herbarts. An solchen Systemen kritisiert er deren abstraktes Denken und unhistorische Konstruktion sowie einen falschen Anspruch auf „Allgemeingültigkeit", weil die Systeme je unterschiedliche Erziehungsziele vorgeben würden. Dilthey geht dabei von der Grundeinsicht aus, dass Vernunft selbst geschichtlich sei und das Denken unter den jeweiligen Zeitbedingungen stehe (Prange 2009). Deshalb sind alle Grundeinsichten an die jeweilige Zeit gebunden, aus ihr erst wird ersichtlich, was gültig und richtig ist. Weil unsere Auffassungen jeweils in einer bestimmten Zeit verhaftet sind, gewinnt Geschichte eine „systemkonstitutive Bedeutung" (Prange 2009, 112). Deshalb ist es notwendig und heute üblich geworden, pädagogische Gedanken in ihrem zeitbedingten Kontext zu betrachten. Mit der „Methode des Verstehens" (Prange 2009,

110) versuchte sich Dilthey dem zu nähern, was uns aus anderen Zeiten fremd anmutet. Was heißt es aber, zu verstehen und wie kann man einen Menschen verstehen? Dilthey sagt hier, dass wir vom Ausdruck, von Äußerungen, Gesten und Worten, also vom Erleben als Ganzes, auf das zurückschließen, was einen Menschen bewegt. Um einen Menschen in seinem Ausdruck zu verstehen, ist es deshalb wichtig, auch seine historische Situation und die Zeitvoraussetzungen einzubeziehen. Natürlich, der Verstehensprozess ist an die eigene Erfahrung geknüpft. Mit Blick auf die Pädagogik fasst Prange (2009, 112) zusammen: „Aus der Geschichte gewinnen wir die Erkenntnis der Erziehung". Daraus folgert Dilthey, aufbauend auf den Arbeiten Schleiermachers, ein Erkenntnisverfahren: das Konzept des *hermeneutischen Verstehens*. Es sucht, die „kulturellen Objektivationen" des Menschen in seiner Geschichte zu verstehen und dadurch das jeweilige Selbstverständnis einer Gesellschaft im geschichtlichen Ablauf immer erneut zu vertiefen (Schaub/Zenke 2007, 284).

Es gibt aber auch einen Bereich, in welchen die Geschichte nicht hineinreicht. Für Dilthey ist dies das Seelenleben. Er erachtet die Struktur des Seelenlebens als „teleologisch", also auf einen Zweck gerichtet (Prange 2009, 113) und damit auf eine Entwicklung oder ein „Vorwärtsrücken" hin angelegt; darin manifestiert sich der Gedanke von einer Höherentwicklung des Subjekts und gleichsam ein universales menschliches Prinzip. Die „teleologische Struktur des Seelenlebens [wird dadurch] zur Bedingung der Möglichkeit einer Pädagogik als Wissenschaft" (Uhle 2003, 27), die nach Dilthey über die bisherigen kritisierten Ansätze hinausweist. Am Axiom der teleologischen Struktur des Seelenlebens setzt deshalb sein Begriff von Erziehung an; es ist dergestalt die Grundlage dafür, dass sich Zögling und Erzieher verstehen, indem diese Struktur auf beiden Seiten gleich ist und darin ein Verstehen grundlegt.

Pädagogische Förderung und Erziehung sind nach Dilthey darauf angelegt, das dem Menschen innewohnende „Kräftesystem" zu entfalten, zugleich aber auch auf „Steigerung der Leistungskraft der Gesellschaft" gerichtet:

> „Die Erziehung der Heranwachsenden ist sonach, von der einen Seite angesehen, die Entfaltung und Entwicklung eines einheitlichen, individualen, in sich wertvollen Seelenlebens, andererseits ist von ihr die Erhaltung und Steigerung der Leistungskraft der Gesellschaft in ihren verschiedenen Organen abhängig. Die Erziehung hat sonach *zwei getrennt auftretende Zielpunkte*. Sie will den *Individuen* (Herv. d. Verf.) eine sie befriedigende wertvolle Entwicklung, und sie will den *Gemeinschaften* den höchsten Grad von Leistungskraft verschaffen." (Dilthey 1971, 50f)

Die hier ausgedrückte doppelte Bezugnahme, die schulische Erziehung und damit den Sinn und Eigenwert von Schule zwischen gesellschaftlichen Ansprüchen und individueller (und unverzweckter) Entwicklung verortet, ist bis heute ein tragendes Fundament der Disziplin, das in der aktuellen Theoriebildung wieder aufgegriffen wird (z.B. Fend 2006a).

Mit dem Konzept des hermeneutischen Verstehens und seiner weiteren Ausarbeitung durch seine Schüler wurde Dilthey zum Begründer des *geisteswissenschaftlichen Paradigmas der Pädagogik*. Es war – vor allem bezogen auf seine methodische Ausrichtung – lange Zeit vorherrschend in der Theoriebildung. Die (kultur-)geschichtliche Betrachtung von Erziehung als Thema setzt sich bei den Schülern Diltheys fort, die unterschiedliche inhaltliche Richtungen beschritten: Eduard Sprangers Arbeiten sind um die Begriffe „Verstehen, Kultur und Bildung" zentriert, Herman Nohls Arbeiten thematisieren Erziehung in der Not der Zeit und damit, „gewissermaßen die Konstruktion der Erziehung aus der Zeitlage und mit Blick auf die aktuell gegebenen Notwendigkeiten" (Prange 2009, 116). Mit der Tatsache, dass im Nachkriegsdeutschland die philosophisch orientierte Pädagogik an den Lehrstühlen wieder dominierte, nicht zuletzt, um zuweilen mit der Denomination „Philosophie und Pädagogik" die vormaligen Militäraktivitäten der Stelleninhaber zu kaschieren (Kersting 2014), wird heute als ein Grund dafür gesehen, dass eine empirisch arbeitende Pädagogik, wie sie sich international entfalten konnte, lange Zeit infolge der (philosophisch fundierten) Kritik desavouiert wurde, was zu einer nachhaltigen Provinzialisierung der deutschen Erziehungswissenschaft führte, die bis heute nicht gänzlich aufgearbeitet ist (Tröhler 2014). Dies änderte sich in den 1960er Jahren, vor allem unter dem Eindruck des „Sputnik-Schocks", der in den USA zu einer massiven Pädagogisierung des kalten Krieges führte (Tröhler 2014). Diese Forschungen waren nicht neu, sondern bauten auf Vorläufern auf: Die Arbeiten von Ernst Meumann (1862-1915) und Wilhelm Wundt (1832-1920) hatten bereits nach der Jahrhundertwende im Zug der sich entwickelnden Psychologie eine auf dieses Fundament bezogene schulbezogene Forschung eingesetzt, die in die Erforschung von Kindheit und Jugend eingebettet war (Helsper/Böhme 2004, 16).

Eine Schulpädagogik als eigenständige wissenschaftliche Disziplin fehlte bis in die 1950er Jahre. Sie vermochte sich erst in den 1960er Jahren im Rahmen einer nun einsetzenden Bildungsreform zu etablieren, in deren Gefolge „eine zunehmende Spezialisierung und eine Ausgliederung von bereichsspezifischen Fragen aus der Allgemeinen Pädagogik stattfand" (Einsiedler 1994, 649). Die Darstellung dieser Disziplinentwicklung wird nachfolgend auf der Grundlage eines Vorschlags von Helmut Fend gegliedert. Sie markiert in zeitlicher Abfolge eine „Phase der Bildungsreform" und eine „Phase der inneren Schulentwicklung" und wird mit der „Phase der Systemsteuerung" abgeschlossen.

2.1.2 Bildungsreform und Bildungsexpansion

Die Bildungsreformen ab den 1960er Jahren nahmen ihren Ausgangspunkt von der Notwendigkeit, das Angebot schulischer Bildung für die geburtenstarken Jahrgänge zu öffnen und weiterführende Bildungsangebote einzuführen. Die Reformen waren dabei in umfassende Modernisierungsprozesse der Gesellschaft eingebunden. Mit *Bildungsexpansion* ist lediglich ein Oberflächenphänomen beschrieben, hinter dem vielfache Ursachen stecken: die Bevölkerungsentwicklung, das Wirtschaftswachstum, die Technikentwicklung, die sozialstrukturelle Entwicklung und politisch-administrative Regulierungen (Fend 2006b). Ein aus der Adenauer-Zeit resultierender Reformstau im Bildungssystem und zunehmend liquide finanzielle Mittel der damaligen Zeit, was der prosperierenden Wirtschaft zu verdanken war, unterstützten die Reformbestrebungen (Fend 2010).

Die öffentliche Diskussion bestimmten Georg Picht, Ralf Dahrendorf und Hansgert Peisert mit. Ihre Veröffentlichungen – zuweilen auch als „Bibeln der Bildungsexpansion" bezeichnet (Maier 2011, 200) – vermochten wichtige Anstöße zu geben. Picht publizierte 1964 ein Buch mit dem Titel *Die deutsche Bildungskatastrophe*, in dem er seine Kritik an der Struktur, der Funktion und Effizienz des Bildungswesens darlegte. Ein Jahr später veröffentlichte Dahrendorf (1965) das Buch *Bildung ist Bürgerrecht*, das wesentliche Argumente für eine Expansion des Bildungswesens enthielt. Peisert (1967) thematisierte die nicht ausgeschöpften *Begabungsreserven*, wie sie damals vielfach diskutiert wurden. Die Bücher stießen umfassende *Bildungsreformen* an, indem sie sowohl auf die erziehungswissenschaftliche Forschung als auch auf die Bildungspolitik nachhaltigen Einfluss auszuüben vermochten. Die nun vermehrt durchgeführten sozialwissenschaftlichen Schulanalysen, die im Grunde genommen als Alternativen zur geisteswissenschaftlichen Sinnreflexion ausgearbeitet wurden, fragten nicht mehr nach dem erzieherischen Sinn und Eigenwert der Schule; sie sollten stattdessen angesichts der „erwarteten Bildungskatastrophe" (Picht 1964) dazu beitragen, ungenutzte „Begabungsreserven in der Bevölkerung zu mobilisieren, soziale Lernbarrieren im Bildungssystem abzubauen und das Schullernen insgesamt dank wissenschaftlicher Planung zweckrationaler und damit effektiver zu gestalten" (Kemper 2001, 136). Bemerkenswert ist, dass die Anstöße mehrheitlich von Sozialwissenschaftlern und Praktikern ausgingen, weniger von Vertretern der geisteswissenschaftlichen Pädagogik, welche die damals – im Vergleich zu heute – wenigen Lehrstühle besetzten.

Die Bildungsverwaltung formulierte aus den Initiativen zwei Ziele: Die Erhöhung der Zahl der Abiturienten und die Verstärkung von Bildungsplanungsaktivitäten. Vor allem mittels Lehrplanrevisionen und der Veränderung der Schulstrukturen sollten die angemahnten „Begabungsreserven" geweckt werden, zum anderen sollte die Chancengleichheit für alle in einem (chancen-)gerechten Schulwesen verwirklicht werden. Die Ziele wurden von der Politik aufgegriffen und innerhalb der nun einsetzenden Bildungsplanung auf der Ebene des Bundes und der Länder unterstützt. Der *Deutsche Ausschuß* für das Erziehungs- und Bildungswesen, der von 1953 bis 1965 agierte, wurde in diesem Zusammenhang gegründet. Er legte 1959 einen *Rahmenplan zur Umgestaltung und Vereinheitlichung des allgemeinbildenden und öffentlichen Schulwesens* vor und eröffnete – mit seinen heute eher bescheiden anmutenden Reformvorschlägen – eine folgenreiche Bildungsreformdiskussion (Herrlitz et al. 1998, 171). Der Rahmenplan markiert gleichsam das Ende der reaktiven Bildungspolitik und -planung der Nachkriegszeit (Kemper 2004, 861), welche sich etwa in der Restauration des dreigliedrigen Schulwesens in der Sekundarstufe manifestierte. Aufgrund eines Abkommens zwischen Bund und Ländern etablierte sich 1965 der *Deutsche Bildungsrat,* der die Nachfolge des Deutschen Ausschusses antrat und einen Reformplan für das Bildungswesen ausarbeiten sollte. In ihm waren Vertreter aus allen gesellschaftlichen Bereichen repräsentiert. Er war als ein Zweikammersystem dergestalt organisiert, dass eine „beratende Bildungskommission einer Regierungskommission Vorschläge" unterbreitete und damit auch faktisch „bedeutsame Entwicklungsaufgaben für die Disziplin der Erziehungswissenschaft übernahm" (Füssel/Leschinsky 2008, 154). Der Deutsche Bildungsrat tagte über zwei fünfjährige Amtsperioden und veröffentlichte in dieser Zeit 18 Empfehlungen und über 50 Gutachten. Sein *Strukturplan für das Bildungswesen* (Deutscher Bildungsrat 1970) von 1970 beeinflusste die politische und wissenschaftliche Öffentlichkeit, weil er langfristige Perspektiven im Vorschulbereich, in der Grundschule und in der Sekundarstufe I und II beschrieb. Die darin enthaltenen Themen bestimmen – zum Teil bis heute – die Diskussion, etwa die folgenreiche „Empfehlung zur Einrichtung eines Experimentalprogramms mit Gesamtschulen". Diese Schulform fand damals jedoch unter den Mitgliedern des Bildungsrats keine Mehrheit. Mit der Begründung Chancenungleichheit verringern zu wollen, wurden seit 1967 dennoch Gesamtschulen in den Bundesländern eingeführt: Während diese Idee anfänglich noch von den Mehrheitsparteien getragen und auch von CDU-Politikern präferiert wurde, versagte die CDU jedoch zunehmend ihre Zustimmung, so dass sich Gesamtschulen vorwiegend in SPD-regierten Ländern etablieren konnten. Die politisch und erziehungswissenschaftlich geführte Auseinandersetzung zur Gesamtschule vermochte allerdings in äußerst vielfältiger Weise die schulpädagogische Forschung anzuregen (Horstkemper/Tillmann 2004).

Als eine Folge dieser Anstöße ist auch der Ausbau der Hochschulen zu betrachten: Sie wurden in den 1960er und 1970er Jahren vor allem ausgebaut, „um Lehrer für die geburtenstarken Jahrgänge auszubilden" (Mayer 2008, 603) und den zunehmenden Anteil der Studierenden an einem Geburtsjahrgang aufzunehmen. Neue Hochschulen wurden in Bochum, Konstanz und Regensburg gegründet. In den 1970er Jahren erlebten die Hochschulen ein geradezu rasantes Wachstum, das in einer Verdoppelung der Studentenzahlen gipfelte: Während 1950 etwa 117 000 Studierende an Hochschulen in den alten Bundesländern eingeschrieben waren, verzehnfachte sich diese Zahl bis 1989 auf rund 1,5 Millionen Studierende (Mayer 2008). Unterstützt wurde dieser Prozess durch eine Grundgesetzänderung vom 12. Mai 1969, die dem Bund Kompetenzen für die „allgemeinen Grundsätze des Hochschulwesens" zubilligte. Aus der Entwicklung der Studierendenzahlen und

dem damit einhergehenden Ausbau der Hochschulen resultieren bedeutsame Anstöße für die Konstituierung der Disziplin Schulpädagogik, die sich in ihrer Perso-
nalstruktur verdeutlicht.

Bis 1965 waren in der Erziehungswissenschaft 280 Professoren angesiedelt (Horn
2003). Im Zug der Bildungsreform wurden zur Ausbildung der Studierenden nun
an den Hochschulen mehr Stellen geschaffen, was insbesondere der Schulpädagogik zu Gute kam. Von 1966 bis 1980 stieg die Zahl der Professorenstellen in der
Erziehungswissenschaft von 196 auf ca. 1.100, sie nahm allerdings bis 2004 wieder
auf 700 Stellen ab (Fend 2010, 277). Schulpädagogisch ausgerichtete Professuren
bildeten quantitativ betrachtet den ersten Rang in der Erziehungswissenschaft,
gefolgt von allgemeinpädagogischen und sonderpädagogischen (Baumert/Roeder
1990a, 1990b, 1994; vgl. auch Kauder 2010).

Der hohe Anteil schulpädagogischer Professuren in der Expansionsphase verdankt
sich nicht zuletzt einem äußeren Anstoß: der Einführung der Diplom-Prüfung sowohl an Universitäten als auch an Pädagogischen Hochschulen. Im März 1969
beschloss die Ständige Konferenz der Kultusminister der Länder der Bundesrepublik Deutschland (KMK) eine „Rahmenordnung für die Diplomprüfung in Erziehungswissenschaft" (Horn 1999, 301). Bereits zum Wintersemester 1972/73 waren
bereits mehr als 13.000 Studierende eingeschrieben, seit Mitte der 1970er Jahre
schon etwa 25.000 bis 30.000 Studierende im Diplomstudiengang immatriku-
liert (Horn 1999, 303). Der Diplomstudiengang führte inhaltlich dazu, dass auch
Universitäten schulpädagogischen Fragen stärkere Beachtung schenkten (Steindorf
1972), was zu einer zunehmenden Ausdifferenzierung und Spezialisierung der
Schulpädagogik führte.

Die disziplinimmanente Entwicklung der Schulpädagogik ist maßgeblich an diese
skizzierten strukturellen und institutionellen Entwicklungen gebunden, die sich
vor allem in den von Bundesländern eingerichteten Pädagogischen Hochschulen
vollzog. Die Zahl der Studierenden an Pädagogischen Hochschulen im Bundesge-
biet, die aufgrund der Umwandlung der seit 1945 wieder gegründeten Akademien
zustande kam, stieg von 11.500 im Jahr 1955 auf 38.827 im Jahr 1961, und darüber hinaus in den frühen 1970er Jahren nochmals stark an. Infolge der Einrichtung
und Ausdifferenzierung von neuen Lehrstühlen trat nun die Frage des wissenschaftlichen Selbstverständnisses der Schulpädagogik in den Vordergrund. Dabei wurden, über die Themen der Allgemeinen Didaktik hinausgehend, nun Fragen der
gesellschaftlichen Bedingtheit und Bedeutung von Schule und Unterricht wissenschaftlich relevant und diese zunehmend in methodengeleiteten Verfahren quantitativ und qualitativ im Bestreben erforscht, über politische Entscheidungsinstanzen
die Schulpraxis zu beeinflussen.

Zudem setzte sich noch in den 1960er Jahren die Überzeugung durch, „dass die
geisteswissenschaftliche Theoriebildung in der Erziehungswissenschaft revisionsbe-
dürftig sei" (Zedler 2013, 326). Die Etablierung der Disziplin zeigt sich in Buchti-

teln, die das Gesamte der Disziplin, verstärkt auch auf der Grundlage der kritischen Theorie, begreifen wollten. Im Jahr 1972 erschien eine *Einführung in die Schulpädagogik* von G. Steindorf, in der der Autor fünf Funktionen der Schule postulierte: Sie sollte informieren (Instruktion), sie sollte erziehen (Edukation), sie sollte sozialfähig machen (Sozialisation), sie sollte kreative Möglichkeiten anregen (Motivation) sowie die Schüler emanzipieren (Emanzipation). In den benannten Funktionen zeichnete sich eine Abkehr vom Fundament der geisteswissenschaftlichen Pädagogik und eine Hinwendung zu Begriffen benachbarter Sozialwissenschaften ab. In einem Aufsatz des Jahres 1974 wendete sich auch H. Heiland dem *Konstitutionsproblem der Schulpädagogik* zu (Heiland 1974) und diskutierte eine zunehmende Bindung erziehungswissenschaftlicher Forschung an empirische Methoden und die verstärkte Aufnahme sozialhistorischer und ideologiekritischer Fragestellungen (Heiland 1974). Heiland plädierte für eine „aktualistisch-kritische Theorie mit antizipierenden Tendenzen" (Heiland 1974/1995, 184). Das Zentrum dieser zu konzipierenden Metatheorie bildete für ihn ein emanzipatorisches Erkenntnisinteresse, das darauf abzielte, die asymmetrische Kommunikation der Schule bewusst zu machen. Heiland schrieb in Auseinandersetzung mit Steindorf:

> „Innerhalb einer schulpädagogischen Metatheorie, die zugleich ideologiekritisch-destruktiv und antizipierend-konstruktiv sein muß, wird Schule zur Institution mit der spezifisch pädagogischen Funktion, die Fixierungen und Zwänge primärer, vor allem familiärer Sozialisation dem Betroffenen, dem Schüler durch den Lehrer bewußt zu machen und so die Resultate primärer Sozialisation teilweise aufzuheben." (Heiland 1974/1995, 188)

Damit waren – wie sich später erweisen sollte – kaum einzulösende emanzipatorische Zielsetzungen verbunden.

Erkennbar wird, dass sich das Begriffsgerüst der Schulpädagogik in dieser Zeit dezidiert ändert. Das Wörterbuch der Schulpädagogik (1974) wies etwa folgende Begriffe auf: Audiovisuelle Unterrichtsmittel, Begabung, computerunterstützter Unterricht, Faulheit, Fernunterricht, Denkpsychologie, Leistungsmotivation, Schulreform, Sexualpädagogik, Soziometrie und Taxonomie von Lernzielen. An den Begriffen, von denen bis heute manche verschwanden und viele mittlerweile in andere Begrifflichkeiten und Zusammenhänge flossen, wird eine zunehmende Reflexion neuer Medien ersichtlich, die sich später im Feld der Medienpädagogik ausdifferenzierte. Ebenso zeigt sich darin eine Ausrichtung auf die behavioristische Psychologie. Glöckel beleuchtet in seinem Buch *Beiträge zu einer realistischen Schulpädagogik* von 1981 in dieser Hinsicht die Begriffe Programmierter Unterricht und Lernmaschinen, Kybernetik, Differenzierung, Leistung Curriculum und Erziehung zu sittlicher Haltung und kommt bei der Betrachtung der erörterten Ansätze zum Urteil, dass sie alle die emotionalen Schichten im Menschen „übersehen oder unterschätzen" (Glöckel 1981, 42).

Der Weg der Schulpädagogik in die empirische pädagogische Forschung, die insbesondere dank der Gesamtschulstudien der Arbeitsgruppe um Fend forciert wurde, wird heute häufig mit Heinrich Roths berühmter Antrittsvorlesung angesetzt (Fend 2010, 281), wenngleich zu diesem Zeitpunkt bereits schon etliche empirische Studien vorlagen. Ausgehend von Roths Plädoyer für eine „realistische Wendung in der Pädagogischen Forschung", in welchem er deutlich mehr empirische Zugänge forderte, fand in der Schulpädagogik ein bedeutsamer Modernisierungsprozess statt (Tillmann 2006): Kulturtheoretische und philosophische Betrachtungsweisen wichen hierbei mehr und mehr sozialwissenschaftlichen Zugängen, allen voran soziologischen, psychologischen und auch psychoanalytischen sowie bildungsökonomischen Einflüssen (Terhart 2009b). Kennzeichnend für das neu aufkommende Paradigma der Forschung war auch, dass etwa die berühmte Arbeit Eduard Sprangers zur *Psychologie des Jugendalters*, die bis 1963 in mehr als 100.000 Exemplaren erschienen war, nicht mehr aufgelegt wurde (Fend 2010, 282). Im Zug dieser Ausdifferenzierung wurden auch zunehmend Methodenfragen diskutiert und gefordert, mehr empirisch pädagogische Forschung zu betreiben. Damit waren auf den Gegenstand bezogen regelgeleitete Verfahren bezeichnet, wie etwa die Befragung über Interviews oder Fragebögen und deren systematische Auswertung, die über hermeneutische Verfahren hinausgingen. Die Anstöße und Ansätze zu einer empirischen Schulforschung resultierten in den 1960er und 1970er Jahren vor allem aus der Rezeption psychologischer und soziologischer Ansätze.

Die Bildungsreform führte allerdings zu erheblichen Folgeproblemen für die Erziehungswissenschaft und Politik. Peter Zedler merkte an, dass die Reformperiode zwischen 1967 und 1972 zu einer großen Komplexitätssteigerung einzelner Problem- und Theoriefelder führte. Da die einzelnen Forschungsstränge nicht mehr koordiniert werden konnten, sei es fast unmöglich gewesen, das Forschungswissen und die Modellversuche in sinnvolle „bildungspolitische Entscheidungsorientierungen umzusetzen" (Zedler 1982, 272). Politischerseits wurde die Frage diskutiert, ob der Bund in dieser Zeit nicht zu sehr in die Zuständigkeiten der Länder eingedrungen sei (Maier 2011).

Das Ende der Ära der Bildungsreform wird zumeist mit der Auflösung des Deutschen Bildungsrats im Jahr 1975 angesetzt, wenngleich die politischen Weichenstellungen schon früher darauf hindeuteten. Bedeutsam bleiben aber die in dieser Phase verfolgten Ziele. In der Phase der Bildungsreform war eine leitende – und weitgehend nicht problematisierte – Idee, dass Erziehungswissenschaft und mit Blick auf Schule vor allem die Schulpädagogik mit der Bildungspolitik zusammenarbeiten und gemeinsam Bildungsreformen forcieren könnten. Eine Signatur der Zeit manifestierte sich in der Auffassung, dass Bildung und Chancengerechtigkeit in rationalem Sinn gesteuert werden und somit die postulierte Bildungskatastrophe und der Abbau von Benachteiligung über eine politisch initiierte und schulpraktisch umgesetzte Kernstrategie zu bewältigen seien: mittels Bildungsexpansion und dem Ausschöpfen von Begabungsreserven. Wenngleich mit Blick auf die Bildungsbeteiligung sozialer Klassen in dieser Zeit bildungspolitische Erfolge erzielt wurden, herrscht heute weitgehend Einigkeit darüber, dass Bildungsexpansion nicht zwangsläufig zum Abbau von ungleichen Bildungschancen zwischen unterschiedlichen Sozialschichten führt (Becker 2006).

In der Expansionsphase des Bildungssystems, vor allem aber in den 1970er Jahren, wurde die Ausgestaltung des Erziehungs- und Bildungssystem als ein zentraler und bundesländerübergreifender Planungsprozess verstanden, zu denen zunächst der Deutsche Ausschuss, später der Deutsche Bildungsrat wie aufgezeigt Vorschläge einbrachten. Bezogen auf die Steuerungsvorstellung stand das Denken im Vordergrund, dass eine strukturell etablierte Wissenschaft ein Wissen generiert, das unmittelbar in politische Gestaltungsinitiativen und bildungspraktische Reformprogramme mündet. Aus heutiger Sicht war dies ein schlichtes technologisches Modell, in dem Wissenschaft „denkt" und die Politik und Praxis „handelt" (Fend 2010, 295). Dieses Denken veränderte sich in der nachfolgenden Zeit dahingehend, dass die Einzelschule mehr und mehr als Handlungseinheit in den Fokus rückte. Wir führen dies an späterer Stelle näher aus und machen nun zeitlich einen Sprung in die Mitte der 1990er Jahre.

2.1.3 Systemsteuerung und disziplinäre Konsolidierung

Neue Anstöße für die Disziplin ergaben sich aus der empirischen Bildungsforschung heraus – beginnend ab Mitte der 1990er Jahre und noch einmal akzentuiert aufgrund der Befunde *internationaler Schulleistungsvergleichsstudien* in den darauffolgenden Jahren. Bevor diese Veränderungen geschildert werden, ist es wichtig, einen Blick auf die Ergebnisse der Studien zu werfen. Vor allem die Befunde der ersten PISA-Studie wirkten wie „ein lehrreicher Schock, der bis heute große Auswirkungen auf die Bildungspolitik, die Bildungspraxis und die Bildungsforschung hat" (Klieme et al. 2010, 278). 1995 beteiligten sich einige deutsche Länder erstmals nach langer Unterbrechung wieder an den IEA-Studien. An der „Third International Mathematics and Science Study (TIMSS)" nahmen mehr als eine halbe Million Schüler aus rund 15.000 Schulen in 46 Ländern teil (Fend 2010, 290). Das eher schwache Kompetenzniveau des Mathematikunterrichts, das sich für Deutschland herauskristallisierte, führte dazu, dass die Kultusministerkonferenz in ihren „Konstanzer Beschlüssen" eine Beteiligung am Programm für International Student Assessment (PISA) erwog. Dieses Untersuchungsprogramm wurde 1997 von den OECD-Mitgliedsstaaten initiiert und im Jahr 2000 zum ersten Mal realisiert. Die Studien werden im Abstand von drei Jahren durchgeführt; Befunde aus den Jahren von 2000, 2003, 2006, 2009 und 2012 liegen bislang (Stand Juni 2014) vor. In jedem Untersuchungsjahr wurden drei Kompetenzbereiche, Lesekompetenz, Mathematische Kompetenz und Naturwissenschaftliche Kompetenz, getestet, wobei jeweils ein Schwerpunkt gebildet wurde. PISA will eine breite und pragmatische Konzeption von allgemeiner

Grundbildung aufgreifen, bei der nicht Bildung an sich, sondern unerlässliche Grundkomponenten aufgegriffen werden. Dieser funktionalistische Ansatz gilt als Literacy-Konzept.

Der Schwerpunkt der PISA-Untersuchung von 2000 bildete die Lesekompetenz nach der angelsächsischen Literacy-Konzeption (Artelt et al. 2001). Die Lesekompetenz wird dort verstanden als „die Fähigkeit einer Person, geschriebene Texte zu verstehen, zu nutzen und über sie zu reflektieren, um eigene Ziele zu erreichen, das eigene Wissen und Potenzial weiterzuentwickeln und am gesellschaftlichen Leben teilzunehmen" (Jude/Klieme 2010, 13). In PISA 2000 wurden drei Aspekte der Lesekompetenz differenziert: Informationen ermitteln, textbezogenes Interpretieren sowie Reflektieren und Bewerten. Zusätzlich wurden fünf Kompetenzstufen unterschieden, mit denen die Fähigkeit beschrieben wird, unterschiedliche Schwierigkeitsgrade zu lösen.

Was war das Ergebnis? Im internationalen Vergleich lag die Lesekompetenz der 15-jährigen Schülerinnen und Schüler in Deutschland mit 484 Punkten 16 Punkte unterhalb des Mittelwerts der OECD (500 Punkte). Allerdings war in keinem Land der Leistungsabstand zwischen den fünf Prozent leistungsschwächsten Schülerinnen und Schülern und den fünf Prozent besten Schülerinnen und Schülern so hoch wie in Deutschland. Mit etwa 20 Prozent des Altersjahrgangs war der Anteil schwacher und schwächster Leser in Deutschland ungewöhnlich groß. Auch die Leistungen in Mathematik lagen im unteren Mittelfeld des OECD-Durchschnitts. Hier war eine ungewöhnlich hohe Risikogruppe von Schülerinnen und Schülern auszumachen, deren mathematische Fähigkeiten über das Rechnen auf Grundschulniveau nicht hinausreichte (Artelt et al. 2001), wobei bedeutsam ist, dass die mathematische Grundbildung eng mit der Lesekompetenz zusammen hängt. In den Naturwissenschaftsleistungen schlossen die deutschen Schülerinnen und Schüler ebenfalls 13 Punkte schlechter ab als der Durchschnitt in der OECD, wobei zur Spitzengruppe (Korea, Japan) ein Unterschied von etwa 60 Punkten bestand. Auch in der Naturwissenschaftlichen Kompetenz zeigte sich eine relativ hohe Streuung der Leistungen deutscher Schülerinnen und Schüler. Über alle Kompetenzbereiche hinweg wurde für Deutschland darüber hinaus ein ungewöhnlich hoher Zusammenhang zwischen der sozialen Lage der Herkunftsfamilie und dem Kompetenzerwerb der nachwachsenden Generation konstatiert. Es ist ebenfalls ein Verdienst der Studie, dass mit ihr erstmals Zahlen verfügbar waren, wie hoch der Anteil von Schülerinnen und Schülern mit Migrationshintergrund tatsächlich ist. So entstammten 27 Prozent der 15-Jährigen aus Familien, in denen mindestens ein Elternteil nicht in Deutschland geboren wurde, bei 19 Prozent waren sogar beide Elternteile zugewandert (Baumert/Schümer 2001, 341).

Wie veränderten sich diese Befunde aus dem Jahr 2000 in den folgenden Erhebungen? Im Grunde bestätigten die nachfolgenden Wellen von PISA die Ergebnisse aus dem Jahr 2000, verwiesen aber an einigen Stellen auch auf positive Veränderungen. Mit Blick auf die Lesekompetenz als wichtigem Kernbestandteil von PISA lag der erzielte Wert in der vierten Befragungswelle von 2009 mit nunmehr 497 Punkten statistisch signifikant über dem Wert von 484 Punkten aus dem Jahr 2000. Dabei war eine Abnahme in der Heterogenität der Lesekompetenz zu verzeichnen und insbesondere trug der verminderte Anteil von Schülerinnen und Schülern aus dem unteren Kompetenzbereich zu dieser Verbesserung bei (Naumann et al. 2010). Hinsichtlich der mathematischen Kompetenzen stieg der Mittelwert bis 2009 auf einen Wert von 513 Punkten. Allerdings ist die Streuung nach wie vor signifikant höher als im OECD-Durchschnitt. Der Mittelwert der mathematischen Kompetenz unterscheidet sich in Deutschland stark bezogen auf die Bildungsgänge (Frey et al. 2010).

Mit Hinweis auf diese Befunde kehren wir noch einmal zur Frage zurück, welche inhaltlichen, disziplinären und forschungsmethodischen Anstöße die Studien (sogenannter Large-scale Assessments) der Disziplin Schulpädagogik zu geben vermochten: Die Forschungen beförderten die Überzeugung, dass „vergleichende Daten zum Leistungsstand von Schülerinnen und Schülern wichtige Informationen für Qualitätssicherung liefern können" (Stanat/Artelt 2010, 119). Insgesamt führten sie zu einer neuen Steuerung des Bildungswesens, die nicht nur „Input-Parameter", wie etwa Lehrpläne und Abschlussprüfungen von Lehrkräften, in den Blick nimmt, sondern auch „Output-Parameter" in Form der erreichten Kompetenzen der Schülerinnen und Schüler. In diesem Zusammenhang besteht die Funktion der Schulleistungsstudien im Aufweis der Erträge schulischer Systeme, was mit dem Begriff „Bildungsmonitoring" gefasst wird. Der Schulpädagogik als wissenschaftliche Disziplin und ihrem inhärenten Wissensbestand kommt damit vermehrt eine funktionelle Position im Hinblick auf die Politik zu, die sich besonders in der Bereitstellung von *Steuerungswissen* manifestiert. Empirisch-quantitative Forschungen haben innerhalb der Disziplin damit eine große Aufwertung und einen neuen hohen Stellenwert erhalten. In inhaltlicher Hinsicht hat sich Schulpädagogik infolge dieser Anstöße vor allem mit der Anlage und den Wirkungen neuer Steuerungsinstrumente befasst, die infolge der PISA-Befunde auf allen Systemebenen etabliert wurden, z.B. flächendeckende Lernstandserhebungen (auch Vergleichsarbeiten genannt) auf der Unterrichtsebene, Schulinspektionen (auch externe Schulevaluation) auf der Schulebene und Bildungsberichterstattung auf der Systemebene. Wenngleich in Deutschland im letzten Jahrzehnt auch international bemerkenswerte Kompetenzverbesserungen der Schülerinnen und Schüler zu erkennen waren, liegen bislang keine belastbaren Befunde dazu vor, welche Wirkungen diese Neue Steuerung auf die Veränderung der Schülerleistungen zeitigt (Klieme et al. 2010, 288; vgl. Altrichter/Maag Merki 2010 und Wacker et al. 2012). Dass sich Schulen in Analogie zur Produktentwicklung ökonomischer Betriebe überhaupt „outputorientiert" steuern ließen, wurde in diesem Zusammenhang als „Rationalitätsmythos" kritisiert (Radtke 2009, 164), da Schülerinnen und Schüler immer noch „selbst lernen" müssten (ebd., 163). Daneben zeigen sich die benannten Einflüsse auch für den seit den 1980er Jahren wichtigen Bereich der Schulentwicklungsforschung, die nun mehr als bisher in „einem politischen Verwertungsinteresse" erscheint (Maag Merki/Werner 2013, 296) und deren Forschungszugriff, welcher bis Ende der 1990er Jahre stark von qualitativ orientierten Forschungsmethoden geprägt war, zunehmend von quantitativen Forschungsmethoden durchdrungen ist (ebd.). Die Entwicklung der Einzelschule wird nun in den Horizont von Leistungsmonitoring, Standards und Qualitätsvergleichen eingebunden.

Unter den Einflüssen der internationalen Schulleistungsvergleichsstudien und ihrer Befunde hat sich der zentrale Fokus der Schulpädagogik vermehrt auf Qualitätsaspekte ausgerichtet und insgesamt ist die Frage in den Vordergrund getreten, wie die Qualität des Bildungswesens auf allen Ebenen zu sichern und zu steigern sei (Fend 2008).

Ihren institutionellen Ort findet die Schulpädagogik immer noch nahezu ausschließlich in der Lehrerbildung, wo ihre Hauptaufgabe darin liegt, die Lehramtsstudierenden zu versorgen, seltener die Hauptfachstudierenden (Tillmann 2006), die zunehmend in den das Diplom ablösenden Masterstudiengängen anzutreffen sind. Sie ist nicht in schlagkräftigen Forschungszentren gebündelt und Einzelforschungen machen noch immer einen großen Anteil ihrer Forschungsleistung aus. Mit der Bezugnahme auf die Lehrerbildung unterscheidet sich die Disziplin substanziell vom Forschungsfeld anderer bildungswissenschaftlich ausgerichteter Disziplinen wie der Bildungssoziologie, der Pädagogischen Psychologie oder der Empirischen Bildungsforschung. Ein weiterer wichtiger Unterschied mit deutlichen Folgen für die spätere Arbeits- und Forschungstätigkeit ergibt sich aus der Rekrutierung des Personals, für die in der Schulpädagogik und affin in der Fachdidaktik, legitimiert durch gesetzliche Bestimmungen der Bundesländer, vorwiegend Lehrkräfte mit erstem und zweiten Staatsexamen und mehrjähriger Unterrichtspraxis herangezogen werden, denen schulische Praxis und berufsbiographische Erfahrungen als Lehrpersonen vertraut sind, die jedoch kaum über forschungsmethodische Expertise und Forschungserfahren verfügen und sich auch weniger in theoretischen bzw. disziplinübergreifenden Diskursen der *scientific community* bewegen. Dennoch zeigt sich, dass jüngere Vertreter der Schulpädagogik die Disziplin zunehmend als eine Forschungsdisziplin konturieren und kaum mehr, wie in den 1960er Jahren, der Anspruch besteht, erfahrungsbasierte Konzepte in die Schule zu tragen. Affin dazu, wie es Zedler (2013, 323) für die Allgemeine Erziehungswissenschaft aufgreift, gehört auch in der Schulpädagogik mittlerweile ein empirischer Zugriff auf die zu untersuchenden Problemstellungen „zu den unterschwellig vorhandenen Normen für reputationsfähige Theoriebildung; und kaum jemand ist noch zu finden, der nicht auch empirisch arbeitet".

2.2 Zentrale Inhaltsfelder der Schulpädagogik

Aus den benannten Entwicklungen war zu ersehen, dass die Allgemeine Didaktik den Kern der Disziplin bildet. Sie stellt historisch begründet ein eigenständiges Themenfeld und ein bedeutsames Element im Ausbildungsprozess von angehenden Lehrerinnen und Lehrern dar (z.B. Bohl/Kleinknecht 2009; Rothland 2008). Zu den weiteren Gegenständen der Schulpädagogik in Lehre und Forschung sind nach Schaub und Zenke (2007) vor allem Schulforschung, Unterrichtsforschung und Internationale Vergleichsstudien als Hauptgebiete zu zählen, weiterhin Geschichte und Theorie der Schule, Unterrichtstheorie, Schulorganisation und Schulrecht, Unterrichts- und Schulentwicklung, auch im internationalen Vergleich, pädagogische Diagnostik, Theorien der Lern- und Sozialisationsbedingungen sowie die Professionalisierung der Lehrerschaft. Mit der Lehrplan-, Kanon- und Curriculumsdiskussion kommen weitere Bereiche hinzu, welche vor allem in den vergangenen Dekaden wieder stärkere Beachtung erfahren haben. In dieser breiten inhaltlichen Fokussierung bezieht sich die Schulpädagogik zuvörderst auf die Meso- und Mikroebene des Schulsystems und wird in den ausgewiesenen Themenfeldern vor allem von der Ausrichtung auf die Praxis zusammengehalten (Fend 2006a, 2008). In den letzten Jahren wurde vielfach die Frage diskutiert, ob Schulpädagogik eine ausschließlich analytische und theoretisch ausgerichtete Wissenschaft sei oder ob sie eine Handlungswissenschaft für die pädagogische Praxis darstelle (Wischer/Tillmann 2009). Derzeit sind infolge dieser Diskussion vielfach Bemühungen zu erkennen, Schulpädagogik vermehrt als Forschungsdisziplin zu konturieren und wissenschaftlich weiterzuentwickeln. Dies konkretisiert sich unter anderem z.B. an der Einführung von Peer-Review Verfahren in nahezu allen schulpädagogisch relevanten Zeitschriften und an der Stärkung der forschungsmethodischen Qualifizierung des wissenschaftlichen Nachwuchses.

Im geschichtlichen Abriss zeigte sich für die skizzierten Phasen, dass jeweils mehrere Ebenen des Bildungswesens im Zentrum der forschenden Betrachtung standen. Die nachfolgende Darstellung zentraler Inhaltsfelder orientiert sich an einer mittlerweile etablierten Untergliederung in die Makroebene des Gesamtsystems, die Mesoebene der Einzelschule und die Mikroebene des Unterrichts.

2.2.1 Makroebene: Bildungssystem und Schulstruktur

Die Ebene des Bildungssystems und der Schulstruktur wird häufig als *Makroebene* bezeichnet. Im ersten Abschnitt führen wir auf der Makroebene, die Schulstruktur und die institutionelle Rahmung aus. Im zweiten Abschnitt widmen wir uns den Bildungsplänen als bedeutsamen Steuerungsinstrumenten.

Schulstruktur und institutionelle Rahmung

Mit dem Ende der nationalsozialistischen Diktatur 1945 war die Neuorganisation eines demokratischen Bildungswesens eine vordringliche Aufgabe, wobei zunächst das alte System einer nach sozialen Klassen organisierten Schulstruktur für das Aufkommen und Erstarken der nationalsozialistischen Ideologie in Deutschland verantwortlich gemacht wurde. Um die Demokratisierung zu forcieren, forderten vor allem die Amerikaner ein horizontal gegliedertes Schulwesen, nach dem Vorbild ihrer comprehensive schools. Während dies bis 1949 in der Diskussion noch präferiert wurde – eine nachgerade erstaunliche Tatsache – sank das Interesse der Alliierten zunehmend, weitere Reformen einzufordern (Wacker et al. 2012b). So wurde, unterstützt von der Mehrheit der konservativen Parteien, die sowohl im Bund als auch in den meisten Länderparlamenten der neu gegründeten Bundesrepublik Deutschland die Mehrheit hatten, die gegliederten Organisationsstrukturen der Weimarer Zeit weitgehend übernommen (Baumert et al. 2008). Wenngleich diese *gegliederte Schulstruktur* in den vergangenen Jahren immer wieder kritisiert wurde, ist jedoch herauszuheben, dass sie zunächst in der Nachkriegszeit ein pragmatisches und erfolgreiches Programm darstellte, um das vorherrschende Konglomerat von Volksschulen und höheren Lehranstalten mit ihren schichtspezifischen Beteilungsmustern und ihrer regional unterschiedlichen Ausprägung weiter zu entwickeln (Zymek 2013). Gleichwohl waren damit auch Schattenseiten verbunden, die wir hier nur anreißen und im weiteren Verlauf präziser beschreiben. In PISA 2000 und nachfolgend immer wieder neu wurde herausgehoben, dass Schulformen der Sekundarstufe I unterschiedliche Entwicklungsmilieus darstellen, die vor allem über unterschiedlich kognitive Anforderungsniveaus zu einer engen Kopplung von sozialer Herkunft und Kompetenzerwerb beitragen und darin schulformspezifische Entwicklungsmilieus vorzeichnen (Maaz et al. 2009). Die Daten der PISA-Studie wiesen auf gravierende, sozial bedingte Ungleichheiten primärer und sekundärer Art hin (Baumert/Schümer 2001).

In der Bundesrepublik Deutschland bestimmen die einzelnen Bundesländer innerhalb der föderalen Kulturhoheit die Ausgestaltung des Bildungssystems. Dementsprechend unterscheiden sich die Bildungssysteme der Bundesländer und Stadtstaaten und sie weisen eine jeweils eigene Entwicklungsgeschichte auf. Wie schon im geschichtlichen Abriss zu ersehen war, wurden Fragen des Schulsystems und seiner Steuerung vor allem in den 1960er und 1970er Jahren bearbeitet und *Strukturreformen* initiiert, in der nachfolgenden Zeit jedoch weniger. Inzwischen aber steht die Schulstrukturfrage, nicht zuletzt angestoßen über die Befunde zur Bildungsgerechtigkeit in internationaler und nationaler Hinsicht sowie aufgrund der aktuellen demografischer Entwicklungen, wieder neu im Fokus der Disziplin (Rösner 2014). Sie kulminierte in den vergangenen Jahren in einer – über die Bundesländer hinweg – festzustellenden Veränderung der Bildungslandschaft, die ihresgleichen in der Geschichte sucht.

Die unterschiedlichen Schulsysteme der Bundesländer können in einer dreigeteilten aufeinander aufbauenden Grundstruktur, an der sich die Schulsysteme aller Bundesländer orientieren, verglichen werden. Diese Grundstruktur unterscheidet eine Primarstufe, eine Sekundarstufe I und eine Sekundarstufe II. Die nachfolgende Grafik stellt anhand dieser Aufteilung die Struktur des Schulwesens in der Bundesrepublik Deutschland dar.

Tertiärer Bereich
Hochschulwesen
Schulische und außerschulische Fort- und Weiterbildung

SEKUNDARSTUFE II

Gymnasiale Oberstufe
am **Gymnasium** (i.d.R. Jahrgangsstufen 10-12)
an **Schularten mit drei Bildungsgängen**
(i.d.R. Jahrgangsstufen 11-13)

SEKUNDARSTUFE I

Schularten mit drei Bildungsgängen/Gesamtschule
Integrierte Gesamtschule, Kooperative Gesamtschule, Gemeinschaftsschule (Schleswig-Holstein, Thüringen, Baden-Württemberg), Integrierte Sekundarschule (Berlin), Oberschule (Bremen, Niedersachsen), Regionale Schule (Mecklenburg-Vorpommern) teilweise, Stadtteilschule (Hamburg) **(Kl. 5-10)**

Schularten mit zwei Bildungsgängen
Erweiterte Realschule (Saarland), Haupt- und Realschule (Hamburg), Mittelschule (Sachsen), Oberschule (Brandenburg), Realschule plus (Rheinland-Pfalz), Regelschule (Thüringen), Regionale Schule (Mecklenburg-Vorpommern), Regionalschule (Schleswig-Holstein), Sekundarschule (Bremen, Sachsen-Anhalt), Verbundene Haupt- und Realschule (Hessen), Mittelstufenschule (Hessen) **(Kl. 5-10)**

Hauptschule (Kl. 5-9/10)	**Realschule** (Kl. 5-10)	**Gymnasium** (Kl. 5-9/10)
Hauptschul-bildungsgang	**Realschul-bildungsgang**	**Gymnasialer Bildungsgang**

PRIMARSTUFE

Grundschule
(Kl. 1-4), (in Berlin und Brandenburg Kl. 1-6)

ELEMENTARBEREICH

Kindergarten/Kindertagesstätte
(freiwillig)

Förderschulwesen mit Fördereinrichtungen im Elementar-, Primar-, und Sekundarbereich I und II

Berufliches Schulwesen mit berufsbezogenen Abschlüssen sowie Abschlüssen im Sekundarbereich I und II

k

Abb. 1: Struktur des Schulwesens in der Bundesrepublik Deutschland (Stand: April 2014)

Mit der *Primarstufe* ist die Grundschule bezeichnet. Die Grundschule dauert vier, in Berlin und Brandenburg sechs Jahre. Die heutige Grundschule erhielt ihre Rechtsgrundlage 1919 in der Weimarer Republik. Die Einführung der Grundschulpflicht läutete damals das Ende des überkommenen Standesschulwesens ein. Konzipiert als integrierte Pflichtschule, bildete sie gegenüber den bis dahin bestehenden Vorschulen einen pädagogischen Fortschritt, dessen Tragweite erst im historischen Abstand ersichtlich wird (Jürgens 2009). In den 1970er Jahren wandte sich die Grundschule der Wissenschaftsorientierung zu, auch um damit eine bessere Vorbereitung ihrer Schülerinnen und Schüler auf weiterführende Schulen zu unterstützen. Zwischen dieser Vorbereitung auf weiterführende Schulen einerseits, dem Anspruch auf kindgerechtes und spielerisches Lernen andererseits, liegt ein unaufhebbarer Widerspruch der Grundschule.

In der *Sekundarstufe I* werden unterschiedliche Schulformen angeboten: Die Hauptschule, die Realschule und das Gymnasium stellen jene Formen dar, die sich aufgrund der vorherrschenden Gliederung in der Weimarer Republik auch ab 1949 in der Bundesrepublik durchzusetzen vermochten. Sie wurden in einzelnen Bundesländern, besonders in Nordrhein-Westfalen und Hessen, in den 1970er Jahren – zunächst zumeist in Schulversuchen – mit kooperativen sowie integrierten Gesamtschulen ergänzt. Kennzeichnend für die Gesamtschulen ist ein Kurssystem, das etwa in A-, B- und C-Kursen eine innere Differenzierung ermöglicht. Mit den politischen Umbrüchen Ende der 1980er Jahre etablierten sich zunächst in den neuen Bundesländern, später auch in den alten Bundesländern, zunehmend Schulformen, in denen verschiedene Abschlüsse, z.B. ein Haupt- oder ein Realschulabschluss erworben werden konnte. In Sachsen ist diese Schulform z.B. als Mittelschule bezeichnet, in Thüringen als Regelschule und in Sachsen-Anhalt als Sekundarschule. Seit 1992 bestehen in Rheinland-Pfalz Regionale Schulen, die ebenfalls diese beiden Abschlüsse zusammenfassen (Jürgens 2009). Die innerhalb dieser Schulformen anzustrebenden Schulabschlüsse, die nun nicht mehr auf eine Schulform bezogen sind, werden als *Bildungsgang* bezeichnet. In jüngster Zeit sind in der Sekundarstufe I auch Gemeinschaftsschulen oder Stadtteilschulen als eine neue Schulform hinzugekommen. Auch sie bieten unterschiedliche Bildungsgänge an, die auch auch die Möglichkeit gymnasialer Standards beinhalten können, und die versuchen, eine innere Differenzierung über Varianten des offenen Unterrichts und Individualisierung – diese zumeist über Kompetenzraster – zu erreichen. Damit treten sie in einen Gegensatz zu den Gesamtschulen, die dieses Ziel allzumeist über die erwähnten Kurssysteme zu verwirklichen suchen. Gemeinschaftsschulen gibt es etwa in Schleswig-Holstein, in Berlin (parallel zu den Sekundarschulen, welche die älteren Hauptschulen, Realschulen und Sekundarschulen ersetzen) und seit 2012 auch in Baden-Württemberg (ebenfalls parallel zu Haupt- und Werkrealschulen, Realschulen und Gymnasien). Aktuell liegt mit den besprochenen Schulformen in der Sekundarstufe I eine große Typenvielfalt vor, die sowohl aufgrund der kulturhistorischen Traditionen der Bundesländer als auch über die dort vorherrschenden politischen Mehrheiten begründet sind.

Die *Sekundarstufe II* umfasst Bildungs- und Ausbildungsgänge in der gymnasialen Oberstufe, an beruflichen Vollzeitschulen sowie Berufsausbildungsgänge im dualen System. Im berufsbildenden Bereich existieren über 15 Schulzweige und im Dualen System über 400 anerkannte Ausbildungsberufe. Auch Abendschulen und Kollegs, in denen Erwachsene sich weiterbilden können, werden hierunter ebenso subsumiert wie das berufliche Übergangssystem.

Kinder und Jugendliche mit sonderpädagogischem Förderbedarf werden entweder zusammen mit nichtbehinderten Kindern und Jugendlichen unterrichtet oder sie besuchen eine Sonderschule mit entsprechender Ausrichtung. Die Sonder- und Förderschulen stellen eine stufenübergreifende Schulform dar und umfassen gewöhnlich die Klassenstufen 1-10 (Jürgens 2009).

Die aktuelle Diskussion um die Schulstruktur zeigt, dass nahezu alle Bundesländer ihr Schulsystem hin zu einer *faktischen Zweigliedrigkeit* umbauen, in dem integrierte Schulen, die mehrere Bildungsgänge anbieten, dem Gymnasium gegenüber stehen. In einer neueren Systematik unterscheidet Tillmann (2012) die Schulsysteme der Länder wie folgt: Zweigliedrigkeit pur (z.B. in Sachsen: bestehend aus Gymnasium und Mittelschule ohne weitere Schulformen), Zweigliedrigkeit erweitert (z.B. in Berlin und Rheinland-Pfalz: Gymnasium, eine weitere Schulform, zusätzlich Gesamt- und/oder Gemeinschaftsschulen), Dreigliedrigkeit (z.B. in Bayern: Gymnasium, Realschule, Hauptschule) und erweiterte Viergliedrigkeit (z.B. Baden-Württemberg: Gymnasium, Realschule, Hauptschule, Gemeinschaftsschule sowie hinzutretende Varianten, wie etwa Verbundschulen).

Von hoher Bedeutung ist in gegliederten Systemen die *Durchlässigkeit* des Systems, mit der die Möglichkeiten bezeichnet wird, nach der Grundschule – oder auch später – getroffene Schullaufbahnentscheidungen (und Bildungsgänge) „aufgrund von Ergebnissen der individuellen Lernentwicklung zu korrigieren" (Schaub/Zenke 2007). Hier ist die *horizontale Durchlässigkeit*, die einen Wechsel von etwa der Haupt- und Werkrealschule in die Realschule oder von der Realschule in das Gymnasium ermöglicht, immer wieder thematisiert worden. In Studien konnte aufgezeigt werden, dass Schulformwechsel innerhalb der Sekundarstufe I vor allem von „oben" nach „unten", also etwa vom Gymnasium und der Realschule in die jeweils weniger „anspruchsvollen Bildungsgänge" vollzogen werden (Tillmann/Meier 2001, 468). Die Anzahl der Aufstiege in eine höhere Schulform (*Aufwärtsmobilität*) ist dementsprechend äußerst gering, während die Abstiege infolge „Sitzenbleibens" oder nicht erreichter Abschlüsse überwiegen (*Abwärtsmobilität*). Allerdings wird in den Studien zuweilen übersehen, dass ein hoher Anteil von Aufwärtsmobilität der Schülerinnen und Schüler über Formen der *vertikalen Durchlässigkeit* realisiert wird, also über erreichbare Optionen im Anschluss an einen Bildungsgang. Hierzu gehören etwa der Erwerb einer Mittleren Reife im zehnten Schuljahr nach zuvor absolviertem Hauptschulabschluss zum Ende der neunten Klassenstufe oder ein Abitur auf dem beruflichen Gymnasium im Anschluss an die Mittlere Reife, die an einer Realschule absolviert wurde.

Horizontale und vertikale Mobilität stellen bedeutsame Qualitätsmerkmale von Bildungssystemen dar.

Viele Studien aus den vergangenen Jahren verwiesen immer wieder neu auf (unerwünschte) (Neben-)Effekte des gegliederten Bildungssystems und hoben dabei etwa Leistungsüberlappungen, schulformpezifische Lernmilieus, Schereneffekte und Creaming-Effekte heraus. Diese Stichworte führen wir nachfolgend aus. *Überlappungen* stellen ein grundsätzliches Problem gegliederter Schulsysteme dar, die in zahlreichen Studien ohne Ausnahme aufgefunden werden konnten. Die TIMSS-Studie konnte etwa darlegen, dass 41 Prozent der Abgängerinnen und Abgänger mit einem Realschulabschluss in den Kernbereich gymnasialer Leistungen vorstoßen, 22 Prozent davon sogar in der oberen Leistungshälfte (Baumert et al. 2000). Auch PISA und alle weiteren länderspezifischen oder -übergreifenden Studien weisen auf diese deutlichen Leistungsüberlappungen hin und begründen darin eine Kritik am gegliederten Bildungssystem – nicht nur in Deutschland, sondern auch in anderen Ländern, beispielsweise der Schweiz (Morger/Bitto 2008). In den Studien wurden ebenfalls die bereits erwähnten *differenzielle(n) Lern- und Entwicklungsmilieus*, die mit den einzelnen Schulformen einhergehen, herausgearbeitet. Von differenziellen Lern- und Entwicklungsmilieus wird dann gesprochen, wenn junge Menschen unabhängig von und zusätzlich zu ihren unterschiedlichen persönlichen, intellektuellen, kulturellen, sozialen und ökonomischen Ressourcen je nach besuchter Schulform differenzielle Entwicklungchancen erhalten, die schulmilieubedingt sind und sowohl über den Verteilungsprozess als auch aufgrund der institutionellen Arbeits- und Lernbedingungen und der schulformspezifischen pädagogisch-didaktischen Traditionen erzeugt werden (Baumert et al. 2009). Schulformen bilden demnach selektionsbedingte Lernmilieus aus, welche die soziale Segregation der Schülerinnen und Schüler befördern. Dies ist beispielsweise dadurch gegeben, dass Lehrpläne an niedrigeren Schulformen geringere Kompetenzvorgaben ausweisen und damit auch Schülerinnen und Schüler, die in einem jeweiligen Fach auch höheren Vorgaben entsprechen könnten, restringieren. Auch qualitative und ethnografische Studien stützen diese Befunde und weisen beispielsweise auf grundlegende und nicht zu erwartende Unterschiede in der Benotungspraxis an Gymnasien und nichtgymnasialen Sekundarschulen hin (Zaborowski et al. 2011), die diese Unterschiede tendenziell noch verschärfen. Einerseits sind diese Differenzen der sozialen Herkunft der Schüler geschuldet, was in der Forschung mit dem Begriff *Kompositionseffekte* gefasst wird, überwiegend sind sie jedoch institutionellen Vorgaben zuzurechnen; diese werden häufig als *Institutionseffekte* bezeichnet. Mit Blick auf die Leistungen führen sie zu *Schereneffekten* im Lernen der Schülerinnen und Schüler: Hier konnten Becker et al. (2006) für das Fach Mathematik aufzeigen, dass Realschüler und Gymnasiasten mehr als doppelt so große Lernzuwächse aufwiesen wie Hauptschüler. Wocken konnte Schereneffekte auch für die Förderschule konstatieren: „Je länger ein Schüler in der Förderschule zugebracht hat, desto schlechter sind sowohl seine Rechtschreibleistungen als auch seine Intelligenztestwerte" (Wocken 2005, 58).

Diesen Problemen gegliederter Schulsysteme, insbesondere aber dem Problem der Durchlässigkeit, suchte man seitens der Bundesländer in den vergangenen Jahren über eine *Entkopplung von Schulform und Schulabschluss* zu begegnen. Mit dieser Begrifflichkeit ist die Trennung von Schulform und Schulabschluss bezeichnet; sie stellt ebenfalls ein Qualitätsmerkmal des Bildungssystems dar. So kann der Mittlere Schulabschluss in den meisten Bundesländern an Haupt- und Werkrealschulen über ein zumeist zusätzliches 10. Schuljahr absolviert werden oder darüber hinaus im beruflichen Schulwesen, etwa über bestimmte Leistungen in einer Ausbildung des Dualen Systems. Für das Jahr 2008 berichten van Ackeren und Klemm (2011, 58) über alle Bundesländer hinweg, dass nur noch 57 Prozent der Mittleren Abschlüsse an Realschulen erworben wurden. Bemerkenswert ist, dass 14 Prozent aller Hauptschulabschlüsse, 20 Prozent aller Mittleren Abschlüsse, 14 Prozent aller Allgemeinen Hochschulberechtigungen und 89 Prozent aller Zugangsberechtigungen zu Fachhochschulen im beruflichen System erworben wurden. Vor allem Realschulen gelangen so in eine Konkurrenz mit den weiteren Schulformen, die zur Frage ihrer strukturellen Integration in das Bildungswesen führt (Köller et al. 2004; Nath 2002). Nach Weishaupt stellt die Aufweichung der Abschlüsse eine Ersatzhandlung für die faktisch vollzogene Aufhebung der Trennung von Haupt- und Realschule dar (Weishaupt 2009).

Für Schulsysteme insgesamt, so können wir zusammenfassen, stellen die horizontale und vertikale Durchlässigkeit sowie die Entkopplung von Schulformen und Abschlüssen bedeutsame Qualitätskriterien dar, welche die zahlreichen Reformen in den Sekundarstufen der vergangenen Jahre begründet. Gleichwohl sind mit dieser Durchlässigkeit auch Nachteile verbunden, die van Ackeren und Klemm (2011, 59) als „Prozess der strukturellen Zerfaserung des Systems" beschreiben. Die darin angelegte Entmonopolisierung einzelner Schulformen, wie aufgezeigt etwa der Realschule, führt nach den Autoren zu einer „Hierarchisierung gleicher Abschlüsse". Damit ist etwa die unterschiedliche Wertigkeit eines an der Hauptschule erworbenen Realschulabschlusses im Vergleich mit einem an der (Regel-)Realschule absolvierten Abschlusses gemeint.

Zertifizierende und Berechtigungen vergebende Schulsysteme insgesamt, zu denen das deutsche Schulsystem zu zählen ist, richten das Lernen auf Abschlussziele aus, Berechtigungen werden hier über entsprechende Leistungsanforderungen und darauf abgestimmte Prüfungen reguliert. Der Lehrerschaft fällt damit die Verantwortung für den Allokationsprozess zu. Fend nennt diese „abgebenden" Schulsysteme *terminale Systeme* (z.B. Fend 2006b, 252). Im internationalen Vergleich wird ersichtlich, dass auch andere Möglichkeiten der Regulation bestehen: In den Vereinigten Staaten etwa entscheiden die aufnehmenden Institutionen, dadurch vergeben die Schulformen lediglich das Recht, sich bei nachfolgenden Schulen oder betrieblichen Abnehmern zu bewerben. Diese Systeme, die dadurch nach Fend mehr „Chancen der Kooperation und Koalition zwischen Lehrpersonen und Schülerinnen und Schülern" ermöglichen (Fend 2006b, 252), werden *elektive Systeme* genannt. Diese Chancen eröffnen sich deshalb, weil die Leistungsbeurteilung im Rahmen der Selektionsfunktion von Schulen in elektiven Systemen entfällt und damit der Fokus der Lehrerinnen und Lehrer in höherem Ausmaß auf die Förderung von Schülern gerichtet werden kann.

Zur Steuerung des Bildungssystems über Bildungspläne

In den Ländern der Bundesrepublik Deutschland wird das Erziehungswesen staatlich gesteuert (Fend 2008, 359; Vollstädt et al. 1999, 14). Über *Lehrpläne* im Kern, dazu über eine Vielzahl von „Steuerungshebeln" wie etwa der Summe gesetzlicher Regelungen, der Zuteilung von Ressourcen, der Gewährung schulischer Autonomie, der Überprüfung des Systems in Vergleichsarbeiten (z.B. VERA), Schulinspektionen, mittels Bildungsberichterstattung u.v.a.m. übernimmt der Staat die Verantwortung über die grundlegenden Ziele. Er überlässt aber den einzelnen Lehrkräften die Umsetzung innerhalb von Ableitungs-, Ausdeutungs- und Anwendungsbeziehungen (*Lizenzprinzip*). Das Lizenzprinzip bezeichnet im Kern die Abhängigkeit von Schule und Unterricht „von der Erteilung einer Unterrichtslizenz von Staatsseite aus" (Ohlhaver 2005, 41). Mit seiner Einführung, die auf die preußische Verwaltungsreform zu Beginn des 19. Jahrhunderts unter Wilhelm von Humboldt zurückgeht, vollzog sich eine Trennung von „inneren und äußeren" Schulangelegenheiten. So sind heute die Kommunen und Landkreise für die *äußeren Schulangelegenheiten* zuständig, zu ihnen gehören etwa der Unterhalt der Gebäude oder die Bezahlung des Hausmeisters. Für die *inneren Angelegenheiten*, deren Kern die Kompetenzen, Inhalte und Strukturfragen bilden, ist das Bundesland zuständig. Vor allem Lehrpläne bilden das zentrale Steuerungsinstrument von der politischen Ebene zum Erziehungs- und Bildungssystem, das wir nachfolgend exemplarisch beleuchten wollen und damit auch die Frage ihrer Wirksamkeit ansprechen.

Lehrpläne (auch Rahmenrichtlinien oder Richtlinien, Rahmenpläne, Bildungspläne, Stoffpläne, Bildungsstandards, curriculare Lehrpläne und heute Bildungsstandards oder Kerncurricula genannt) sind, unabhängig von ihrer faktischen unterrichtlichen Orientierungswirkung, „als zentrale programmatische Dokumente der jeweiligen Bildungspolitik und der aktuellen Legitimation des öffentlichen Schulwesens anzusehen" (Müller 2002, 87). Das Lehrplanverständnis war dabei in der Geschichte einem beständigen Wandel unterworfen und hat sich nach 1945 ausgehend von Bildungsplänen und Richtlinien über nachfolgend präferierte Curricula wieder zurück zu Lehrplänen und aktuell zu Bildungsstandards verändert (Wiater 2009, 127). Die gesellschaftlichen Umbrüche der 1960er Jahre führten zur Konzipierung einer neuen Lehrplantheorie, der Curriculumstheorie (Wiater 2009, 129). Curricula oder curriculare Lehrpläne, die dann in den 1970er Jahren im Vordergrund standen, akzentuierten vor allem die Zielebene: Sie legten „den Unterricht auf möglichst detailliert beschriebene Ziele fest, zu deren Erreichung ausgewählte Inhalte, geeignete Methoden und bestimmte Medien in überprüfbarer Weise beitragen sollten" (Wiater

2009, 127). Der damals führende Forscher Robinsohn forderte eine grundlegende Analyse der Lebenssituationen, für welche die Schule die nachwachsende Generation zu qualifizieren hätte (Robinsohn 1967). Diese Lebenssituationen, die von Wissenschaftlern erschlossen werden sollten, bildeten den Ausgangspunkt für kognitive, affektive und psychomotorische Ziele, die in der Schule, heruntergebrochen über alle Fächer, zu vermitteln seien. Die ehrgeizigen Ziele der *Curriculumsreform*, die von einem großen Fortschrittsoptimismus begleitet wurden, konnten sich allerdings nicht durchsetzen und blieben weitgehend auf der Theorieebene stecken.

Heute bilden *Bildungsstandards* Funktionsäquivalente von Lehrplänen. Bei der Entwicklung der Nationalen Standards orientierte man sich vor allem am Kompetenzbegriff der Expertiseforschung (Maier 2012). Bildungsstandards formulieren nach der Klieme-Expertise „Anforderungen an das Lehren und Lernen in der Schule. Sie benennen Ziele für die pädagogische Arbeit, ausgedrückt als erwünschte Lernergebnisse der Schülerinnen und Schüler. Damit konkretisieren sie den Bildungsauftrag, den allgemein bildende Schulen zu erfüllen haben" (Klieme et al. 2003, 19). Das Kernmerkmal der Bildungsstandards sind einerseits die in ihnen formulierten Kompetenzen, die Inhalten gegenüber vorigen Zeiten eine nachnachgeordnete Bedeutung beimessen, andererseits die flächendeckende Abprüfung der in ihnen ausgewiesenen Kompetenzen, die einen Steuerungsanspruch der Standards begründen. Die Ausgestaltung in den Bundesländern ist hier unterschiedlich: Während sich Bildungsstandards und Kerncurricula in manchen Bundesländern konzeptionell ergänzen und in ein additives Verhältnis treten, fallen sie in anderen Bundesländern, z.B. in Baden-Württemberg, in einem Dokument zusammen.

Wenngleich die Begriffe, wie ersichtlich wurde, im historischen Verlauf beständig wechselten, ist zu fragen, welche elementaren Merkmale des Lehrplans konstitutiv angeführt werden können? Müller (2002, 88) arbeitete vier konstitutive Definitionsmerkmale des Lehrplans heraus: (1) die *Inhaltsdimension*, die Lehrinhalte und Stoffgebiete einschließt, (2) eine *Zieldimension*, welche die Bildungs- und Lernziele umfasst und heute hierzu Kompetenzen benennt, (3) eine *Ordnungsdimension*, die die zeitliche Aufteilung und Anordnung der Bildungsgüter umreißt und schließlich (4) eine *Auswahldimension*, die Unterteilungen nach Altersstufen, Klassen, Schulformen usw. beinhaltet. Wenngleich Lehrpläne in ihrem Aufbau und ihrer Gewichtung hier in hohem Ausmaß differieren und beispielsweise in den Bildungsstandards die Zielebene über die Inhaltsebene gestellt ist, sind diese vier Merkmale in allen Plänen aufzufinden.

Die Frage, ob die Absichten der staatlichen Steuerung im Bildungssystem greifen, also die Frage nach der Wirksamkeit, führt uns zu den *Funkionen des Lehrplans*. Dem Lehrplan kommt eine Doppelaufgabe zu: Er soll einerseits schließen, also Kompetenzen und Inhalte abgrenzbar vorgeben, aber andererseits auch gleichzeitig offen halten, so dass Lehrerinnen und Lehrer auch aktuelle Inhalte und Ideen, vielleicht die anstehenden Wahlen, in ihm verorten können. Deshalb besitzt er sowohl Funktionen, die sich an die außerschulische Öffentlichkeit richten (externe oder gesellschaftliche Funktionen) als auch Funktionen, die sich an die Beteiligten im Schulleben selbst richten (interne Funktionen oder pädagogisch-didaktische Funktionen). Als *interne Funktion* ist nach Vollstädt vor allem die *Orientierungs- bzw. Steuerungsfunktion* des Lehrplans für Lehrkräfte zu sehen, indem er ein Grundverständnis des jeweiligen Unterrichtsfachs skizziert, einen Rahmen für die Auswahl und Anordnung der zu behandelnden Inhalte gibt und ebenso Anregungen und Hilfen für die Planung und Gestaltung von gutem Unterricht (Vollstädt et al. 1999, 21). Weiterhin ist seine *Anregungsfunktion*, die in den inhaltlichen und methodischen Ausführungen zu finden ist, und die *Entlastungsfunktion* für die Lehrkräfte, die darin liegt, dass Lehrkräfte mit dem Plan klare Vorgaben und Ziele erhalten sollen, zu benennen. Als *externe Funktion* gilt vor allem seine *Legitimationsfunktion*, die die bildungspolitischen Entscheidungen für die Öffentlichkeit legitimiert. Sie ist auch etwa darin zu sehen, dass die Politik auf die in den internationalen Vergleichsstudien ausgewiesenen Kompetenzdefiziten deutscher Schüler mit neuen Bildungsplänen, den Bildungsstandards, antwortete und damit ein Handeln legitimiert.

Mit dem Lehrplan und seinen Funktionsäquivalenten ist das *intendierte Curriculum* bezeichnet, also die Sollensebene der zu vermittelnden Ziele und Inhalte. Das intendierte Curriculum und die in ihm benannten Kompetenzen und Inhalte kommen dabei, wie viele Untersuchungen zeigen, nicht ohne Brechung bei den Schülerinnen und Schülern an. Vor allem in sogenannten systematischen Fächern unterrichten die Lehrkräfte häufig über Bücher und zugehörigen Arbeitshefte („Lehrwerke"), mit denen Akzentuierungen für bestimmte Ziele und Inhalte einhergehen, andere Vorgaben des Plans aber eventuell nicht in aller Tiefe behandelt werden. Diese Lehrwerke bilden das *potenzielle bzw. intendierte Curriculum*. Nun ist es häufig so, dass auch aus den Lehrwerken angesichts der stets knappen Zeit im Schuljahr eine Auswahl getroffen werden muss und eine weitere Reduktion durch die Lehrkräfte stattfindet. Mit dem *implementierten Curriculum* wird deshalb der in der Schule tatsächlich behandelte Stoff begrifflich gefasst. Das *erreichte Curriculum* schließlich bezeichnet die Kompetenzen, die Schülerinnen und Schüler tatsächlich erwerben (Baumert et al. 2000), sie umfassen nur einen Teil des intendierten Curriculums. Hierbei ist von großen Unterschieden hinsichtlich dieses *outputs* auszugehen: Der Unterricht kann sich mittels unterschiedlicher kognitiver oder motivationaler Voraussetzungen gleichzeitig auf einige Schüler positiv, auf andere negativ auswirken. Selbstbewusste und leistungsstarke Schüler nehmen etwa einen lehrerzentrierten und strukturierten Unterricht häufig als Bevormundung wahr, was sich negativ auf ihre Motivation auswirkt. Für leistungsängstliche Schüler hingegen ist dieser Unterricht bedeutsam für ihren Lernfortschritt. Dieser Sachverhalt wird auch als *differenzieller Profit* bezeichnet (Helmke 2012, 32). Mit Blick auf diese Ausführungen ist von der Ebene des Lehrplans hin zu seiner Realisierung insgesamt ein Steuerungsverlust zu konstatieren, der die hohen Erwartungen, die Bildungspolitiker oft dem Lehrplan und den weiteren Steuerungsinstrumenten entgegenbringen, unrealistisch erscheinen lässt: So fördern neue Lehrpläne vermutlich weniger den

Unterricht selbst, entfalten aber mittelbar über die Diskussion um Unterrichts- und Schulentwicklung eine Wirkung (vgl. Wiater 2009, 133).

Die benannten *Steuerungsverluste* werden im Kern bei allen Forschungen zu sogenannten „top-down-Steuerungen" aufgefunden: Von „oben" verordnete Reformen werden auf den unterschiedlichen Ebenen des Bildungssystems gebrochen und nicht so umgesetzt wie geplant; teilweise führen sie auch zu gegenläufigen, zu kontraintentionalen Effekten. Aus diesem Grund hat sich die Steuerungsvorstellung der Schulpädagogik in den letzten Jahren stark gewandelt. Der Steuerungsbegriff bezeichnet heute die politische Initiative, während die Komplexität der ablaufenden Prozesse im Bildungssystem mit dem Begriff *Educational Governance* bezeichnet wird (Kussau/Brüsemeister 2007). Der Begriff Educational Governance beinhaltet, dass im Bildungssystem differente Akteure mit unterschiedlichen Zielrichtungen handeln. Hierbei werden *individuelle Akteure* (z.B. Schüler, Lehrer, Eltern oder Schulräte) und *organisierte Akteure* unterschieden (z.B. Gewerkschaften). Diese Akteure agieren in wechselseitiger Abhängigkeit, was im Begriff der *Interdependenz* gefasst wird. Die institutionalisierten Interdepenzbeziehungen zwischen den Akteuren erfolgen auf etlichen Ebenen. Die Educational-Governance-Perspektive versucht deshalb das Bildungssystem als ein theoretisches Mehrebenensystem mit formalen Ebenen zu konzeptualisieren (z.B. Länderebene, Administration, Schulaufsicht, Schulleitung, Steuergruppen, Lehrkräfte, Schülerinnen und Schüler). Dabei wird von einer Machtdifferenz der verschiedenen formalen Ebenen ausgegangen. Aufgaben und Probleme können nur in gemeinsamer *Handlungskoordination* der Akteure gelöst werden. So erfordert die Einrichtung einer Vorbereitungsklasse in der Grundschule zur Sprachförderung sowohl die Mittelbereitstellung durch die Schuladministration als auch den Willen der Eltern, ihre Kinder dort einzuschulen. Auf jeder Ebene des Mehrebenensystems sind die Akteure je eigenen Sinnlogiken verpflichtet, beispielsweise wenn die politischen Akteure und Eltern oder auch Schülerinnen und Schüler und die Lehrkräfte Ziele verfolgen, die nicht deckungsgleich sind oder sich sogar widersprechen. Alle Akteure besitzen unterschiedliche Beteiligungs- und Einflusschancen, diese werden über den Begriff der *Verfügungsrechte* bezeichnet. Verfügungsrechte sagen etwas aus über die unterschiedlichen Beteiligungs- und Einflusschancen, eine *Akteurskonstellation* mittels Entscheidungen zu eigenen Gunsten beeinflussen zu können. Die Steuerung des Schulsystems, so lässt sich resümierend auch hinsichtlich der aufgeworfenen Frage der Wirkungen feststellen, ist wegen der Vielzahl der zusammenhängend Akteure und ihren je eigenen Sinnlogiken komplex und kann nicht als mechanistische Durchgriffssteuerung verstanden werden.

2.2.2 Mesoebene: Die Bedeutung der Einzelschule

Die Phase der Bildungsreformen hatten wir bereits skizziert, aber durch einen nachfolgenden zeitlichen Sprung in die neueren Entwicklungen ab etwa Mitte der 1990er Jahre noch offen gelassen, welche Themen in den 1980er Jahren bedeutend waren. Nach der Phase der Bildungsexpansion und der mit ihr beginnenden Schulforschungs-„Blüte", die mit einer Ausdifferenzierung von methodischen Zugängen und Themenbereichen verbunden war, kam es in den 1980er und frühen 1990er Jahren zu einem Abschwung der Schulforschung und zu einem Verlust an öffentlicher Aufmerksamkeit. Gründe dafür sehen Helsper und Böhme (2004, 19) darin, dass am Ende der Bildungsreformära Enttäuschungen gegenüber den Erwartungen an Schule und Bildung herrschten, weil keine direkt übertragbaren und für bildungspolitische Entscheidungen umsetzbaren Ergebnisse vorgelegt werden konnten. Nach dem Ende der Untersuchungen zur Gesamtschule war die Diskussion um die Systemfragen zunächst abgeschlossen. „Ihre Ergebnisse führten zu keinem strukturellen Konsens, so dass die Systemfragen generell in den Hintergrund traten" (Fend 2010, 288). Als bedeutsamer erwies sich eine andere Einsicht: Insgesamt brachten die Studien zu Tage, „dass die Systemmerkmale, also die jeweilige Schulstruktur und Schulorganisation, weniger Varianz […] aufzuklären in der Lage war als Merkmale der Einzelschule" (Fend 2010, 289). Die Aufmerksamkeit verlagerte sich in der Folge entsprechend auf die Ebene der Einzelschule und es kam zu einer Umorientierung: Die Dominanz der Schulformperspektive trat zurück, die Bedeutung der Einzelschule für die Schulentwicklung und Schulqualität rückte in den Blickpunkt der Betrachtung (Helsper 2010, 390). Fortan konzentrierte sich der Fokus der Schulreform auf die Einzelschule (Rolff 2010). Als Markierungspunkt dieser neuen Sichtweise gilt ein Artikel von Helmut Fend, in dem er die Schule als eine „pädagogische Handlungseinheit" konturierte (Fend 1986).

Mit dieser Akzentsetzung der Schule als pädagogischer Handlungseinheit begann die Karriere des wichtigen Begriffs der *Schulentwicklung* und damit auch der Schulentwicklungsforschung, denn im Kern war nun die Frage in den Vordergrund gerückt, wie die pädagogische Handlungseinheit Schule gestaltet werden kann. Schon ab den 1990er Jahren galt deshalb die Einzelschule als „Motor der Entwicklung" (Dalin/Rolff 1990), was bedeutet, dass ihrer Entwicklung ein Primat gegenüber der Systementwicklung eingeräumt wurde.

Akteure der Schulentwicklung richteten ihre Bemühungen zunächst an Konzepten der *Organisationsentwicklung* aus, die aus dem Wirtschaftsbereich stammten. Hier liegt über je unterschiedliche Einzelansätze hinweg die Überzeugung zu Grunde, „dass die Veränderung von Organisationen von ihren Mitgliedern selbst – und damit von innen heraus – möglich ist" (Dedering 2012, 15). Eine hohe Bedeutung kommt in diesem Zusammenhang der Schulleitung und nicht selten auch von außen zugezogenen Prozessberatern zu (Bonsen 2010; Bonsen/Rolff 2006). Das Ziel liegt in der gleichzeitigen Verbesserung der Leistungsfähigkeit der Organisation und der Qualität des Arbeitslebens. Die Mitglieder einer Organisation nehmen bei der Organisationsentwicklung zunächst eine Analyse der Situation und der Probleme vor und formulieren – vor dem Hintergrund der Ergebnisse aus einer Selbstuntersuchung und der hierbei festgestellten Stärken und Schwächen – Ziele für die weitere Entwicklung der Organisation.

Diese ersten Ansätze stießen schon bald auf Kritik, weil sich die formale soziale Organisation der Schule von anderen Organisationen dergestalt unterscheidet, dass auf sie kein ökonomisches Prinzip im Abgleich von Input und Output angewandt werden kann. Rolff fasst die *organisationalen Besonderheiten der Schule* wie folgt zusammen (Rolff 1993, 121-134):

1) Der Bildungsauftrag als Vermittlung von Inhalten: Der Bildungsauftrag der Schule, der in erster Linie über Inhalte vermittelt wird, prägt die Ablauforganisation der Schule. Die Vermittlung von Inhalten ist mehr als eine bloße Informationsweitergabe.

2) Der pädagogische Bezug als Grenze der Technologisierbarkeit: Erziehungsprozesse beruhen auf der persönlichen Begegnung. Schüler sind keine Vollmitglieder der Organisation, sondern gelten nur als temporäre Mitglieder mit eingeschränkten Rechten, aber die Schule findet ihren einzigen Grund in der Aufnahme gerade dieser Schüler. Das besondere Verhältnis von Heranwachsenden zu Erwachsenen ist für die Schule deshalb konstitutiv. Erziehungsprozesse lassen sich nur zum Teil zweckrational organisieren und nur begrenzt technologisieren, etwa über methodisch orientierte Didaktiken, zuvörderst beruhen sie auf der persönlichen Begegnung.

3) Die Schüler im Mittelpunkt als Notwendigkeit des Fallverstehens: Lehrerinnen und Lehrer unterrichten Klassen mit einzelnen Kindern. Sie sind verpflichtet, jede einzelne Schülerin und jeden einzelnen Schüler pädagogisch zu betreuen. Die Schüler stehen dann als „Fall" im Mittelpunkt, der jeweils als besonderer verstanden werden muss. Pauschale Ursachenzuschreibungen und allgemein formulierte Umgangsstrategien werden ihm in seiner Besonderheit gerade nicht gerecht.

4) Lehrkräfte als unvollendet Professionelle mit gebrochener Verfügungsgewalt: Lehrer gelten aufgrund des Beamtenstatus und ihrer Verpflichtung hin auf übergeordnete Ziele der Schule, z.B. Chancengleichheit, nur als Semiprofessionelle. Ihre berufliche Autonomie ist, anders als in anderen Professionen, aufgrund dieser übergeordneten Ziele begrenzt. Dies erschwert eine Überprüfung der Ziele und führt zu einer dauerhaften Erfolgsunsicherheit, gleichzeitig erwächst den Lehrerinnen und Lehrern daraus eine strukturelle Autonomie.

5) Arbeitsteilung und gefügeartige Kooperation: In der Schule sind die Lehrer zumeist vor allem Einzelarbeiter und definieren ihre Rolle im Gedanken „Ich und meine Klasse" statt „Wir und unsere Schule" (Rolff 1993, 131). Die Schulorganisation gibt hierbei den Rahmen für mögliche Kooperationen der Lehrkräfte vor, was in der Organisationssoziologie mit dem Begriff der „gefügeartigen Kooperation" bezeichnet wird. Er bedeutet im Kern, dass die horizontale Kooperation der Lehrkräfte untereinander von der Schule vermittelt wird und nicht frei wählbar ist.

6) Reflexivität der Ziele: Pädagogische Ziele unterscheiden sich stark von den Zielen nicht-pädagogischer Organisationen. Das bedeutsame Ziel der Mündigkeit für die Schüler kann beispielsweise nicht mit Anleitung erreicht werden, son-

dern Schüler können sich letztendlich nur selbst emanzipieren, wozu aber die Schule anregen kann.

Böttcher (2002) fügt diesen sechs charakteristischen Merkmalen noch ein weiteres Mermal hinzu: Schulen besitzen in den meisten Staaten keine Entscheidungsgewalt darüber, ihr Personal auszuwählen, was zum Teil aufgrund des Beamtenrechts mitbegründet ist.

Diese spezifischen Merkmale der Organisation Schule führten dazu, Schulentwicklung vermehrt als eine *pädagogische Organisationsentwicklung* zu konzeptualisieren und damit diesen Merkmalen im Schulentwicklungsprozess Rechnung zu tragen. Dazu liegen zahlreiche Einzelansätze vor, die im Kern versuchen, die Kommunikations- und Organisationsstrukturen von Schulen zu verändern. So verbindet etwa das Verfahren des *Institutionellen Schulentwicklungsprozesses (ISP)*, um einen prominenten Ansatz beispielhaft herauszugreifen, Veränderungen der Schulstrukturen und des Managements mit der Demokratisierung der Beziehungen zwischen Leitung und Kollegium. Die an der Schule tätigen Einzelpersonen und die Modifikation ihrer Kooperations- und Kommunikationsverhältnisse stehen dabei im Mittelpunkt (Koch-Priewe 2000).

Auch diese vermehrt pädagogische Ausrichtung der Organisationsentwicklung wurde nachfolgend kritisiert mit dem Argument, dass darin zu wenig der Unterricht als eine Kernaufgabe von Schule im Mittelpunkt stehe. Aus diesem Grund votierten Autoren für eine *Pädagogische Schulentwicklung*, die im Kern eine Konzentration des Innovationsfeldes auf den Bereich des Unterrichts impliziert (Bastian 2010; Klippert 1997). Eine Pädagogische Schulentwicklung versucht eine Veränderung des Unterrichts über die systematische Unterstützung der Lehrerinnen und Lehrer in diesen Veränderungsprozessen zu befördern (Bastian 2007) und setzt sich damit ab von der Bezugnahme auf die Organisationsentwicklung, die eine systematische Bestandsaufnahme und einen Entwicklungsprozess der gesamten Schulorganisation fokussiert. Als Strategien und Methoden der Unterrichtsentwicklung setzte Bastian vor allem auf die Entwicklung eines Methodencurriculums der Schule, auf die gemeinsame Arbeit der Fachgruppen und auf Feedbackarbeit mit den Schülerinnen und Schülern (Bastian 2007). Wenngleich die – sowohl auf organisationale als auch auf pädagogische Aspekte gründenden Ansatzpunkte der diversen Konzepte – zum Teil recht unterschiedliche Ansatzpunkte vertreten, stimmen sie in ihrer Zielsetzung darin überein, dass sie versuchen Schule als Ganzes von innen heraus zu entwickeln. Aus ihren gemeinsamen inhaltlichen Überschneidungen resultiert das Konzept einer Schulentwicklung im Systemzusammenhang, das Ende der 1990er Jahre aus der geführten Diskussion zwischen Protagonisten beider Positionen hervorging (Dedering 2012). Dieses Konzept differenziert drei grundlegende in der Schulentwicklung zu berücksichtigende Bereiche: Als *Organisationsentwicklung* thematisiert sie die Leitungsebene sowie die Kooperation und Teambildung im Kollegium und die schulischen Kooperationen (z.B. mit Eltern und außerschulischen Einrichtungen).

Als *Unterrichtsentwicklung* fokussiert sie methodische Fragen oder Fragen der Leistungsbeurteilung. Als *Personalentwicklung* schließlich wird das individuelle Lernen der Lehrkräfte und das kollegiale Lernen sowie Formen der Zielvereinbarungen in den Blick genommen. Das Konzept der Schulentwicklung als Systemzusammenhang geht von der Auffassung aus, dass die drei genannten Bereiche in „vielfältigem und interdependentem Zusammenhang mit wechselseitiger Beeinflussung" stehen (Wenzel 2008, 141). Die folgende Grafik von Rolff (2010, 34) verdeutlicht die drei Bereiche im Systemzusammenhang:

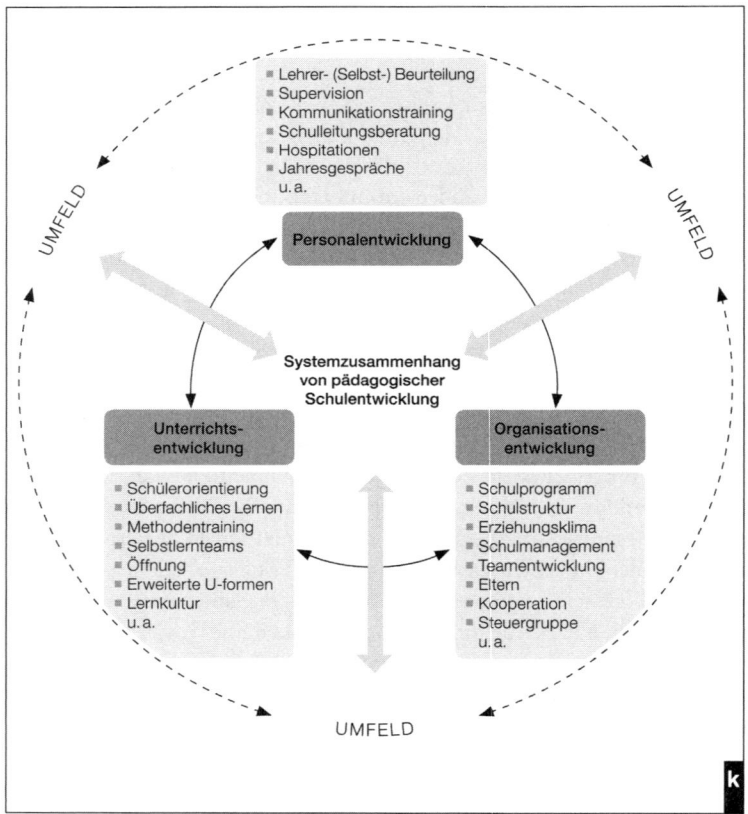

Abb. 2: Drei-Wege-Modell der Schulentwicklung (Rolff 1998, 305)

Das Modell stellt hierbei die Lernfortschritte der Schülerinnen und Schüler in den Mittelpunkt und betont auch das Umfeld als eine einwirkende Bedingung. Helsper unterscheidet diesbezüglich drei zentrale Bedingungen für Einzelschulen (2010,

391 f): Erstens die für sie geltenden bildungspolitischen Strukturentscheidungen auf der Makroebene wie Schulformen und die Gliederung des Schulsystems. Zweitens sind die regionale und die milieuspezifische Einbettungen von Bedeutung, zu denen das Einzugsgebiet der Schule, die Milieubezüge und familiäre Konstellationen der Schülerschaft, die sozioökonomische Lage der Region und der Kommune zählen. Als dritte Bedingung unterscheidet er die Akteurskonstellation in der Schule, die sich auch im Selbstverständnis der Schulleitung, in den Beziehungen und Anerkennungsverhältnissen der Lehrkräfte untereinander oder in den Haltungen gegenüber den Eltern manifestiert. Fend betont in seinen neueren Schriften immer wieder, dass gerade die Vorgaben der „Makroebene" ungeheuer vielfältig sind und damit die Arbeit auf der Mesoebene der Schule besonders determinieren (z.B. Fend 2008, 217).

Die *Entdeckung der Einzelschule* und ihrer Entwicklung, das grob gefasst als das prägende Thema zwischen der Phase der Bildungsexpansion und den neueren, durch die Schulleistungsvergleichsstudien angestoßenen Entwicklungen angesehen werden kann, führte inhaltlich zu einem weiteren neuen Thema, das seit den 1980er Jahren ebenfalls in den Mittelpunkt der schulpädagogischen Diskussion rückte ist: das Thema der *Schulqualität* und ihrer sowohl empirischen als auch normativen und entwicklungsbezogenen Bestimmung. Was ist eine gute Schule? Wie soll die gute Schule aussehen? Wie können wir eine (schlechte) Schule zu einer guten Schule entwickeln? Zahlreiche Veröffentlichungen widmen sich dieser Frage und führten in der Vergangenheit vielfach zu „differenzierte[n] Verfahren der Qualitätssicherung" an Schulen (Fend 2008, 217). Mit ihr ist gleichsam die Frage nach dem Unterricht und seiner Qualität verbunden, die wir nachfolgend aufgreifen.

2.2.3 Mikroebene: Der Unterricht

Unterricht wird im Rahmen der Schulpädagogik primär als Schulunterricht verstanden, daneben gibt es natürlich auch z.B. Hausunterricht, Musikunterricht oder Nachhilfestunden. Auch in sehr einfach strukturierten Gesellschaften ist „Unterricht" zu finden, z.B. in der persönlichen Unterweisung von Mädchen und Jungen durch ältere Frauen und Männer. In seiner *Großen Didaktik* fordert Comenius schon im ersten Drittel des 17. Jahrhundert alle Menschen alles zu lehren: „Nicht nur Kinder der Reichen und Vornehmen sollen zum Schulbesuch angehalten werden, sondern alle in gleicher Weise, Adlige und Nichtadlige, Reiche und Arme, Knaben und Mädchen aus allen Städten, Flecken, Dörfern und Gehöften" (Comenius 2007, 51f). Die Durchsetzung von Unterricht wurde mittels Arbeitsteilung und Spezialisierung weiter vorangetrieben, nicht zuletzt ergaben sich aus der Einführung der Schulpflicht nachhaltige Impulse. Der Unterricht im Mittelalter, der nur wenigen vorbehalten blieb und „im Wesentlichen aus Einübung und Nachfolge bestand" (Kemnitz/Sandfuchs 2009, 23), wurde im 17. Jahrhundert infolge didaktischer Reformen über einen Unterricht in Jahrgangsklassen abgelöst. Körperliche Strafen als Reaktion auf Störungen oder auf mangelnden Fleiß waren die Regel.

Die bereits erwähnte Formalstufentheorie von Herbart führte im weiteren Verlauf zu einem psychologisch begründeten und didaktisch durchdachten Schemata des Unterrichtens (ebd., 24) und zur Überlegung, wie dieser sinnvoll zu strukturieren ist. Mit der *reformpädagogischen Bewegung* ab 1890 wird der vielerorts praktizierte lehrerzentrierte Frontalunterricht in Staatsschulen kritisiert und ein kindgerechter Unterricht, der alle „Kräfte" der Schüler wecken soll und so über kognitive Leistungen hinausweist, gefordert. Wesentliche Anschübe erfährt die Bewegung aufgrund der Arbeitsschulbewegung, der Kunsterziehungsbewegung, der Arbeit in Landerziehungsheimen sowie der Montessori- und Waldorfschulen. Sie zielen insgesamt auf ein fächerübergreifendes, erfahrungsoffenes, erlebnisorientiertes und handlungsorientiertes Lernen, das sich über Wochenplanarbeit, freies Arbeiten, Gruppenunterricht und Projektarbeit, auch in Zeugnissen ohne Noten, realisiert (Skiera 2003) und die Schulpädagogik maßgeblich beeinflusst. In den 1970er Jahren wird „Wissenschaftsorientierung" mehr und mehr als Grundlage für den Unterricht etabliert und damit die vorherrschende Dichotomisierung von volkstümlicher Bildung als dem vorherrschenden Konzept der niederen Bildung und der höheren Bildung aufgelöst.

Eine *Definition von Unterricht* kann deskriptiv oder präskriptiv erfolgen. Deskriptive Vorgehensweisen orientieren sich an den realen Gegebenheiten vorfindlichen Unterrichts, präskriptive Vorgehensweisen an „normativen Vorstellungen, an theoretisch entwickelten Zielen oder an bestimmten, empirisch ermittelten Forschungsbefunden" (Bohl/Kucharz 2010, 18). Die folgende Bestimmung von Terhart definiert Unterricht in deskriptiver Hinsicht:

> „Die Bezeichnung ‚Unterricht' wird (...) für solche Situationen reserviert, in denen (1) mit pädagogischer Absicht und in (2) planmäßiger Weise sowie (3) innerhalb eines bestimmten institutionellen Rahmens und (4) in Form von Berufstätigkeit eine Erweiterung des Wissens- und Fähigkeitsstandes einer Personengruppe angestrebt wird." (Terhart 2004, 134)

Die Definition stellt die Langfristigkeit und organisierte Planung von Lehr- und Lernsituationen als Merkmale von Unterricht heraus und verweist auf deren institutionalisierte Rahmung und professionelle Anleitung. Diese Merkmale weisen eine pädagogische Absicht auf, die hier als Aufbau von Wissen und Erwerb von Fähigkeiten und Kenntnissen bestimmt ist. Pädagogische Absicht, Planmäßigkeit, institutionalisierte Form und Verberuflichung, die ausdrückt, dass Lehrkräfte ausgebildet sind und einer spezialisierten und bezahlten Tätigkeit nachgehen, sind so konstitutive Elemente der Definition, die auch hier primär den Schulunterricht fokussiert.

In der schulpädagogischen Literatur wird seit langem vielfältigst darauf hingewiesen, dass Unterricht ein sehr komplexes Geschehen ist (Doyle 1986; Herzog 2002):

- *Multidimensionalität:* Viele, sehr verschiedene Ereignisse finden durch viele Personen im Klassenraum statt (Doyle 1986).
- *Simultanität:* Viele Dinge geschehen gleichzeitig im Unterricht (Doyle 1986).
- *Unmittelbarkeit:* Aufgrund des schnellen Ablaufes von Ereignissen im Unterricht ist unmittelbares Lehrerhandeln gefordert, welches eine Reflexion erschwert (ebd.).

- *Unvorsehbarkeit:* Unterricht kann nicht sicher vorhergesehen und nur beschränkt geplant werden (ebd.).
- *Öffentlichkeit:* Interaktionen finden in einem „öffentlichen" Raum statt und gehen über den Kreis der direkt Beteiligten hinaus (ebd.).
- *Historizität:* Gegenwärtiges Handeln im Klassenzimmer hat immer Wurzeln in der Vergangenheit und Auswirkungen in die Zukunft (ebd).
- *Intransparenz:* Lehrkraft und SchülerInnen können gegenseitig nur erahnen, was im jeweils anderen vor sich geht und nur über (störanfällige) Kommunikation aufeinander Einfluss nehmen (Herzog 2002).
- *Informalität:* Unterrichten ist situativ und nur in geringem Ausmaß standardisierbar oder reglementierbar (ebd.).

Die benannten Merkmale vermögen ein Licht auf die Vielschichtigkeit des Unterrichtsgeschehens zu werfen.

Innerhalb der wissenschaftlichen Disziplin Schulpädagogik befasst sich vor allem die *Allgemeine Didaktik* mit der Analyse und Gestaltung von Unterricht als einem Kerngebiet der wissenschaftlichen Disziplin. Zuweilen wird Allgemeine Didaktik auch als „Berufswissenschaft der Lehrkräfte" (Petersen 1983, 46) bezeichnet, was ihren präskriptiven Anspruch auf Analyse und Gestaltung der Praxis unterstreicht. Nur ganz wenige zentrale Positionen der Allgemeinen Didaktik können wir hier konturieren, zum Feld liegen umfassende Überblickswerke vor (z.B. Kron 1993).

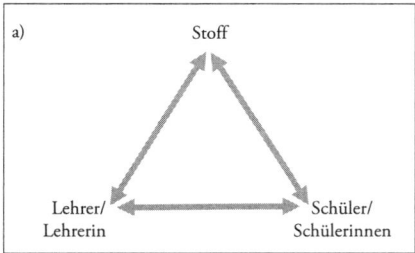 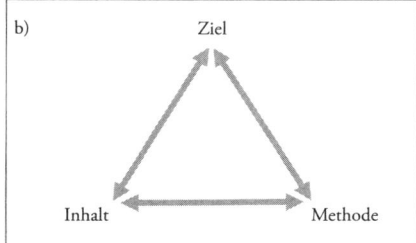

Abb. 3: Didaktisches Dreieck

Das *Didaktische Dreieck* ist ein traditioneller Gegenstand der Didaktik, der die Beziehungen zwischen Schülern und Schülerinnen, deren Lehrern und Lehrerinnen und Themen und Inhalten grafisch verdeutlicht (Abbildung 3a). Zuweilen wird in einer abgewandelten Form des Dreiecks auch das interdependente Zusammenwirken von Zielen, Inhalten und Methoden als einem zentralen Gegenstand der Didaktik grafisch konturiert (Abbildung 3b). Das didaktische Dreieck kann trotz und gerade wegen seiner zunächst trivial anmutenden Einfachheit vielfältig zur Verdeutlichung der komplexen Beziehungen herangezogen, variiert und auch als Ausgangspunkt kritischer Reflexionen genutzt werden. In jedem Unterricht gibt es ein Thema. Es kann als das verstanden werden, was neu dazu gelernt wird. Weiterhin gehört dazu ein Lernender, dem das Thema „angeboten oder zugemutet wird" (Prange 1983, 36). Schließlich gibt es einen „Mittler, der zwischen Thema und Schüler die Brücke schlägt" (ebd., 36). Im didaktischen Dreieck begründen sich so notwendige und konstitutive Faktoren von Unterricht, die auch als die „triadische Verfassung des Lernens" bezeichnet wurden (ebd., 38). Zuweilen wird in älteren Studien mit Blick auf den „Mittler" eine Unterscheidung zwischen einem *logotropen* und einem *paidotropen* Lehrertyp unternommen. Der logotrope Lehrer ist vor allem an der Sache, an seinem Fach interessiert, während der paidotrope Lehrertyp von den Bedürfnissen des Kindes ausgeht und schülerbezogen agiert (Caselmann 1949).

Die in der Didaktik entwickelten Theorien wurden oft der besseren Übersichtlichkeit wegen in *didaktische Modelle* transformiert. Modelle dienen dazu, komplexe theoretische oder praktische Zusammenhänge zu veranschaulichen und sie auf Kernelemente zu reduzieren. Sie besitzen eine heuristische Funktion. In dieser Hinsicht können sie als eine Vorform von Theorie angesehen werden (Kron 1993, 205). Didaktische Modelle stehen so zwischen Theorie und Praxis und müssen deshalb einerseits abgegrenzt werden vom Konzeptbegriff, der vermehrt auf die Praxis verweist, andererseits von Forschungs- und Kategorialmodellen, welche die theoretische Seite akzentuieren. Kron verweist in seiner Übersichtspublikation auf 30 didaktische Modellbildungen, die er unter die Leitbegriffe Bildung, Lernen und Interaktion rubriziert (Kron 1993, 117f). Nachfolgend sollen daraus drei bedeutsame Modellbildungen skizziert werden.

Die erste Modellbildung, die unter dem Namen *Didaktische Analyse als Kern der Unterrichtsvorbereitung* von Wolfgang Klafki 1958 veröffentlicht wurde, konzeptualisiert Didaktik unter einer bildungstheoretischen Perspektive. Das Modell ist dem Bildungsbegriff verpflichtet und zielt darauf ab, Bildungsgehalte zu bestimmen. Klafki versteht darunter „jene für den Prozeß der kategorialen Bildung bedeutsamen kulturellen Inhalte, die der Lehrer bzw. die Lehrerin als wertvoll im Sinne der kategorialen Bildung erachten" (Kron 1993, 127). Hierzu formuliert Klafki fünf Fragen, die den engeren Sinn der didaktischen Analyse ausmachen (hier ohne die vertiefenden Unterfragen):

1) Welchen größeren bzw. welchen allgemeinen Sinn- oder Sachzusammenhang vertritt und erschließt dieser Inhalt? Welches Urphänomen oder Grundprinzip, welches Gesetz, Kriterium, Problem, welche Methode, Technik oder Haltung läßt sich in der Auseinandersetzung mit ihm „exemplarisch" erfassen? (Exemplarische Bedeutung)

2) Welche Bedeutung hat der betreffende Inhalt bzw. die an diesem Thema zu gewinnende Erfahrung, Erkenntnis, Fähigkeit oder Fertigkeit bereits im geistigen Leben der Kinder meiner Klasse, welche Bedeutung sollte er – vom pädagogischen Gesichtspunkt aus gesehen – darin haben? (Gegenwartsbedeutung)

3) Worin liegt die Bedeutung des Themas für die Zukunft der Kinder? (Zukunftsbedeutung)

4) Welches ist die Struktur des (aufgrund der Fragen aus 1), 2) und 3) in die spezifisch pädagogische Sicht gerückten) Inhaltes? (Struktur des Inhalts)

5) Welches sind die besonderen Fälle, Phänomene, Situationen, Versuche, Personen, Ereignisse, Formen, Elemente in oder an denen die Struktur des jeweiligen Inhaltes den Kindern dieser Bildungsstufe, dieser Klasse interessant, fragwürdig, zugänglich, begreiflich, „anschaulich" werden kann? (Zugänglichkeit)

Auf der Grundlage der Beantwortung dieser Fragen, die ganz vorwiegend auf das „Was" des Unterrichts fokussieren, kann nachfolgend Unterricht konkretisiert werden. Dieser Schritt ist von der Lehrkraft selbst zu vollziehen, er wurde von Klafki nicht zu einer methodischen Analyse von Unterricht weiter entwickelt. Dieser erste Entwurf nach dem Zweiten Weltkrieg wurde von Klafki später auf der Grundlage kritisch-konstruktiver Theorieelemente zu einem „Perspektivschema der Unterrichtsvorbereitung" weiterentwickelt (Klafki 1985). Das Perspektivenschema enthält über die erste Modellbildung hinausgehend auch methodische und beurteilungsbezogene Aspekte.

Die didaktische Analyse zielt im Kern darauf, den Bildungsgehalt der Inhalte zu bestimmen. Einen anderen Weg wählt Wolfgang Schulz (1970) mit seinen Bemühungen um eine *lehrtheoretische Didaktik*. Seine Modellbildung, die den planenden Lehrer in den Mittelpunkt stellt, bezieht erfahrungswissenschaftliche Methoden ein und ist der empirisch-analytischen Erziehungswissenschaft zuzuordnen (siehe Grafik auf der folgenden Seite).

Der Ansatz unterscheidet anthropogene (individuelle) und sozial-kulturelle Voraussetzungen der Lernenden, denn Schulz ist der Überzeugung, dass nur dort das individuelle Interesse am Unterricht gefördert werden kann, wo auch die Entwicklung der Gesellschaft ins Spiel gebracht wird (Kron 2000). Hinsichtlich der Voraussetzungen der Schülerinnen und Schüler besitzen Lehrkräfte keinen Einfluss, wohl aber auf die Strukturmerkmale des Unterrichts, die Schulz mit den *Intentionen* (Zielen), den *Themen*, den *Verfahren* und den *Medien* herausarbeitet. Diese vier Strukturmerkmale stehen in einem *interdependenten Zusammenhang*. Das heißt, dass die Modifikation eines Strukturmerkmals auch die Modifikation anderer Strukturmerkmale bedingt. So verändert beispielsweise ein anderes Medium, vielleicht ein Film statt eines Textes, auch das methodische Verfahren des Unterrichts und das Thema selbst, das für die Zielerreichung von der Lehrkraft intendiert war. Der Unterricht wirkt zurück auf das Individuum und damit auf die Gesellschaft. Terhart schreibt treffend, dass Unterricht in diesem Modell, „nicht länger bildende Begegnung wie bei der bildungstheoretischen Didaktik [ist], sondern zweckrationale und erfolgskontrollierte Organisation von Lehr-Lernprozessen" (Terhart 2009a, 137). Bildung als Begriff kommt in diesem Modell nicht vor.

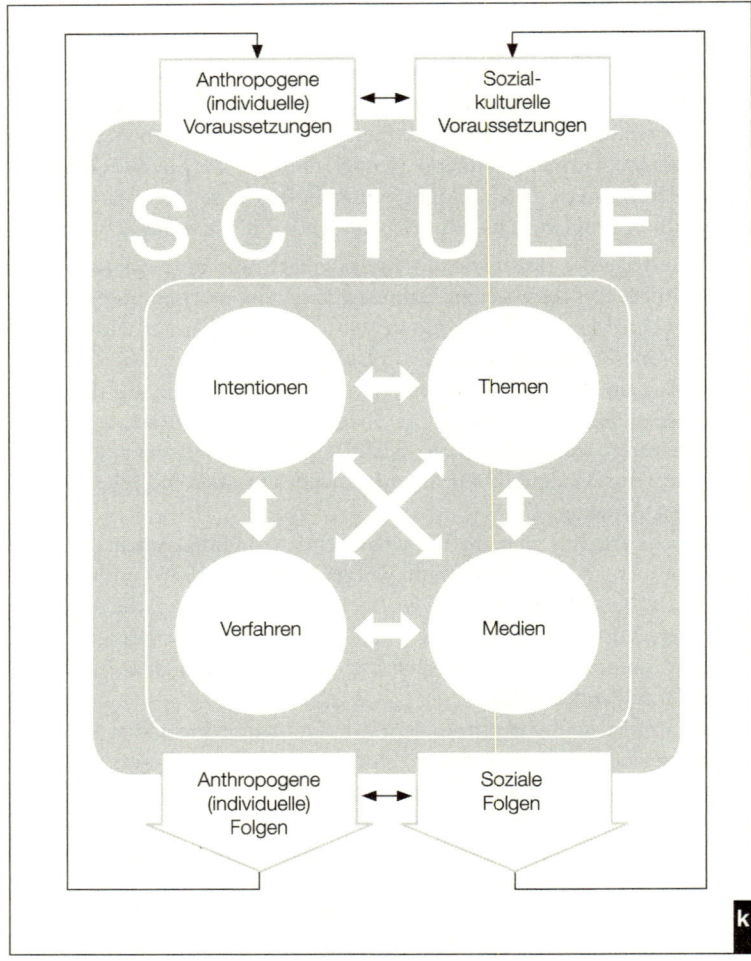

Abb. 4: Strukturzusammenhang von Unterricht und Strukturmodell für die Unterrichtsplanung (Schulz 1970, 414)

Ein neuerer, häufig rezipierter Ansatz stellt die *konstruktivistische Didaktik* dar (z.B. Reich 2002). Ihre Grundannahme lautet, dass alles Wissen (vom Subjekt) konstruiert ist und eine gemeinsam geteilte Realität gewissermaßen nicht besteht. Im Kern steht der Gedanke, dass Lehrkräfte Lernen nicht „erzeugen", sondern nur anregen können. Dennoch ist das Lernen an die Gemeinschaft gebunden und stets sozial eingebettet. Konstruktion, Rekonstruktion und Dekonstruktion stehen als zentrale Begriffe im Mittelpunkt der konstruktivistischen Didaktik. *Konstruktion* bedeutet, dass jeder einzelne Schüler, wenngleich im sozialen Kontext, die Lerninhalte, Fähigkeiten, Haltungen usw. selbst nachvollziehen muss. Dass dabei nicht alles neu zu erfinden ist, sondern bereits bestehendes Wissen nachvollzogen wird, kommt im Begriff der *Rekonstruktion* zum Ausdruck. *Dekonstruktion* schließlich ist die kritische Prüfung des Gelernten auf Auslassungen und Einseitigkeiten. In dieser Modellbildung ist bedeutend, dass eine Verbindung von Lehren und Lernen, welche in den vorangegangen Modellen stets als unmittelbare Einwirkung der Lehrkräfte auf das Lernen der Schülerinnen und Schüler gedacht wurde und welche zuweilen als „Lehr-Lern-Kurzschluss" bezeichnet wird, nur mittelbar besteht: Lernen kann nicht erzeugt, wohl aber angeregt werden.

In jüngster Zeit ist eine Abkehr von den didaktischen Modellen zu erkennen und die Frage diskutiert worden, inwiefern die *Lehr-Lernforschung*, die mit psychologischen Methoden Lehr- und Lernsituationen zu analysieren versucht, an die Modellbildungen anknüpfen kann. Kritisiert wird auch, dass heute besonders die „Dimension der Vermittlung" als eine Heilserwartung im Zentrum steht, die Inhalte jedoch, die im bildungstheoretischen Modell im Mittelpunkt stehen, weitgehend aus dem Blick geraten sind, so dass „das Was der Vermittlung hinter dem Wie verschwindet" (Gruschka 2002, 347).

Mit Blick auf die Forschung ist zu fragen, welche zentralen Befunde aus der *Unterrichtsforschung* vorliegen. In der Frühzeit der Erforschung des Unterrichts stand die Suche nach Merkmalen einer erfolgreichen Lehrerpersönlichkeit in ihrer Auswirkung auf Unterschiede im Leistungsniveau oder der Leistungsentwicklung im Vordergrund (Helmke 2009). Diese Forschungsrichtung hatte keinen Erfolg, weil die untersuchten Personenmerkmale oft unterrichtsfern und nicht veränderbar waren. Dies führte über viele Jahre zu einer Ausblendung der Lehrerpersönlichkeit aus der Unterrichtsforschung. Wegweisend wurde daraufhin das *Prozess-Produkt-Paradigma*, das lange in der Unterrichtsforschung vorherrschend war. Hier werden Prozessmerkmale des Unterrichts (z.B. Lehr-Lern-Interaktionsprozesse) erhoben und mit Zielkriterien, vorzugsweise Leistungs- und Kompetenzzuwächse oder die Motivationsentwicklung, korreliert. Die Ergebnisse dieses Forschungsansatzes waren eher enttäuschend, konnten aber gerade darin etwa aufweisen, dass es eine erfolgreiche Unterrichtsmethode, die anderen überlegen ist, nicht gibt. Spätere Studien verwiesen beispielsweise auf die Qualitätsmerkmale der klaren Strukturierung und auf die Bedeutung der Klassenführung, die in „Optimalklassen" vorherrschte (Weinert/Helmke 1997). Die Stärke der statistischen Zusammenhänge war jedoch gering. Das Prozess-Produkt-Paradigma, das lange Zeit im Vordergrund stand, geriet jedoch mehr und mehr in die Kritik, weil es zu wenig die Rahmenbedingungen des Unterrichtens, den Klassenkontext und die Mediationsprozesse berücksichtigte (Helmke 2009). Rahmenbedingungen stellen Merkmale der zu unterrichtenden Schulklasse dar, die von der Lehrkraft nicht verändert werden können. Zu ihnen gehören etwa die Klassenzusammensetzung (Schüler mit nicht-deutscher Muttersprache, aus unteren Sozialschichten, Klassenwiederholer, Schüler mit unterschiedlichen Vorkenntnissen) oder Merkmale der Lehrpersönlichkeit selbst (Ausbildung, pädagogische Orientierung, Geschlecht) (Helmke 2009). In neueren Modellbildungen steht unwidersprochen im Vordergrund, dass das *Unterrichtsangebot und seine Nutzung* durch die Schülerinnen und Schüler nicht linear, wie im Prozess-Produkparadigma vielfach gedacht, miteinander verknüpft sind, sondern getrennt betrachtet werden müssen. Am „Systemischen Rahmenmodell von Unterrichtsqualität und -wirksamkeit" (Reusser/Pauli 2010, 18) kann dies verdeutlicht werden.

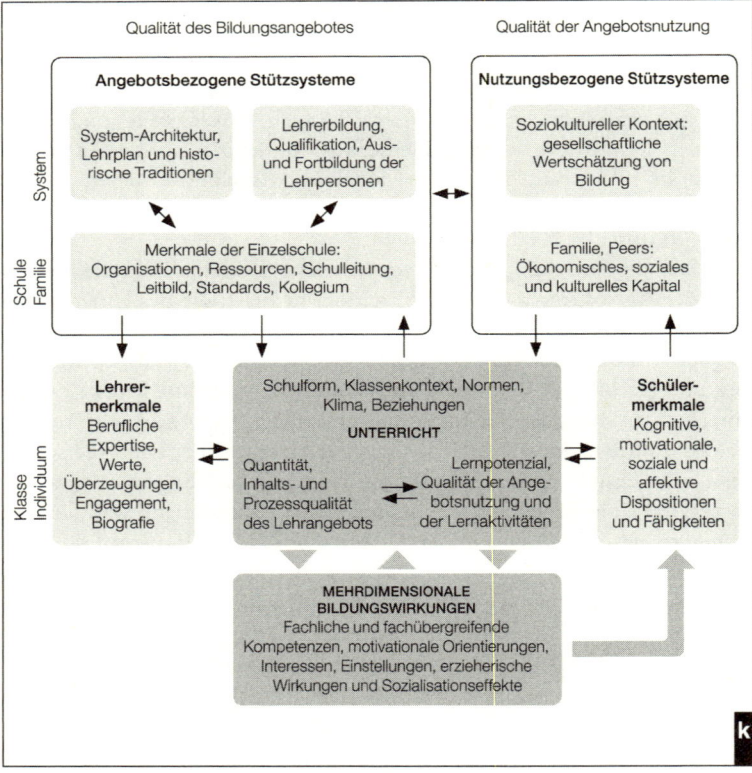

Abb. 5: Systemisches Rahmenmodell von Unterrichtsqualität und -wirksamkeit (Reusser/Pauli 2010, 18)

Das Modell unterscheidet einerseits Stützsysteme, die auf die Angebotsseite wirken, etwa den Lehrplan, die Lehrerbildung und Merkmale der Einzelschule, andererseits Stützsysteme, die auf der Nutzungsseite wirksam werden, beispielsweise den kulturellen Kontext und das ökonomische Kapital der Familien, aus denen die

Schülerinnen und Schüler kommen. Im Unterricht begegnen sich beiden Seiten: Merkmale der Angebotsseite, die infolge der Lehrermerkmale verstärkt werden, beeinflussen seine Quantität sowie die Prozessqualität; die Merkmale der Nutzungsseite, in die beispielsweise die kognitiven und motivationalen Dispositionen eingehen, beeinflussen das Lernpotenzial und die Qualität der Nutzung. Die Trennung beider Seiten ermöglicht der Forschung einen differenzierten Blick, der auch abzubilden vermag, dass der Unterrichtsstil einer Lehrkraft in einer Klasse heterogener Schüler hinsichtlich ihrer Lernvoraussetzungen zu unterschiedlichen, gegebenenfalls sogar zu gegenläufigen Effekten führt. Die Wechselwirkung zwischen Lehrmethode und Schülermerkmalen wird im englischen Ausdruck, der für die Unterrichtsforschung bedeutsam ist, als *aptitude-treatment-interaction (ATI)* bezeichnet.

Die heutige Unterrichtsforschung versucht die Einwände am Prozess-Produkt-Paradigma aufzugreifen und Unterricht sowohl prozess- als auch produktorientiert zu erforschen (Kiel 2010), auch über die Betonung des Mehrebenencharakters von Prozessen im Klassenzimmer oder über die Berücksichtigung der beschriebenen Wechselwirkungen. In den letzten Jahren traten zu den vorherrschenden empirisch-quantitativen Untersuchungen auch Studien, die Unterricht mit videografischen Verfahren in den Blick nehmen, welche die Möglichkeit bieten, das nonverbale Schüler- und Lehrerverhalten zu berücksichtigen.

Über alle Fächer hinweg wurde in den letzten Jahren aus neueren Studien die Sozialschichtabhängigkeit von Schulleistungen hervorgehoben, ein Befund der bereits in den 1960er Jahren aus der Forschung resultierte und schon Simmel eine Anmerkung zum Zusammenhang vom Wissen eines Kindes und seiner sozialen Herkunft wert war (Simmel 1922).

In der bekannten TIMSS-Videostudie wurde der Mathematikunterricht in den Vereinigten Staaten, in Japan und Deutschland vergleichend untersucht. Hier zeigten sich für alle drei Länder charakteristische Verlaufs- und Inszenierungsmuster: Während in Japan der Unterricht problemorientiert ausgerichtet war und den Lernenden viel Gelegenheit zur individuellen und kooperativen Auseinandersetzung mit variantenreichen und anspruchsvollen Aufgabenstellungen bot, zeigten sich in den USA und Deutschland weniger Spielräume für die Auseinandersetzung mit anspruchsvollen kognitiven Problemen und unterschiedlichen Lösungsmöglichkeiten. Ausgehend von diesen Forschungen, die den Unterricht selbst wieder mehr in das Zentrum der Forschung rückten, konnten in den vergangenen Jahren bedeutsame Kenntnisgewinne erzielt werden, die wir nur in Stichpunkten anführen. Zu ihnen gehören:

- Die Bestimmung von *Merkmalen guten Unterrichts*, beispielsweise die klare Strukturierung des Unterrichts, ein lernförderliches Klima und sinnstiftendes Kommunizieren im Unterricht (Meyer 2006), darüber hinaus effiziente Klassenführung und Zeitnutzung sowie vielfältige Motivierung (z.B. Helmke 2006). Diese Merkmale werden zunehmend fokussiert auf Basisdimensionen guten

Unterrichts: Kognitive Aktivierung, Klassenführung und Individuelle Unterstützung (Klieme/Rakoczy 2008).

- Der Befund, dass *tiefenstrukturellen Merkmalen* des Unterrichts, wie etwa Kognition und Motivation, für die Qualität eine große Bedeutung zukommt, nicht aber seinen *Oberflächenmerkmalen*, zu denen Lehrmethoden oder Sozialformen gehören (Klieme/Rakoczy 2008). Tiefenstrukturelle Merkmale stehen in einem wechselseitigen Zusammenhang, ihr Zusammenwirken generiert bedeutsame Aspekte der Unterrichtsqualität.
- Die theoretisch und empirisch begründete Herausarbeitung von *Stufen der Unterrichtsqualität* (Pietsch 2010, 2013):

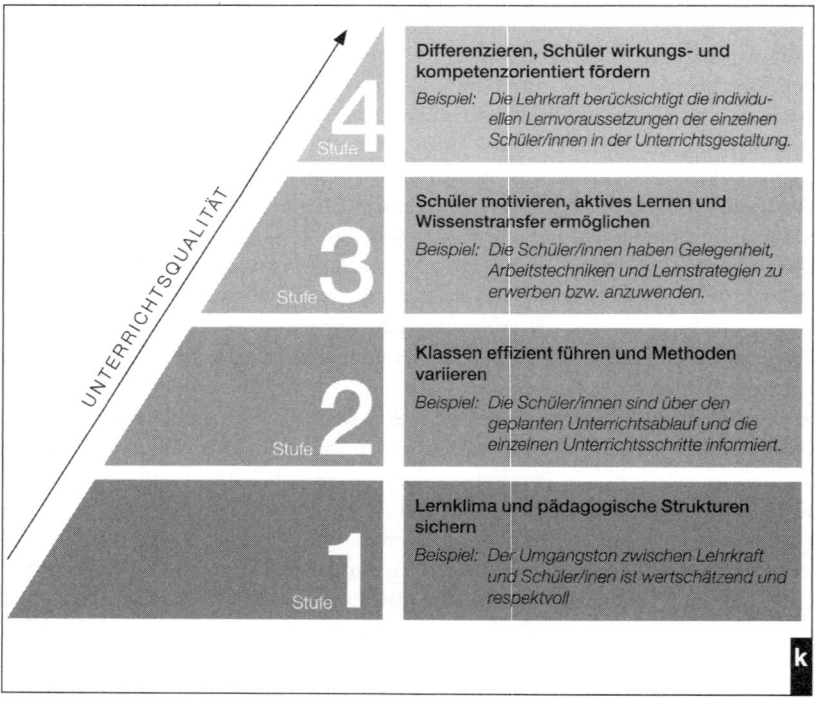

Abb. 6: Stufenmodell zur Unterrichtsqualität der Schulinspektion Hamburg. Beschreibung der Abstufungen mit charakteristischen Beispielitems (Pietsch 2010, 26)

- Aus der ethnographischen Unterrichtsforschung resultiert etwa der Befund neben vielen anderen, dass Schülerinnen und Schüler Unterricht aus einer gewissen Distanz betrachten und dieser Unterhaltungswert aufweisen muss. „Zeitvertreib" scheint ein dominierendes praktisches Problem der Schüler zu sein. Breidenstein fasst diese Aspekte im Begriff des „Schülerjobs" (Breidenstein 2006, 261).

Insgesamt hat sich die empirische Unterrichtsforschung in den vergangenen Jahren erheblich ausdifferenziert, sowohl methodisch als auch in feineren inhaltlichen Fragestellungen. Aus schulpädagogischer Perspektive ist die Nahtstelle zu den Fachdidaktiken relevant. Zukünftige Forschung wird vermutlich noch deutlicher als bisher erkennbar machen müssen, dass Merkmale der Unterrichtsqualität, die derzeit als überfachlich bezeichnet werden, sich in differenten Fächern unterschiedlich darstellen (z.b. Kognitive Aktivierung), während andere Merkmale in der Tat für alle Fächer in ähnlicher Weise gelten dürften (z.b. Klassenführung; vgl. Praetorius 2014).

Zu den zentralen Inhaltsfeldern der Schulpädagogik zählen wir neben diesen drei skizzierten Feldern auch die Professionalisierung der Lehrkräfte – ein lange Zeit vernachlässigtes Feld, das gerade in den letzten Jahren wieder vermehrt in den Vordergrund der Disziplin rückte. Dies führen wir nachfolgend aus.

2.2.4 Professionalisierung

Mit dem Terminus „Profession" wird allgemein ein Berufsstand bezeichnet, der bestimmte Kriterien erfüllt, *Professionalität* bezeichnet dabei die erworbenen Fähigkeiten und Fertigkeiten, die dies ermöglichen (Cramer 2012, 22). Hinsichtlich des Lehrberufs bezieht sich Professionalität auf das Zielkriterium der Ausbildung und Berufsausübung, unter dem Begriff werden seit den 1990er Jahren die Forschungen zum Lehrberuf gebündelt. Die Forschung ist dabei breit verzweigt und deshalb unübersichtlich, was nicht zuletzt daran liegt, dass unterschiedliche Disziplinen und Forschungsfelder am Gegenstand beteiligt sind (z.B. Soziologie, Psychologie, Schulpädagogik u.a.). Im folgenden Abschnitt werden – nach einem rudimentären Blick in die Entwicklung dieses Forschungsfelds der Schulpädagogik – die Aufgaben von Lehrkräften und theoretische Zugänge ihrer Erfassung und Modellierung dargelegt. Aus der Vielzahl der vorliegenden Modellbildungen werden aus Gründen ihrer Bedeutsamkeit das strukturtheoretische und das kompetenzorientierte Verständnis von Professionalität sowie der berufsbiographische Ansatz ausgeführt. Ein Überblick über aktuelle Forschungsbefunde schließt das Kapitel ab.

In der älteren Literatur werden zuweilen moralische Eigenschaften guter Lehrkräfte aufgezählt. Beispielsweise fordert der Aufklärungspädagoge Christian Gotthilf Salzmann in seinem Ameisenbüchlein: „Von allen Fehlern und Untugenden seiner Zöglinge muss der Erzieher den Grund in sich selbst suchen" (Salzmann 1806/1964, 13). Er sieht darin eine grundlegende Maxime, welcher der Erzieher und Lehrer in seinem Beruf folgen soll. Seine Nachfolger haben zahlreich *Tugendkataloge des guten Lehrers* zusammengetragen: dieser soll z.B. engagiert, kompetent, enttäuschungsfest und robust sein (Diederich/Tenorth 1997). Derartige Aufzählungen von Merkmalen des guten Lehrers, die bis in die 1960er Jahre hinein gebräuchlich waren, stellen allzumeist Idealvorstellungen und normative Setzungen dar (Terhart 2009b). In der Expansionsphase der Schulpädagogik, die erstmals empirischen Forschungen breiten Raum einräumte, wurden solche Idealvorstellungen mittels empirisch fundierter Konzeptionen (vor allem aus der Bildungssoziologie und Pädagogischen Psychologie) abgelöst. Wie wir im Kapitel Schultheorie noch genauer beleuchten, wurde etwa die Rollentheorie aus dem soziologischen Strukturfunktionalismus herangezogen, „um die Konfliktstruktur der Lehrerrolle zu verdeutlichen und gegenüber tradierten pädagogischen Idealismen den gesellschaftlich vermittelnden Charakter der Lehrtätigkeit zu betonen" (Rothland/Terhart 2010, 792). In den 1980er Jahren fand keine nennenswerte Forschung zum Lehrberuf statt. Insgesamt stand die Suche nach der idealen Lehrerpersönlichkeit im Vordergrund, sie erwies sich aber nicht als gewinnbringend: Es herrscht weitgehend Einigkeit darüber, dass es „keine *spezifischen* Persönlichkeitseigenschaften gibt, die eine Person zu einem erfolgreichen Lehrer werden lassen" (Terhart 2009b, 76; Herv. durch Verf.). Dieser Befund, mit dem die Suche nach Merkmalen des guten Lehrers weitgehend ein Ende fand, resultiert hauptsächlich aus dem Ergebnis der Münchner Hauptschulstudie von Weinert und Helmke (1997). In ihr konnten sechs Merkmale, die Lehrkräfte bei besonders erfolgreichen Klassen aufwiesen, identifiziert werden: Klassenführung, Strukturiertheit, aktive fachliche Unterstützung, Variabilität der Unterrichtsformen, Klarheit der Lehreräußerungen und Motivierungsqualität. Einzig der Faktor Klarheit war regelmäßig stark bei allen Lehrkräften ausgeprägt. Das heißt im Umkehrschluss, dass Lehrkräfte mit je unterschiedlichen Eigenschaften zum Erfolg kommen. Während die Tugendkataloge und Merkmalsaufzählungen weitgehend eine normative Sicht aufzeigen, also einfach Setzungen darstellen, wurde mit der Münchner Hauptschulstudie infolge ihrer empirischen Anlage eine deskriptive Sichtweise angewandt, das heißt ein auf Daten beruhender beschreibender Zugang.

Zur konsequenten Beschreibung professionellen Lehrerhandelns ist es zunächst bedeutsam, Anforderungen und Merkmale des Lehrberufs präzise zu fassen. Die Berufsaufgaben von Lehrkräften ergeben sich aus den gesellschaftlichen Funktionen der Schule. Der *Strukturplan für das Bildungswesen* des Deutschen Bildungsrats (1970) als wichtigem Dokument formulierte hier die folgenden Aufgaben: Lehren (=Unterrichten), Erziehen, Beurteilen, Beraten und Innovieren. An diese Unterscheidung schließt die gemeinsame Erklärung der Kultusministerkonferenz und der Lehrerverbände vom Oktober 2000, die das Aufgabenspektrum von Lehrkräften wie folgt umreißt, an (Beschluss der Kultusministerkonferenz vom 5.10.2000):

> „1) Lehrerinnen und Lehrer sind Fachleute für das Lehren und Lernen; ihre Kernaufgabe ist die gezielte und nach wissenschaftlichen Erkenntnissen gestaltete Planung, Organisation und Reflexion von Lehr- und Lernprozessen sowie ihre individuelle Bewertung und systematische Evaluation. […].

2) Lehrerinnen und Lehrer sind sich bewusst, dass die Erziehungsaufgabe in der Schule eng mit dem Unterricht und dem Schulleben verknüpft ist. […].

3) Lehrerinnen und Lehrer üben ihre Beurteilungsaufgabe im Unterricht und bei der Vergabe von Berechtigungen für Ausbildungs- und Berufswege kompetent, gerecht und verantwortungsbewusst aus. […].

4) Lehrerinnen und Lehrer entwickeln ihre Kompetenzen ständig weiter und nutzen wie in anderen Berufen auch geeignete Fort- und Weiterbildungsangebote, um die neuen Entwicklungen und wissenschaftlichen Erkenntnisse in ihrer beruflichen Tätigkeit zu berücksichtigen und zu nutzen. […].

5) Lehrerinnen und Lehrer beteiligen sich an der Schulentwicklung, an der Gestaltung einer lernförderlichen Schulkultur und eines motivierenden Schulklimas. […]"

Nach dieser Beschreibung stellen das Unterrichten sowie die damit verbundene Erziehungsaufgabe den Kern der Tätigkeit dar, zu denen Leistungsbeurteilung, Fort- und Weiterbildung sowie Schulentwicklung als weitere Berufsaufgaben hinzutreten. Mit Blick darauf, dass sich die Erziehungsfunktion der Familie innerhalb gesellschaftlich-kultureller Wandlungsprozesse abzuschwächen scheint und der Medienbereich in der Sozialisations- und Erfahrungswelt von Kindern und Jugendlichen an Bedeutung zunimmt, ergeben sich (neue) Forderungen an die Schule, vermehrt erzieherische und pädagogische Aufgaben zu übernehmen (Terhart 2008). Die Bedeutung des Innovierens, welche in der neueren Darstellung auf Schulentwicklung bezogen ist, greift Merkmale des Wandels von Gesellschaft und Schule auf. Eine Untersuchung von Esslinger (2002) konnte hier aufzeigen, dass ein größerer Teil von befragten Lehrkräften jedoch angab, keinen beruflichen Überblick über die Aufgabenfelder zu haben. Kooperation von Lehrkräften ist immer wieder als ein bedeutsam erachteter Aspekte der Schulentwicklung herausgestellt worden (z.B. Kelchtermans 2006; Albisser et al. 2013).

Die Aufgabenfülle im Lehrberuf führt aus Sicht der soziologischen Rollentheorie dazu, dass er als überaus konfliktreich bezeichnet wird, weil kaum ein anderer Beruf mit derart vielschichtigen Erwartungen verbunden ist. Erwartungen werden hier vor allem von den Schülern, von den Eltern, von Kollegen, der Schulleitung und der Öffentlichkeit an die Lehrpersonen gestellt. Es scheint nahezu unmöglich, dass Lehrkräfte den gestellten Anforderungen und Rollenerwartungen gleichermaßen gerecht werden können (Cramer 2012, 17). Weiterhin ist erschwerend, dass die Aufgabe immer eine offene ist: Es kann stets mehr getan werden, um Unterricht noch besser vorzubereiten, der Erziehungsaufgabe noch besser gerecht zu werden, noch intensivere Fort- und Weiterbildung zu betreiben usw. Diese Aspekte stellen Belastungsmomente im Lehrberuf dar, die das berufliche Ethos prägen.

Forschung zum Lehrberuf muss die Vielfalt der Aufgaben und die darin sich manifestierenden Widersprüche aufgreifen und für ihre Fragestellungen, z.B. der Frage nach Wirksamkeit der Lehrerbildung oder auch der Frage der Belastung von Lehrkräften im Vergleich mit anderen Berufsgruppen zunächst theoretisch abbilden. Welche Ansätze sind in der Professionsforschung aufzufinden?

Lange Zeit wurde die Professionsforschung vom berufssoziologischen Denken beeinflusst (und auch von systemtheoretisch fundierten Ansätzen (die hier nicht weiter verfolgt werden können). Im berufssoziologischen Denken sind Professionen Berufe, die sich am Gemeinwohl orientieren, nicht am Gewinn. Dazu gehören existenzielle und gesellschaftliche Anliegen wie „Gesundheit und Heilung, Recht und Gerechtigkeit, Seelenheil und letzte Fragen" (Cramer 2012, 26). Professionen sind aus dieser Sicht von bestimmten Merkmalen gekennzeichnet, zu denen eine autonome Ausübung sowie die Beschäftigung mit relevanten und gesellschaftlichen Anliegen gehört und deren Ausübung umfangreiches Wissen und Erfahrung hinsichtlich der fallspezifischen Situationen erfordert. Die Ausübung der Professionen benötigt umfangreiches und hoch bewertetes Wissen und Erfahrung, weil die Tätigkeit nicht standardisiert sondern fallspezifisch ist. Als „klassische Professionen" gelten hier die akademischen Disziplinen Medizin, Jurisprudenz und Theologie sowie die dazugehörigen Berufe Arzt, Anwalt und Pfarrer. Vertreter von Professionen als Berufsstände genießen deswegen Autonomie. Im berufssoziologischen Denken werden Professionen, die nicht alle Merkmale aufweisen, auch als „Semi-Professionen" bezeichnet. Für den Lehrberuf konstatierte die berufssoziologische Forschung so, dass er eine *Semi-Profession* darstellt (Etzioni 1969), also keine vollwertige, klassische Profession, weil beispielsweise eine freie Ausübung infolge staatlicher Aufsicht, etwa über Lehrpläne, Schulaufsicht und Evaluationen, nur eingeschränkt möglich ist. Die vielfältigen Aufgaben des Lehrberufs erschweren überdies eine Zuschreibung „professioneller" Kriterien. Dieses klassische Professionsverständnis ist jedoch seit den 1990er Jahren in die Kritik geraten, weil mit ihm einerseits die Ausdifferenzierung und der Wandel der heutigen Berufe kaum adäquat abgebildet und andererseits infolge des jederzeit verfügbaren Wissens eine „Expertenherrschaft" kaum mehr aufrecht erhalten werden kann (Bauer 2000).

Im Folgenden werden zentrale professionstheoretische Konzepte dargestellt. Die klassischen soziologisch-systemtheoretischen Modelle wurden in den 1990er Jahren zunehmend durch das *strukturtheoretische Professionalitätsverständnis* abgelöst, dem dominierenden handlungstheoretischen Denkmodell. Aus strukturtheoretisch-rekonstruktiver Sicht ist der Lehrerberuf infolge eines Bündels von Widersprüchen, Paradoxien und Antinomien aporetisch geprägt (Combe/Helsper 1996). Helsper versteht – im Anschluss an die Theorie professionellen Handelns nach Oevermann (1996) – das Lehrerhandeln als quasi-therapeutische Tätigkeit, „die im Pflichtschulwesen zwangsläufig zu Dilemmasituationen führt" (Cramer 2012, 30). Zu ihnen gehören nach Helsper (2004) das begründete Entscheiden unter Ungewissheit, die Einordnung pädagogischen Geschehens unter allgemeine Kategorien trotz seiner Individualität oder das Verhältnis zwischen gewünschter Nähe und geforderter Distanz. Die Antinomie „Nähe versus Distanz" sieht die Lehrkräfte vor der Herausforderung, Schülern mit Nähe begegnen zu wollen, sie über ein freundschaftliches Auskommen zu motivieren, andererseits aber professionelle Distanz wahren zu müssen, beispielsweise mit Blick auf körperliche Nähe. Lehrkräfte sind deshalb nach Helsper tagtäglich gezwungen, widersprüchliche Entscheidungen zu treffen. Er sieht deshalb Lehrkräfte vor die Herausforderung gestellt, das Arbeitsverhältnis zwischen Lehrenden und Lernenden immer neu aushandeln zu müssen, was generell zum Scheitern verurteilt ist und damit zu Belastungen führen kann. Das strukturtheoretische Verständnis von Professionalität ist für die Forschung und Lehrerbildung dahingehend von großer Bedeutung, als es Handlungsfähigkeit und Reflexionsfähigkeit als wichtige Ziele begreift. Baumert und Kunter (2006) weisen allerdings mit Blick auf diese Sichtweise auf das Problem hin, dass der Erwerb berufsspezifischer Kompetenzen im strukturtheoretischen Verständnis von Professionalität nahezu unmöglich erscheint. Sie plädieren deshalb, auch pragmatisch begründet, für ein kompetenzorientiertes Verständnis von Professionalität. Was ist darunter zu verstehen?

Dem *kompetenzorientierten Verständnis* von Professionalität liegt die Annahme zu Grunde, dass Kompetenzen von Lehrkräften aufgrund von Erfahrungen in Handlungen gewonnen werden. Pädagogische Kompetenz wird demgemäß im Tun, also im Vollzug während der Ausbildung und Berufsausübung erworben und manifestiert sich als Können des professionellen Experten. Das führt zur Frage, in welchen Bereichen (Domänen) Professionalität erworben wird. Hier rekurriert das kompetenzorientierte Verständnis von Professionalität auf eine Topologie von Wissensdomänen nach Shulman (1986), die eine Verbindung berufsspezifischer inhaltlicher Wissensfacetten mit einem allgemeinen Professionsmodell verbinden. Durchgesetzt hat sich aus diesem Modell die Unterscheidung von allgemein pädagogischem Wissen, von Fachwissen und fachdidaktischem Wissen, die später um Organisationswissen und Beratungswissen ergänzt wurden (Baumert/Kunter 2006, 482). Für die Schulpädagogik ist das allgemein pädagogische Wissen von besonderer Bedeutung, zu ihm zählen „Klassenführung und Orchestrierung des Lernprozesses, Wissen über Entwicklung und Lernen, Diagnostik und Leistungsbeurteilung sowie professionelles Verhalten im Kontext von Schule und schulischer Umwelt" (Baumert/Kunter 2006, 484). Diese Perspektive ermöglicht mittels der getroffenen Unterscheidungen, mit empirischen Forschungsmethoden professionelles Lehrerhandeln analysieren zu können und insbesondere auf das professionelle Wissen zu rekurrieren. Der Ansatz versucht einerseits, die Sicherung einer qualitätsvollen Lehrerausbildung im Auge zu haben und andererseits Anschluss an die internationale Diskussion über professionelle Standards zu gewinnen (Baumert/Kunter 2006). Wenngleich er die Bedeutung der Kompetenzen für den Lehrberuf heraushebt, darf nicht übersehen werden, dass kaum alle Voraussetzungen, die ein guter und professionell Lehrender benötigt, erlernbar sind. Darüber hinaus stehen hier Lehrpersonen als handelnde Menschen im Vordergrund, ihre Rahmenbedingungen werden weitgehend ausgeblendet. Somit werden deren Handlungsspielräume, knappe Ressourcen oder mangelnde Unterstützung nicht erklärt (Spinath 2012).

Der *berufsbiographische Ansatz* als eine weitere bedeutende theoretische Zugangsweise rückt die individuellen Akteure in den Mittelpunkt und begreift Professionalität als ein berufsbiographisches Entwicklungsproblem. Berufliche Identitätsbildung wird in diesem Ansatz als eine Leistung des Subjekts gesehen, die sich im Zusammenspiel von Außen- und Innenvariablen vollzieht. Sie erstreckt sich über die gesamte Spanne des Berufslebens und wird dabei zur zentralen und beständigen Entwicklungsaufgabe, die stufenförmig verläuft. Die Lehrpersonen bearbeiten individuell als Krisen bezeichnete Situationen und Problemstellungen beruflichen Erlebens (vgl. u.a. Terhart 2001). Die daraus resultierende Verarbeitung stützt sich dabei sowohl auf Wissen als auch auf bisherige Erfahrungen der Lehrkraft. Hericks systematisiert diese Problemstellungen und rekonstruiert daraus die folgenden Entwicklungsaufgaben: Rolle, Vermittlung, Institution und Anerkennung (Hericks 2006). Ein besonderes Augenmerk legt der Ansatz auf die Phase des Berufseinstiegs, weil in ihm die Auseinandersetzung mit diesen Aufgaben besonders in den Vordergrund rückt. Forschung zum berufsbiographischen Ansatz erfolgt einerseits im qualitativen Paradigma (vgl. u.a. Hericks 2006; Wittek 2013) als auch im Kontext quantitativer empirischer Studien (vgl. u.a. Keller-Schneider 2008). Dieser theoretische Ansatz kann als subsummierendes Bindeglied begriffen werden, das Elemente des strukturtheoretischen und des kompetenzorientierten Ansatz dergestalt zusammenführt, als er theoretische Anteile mit dem Fokus auf individuelle Entwicklung verbindet.

Weitere Fortschritte in der Forschung zum Lehrerberuf erbrachte die COACTIV-Studie (Kunter et al. 2011), welcher der kompetenzorientierte Ansatz zu Grunde liegt. Hier wurde mit Blick auf das Fach Mathematik deutlich, dass sich professionell erworbenes, das heißt in der Ausbildung zum Lehrberuf erworbenes Wissen, deutlich von Alltagswissen unterscheidet: „Lehrkräfte mit hohem fachdidaktischem Wissen zeigten ein höheres Aufgabenpotenzial und stärkere Unterstützung der Schülerinnen, was sich in klaren Leistungsvorteilen dieser so unterrichteten Klassen niederschlug" (Kunter et al. 2011, 347). Auch diagnostische Fähigkeiten der Lehrkräfte stehen in einem positiven Zusammenhang zu den Leistungen der Schülerinnen und Schüler. Für das berufliche Handeln der Lehrkräfte sind deren professionelle Überzeugungen von großer Bedeutung.

Welche weiteren Befunde aus dem breiten Feld der Professionsforschung sind bedeutsam? Viele Forschungen stellten *Berufswahlmotive* in den Vordergrund: Offensichtlich wählen vermehrt intrinsisch motivierte Personen den Lehrberuf, die hierfür personen- und beziehungsorientierte Motive benennen. In der neueren Forschung ist auch die berufliche Mobilität ein Thema: So konnten Herzog u.a. für die Schweiz aufzeigen, dass ein hoher Anteil in den ersten zehn Jahren aus dem Lehrberuf wieder aussteigt und nur 40 Prozent im Lehrberuf verbleiben (Herzog et al. 2007). Allerdings – dies mag verblüffen – verbleiben auch diese Aussteiger im Lehrberuf und kommen in Institutionen und Bildungseinrichtungen unter. Hinsichtlich der Karriereorientierung und Leistungsorientierung wird deutlich, dass Lehramtsstudierende eine selegierte Population darstellen, da sich besonders leistungs- und karriereorientierte Schulabgänger in der Regel nicht für den Lehrberuf entscheiden (Rothland/Terhart 2010).

Bedeutsam stellt sich die Frage der *Wirksamkeit der Lehrbildung* dar. Eine größere Studie, in der Lehramtsabsolventen über ihre Erfahrungen in der Lehrerbildung befragt wurden, ist in der (deutschsprachigen) Schweiz durchgeführt worden (vgl. Oser/Oelkers 2001). Forschungsziel war festzustellen, ob und inwieweit die Lehrerbildung bestimmte normative, vorab formulierte Standards erreicht oder nicht. Die Befundlage ist wenig erfreulich: Auf breiter Front wurden die Standards nicht erreicht.

Weitere wichtige Befunde wurden in der *Lehrerbelastungsforschung* vorgelegt. Aspekte des Schülerverhaltens (wie schwierige, unruhige, unmotivierte, unkonzentrierte, undisziplinierte Schüler) zählen hier in Ranglisten zu den an erster Stelle stehenden Belastungsfaktoren. Gleichzeitig stellen die Schülerinnen und Schüler auch den wichtigsten Motivationsfaktor für Lehrkräfte dar, die in der Interaktion zu hoher Berufszufriedenheit führen kann. Die Schülerinnen und Schüler als Klienten der Lehrkräfte stellen so gleichzeitig die Quelle der beruflichen Zufriedenheit als auch der Belastung und Beanspruchung dar (Rothland/Terhart 2010). Bezüglich der individuellen Belastungsfaktoren konnte aufgezeigt werden, dass Lehrpersonen im Vergleich mit anderen Berufsgruppen in hohem Ausmaß riskante individuelle und arbeitsbezogene Verhaltens- und Erlebnismuster aufweisen (vgl. Schaarschmidt 2005), die darüber hinaus auch Einfluss auf die Unterrichtsqualität besitzen. In der Forschung sind zahlreiche Arbeiten zu individuellen Personenmerkmalen vertreten, weniger zu Arbeitsplatzmerkmalen oder der Auswirkung von Reformen auf das Belastungserleben. Erste Indizien weisen darauf hin, dass outputorientierte Reformen das Belastungserleben von Lehrkräften befördern, die wahrgenommenen Belastungen jedoch im Zeitverlauf abnehmen (Wacker/Groß 2014).

2.3 Diskussionsfelder der Schulpädagogik

Wie im historischen Abriss dargelegt, bestimmten unterschiedliche Konzepte den Wissenschaftsbegriff der Schulpädagogik, von denen die geisteswissenschaftliche Position ab 1945 (Kersting 2014), später die kritische Theorie und empirische Positionen die größte Bedeutsamkeit zu erlangen vermochten. Allen Perspektiven ist eine methodische Präferenz eingeschrieben, die gleichsam den Gegenstand der Schulpädagogik (mit-)konstituierte (Fend 2010) und heute noch formt. Wesentliche zentrale Inhaltsfelder der Disziplin diskutierten wir im oberen Abschnitt.

Gleichsam erwachsen daraus Fragen und Probleme der Disziplin, von denen Kernpunkte abschließend skizziert werden sollen.

Eine diesbezüglich bedeutsame Frage zielt auf den *Gegenstand der Schulpädagogik* als wissenschaftlicher Disziplin, die letztlich aus dem ungelösten Problem ihrer wissenschaftlichen Identität rekurriert. Er wird nicht einheitlich bestimmt: Benner wies hierfür im Jahr 1977 – „vor dem Hintergrund der gegenwärtigen Meinungen und Theoriebildungen" – drei inhaltliche, miteinander verbundene Bereiche aus: die Didaktik, die Curriculumstheorie und die Schultheorie (Benner 1977, 88-91) und versuchte darüber eine inhaltliche Definition zu gewinnen, die als enge Definition angesehen werden kann. Eine weit gefasste Antwort, die auch historische Aspekte einbezieht, gewinnt Kemper: Er sieht den Zusammenhang zwischen Schulentwicklung, Schulkritik und Schulreform als konstitutiven Gegenstandsbereich der Schulpädagogik (Kemper 2001, 9) und führt das Problem auf die Widersprüche des Feldes zurück: „Das bisher ungelöste Problem ihrer wissenschaftlichen Identität kann deshalb auch mit den Antinomien der Schule und den Aporien ihrer Reform in Zusammenhang gesehen werden" (Kemper 2004, 834). Damit ist eine weite Definition von Schulpädagogik gegeben, die ihren theoretischen Ansatzpunkt aus den Widersprüchen des Praxisfeldes gewinnt. Diesen Beispielen lassen sich noch viele anfügen, sie können aber genügen, um das Problem und die Bandbreite der Antworten zu markieren.

Für die wissenschaftliche Konstitution der Disziplin sind mit Blick auf eine zu gewinnende Identität Fragen angezeigt. Bedeutsam wäre diesbezüglich vor allem zu benennen, in welcher Hinsicht Bildungsinstitutionen, Schule und Unterricht befragt werden, wie diese Fragen eine Bearbeitung erfahren und wie sich die Fragen und methodische Bearbeitung von weiteren Disziplinen, die sich ebenfalls auf Schule und Unterricht kaprizieren, unterscheiden (Herzog 1999). Mit dem Bezug auf ein Verständnis der Bildungsinstitution, das sowohl die gesellschaftliche als auch die individuelle Seite des Bildungsprozesses umfasst, ist dies noch nicht geleistet, weil darin keine Wissenschaftssystematik und damit kein theoretischer Ausgangspunkt liegt, welche eine Disziplin zu begründen vermag und so zu einer innerpädagogischen Abgrenzung (etwa in der Abgrenzung von Schulpädagogik und Allgemeiner Pädagogik) und einer Abgrenzung zu weiteren Disziplinen, die sich ebenfalls auf Schule und Unterricht bezogen wissen, führen könnte.

Nachfolgend sollen drei Problemstellungen der Disziplin ausgeführt werden: Das ungelöste Theorie-Praxis-Problem der Disziplin, das Problem der Normativität und die Frage der Schulpädagogik als einer Integrationswissenschaft, die eine disziplinimmanente Identität nicht befördert.

2.3.1 Theorie-Praxis-Problem

Mit dem Begriffspaar „Theorie und Praxis" wird seit dem späten 18. Jahrhundert „das begriffliche Gefälle von Allgemeinem und Besonderem diskutiert, ohne dass

Einigkeit über das Rangverhältnis zwischen Theorie und Praxis herrschte" (Lange-wand 2004, 1016). Mit dem *Theorie-Praxis-Verhältnis* oder *Theorie-Praxis-Problem* ist insgesamt eine Chiffre für komplexe und vielfältige Begriffsverhältnisse benannt, die aus den Überlegungen zu einer Wissenschaft sui generis etwa seit Ende des 18. Jahrhunderts resultieren. Während, ausgehend von der geisteswissenschaftlichen Durchdringung der schulpädagogischen Theoriebildung lange Zeit das Denken vorherrschend war, dass die pädagogische Praxis der Theorie vorausginge und die schulpädagogische Theoriebildung, vermutlich auch bedingt infolge dieser Sicht-weise, starke Bezüge auf die pädagogische Praxis aufweise (Arnold/Koch-Priewe 2008), änderte sich dieses Denken – insbesondere in der Phase der Bildungsreform unter dem Einfluss der Öffnung zu Nachbardisziplinen – so, dass die Forschungs-ausrichtung der Disziplin vermehrt im Vordergrund stand und eine empirische Praxiskritik beförderte, die sich über konkrete Innovationsvorschläge manifestierte. Nachdem das Scheitern der Innovationsabsichten deutlich wurde, führte dies zu ei-nem vorübergehenden Rückzug der Schulpädagogik aus der pädagogischen Praxis in den 1970er und 1980er Jahren. Derzeit ist in der Disziplin, auch unter dem Ein-fluss der empirischen Bildungsforschung eine vermehrte Forschungsausrichtung zu erkennen, welche ebenfalls eine distanzierte Haltung zur Praxis befördert. Wie kam es zu diesen Entwicklungen?

Wie wir gesehen haben, wurde die Schulpädagogik als Teildisziplin der Erzie-hungswissenschaft erst spät an den Hochschulen institutionalisiert. Viele Vertre-ter waren damals der geisteswissenschaftlichen Ausrichtung verpflichtet, die sich im Kern dem Verstehen der Erziehungswirklichkeit und der hinter ihr liegenden Prinzipien zum Ziel setzten. Die Vertreter der geisteswissenschaftlichen Pädagogik teilten die Auffassung, dass „pädagogische Wissenschaft nicht Selbstzweck sein darf, sondern der pädagogischen Praxis nützen muss" (Herzog 2005, 82). Daraus folgt der Anspruch, dass Theorie und Praxis als eine Einheit zu begreifen sind und sich wechselseitig bedingen. Für die Geisteswissenschaftliche Pädagogik war deshalb die Erziehungswirklichkeit der Theoriebildung vorgelagert, z.B. sah Herman Nohl die Erziehungswirklichkeit als den Ausgangspunkt der Theoriebildung an (Nohl 1933). In diesem Denken bildet die konkrete pädagogische Situation den Bezugs-punkt für die Theoriebildung, nicht aber theoretische Normen, die einem anderen Denkansatz folgend a priori der Praxis zu Grunde gelegt werden (können) und die damit der Praxis vorgängig sind.

Herman Nohls Schüler Erich Weniger entwickelte einen Theoriebegriff, der in Absetzung der traditionellen Differenz zwischen Theorie und Praxis drei gradu-elle Abstufungen der Theoriebildung unterscheidet (Weniger 1952a, 7-22). Ein erster Grad besteht in nichtformulierten aber praktizierten, z.B. verinnerlichten Erziehungsvorstellungen des Praktikers, die ihm nicht bewusst sind und „unaus-gesprochene Fragestellung[en]" (Weniger 1952a, 17). Ein zweiter Grad besteht in formulierten „Dingen" des Praktikers, die von ihm benutzt, aber nicht immer bewusst eingesetzt werden, z.B. „in Lehrsätzen, in Erfahrungssätzen, in Lebensregeln, in Schlagworten und Sprichwörtern" (Weniger 1952a, 17). Die Theorie dritten Grades schließlich formulierte Weniger als Theorie der Wissenschaft und die eigentliche Theorie des Theoretikers. An diese Theoriebildung stellt Weniger hohe Ansprüche, wenn er ausführt, dass diese Theorie zeitgemäß, wandelbar und vor allem praxisbezogen sein sollte. Mit ihr sollte die Praxis bewusster gemacht und systematischer erfasst werden, so dass in ihr Rationalität und Einsicht zum Ausdruck kommen, damit die Zufälligkeit des Handelns ausgeschaltet werden kann. Diese Theorie dient insbesondere der Klärung und Überprüfung von Theorien ersten und zweiten Grades (Klafki 1978 nach Arnold 2008). Weniger sieht in der Theoriebildung dritten Grades die Möglichkeit einer Verbesserung der Erziehungswirklichkeit. Diese Theorie des Theoretikers hat den Zweck der Aufklärung und Läuterung der Praxis mit sich selbst, wobei sich der Praxisbegriff Wenigers auf die vorgängige und nachgängige Einstellung zum pädgogischen Akt bezieht (Langewand 2004). Anders als in der geisteswissenschaftlichen Pädagogik macht die kritische Theorie zwar eine wechselseitige Abhängigkeit der Theorie und Praxis aus, „sieht aber in der vorfindlichen Praxis keinen Ansatzpunkt der dringend nötigen gesellschaftlichen Veränderungen" (Langewand 2004). In neuerer Zeit wird Praxis mehr unter ihrer Verwertbarkeit gedacht, verengt als ein kausales Herbeiführen von Wirkungen und stellt sich so als technologisches Handeln in einem kausal zu beeinflussenden Feld dar.

Diese Anbindung der Theorie an die Praxis, die das Selbstverständnis der Schulpädagogik bis heute prägt, wurde institutionell dadurch begünstigt, dass die sich im Entstehen begriffene Schulpädagogik vor allem als ein Ausbildungselement an den (nichtuniversitären) Lehrerseminaren darstellte; sie wurde weiterhin begünstigt dank einer auf die Praxis gerichteten Wissenschaft, in der wissenschaftliche Beiträge in einem breit verständlichen Jargon an die Tätigen im wissenschaftlichen Feld kommuniziert wurden. Herzog fasst die daraus resultierenden Schwierigkeiten für die Disziplin folgendermaßen zusammen: „Die Pädagogik wird von einem Selbstverständnis dominiert, das der Disziplin unmittelbaren praktischen Nutzen abverlangt" (Herzog 2005, 16). Wenngleich auch rückblickend immer wieder Gegenströmungen zu erkennen sind, bildet die praktische Ausrichtung aller Bemühungen der Disziplin einen wichtigen Dreh- und Angelpunkt schulpädagogischen Denkens, der sich prägend auswirkt. Beispielsweise versteht Helmut Fend in seinem Werk *Schule gestalten* von 2008 die Schulpädagogik als eine Gestaltungslehre des Bildungswesens. Seine Arbeit sucht die Gestaltungsinstrumente auf der bildungspolitischen, schulischen und unterrichtlichen Ebene miteinander zu verbinden. Er schreibt: „Schulpädagogik verweist damit auf ein großes Handlungsfeld: auf jenes der Gestaltung institutionalisierter Lehr- und Lernprozesse. Diese Disziplin wird damit von dieser *Aufgabe* (Herv. d. Verf.) her konstituiert und nicht von einem theoretischen oder disziplinären Paradigma" (Fend 2008,

13). In dieser Bezugnahme auf die „Aufgabe", die darin besteht, für die Praxis nützlich zu sein, konstituiert sich die Schulpädagogik bis heute, wenngleich zu erkennen ist, dass bei Fend gegenüber früheren Sichtweisen ein erweitertes Verständnis auf Gestaltungs- und Entwicklungsprozesse in der schulischen Praxis zu ersehen ist. Es liegt daran, dass die Praxis als ein theoretisches Mehrebenensystem gedacht wird, in der die Politik, die Schule und der Unterricht Ebenen darstellen, die faktisch ineinandergreifen. Fend weist an anderer Stelle darauf hin, dass der Weg „von dieser gesellschaftlichen Aufgabenbestimmung zum operativen Handeln von Lehrpersonen und Schülerinnen bzw. Schüler" lang ist (Fend 2006a, 174). Allerdings entstehen auf den differenten Ebenen des Bildungswesens jeweils eigene Handlungsaufgaben der Akteure. Im Begriff der „Rekontextualisierung" (Fend 2006a, 174ff) versucht er zwischen der Institution und den Akteuren zu vermitteln: *Rekontextualisierung* bedeutet, dass die (gesetzlichen) Rahmenvorgaben auf den Ebenen unter den unterschiedlichen Handlungsbedingungen der Akteure innerhalb der bestehenden Gestaltungsräume uminterpretiert werden. Mit dem Konzept der Rekontextualisierung und seinem inhärenten Kern einer theoretischen Mehrebenenbetrachtung des Bildungswesens ist ein Begriff formuliert, der einerseits ein älteres Praxiskonzept der Wissenschaft ausdifferenziert, andererseits eine Verbindung von Forschung und „Praxis" erleichtert.

Ausgehend vom geisteswissenschaftlichen Denken bis zu diesen neueren Ansätzen stellt der Verweis auf die Praxis aber insgesamt ein Konstitutionsproblem der Disziplin dar, weil sie nach Herzog „in praktischen Problemfeldern [wurzelt], die auf ein pädagogisches *Handeln* (Herv. d. Verf.) angelegt sind" (Herzog 2005, 18). Von Saldern (2010, 322) vermutet sogar, dass die häufige Beschäftigung der Erziehungswissenschaft mit sich selbst geradezu aus dem Bestreben resultiert, „den Theorie- und Praxisproblemen aus dem Weg zu gehen". So wird immer wieder daraufhin gewiesen, dass die Klärung des Theorie-/Praxisverhältnisses für das wissenschaftliche Selbstverständnis der Disziplin bedeutend ist. Das zugrunde liegende Problem verdeutlicht ein Blick in die Nachbardisziplin der Psychologie: Sie konstituiert sich zuerst als eine Wissenschaft, aus der heraus eine Praxis erwächst. Deshalb stellt die Psychologie eine Forschungsdisziplin dar und wird aufgrund ihrer Forschungsausrichtung, insbesondere im Kern durch die Methoden, zusammengehalten.

In der letzten Dekade ist festzustellen, dass die Disziplin Schulpädagogik – auch unter dem Einfluss des empirischen Aufwinds im Zuge der international vergleichenden Studien – einer anhaltenden Ausdifferenzierung unterworfen ist: Einerseits sucht sie aus dieser Tradition heraus in Methoden und Zugriffen immer noch Anschluss an den praktischen Diskurs, nicht zuletzt infolge ihrer institutionellen Anlage in der Lehrerbildung, andererseits ist zu erkennen, dass sie sich mehr und mehr als *Forschungsdisziplin* begreift, die mit empirischen Methoden Forschungsergebnisse hervorbringt, die dementsprechend nicht immer für den praktischen

Diskurs verwertbar sind. Deshalb können zwei Grundpositionen unterschieden werden, die mehr oder weniger und mit verschiedenen Schattierungen nebeneinander stehen: Eine Position, die wissenschaftliches Wissen zur Klärung und zuweilen zur Handlungsleitung in Praxissituationen begreift und einen Zusammenhang von Theorie und Praxis postuliert und weiter eine Position, die zwischen Praxiswissen und wissenschaftlichem Wissen unterscheidet und daraus folgernd eine Differenz von Theorie und Praxis annimmt. Mit dieser „Differenzhypothese", wie letztere Position auch bezeichnet wird, ist ein Denken angelegt, das eine universitäre Verselbstständigung von Theorie und Praxis ermöglicht. In welchem Paradigma sich die Vertreter der jeweiligen Richtungen positionieren, wird über getroffene Definitionen ersichtlich, beispielsweise im wichtigen Themenfeld der Allgemeinen Didaktik, einem Kernpunkt der Schulpädagogik. Meyer (2001, 12) sowie Jank und Meyer (2005, 16) definieren Didaktik als „Theorie und Praxis des Lehrens und Lernens" und nehmen damit keine theoretische Unterscheidung zwischen Theorie und Praxis vor; das Verhältnis beider Bereiche wird zusammen gedacht. Uwe Hericks hingegen kritisiert diese Definition, weil sie eine angenommene „Differenz von Theorie und Praxis verwischt" (Hericks 2008, 62) und schlägt dagegen folgende Gegenstandsdefinition vor, die vor allem den Wissenschaftsbereich akzentuiert: *„Allgemeine Didaktik* wird nachfolgend als *Wissenschaft vom Lehren und Lernen* (Herv. d. Verf.) verstanden" (Hericks 2008, 62). An diesem Beispiel werden aktuelle Änderungstendenzen der Disziplin hin zu einer Forschungsdisziplin ersichtlich.

Koring wies in einer Aufarbeitung des Feldes 1997 darauf hin, *„daß die Erziehungswissenschaft Erkenntnispotenziale einbüßt, wenn sie sich zu sehr den Handlungszwängen praktischer Pädagogik annähert* (Herv. d. Verf.), weil sie dann mehr am Erfolg der pädagogischen Tätigkeit als an der Erzeugung wissenschaftlichen Wissens interessiert sein wird" (Koring 1997, 85). Hierbei wird häufig als Begründung angeführt, wie sich die Disziplin und die Profession zueinander verhalten. Stichweh (1984, 7) versteht eine Disziplin einerseits als „das in lehrbare Form gebrachte Wissen", andererseits als eine „Kommunikationsgemeinschaft von Spezialisten, die auf eine gemeinsame disziplin-konstituierende Problemstellung verpflichtet sind" (Stichweh 1984, 50). Demgegenüber sind Professionen kein Wissenssystem, sondern ein Handlungssystem, in denen die Anwendung und Erzeugung von Wissen im Vordergrund steht. Die theoretische Trennung von Disziplin und Profession schließt an die Differenzhypothese an.

Auch wenn so derzeit die Schulpädagogik vermehrt ihre Forschungsausrichtung akzentuiert, kann nicht davon ausgegangen werden, dass in dieser Ausrichtung die ausschließliche Zukunft des Faches liegt. Bereits in den 1970er Jahren wurde ersichtlich, dass die Theoriebildung infolge der sozialwissenschaftlichen Einwanderungen kaum mehr den Alltag zu beeinflussen vermochte, was zur Forderung einer Alltagswende führte (Thiersch 1978). So ist für die Schulpädagogik zu konstatieren, dass einseitige Ausrichtungen Gegenbewegungen evozieren. In den 1970er Jahren wurden diese infolge der aufkommende Aktions- oder Handlungsforschung eingelöst, deren Ziel darin bestand, über den Forschungsprozess die pädagogische Praxis produktiv zu verändern und zu verbessern (Schaub/Zenke 2007). Der in den letzten Jahren geführte Diskurs zur Rezeption und Nutzung von Rückmeldedaten für die Schul- und Unterrichtsentwicklung kann auch als ein moderner Diskurs im Rahmen des Theorie-Praxis-Problems gelesen werden.

Eine nicht zu übergehende Schwierigkeit des Verhältnisses ist darin zu sehen, dass die Theorie vorwiegend eine Generalisierung und Verdichtung von Einzelfällen darstellt, pädagogisches Handeln aber zumeist einem (nicht unter allgemeine Regeln subsumierbaren und schnell zu entscheidenden Einzelfall) betrifft. Luhmann und Schorr (1979a, 1979b) stellten mit dem Begriff des *Technologiedefizits* heraus, dass die Schule durch eine begrenzte Technologisierbarkeit gekennzeichnet ist, die ihr besonderes Organisationsmerkmal bildet und das dadurch entsteht, dass Individuen anders reagieren können, als statistisch ermittelte Zusammenhänge vermuten lassen. Welchen Wert kommt dann in diesem Zusammenhang der (empirisch unterlegten) Theorie zu? In letzter Zeit ist daraufhin z.B. eine *konstruktive* und *kritische* Funktion (Brügelmann, 2005, 359) der Wissenschaft herausgestellt worden, die eine Entscheidungshilfe und ein Korrektiv zwischen konkurrierenden Meinungen bietet, des Weiteren auch die Antwort, dass eine „Praxis ohne Theorie nicht vernünftig gestaltet und verändert werden kann, weil ihr dann der Maßstab, für das, was anders sein kann, wie es anders sein kann und wie diese Alternativen zu begründen sind, fehlen würde" (Dammer 2010, 3).

2.3.2 Normativität als konstitutives Element der Disziplin

Insgesamt wurde aus den bisherigen Ausführungen ersichtlich, dass Schulpädagogik als wissenschaftliche Disziplin aus der Praxis erwächst und in ihrem Selbstverständnis eng mit der Bezugnahme auf Praxis verknüpft ist. Das *Problem der Normativität*, das wir hier besprechen, knüpft eng daran an, so dass wir hier noch kurz verweilen müssen. Einsiedler (1994) hebt die besondere Verantwortung der Schulpädagogik für Schul- und Unterrichtspraktika heraus. Dies kommt sowohl in systematischen Überblickswerken zum Ausdruck, die Schulpädagogik als Gestaltungslehre des Schulsystems und seiner erörterten Ebenen verstehen (z.B. Brügelmann 2005; Fend 2008) als auch in Bemühungen um Schulentwicklung, das dem Ziel einer Verbesserung von Schulen, auch als Motor der Systementwicklung, verpflichtet ist. In der Allgemeinen Didaktik als einem Kernstück der Disziplin manifestiert sich dies auch z.B. in der traditionellen Dreiteilung in didaktische Theorie, didaktische Empirie und didaktische Praxeologie (Meyer/Meyer 2008). In der Disziplin wird deshalb die Frage diskutiert, ob Schulpädagogik als eine analytische Wissenschaft oder eine Handlungswissenschaft angesehen werden soll. Eine analytische Wissenschaft stellt hierbei nur empirisch gewonnene Befunde in

Beschreibungen dar, etwa im Ausweis, was empirische und theoretische Studien über gute Lehrerinnen und Lehrer und über Lehrerprofessionalität aussagen (siehe Abschnitt zur Professionalisierung), sie greift nicht in das Praxisfeld ein; eine Handlungswissenschaft dagegen erhebt darüber hinaus den Anspruch, gestaltend auf das Praxisfeld einzuwirken.

Ist Praxisrelevanz als konstitutives Kriterium der Disziplin anzusehen und kann es auch eingelöst werden? Wichtige aktuelle Vertreter der Disziplin kommen hier zu unterschiedlichen Antworten, die sich im Kern auf zwei Positionen zurückführen lassen: Die einen halten in ihren Publikationen eine Praxisrelevanz für möglich und fordern sie ein, andere jedoch erkennen darin nur eine mit Schwierigkeiten einlösbare Forderung an die Wissenschaft (vgl. Wischer/Tillmann 2009b, 10). Argumentativ begünstigt wird der Bezug auf die Praxis in institutioneller Hinsicht infolge der Tatsache, dass viele Hochschulstellen in der Schulpädagogik eine mehrjährige schulpraktische Tätigkeit voraussetzen und deshalb die Disziplin – anders als etwa in der Psychologie oder im übergreifenden Feld der Bildungsforschung – ihr Personal sehr praxisnah rekrutiert.

Aus dieser inhaltlichen und institutionellen Nähe der Schulpädagogik zum Praxisfeld erwächst das *Problem der Normativität*. Der Begriff „normativ" wird vor allem im Zusammenhang mit Theorien verwendet. Als normativ werden gemeinhin solche Theorien bezeichnet, die im Unterschied zu deskriptiven Theorien auf Voraussetzungen beruhen, die nicht weiter problematisiert werden (können), weil sie sogenannte „Werturteile" beinhalten. Ferner gelten solche Theorien als normativ, die es nicht dabei belassen, eine vorfindliche Wirklichkeit in ihrem So-Sein regelförmig zu beschreiben, sondern präskriptiv formulieren, was sein oder werden *soll*. Ist beides nicht der Fall, gilt die Theorie nicht als normativ, sondern als deskriptiv. Deskriptive Theoriebildungen sind das Spezifikum der neuzeitlichen Naturwissenschaft, wie auch der aus der Moderne hervorgegangen Sozialwissenschaften und der empirischen Psychologie. Die hier vorgestellte Aufteilung ist für die Schulpädagogik insofern nicht unproblematisch, als sie auf der Voraussetzung beruht, menschliches und speziell pädagogisches Zusammenhandeln lasse sich tatsächlich in Analogie zu Naturbeobachtungen beschreiben, erklären und prognostizieren (vgl. dazu kritisch: Fend 1980, 99). Wird – wie es beispielsweise der eingangs zitierte Begriff der Bildsamkeit Herbarts nahelegt – davon ausgegangen, dass menschliche Interaktion nicht in deskriptiv beschreibbarer (mechanischer) Regelförmigkeit aufgeht, weil sich Menschen selbsttätig als Handelnde entwerfen und ihren Handlungen Gründe unterlegen können, wäre auch eine solche Theorie als normativ bzw. nicht weltanschaulich neutral zu qualifizieren, die nicht qualitativ zwischen natürlicher Regelförmigkeit (wie in der Physik) und der Handlungspraxis selbsttätiger Individuen, die sich selbst Regeln ihres Handelns zu geben vermögen, unterscheidet. Das an den Naturwissenschaften ausgerichtete Wissenschaftsverständnis tut genau dies aus methodischen Gründen nicht. Von dieser Bestimmung der Normativität jeglichen Praxisverständnisses in dem Sinne, dass es nicht voraussetzungslos gedacht werden kann, ist diejenige Normativität von Theorien zu unterscheiden, die beschreiben, was sein soll, also von ethischen Theorien im engeren Sinne. Eine solche „normative" Theorie kann zum einen mit dem Anspruch einhergehen, dass hinsichtlich der den Handlungen zugrunde zu legenden Normen Einigung mittels intersubjektiver Kommunikation erzielt werden könne und diese sich darum als vernünftig ausweisen lassen, weil sie allgemeine Anerkennung erfahren. Dieses Theorieverständnis wird uns noch genauer bei Herbart und seiner Begründung für die Legitimität von erziehendem Unterricht begegnen. Eine andere Normativität liegt zugrunde, wenn programmatisch religiös-weltanschaulich bedingte Werturteile vorgetragen werden, deren Geltung weder problematisiert werden kann noch problematisiert werden soll. Ein solches Werturteil in Bezug auf Unterricht läge etwa vor, wenn die Sozialform des Frontalunterrichts mit der Begründung abgelehnt wird, sie sei mit einer reformpädagogischen Programmatik, die „vom Kinde aus denke" nicht vereinbar.

Die pädagogischen Teiltheorien in der Disziplin beinhalten, das ergibt sich aus den Ausführungen oben, unterschiedliche Ebenen von Normativität und führen, vor allem mit Blick auf die Gestaltungsaufgabe der Praxis, zu Normativitätsproblemen. Der Bildungsbegriff stellt in Theorien der Schulentwicklung den Bezugsrahmen für begriffliche Klärungen dar. Das ihm zugrundeliegende Verständnis von Individualität und die damit einhergehenden ethischen Implikationen entziehen sich einer am naturwissenschaftlichen Denkstil ausgerichteten empirischen Begründungslogik (Dedering 2012) und werden darum aus dieser Perspektive als „normativ" problematisiert. Aus bildungstheoretischer Perspektive wiederum ist die implizite Normativität empirischer Forschungsdesigns als untauglich für die (schul-)pädagogische Handlungspraxis kritisiert worden (vgl. Benner 1994, 100). In der Tat sind auch in empirischen Forschungsdesigns zahlreiche Normen und normative Entscheidungen enthalten, beispielsweise die Entscheidung für eine bestimmte Forschungsmethodologie oder inhaltliche Abwägungen bei der Formulierung von Skalen und Items oder Begründungen mit Blick auf die Auswahl von Skalen, die jeweils vor dem Hintergrund bestimmter Zielsetzungen formuliert werden (vgl. z.B. Fromm 1987).

2.3.3 Zwischen eigenständiger Disziplin und Integrationswissenschaft

Aus dem historischen Abriss war zu erkennen, dass die Disziplin Schulpädagogik aus der Praxis erwächst. Die damit verbundene inhaltliche Ausrichtung auf die schulische Praxis begründet ein Problemfeld der Disziplin, das zu lösen in der Vergangenheit kaum gelungen ist: Sie gewinnt ihre Identität zuvörderst aus den Inhalten und Zielen, nicht, wie bei Forschungsdisziplinen, aus den Methoden. Dass sie in ihrer Geschichte deshalb zuweilen als reine Handlungswissenschaft klassifiziert wurde (vgl. Apel/Sacher 2002; Brügelmann 2005), dürfte ausgehend von den starken Forschungsbestrebungen beginnend in der Phase der Bildungsexpansion und der Verwendung mehr und mehr höherwertigen Forschungsverfahren heute nicht mehr aufrecht zu erhalten sein. Viele Forschungen weisen interdisziplinären Charakter auf. So begründen Apel und Sacher,

> „Schule und Unterricht lassen sich unter sehr unterschiedlichen Aspekten und aus verschiedenen Perspektiven betrachten. An ihnen sind anthropologische und weltanschauliche, lern- und entwicklungspsychologische, soziologische und sozialpsychologische, biologische und neurophysiologische, ästhetische und philosophische, politische und juristische, organisationssoziologische und institutionspsychologische Dimensionen zu unterscheiden, für deren Erforschung jeweils andere Wissenschaftsdisziplinen zuständig sind." (Apel/Sacher 2002, 25)

Dementsprechend beschäftigen sich mit der Schule als Gegenstand neben der Schulpädagogik unterschiedliche wissenschaftliche Disziplinen und Forschungsfelder, allen voran die empirische Bildungsforschung, die (Pädagogische) Psychologie, die Sozialpädagogik, die Soziologie, die Bildungsökonomie, die Philosophie, die Neurowissenschaften, die Theologie, die Geschichtswissenschaft, um nur die wichtigsten zu nennen. Mit dem inhaltlichen und forschungsmethodischen Rekurs auf zahlreich andere Wissenschaftsperspektiven erwächst das Problem, inwiefern die Schulpädagogik eine eigene Disziplin darstellt und über die eklektizistische Ansammlung von Befunden hinaus eine eigene (Forschungs-)Perspektive auf den Gegenstand zu entwerfen vermag. Dieses Problem, das Kemper vor allem auch mit dem Blick zur Abgrenzung von der Allgemeinen Pädagogik als das „Identitätsproblem" der Disziplin (Kemper 2001, 9) bezeichnete und Heiland (1974/1995) schon früh als *Konstitutionsproblem der Schulpädagogik* ausmachte, wird vielfach und mit unterschiedlichen Antworten behandelt. Das Thema der Eigenständigkeit der Disziplin gegenüber den Bezugsdisziplinen einerseits und den Fachdidaktiken andererseits ist immer wieder in den Mittelpunkt gerückt worden.

Einerseits versuchen Ansätze eine Antwort über die Rekonstruktion der disziplinären Entwicklungsgeschichte zu gewinnen, andere Ansätze versuchen den Gegenstandsbereich inhaltlich zu definieren, z.B. in der Orientierung an Theoriekonzeptionen oder in der Ausrichtung an Aufgaben der Lehrerbildung. Eine Identitätsfindung über die Methodenfrage scheint dabei der Schulpädagogik, wie nachfolgend zu begründen ist, nicht möglich.
Die philosophische Seite der Pädagogik hatte sich zunächst mit der Seite der Kultur beschäftigt und sich als Hüterin des „Pädagogischen" verstanden, aber die „institutionellen Bedingungen des Lehrens und Lernens" und die schulischen Gegebenheiten nur randständig behandelt (Fend 2009, 17). Mit der Phase der Bildungsexpansion änderte sich dies und die vorherrschende „kulturtheoretisch-philosophische Betrachtungsweise" wurde infolge einer „sozialwissenschaftlich inspirierten Pluralisierung" (Terhart 2009b, 37) von Theoriekonzepten und Forschungsmethoden

abgelöst. In inhaltlicher Hinsicht sah Steindorf Gefahren in der Hinwendung zu anderen Wissenschaften bereits in den 1970er Jahren: „Wenn die Schulpädagogik nicht als Sammelsurium von Erkenntnissen anderer Wissenschaften erscheinen will, muß sie als erziehungswissenschaftliche Teildisziplin die sie fundierende und strukturierende spezifische Fragestellung zur Geltung bringen" (Steindorf 1972, 42). Für Heiland reichte ein solcher Zugriff auf den Gegenstand über eine eigene Fragestellung zwei Jahre später nicht aus, um eine wissenschaftliche Schulpädagogik zu begründen, stattdessen war er der Auffassung, dass eine Schulpädagogik theoretische Ziele brauche. Er kritisierte den Ansatz von Steindorf als eine aktualistisch-pragmatische schulpädagogische Theorie (Heiland 1995), dem er abwertend den Status einer Handlungswissenschaft beimaß.

Wenngleich die inhaltlich unterschiedlichen Zugänge sehr differente inhaltliche Strukturierungen ermöglichten, zeichnete sich mit Helmut Fends vielzitierter *Theorie der Schule* von 1980 ein Zugriff auf das Feld ab, der über die Funktionen der Schule eine inhaltliche Strukturierung ermöglichte. Fends Buch, das auf empirischen Vorarbeiten seiner zahlreichen bis dahin erschienen Publikationen beruht, stellt eine der wichtigsten erziehungswissenschaftlichen Studien dieser Zeit dar (Gerstner/Wetz 2008). Darin erweitert er die bis dahin im Strukturfunktionalismus behandelten Funktionen Sozialisation und Selektion um die Qualifikationsfunktion und bestimmt die Funktionen von Schule nun über die Reproduktion von Gesellschaft hinaus auch von der Seite des Individuums her, womit er den sozialwissenschaftlichen Theorie- und Forschungsansatz mit der bildungstheoretischen Denkart neuzeitlicher Pädagogik kongenial vermittelt (siehe dazu auch Kapitel 3.3.11). Seit dieser Zeit ist die Frage der Funktionen von Schule in der Verschränkung von gesellschaftlicher und individueller Perspektive wieder mehr in das Zentrum gerückt. Sie bildet gleichsam mit ihrer dichotomen Bezugnahme den Ausgangspunkt zur Reflexion und zuweilen auch ein Abgrenzungskriterium zu anderen Disziplinen, z.B. zur Psychologie oder zur Soziologie, die hier zum einen tendenziell entweder mehr eine Individual- oder Gesellschaftsperspektive einnehmen und zum anderen den pädagogischen Grundgedanken unterbelichtet lassen, den Menschen als ein bildsames Wesen zu verstehen, dessen Bestimmung nicht ausschließlich durch Anlagen und Umwelteinflüsse determiniert ist, sondern die er als ein *sich* Bildender selbsttätig, unter Umständen in kritischer Auseinandersetzung mit inneren und äußeren Determinanten, hervorzubringen vermag.

An dieser Stelle ist tiefer auszuführen, warum eine methodologische bzw. forschungsmethodische Identitätsfindung der Disziplin kaum möglich ist. Während in den 1950er Jahren, aufgrund der philosophischen Ausrichtung des Fachs, vor allem hermeneutische Methoden im Vordergrund standen, änderte sich dies in der Phase der Bildungsexpansion mit der vermehrten Ausrichtung auf quantitative Methoden, mit denen der Systemvergleich von gegliedertem Schulsystem einerseits und Gesamtschulen andererseits untersucht wurde. Steindorf hob damals in seiner „Schulpädagogik" für die Disziplin einen „Nachholbedarf an empirischer Forschung" (Steindorf 1972, 27) heraus, welcher dem Ziel dienen sollte, einen „höheren Grad an Exaktheit" schulpädagogischer Aussagen zu erreichen (ebd., 28). Allerdings vertrat er methodologisch durchaus nicht den Ansatz reiner quantitativer Forschung, sondern einen Pluralismus. In den 1980er und 1990er Jahren war bereits wieder eine Abnahme der quantitativen Untersuchungen festzustellen, die vermutlich auch infolge des Scheiterns der Innovationsabsichten der Bildungsreform, die uns im Text begegnete, bedingt war. Im Zusammenhang mit der vermehrten Hinwendung auf den pädagogischen Alltag wurde die qualitative Analyse der Interaktionsebene (z.B. Unterricht oder Beratungssituationen) zu einem neuen Zentrum der Forschungsarbeit. Dabei kam es zu einer verstärkten Anwendung einschlägiger soziologischer, sozialpsychologischer und philosophischer Theorien und ihrer methodischen Instrumente. Der Schwerpunkt lag in dieser Zeit bei den qualitativen Forschungsmethoden und -praktiken (Koring 1997, 14f). Die Forschungswirklichkeit heute ist geprägt von einer Vielzahl von angewandten Methoden, die sich am Gegenstand orientieren und vorwiegend die Schul- und Unterrichtswirklichkeit in den Blick nehmen. Kasuistisches Arbeiten und ethnographische Studien sind ebenso vertreten wie quantitative und qualitative Befragungen, zu denen sich in den letzten Jahren auch zunehmend Videostudien etablierten. Unter dem Einfluss der empirischen Bildungsforschung und der Verwendung von Forschungssoftware haben sich dabei Ansprüche an die quantitativen Methoden in der Disziplin erheblich gesteigert. Die Verwendung von Mehrebenenmodellen – vor einigen Jahren noch kaum bekannt, inzwischen Standard in quantitativen Studien – bilden hier ein Beispiel. Die Vielzahl der methodologischen Zugänge des Fachs können aufzeigen, dass Schulpädagogik heute nicht mehr ausschließlich als berufsfeldspezifische Handlungswissenschaft angesehen werden kann, dennoch ist eine methodologische Identitätsfindung begründet über die Pluralität der Ansätze ebenfalls kaum möglich. Damit ist Schulpädagogik heute am ehesten als eine *Hybriddisziplin* zu klassifizieren, die jedoch infolge ihrer breiten Aufstellungen viele Anschlussmöglichkeiten für interdisziplinäre Forschungen ermöglicht und gerade im „Offenhalten" eine Kontur gewinnt.

2.4 Schulpädagogik: Zusammenfassung, Definition und Ausblick

Im ersten Teil haben wir die Geschichte, die zentralen Inhaltsbereiche und Problembereiche der wissenschaftlichen Disziplin Schulpädagogik in den Mittelpunkt gestellt. Gerade die Phase der Bildungsexpansion in den 1960er und 1970er Jahren stellte sich als bedeutsame Zeitspanne heraus, in deren Verlauf die Disziplin sich ausgehend von den Pädagogischen Hochschulen institutionell zu konsolidieren vermochte. Über eine die Praxis anleitende Lehreranleitung hinaus behandelt sie nun Themen, die die gesellschaftliche Bedingtheit und Bedeutung von Schule im weitesten Sinne betreffen. Dazu bedient sie sich mittlerweile der sozialwissenschaftlichen Methoden benachbarter Disziplinen. Beginnend mit den 1990er Jahren treten Fragen der Schulstruktur, die lange prominent im Vordergrund standen, zurück zugunsten von Fragen zur Entwicklung der Einzelschule und eine „Innenwendung" der Disziplin findet statt. Einen neuen Impuls gewinnt die Disziplin sodann aus den Anstößen infolge der internationalen Schulvergleichsstudien, mit denen der Fokus zugleich auf alle Ebenen des Bildungswesens gerichtet wurde. Auf der Makroebene, also der Ebene des Bildungssystems gewinnen Fragen der Systemsteuerung insgesamt an Bedeutung. Zu ihnen tritt auch das Problem der Durchlässigkeit von Bildungssystemen vor dem Hintergrund einer strukturell höher ausdifferenzierten Sekundarstufe I in allen Bundesländern. Auf der Mesoebene der Schule und der Mikroebene des Unterrichts tritt die Frage nach der Qualität in den Vordergrund, die die vergangenen Jahre dominiert und auch aktuell ein Hauptthema ist. Herauszustellen ist, dass gerade dadurch ein Wissen um den Unterricht und Aspekte der Unterrichtsqualität, die zuvor kaum im Forschungsfokus gestanden haben, gewonnen wurden, die diese bisherigen Forschungslücken zu konsolidieren vermögen.

Vor allem das Theorie-Praxis-Problem, das daraus erwächst, dass der Schulpädagogik eine berufsfeldspezifische Aufgabe in der Lehrerbildung zukommt und sie nicht zuletzt dadurch unweigerlich auf die Praxis verwiesen ist, wird diskutiert – dies schon seit der Etablierung der Disziplin an den Hochschulen. Dazu tritt, insbesondere begründet aufgrund der Tatsache, dass Schulpädagogik keine spezifische Methode auszubilden vermochte, das Normativitätsproblem hinsichtlich der Frage, welchem Theorieparadigma sie folgt und wie die Geltung möglicher Handlungsorientierung begründet wird. Beginnend mit der sozialwissenschaftlichen Wendung in der Phase der Bildungsexpansion greift die Schulpädagogik vermehrt auf Methoden anderer Disziplinen zurück und gewinnt infolge dieser interdisziplinären Perspektiven- und Methodenerweiterung an Gehalt; an ihren Rändern verliert sie in ihrer disziplinären Eigenständigkeit jedoch gleichzeitig an Schärfe.

An dieser Stelle wollen wir uns mit Blick auf das Gesagte an eine aktuelle Bestimmung der Schulpädagogik wagen.

Schulpädagogik konzeptualisieren wir als eine eigenständig wissenschaftliche Disziplin, die ebenso deskriptive Zugangsweisen, die aufgrund vielfältiger Forschungen gewonnen werden, als auch präskriptive Ansätze zur Handlungsleitung, wie sie etwa aus dem Teilgebiet der Allgemeinen Didaktik resultieren, beinhaltet. Als wissenschaftliche Disziplin legt sie gleichsam die implizite Normativität sowohl ihrer Forschungsansätze als auch möglicher Handlungsanleitungen offen und reflektiert sie im Hinblick auf ungeklärte Geltungsbehauptungen, auch und gerade, wenn sie letztere berufsfeldspezifisch für Lehrerinnen und Lehrer, aber auch für die Politik und Öffentlichkeit bündelt. Damit weist sie als Disziplin aktuell – insbesondere betrachtet vor dem Hintergrund der zahlreichen empirischen Forschungsbefunde der vergangenen Dekade – weit über eine reine Handlungswissenschaft hinaus: Schulpädagogik muss ihre adaptive, auf das Berufsfeld bezogene Seite der Handlungsanleitung, die in älteren Konzeptionen gleichbedeutend mit einer aufklärerisch verstandenen kommunikativen Theorie als der „Aufhellung der Bedingungen, Möglichkeiten und Grenzen pädagogischen Handelns" und im Begriff der „Handlungswissenschaft" gefasst wurde (Apel/Sacher 2002, 28), unter dem Primat des Forschungsaspekts neu konturieren. Wenngleich sie, besonders mit Blick auf ihre institutionelle Verortung, auch im adaptiven Sinne Handlungen anleiten will, ist sie zuvörderst als eine *Forschungsdisziplin* zu konzipieren, die sowohl unter Beachtung höchster Methodenstandards eigenständig forscht, aber auch Untersuchungen der Bildungsforschung und sozialwissenschaftlich benachbarter Gebiete mit Blick auf ihren Gegenstand adaptiert. Der Anspruch der Praxisanleitung ist gleichsam konstitutives Merkmal der Disziplin, ihrem Forschungsanspruch aber nachgeordnet.

Die Pluralität der Fragen, Ansätze und methodischen Zugangsweisen, die in viele weitere Disziplinen hineinreichen und eine über andere Disziplinen hinausgehende Breite ersichtlich machen, ist unabdingbar um der Komplexität des Gegenstandes der Schule, wie er in den Darlegungen zu den Ebenen und den darin diskutierten Wissensbeständen manifest wird, zu begegnen. Die Bedeutsamkeit der Disziplin erwächst in diesem Zusammenhang in ihrer Möglichkeit, wesentliche Fragestellungen und Befunde zur Schule, wie sie von ihr selbst und auch dank anderer Disziplinen und Forschungsfeldern gewonnen werden, zu bündeln und diese insbesondere mit Blick auf die Meso- und Mikroebene in präskriptiver Absicht, also hinsichtlich möglicher forschungsbasierter Weiterentwicklungen zu diskutieren. Dazu bedarf es der Bündelung theoretischer und empirischer Befunde und ihre Aufbereitung zur Vermittlung im Hinblick auf die Praxis. Die geschilderte breite Aufstellung der Schulpädagogik, in welcher begründet über ihre geisteswissenschaftliche Tradition auch Schultheorien und eine (heute allerdings nahezu verstummte) Schulkritik Platz finden, erweist sich für diese Aufgabe als geeignet. Darüber hinaus ermöglicht die Vielzahl der methodischen Zugänge vor allem in ihrer Verknüpfung eine multiperspektivische Betrachtungsweise des Gegenstandes. Gerade in Fallstudien und ethnographischen Studien treten ungeachtet des Vorwurfs mangelnder Verallgemeinerungsmöglichkeiten neue und „frische" Fragestellungen und Perspektiven auf einen Gegenstand zu Tage, die geeignet sind, den Schulalltag und seine Dignität (der oft als Objekt beforschten Beteiligten) in ein neues Licht zu rücken (vgl. Breidenstein 2006). Wenngleich die Befunde auch allein stehen können, sind damit auch Ansatzpunkte für die weitere Forschung geschaffen. Gerade Ansätze, welche in bildungstheoretischer Absicht die Subjektperspektive der Akteure betonen, bilden hier über andere Disziplinen hinaus in der Schulpädagogik ein – bislang allerdings kaum systematisch konturiertes – Merkmal der Disziplin. Diese Ausführungen dürfen keineswegs als inhaltliche und methodische Beliebigkeit verstanden werden: Im Bildungsbegriff erkennen wir, wie eingangs erwähnt, die zentrierende Kategorie der Forschungsdisziplin, von dem aus die Vielzahl der Inhalte und Zugriffsweisen ihre Bedeutung und Stellenwert erlangen, mit dem aber auch unberechtigte Forderungen, wie sie etwa in der Vergangenheit von der Sozialpädagogik mit Blick auf die Schule vorgebracht wurden (vgl. Apel/Grunder 1995, 27) zurückgewiesen werden können.

Vor den aktuellen Herausforderungen der Disziplin – zum Beispiel in der viel diskutierten Frage des Nutzens der Allgemeinen Didaktik und ihrer weiteren Entwicklung (vgl. Arnold et al. 2009), um nur eine Herausforderung zu nennen, bedarf es weiterer Anstrengungen, die im Übrigen auch mittels der Verbandvertretung (Sektion Schulpädagogik der Deutschen Gesellschaft für Erziehungswissenschaft) angestoßen werden könnten:

- Zur *Rekrutierung professionell ausgebildeten Personals*, das wie aufgezeigt in der Schulpädagogik häufig aus dem Feld selbst kommt und damit implizites Wissen mitbringt, ist die Etablierung von Standards für deren methodische Ausbildung, die mit den Entwicklungen in anderen Disziplinen Schritt hält, von besonderer Relevanz.
- Sie sollte einhergehen mit *Standards für die Nachwuchsförderung* insgesamt, die auch die (heute notwendigen und erforderlichen) Praxisjahre an vielen Institutionen kritisch überdenken, weil damit Schulpädagogen vor allem in ihrer methodischen Ausbildung in das Hintertreffen im Vergleich mit anderen Disziplinen gelangen.
- Weiterhin fehlen *Standards zum Transfer von Wissen in die Praxis*, das einem gegenüber der Phase der Bildungsexpansion reflektierten Theorie-Praxis-Verständnis geschuldet ist, welches beinhaltet, dass das Wissen der Disziplin nicht unmittelbar in schulpraktische Reformen übersetzt werden kann.
- Insbesondere fehlen *Standards für die Lehre* in der Lehrerbildung, die den vielfach beklagten Zustand der Beliebigkeit in diesem Gebiet vor dem Hintergrund der in den letzen Jahren breiten Befunde überwinden helfen.
- Der Prozess der *Etablierung schulpädagogischer Zeitschriften* und insbesondere auch deren Qualitätssicherung über geeignete peer-review-Verfahren – die angesichts des spezifischen Profils der Schulpädagogik – möglicherweise je nach Zeitschriftenprofil unterschiedlich aussehen könnten (klar wissenschaftsbasiert bzw. forschungsbasiert einerseits vs. möglicherweise eher anwendungsbezogen andererseits) – sollte fortgesetzt werden.
- Anzumahnen ist eine bislang kaum unternommene *Beschäftigung der Disziplin mit sich selbst*, die über historische Rekonstruktionen eine disziplinimmanente

Identität dergestalt gewinnen könnte, als darin einheitliche Fragekerne und Zugangsweisen ungeachtet sich wandelnder Begriffe herauszuschälen wären.

- Einer stärken Bezugnahme auf internationale Forschungen sowie einer stärkeren *Internationalisierung* der Disziplin insgesamt, auch über den angelsächsischen Raum hinaus, die es ermöglicht, Forschungsbefunde in einen größeren Zusammenhang zu stellen.

3 Schultheorie

3.1 Wozu Schultheorie?

In diesem Kapitel besprechen wir
- welche Kritik gegenüber Schultheorien bisher vorgebracht wurde
- was der Begriff Theorie bedeutet und welche unterschiedlichen Theorieverständnisse es gibt
- aus welchen Gründen man Schultheorie betreibt und wie man der Kritik, die gegen sie vorgebracht wird, begegnen kann
- welche schultheoretischen Ansätze im Weiteren vorgestellt werden

Begibt man sich außerhalb des deutschen Sprachraums, so der Erziehungswissenschaftler Adl-Amini bereits 1993, auf die Suche nach einer Theorie der Schule, etwa wenn man im französischen Sprachraum in Stichwortverzeichnissen nach „theorie de l'école" sucht oder in amerikanischen Enzyklopädien nach einer „theory of school" fahndet, werde man nicht fündig (Adl-Amini et al. 1993, 125). Auch in der deutschsprachigen Erziehungswissenschaft ist das Unternehmen Schultheorie nicht unumstritten: So greift Klaus-Jürgen Tillmann in seinem 1993 von ihm herausgegebenen Sammelband *Schultheorien* in seiner Einführung die gängigen Vorbehalte gegenüber einer Theorie der Schule auf, etwa die Einschätzung des Erziehungswissenschaftlers Wolfgang Kramp: Dieser kritisiert, dass Schultheorien keine theoretischen Aussagesysteme darstellten, sondern allenfalls „pseudotheoretische Rechtfertigungslehren', ‚ideologische Seligpreisungen' oder bestenfalls ‚Meinungskundgaben renommierter Gelehrter'" seien (Kramp 1973, zit. nach Tillmann 1993, 7). Das Unternehmen *Theorie der Schule,* sei „nur Ausdruck unerfüllbarer Wunschvorstellungen", also unwissenschaftliche Programmatik und von daher verzichtbar (ebd.). In diesem Zusammenhang mag es dann freilich überraschen, dass auch aus dezidiert *pädagogischer,* ja sogar *schulpädagogischer* Perspektive Vorbehalte gegenüber dem Unternehmen Schultheorie geäußert werden, etwa wenn Dietrich Benner die Frage aufwirft, ob die Schule überhaupt „aus dem Zweck der Erziehung gedacht und legitimiert werden kann" und ob von daher „eine pädagogische Theorie der Schule überhaupt möglich ist" (Benner 1977, 79).

Es werden, so lässt sich an dieser Stelle festhalten, zwei grundlegende Vorbehalte gegenüber einer Theorie der Schule formuliert: Der eine Vorbehalt, wie Kramp ihn vorgetragen hat, besagt, dass eine Theorie der Schule nicht den gängigen wissenschaftlichen Ansprüchen genüge und von daher aufzugeben sei. Wir nennen ihn an dieser Stelle den Vorbehalt, der vor allem aus Sicht des empirisch-analytischen Wissenschaftsverständnisses vorgebracht wird, das im Rahmen der Schulpädagogik wie beschrieben seit der Bildungsexpansion der 1960er Jahre und nochmals verstärkt nach 2000 im Rahmen der PISA-Studien und ihrer gesellschaftlichen Rezeption an Einfluss und Bedeutung gewonnen hat. Schultheorie ist aus dieser Perspektive in der Regel deshalb kein wissenschaftliches Unternehmen, weil sie nicht beschreibt, was ist, sondern programmatisch formuliert, was Schule sein oder auch nicht sein soll. Eine solche Schultheorie verfährt aus dieser Sicht nicht deskriptiv, sondern normativ. Sie lässt sich mit wissenschaftlichen Methoden weder verifizieren noch falsifizieren. Eine solche Theorie ist so gesehen für wissenschaftliche Zwecke nutzlos, weil sie keinen Beitrag zur Erklärung schulischer Wirklichkeit leistet, der sich durch Forschung erhärten ließe. Wenn in diesem Zusammenhang bei Kramp von „Ideologie" gesprochen wird, so lässt sich das ganz wörtlich nehmen: Der Logos, also das schlussfolgernde Denken, kreist in diesen Schultheorien um Ideelles, um etwas, das als Wesentlich erachtet wird, etwa um weltanschaulich bedingte Erziehungs- und Bildungsideale, wie sie in der Geschichte der Pädagogik seit der Antike immer wieder hervorgebracht wurden. Weil es sich aus der Sicht Kramps um reine Programmatiken, vielleicht gar um utopische Wunschvorstellungen handelt, hat er diesen den Anspruch auf Wissenschaftlichkeit abgesprochen.

Der andere Vorbehalt gegenüber einer Theorie der Schule, wie ihn Benner vorgetragen hat, besagt, dass eine Theorie der Schule oftmals *pädagogischen* Ansprüchen nicht genüge, nämlich dann, wenn sie nicht aus dem „Zweck der Erziehung" abgeleitet sei. Interessanter Weise erhebt Benner auch für diesen pädagogischen Vorbehalt gegenüber einer Theorie der Schule den Anspruch auf Wissenschaftlichkeit, wenn er mit Herbart dezidiert „Pädagogik als Wissenschaft" bezeichnet (Benner 1995c, 165). Er knüpft damit indirekt an das geisteswissenschaftliche Wissenschaftsverständnis der (Schul-)Pädagogik an, das bis zur Zeit der Bildungsexpansion im deutschen Sprachraum vorherrschend war und das unter Theorie eine Reflexionsgestalt versteht, die um die originär pädagogischen Grundbegriffe der Erziehung und Bildung kreist und diese auch in kritischer Absicht gegenüber anderen Perspektiven auf die Schule geltend macht. Wir wollen ihn an dieser Stelle den pädagogischen Vorbehalt gegenüber einer Theorie der Schule nennen.

Mit diesen einleitenden Bemerkungen wird deutlich, welche Problemstellungen sich mit dem Unternehmen einer Theorie der Schule verbinden: Zunächst ist festzuhalten, dass der Begriff der Theorie umstritten ist. Je nach Wissenschaftstradition findet er unterschiedliche Verwendung. Dabei ist vor allem der Gegensatz eines an naturwissenschaftlichem Denken angelehnten Theoriebegriffs gegenüber einem solchen herauszuarbeiten, der einer mehr philosophisch-geisteswissenschaftlichen Denkart folgt. Ersterer ist für die empirische Forschung im Kontext Schule maßgebend, letzterer für die bildungs- und erziehungstheoretische Reflexion im Rahmen der Schulpädagogik. Wir wollen im Folgenden in einem ersten Schritt diese beiden Denkarten noch genauer in den Blick nehmen, indem wir nach den Interessen fragen, die mit den jeweiligen Theorieperspektiven im Hinblick auf Schule verfolgt werden. Dabei werden wir auch das „Problem des Normativen" schultheoretischer Reflexionen nochmals aufgreifen und erläutern, warum trotz der hier bestehenden Problemstellungen aus wissenschaftlichen Gründen auf Schultheorie, auch auf diejenige, die dem pädagogischen Theorieverständnis folgt, nicht verzichtet werden sollte bzw. wozu man sie betreibt. In einem zweiten Schritt werden wir die Auswahl und die Anordnung der im Folgenden dargestellten Theorieentwürfe begründen.

3.1.1 Der Begriff der Theorie im Spannungsfeld von klassischer Philosophie, empirischer Wissenschaft und Pädagogik

Wenn man fragt, was man unter Theorie eigentlich versteht, ist es sinnvoll, einen Blick auf die Genese dieses Begriffs zu werfen. Theorie leitet sich ab vom griechischen Wort *theoria* (Θεωρία) was so viel wie *betrachten* oder *anschauen* bedeutet. Theorietreiben ist in der griechischen Antike, etwa bei Platon, eine dezidiert philosophische Angelegenheit, in der es ausschließlich um das Erkennen der Erkenntnis wegen geht. Theorie wird rein um ihrer selbst willen betrieben und nicht etwa deshalb, weil man bestimmte pragmatische Zwecke damit verfolgte. Das Verb *theorein* (Θεωρεῖν) bringt diese zweckfrei-kontemplative Grundhaltung des Theoretikers mit seinen Wortbedeutungen *beschauen, wahrnehmen, betrachten* zum Ausdruck. Dies verdeutlicht, dass der ursprüngliche Theoriebegriff der griechischen Antike und seine Nachwirkungen in der philosophischen Tradition, aus der im 19. Jahrhundert die Pädagogik als wissenschaftliche Disziplin hervorgegangen ist, anders ist als er heute häufig in wissenschaftlichen Kontexten Verwendung findet. Man kann sich das an einer idealtypischen Gegenüberstellung von klassischem Philosophen und modernem Forscher verdeutlichen: Wenn der (klassische) Philosoph Theorie treibt, dann fragt er nach dem Wesen der Dinge, also in unserem Zusammenhang danach, was der Mensch ist, was Erziehung ist, was Bildung ist und was man von daher unter Schule versteht oder eben nicht versteht. Das Ergebnis seines Nachdenkens, das nicht zuletzt aus der Auseinandersetzung mit den Reflexionsprozessen anderer, vornehmlich der so genannten „Klassiker" hervorgegangen ist, trägt er sodann mit dem Anspruch auf Vernünftigkeit vor. Das heißt, er unterstellt, dass diese Reflexion verständigungsorientierter Kommunikation (also grundsätzlich allen denkend-reflektierenden Wesen) zugänglich gemacht werden kann und durch ihre innere Schlüssigkeit, durch das Argument auch zu überzeugen vermag. Die Theorie ist dabei die zusammenhängende und allgemein vermittelbare Darstellung des Erkannten. Der Sinn dieses Theorietreibens bzw. das hier vorherrschende Interesse kann man in Anlehnung an Jürgen Habermas und den Philosophen Karl Otto Apel als „Verständigungsinteresse" bezeichnen (Apel 1972, 158; Koller 2010, 230). Der Bruder des Bildungsphilosophen Wilhelm von Humboldt, der Naturforscher

Alexander von Humboldt, hat diese Art des Theoretikers als „Lehnstuhlforscher" karikiert (zit. nach Treml 2006, 41). Der „nur" denkende Gelehrte bleibt nämlich bei seinem Reflexionsprozess auf eigentümliche Weise bei sich, er übt sich in Muße und entfaltet bis auf das Gespräch mit der Tradition wenig Tätigkeit. Für unser Unternehmen einer Schul*theorie* tut sich hier ein interessanter Zusammenhang auf, nämlich die Perspektive auf die Schule, die sich aus dieser Reflexions*haltung* heraus ergibt. Das deutsche Wort Schule stammt vom griechischen Wort scholae (σχολή) ab und bedeutet bekanntlich Muße oder auch „frei von Arbeit sein". Das antike Verständnis von Theorie, die antike *Denkart* bildet sich so gesehen unmittelbar im Begriff der Schule ab, beeinflusst indirekt die Programmatik von Schule: Schule ist ursprünglich die pädagogische Provinz, die von der Lebensnotdurft, wie z.B. der Arbeit auf dem Feld, freigehalten wird. Wer in die Schule geht, arbeitet nicht und das heißt nach antiker Vorstellung, dass er mit seiner Tätigkeit keine Zwecke verfolgt, die außerhalb dieser Tätigkeit liegen (also Um-zu-Tätigkeiten), sondern etwas um seiner selbst willen tut: Er verschafft sich Einblick in das Wesen der Dinge. Die griechische Antike und die philosophische Tradition versteht diese Tätigkeit, etwas um seiner selbst willen zu tun, als Praxis (griech. πρᾶξις) und grenzt sie von Poiesis (griech. ποίησις), der herstellenden Tätigkeit ab. Wer arbeitet und dabei Produkte herstellt, ist nicht in derselben Weise bei sich wie derjenige, dessen Tätigkeit nicht Mittel, sondern Zweck in sich selbst ist. Ein Beispiel, um dies zu veranschaulichen wäre der Unterschied zwischen einem Spaziergang (der Weg ist das Ziel) und der Gang zur Schule (man nimmt den Weg auf sich, um zum Ziel zu gelangen, er ist Mittel zum Zweck).

Dieser Gedankengang lässt sich auch auf die Schule übertragen: Nach Aristoteles geht es im Unterricht (nicht in der vorausgehenden Kindererziehung) um die Allgemeinbildung des freien Bürgers, die er von einer „auf unfreie Tätigkeit zielenden Berufsausbildung" strikt abgrenzt (Schwenk 1996, 105). Das eine ist also Selbstzweck, das andere Mittel zum Zweck. In der neuzeitlichen Pädagogik Humboldts und Herbarts wird auf diese griechische Denkart im Kontext Schule im Rahmen der Idee einer zweckfreien *Allgemeinen Menschenbildung* zurückgegriffen und im Festhalten der ursprünglichen Wortbedeutung von Schule (vgl. Herbart 1806/1983, 131), wie wir später sehen werden. Die Schule wäre nach dieser Lesart also wesentlich der Ort, an dem sich der Mensch um seiner selbst willen bildet und gerade nicht der Ort, an dem er zu etwas gemacht wird, um für andere in irgendeiner Weise „brauchbar" zu sein, etwa als Bürger für die Politik oder als Arbeitskraft bzw. Humankapital für die Ökonomie. Für die Pädagogen Humboldt oder auch Herbart, die hier antikes Denken in aufklärerischer Absicht aufgreifen, wäre dies, wie wir sehen werden, von daher sinnwidrig als es nach deren Verständnis dabei nicht um eine allgemeine Menschenbildung ginge, sondern darum, aus Heranwachsenden Werkzeuge, also Mittel für Zwecke zu machen. Das griechische Verständnis von Theorie und dessen Rezeption in der neuzeitlichen Pädagogik ist somit nicht alleine eine spezifische Denkart, sondern sie impliziert auch eine *Lebensart* bzw. eine anthropologische Grundhaltung, nämlich diejenige, die dem zweckfrei-kontemplative Betrachten bzw. der Praxis im oben genannten Sinne gegenüber dem technisch orientierten Herstellen, der *poiesis*, den Vorzug gibt also der *vita contem-plativa* gegenüber der *vita activa*. Die Schule, die sich diesem Theorieverständnis gemäß Ausdruck verschafft, entspricht letztlich dem Typus der Gelehrtenschule, der sich in der abendländischen Schulgeschichte zunächst in der Klosterschule, in säkularer Form später als humanistisches Gymnasium herausbilden wird. Es ist ein Schultypus mit einer stark theoretischen Ausrichtung im hier entwickelten Sinne, was sich nicht zuletzt daran zeigt, dass die originären Fächer dieses Schultyps weniger durch ihren technisch-ökonomischen Anwendungsbezug ausgezeichnet sind (wie z.B. die alten Sprachen oder die Philosophie). Alte Sprachen oder philosophisches Denken kann jeder, so könnte man an dieser Stelle formulieren, im Lehnstuhl oder eben auch in der Schulbank lernen ohne irgendeinen materialen Gegenstand zu bearbeiten.

Wenn der (Schul-)Forscher im Sinne der empirisch-analytischen Wissenschaft Theorien entwickelt, dann verlässt er (im übertragenen Sinne) den Lehnstuhl und begnügt sich nicht damit, über das Wesen der Dinge zu räsonieren. Sein Interesse an Theorie, so könnte man an dieser Stelle formulieren, ist mehr ein technisches denn ein philosophisches. Theorie ist für ihn kein Selbstzweck, sondern ein Mittel zum Zweck. Der Begriff Technik leitet sich wiederum aus dem Griechischen ab, nämlich von *techne* (griech. τέχνη), was soviel wie Geschicklichkeit, Handwerk, geistige Gewandtheit aber auch List bedeuten kann. Diese ursprüngliche Wortbedeutung von *techne* veranschaulicht den Bedeutungswandel, den der Begriff der Theorie im Rahmen der neuzeitlichen Forschung erfahren hat: Theorie ist für den Forscher keine zweckfreie Betrachtung, sondern ein Hypothesensystem von Wenn-dann-Korrelationen, deren Wert darin besteht, empirische Zusammenhänge zu erfassen und Prognosen über künftige Entwicklungen sowie ggf. auch Beeinflussung zu ermöglichen (vgl. Koller 2010, 179ff). Im weitesten Sinne geht es diesem Theorieverständnis somit um so etwas wie ein Erklärungs- und Herstellungswissen. Das Moment der geistigen Gewandtheit bzw. der List besteht darin, dass dieses Wissen darauf ausgerichtet ist, Dinge in den Griff zu bekommen (festzustellen im wörtlichen Sinne) auch um sie ggf. bearbeiten zu können. Für den Bereich der Schule lässt sich die Auswirkung dieser veränderten Theorieperspektive, die sich wie beschrieben vor allem seit der Phase der Bildungsexpansion Geltung verschaffen konnte, daran sehen, dass die ehemals philosophisch konnotierten Begrifflichkeiten wie Erziehung und Bildung anderen, mehr technisch konnotierten Begrifflichkeiten gewichen sind. So ergänzen bzw. ersetzen seit den 1960er Jahren verstärkt sozialisationstheoretische Betrachtungen die Perspektive auf die Schule, durch die beispielsweise der Wenn-dann-Zusammenhang von Milieu- bzw. Schichtzugehörigkeit und Bildungserfolg reflektiert und damit Erklärungswissen generiert wird. In diesem Kontext werden sodann auch Hypothesen gebildet und Untersuchungen angestellt, wie sich dieser Zusammenhang durch Interventionsmaßnahmen beeinflussen bzw. verändern lässt, was man als die Generierung von Herstellungs- bzw. Kontrollwissen bezeichnen könnte. Einfach gesagt: Im Zentrum der Betrachtung steht weniger, was die Schule ist, sondern wie sie wirkt und wie man Einfluss auf die Wirksamkeit von Schule gewinnt. Eine schultheoretische Perspektive dieses Typus setzt voraus, dass Schule als ein Ort gezielter Einflussnahme auf das Verhalten beschrieben werden kann (Heydorn 1980, 145f). Das dieser Theoriebildung zugrundeliegende Interesse kann man – wiederum in Anlehnung an Jürgen Habermas und den Philosophen Karl Otto Apel – als Interesse an der „Sicherung und Erweiterung erfolgskontrollierten Handelns" bezeichnen (Apel 1972, 136; Koller 2010, 229).

An dieser Stelle wird deutlich, inwiefern sich durch die veränderte Perspektive auf die Schule auch der Begriff von Schule verändert: Besteht ihr Zweck darin, für den äußeren Beobachter feststellbare Wirkungen, also im weitesten Sinne Verhaltensänderung hervorzubringen, ist sie ein Mittel zum Zweck für etwas anderes, so wie auch die in der Schule dargebotenen Gegenstände als Mittel zum Zweck für etwas anderes in den Blickpunkt der Betrachtung rücken, wenn sie dazu dienen, durch sie vorab festgelegte und überprüfbare Qualifikationen oder Kompetenzen zu erwerben. Sie werden nicht um ihrer selbst willen dargeboten, *insofern* die Schule gerade nicht der Ort zweckfreier Muße ist, wie es das antike Theorieverständnis impliziert. Man könnte nun zu dem Ergebnis kommen, dass es eben zwei grundsätzlich unterschiedlich theoretische Grundhaltungen gibt, sich auf die Schule zu beziehen, die nichts miteinander zu tun haben. Eine *normative* Grundhaltung, die Betrachtungen über den Sinn von Erziehung, Bildung und Schule anstellt und eine *deskriptive* Grundhaltung, die beschreiben will, wie Schule tatsächlich wirkt bzw. welche Prozesse in ihr ablaufen. So gesehen wäre die erste Grundhaltung tatsächlich Ausdruck unerfüllter Wunschvorstellungen und damit, wie Kramp folgert, kein Gegenstand wissenschaftlicher Reflexion.

Gegen diese Einschätzung lassen sich zwei gewichtige Argumente vortragen, die indirekt bereits angeklungen sind. Das erste Argument ist, dass keine der theoretischen Grundhaltung, die eingenommen werden kann, „neutral" oder „objektiv" ist, weil sich zeigen lässt, dass bei jeder Grundhaltung ein Interesse verfolgt wird, wie wir oben ausgeführt haben. Karl Otto Apel hat es am Beispiel der Pädagogik versucht zu veranschaulichen: Wenn man beispielsweise die Pädagogik, so Apel, einseitig am empirisch-analytischen Theorieverständnis ausrichtet, dann werde aus ihr eine „Manipulationswissenschaft", die in ihrem Praxisbezug eine „reine Dressurtechnologie" darstellte (Apel 1972, 141f; vgl. Koller 2010, 233). Dass in zahlreichen (freilich eher populärwissenschaftlichen) pädagogischen Publikationen ein derartiges „Kontrollinteresse" tatsächlich vorherrschend ist, lässt sich daran zeigen, auf welche Art von Theorie beispielsweise in Veröffentlichungen etwa zum Classroom-Management oder zu Disziplinproblemen vornehmlich zurückgegriffen wird:

Vielfach lassen sich hier Grundzüge von Verstärker- und Bestrafungsmechanismen ausmachen, die sich auf eine behavioristische Theorie der Verhaltensformung stützen. Nach Karl-Otto Apel verwickelt sich jedoch eine einseitige Ausrichtung an diesem Theorietypus, jedenfalls dort, wo es um Mensch-Mensch-Verhältnisse geht, in einen gewissen Selbstwiderspruch. Das ist deshalb der Fall, weil derjenige, der hier theoretisches Kontrollwissen generiert bzw. vorwillentliche Sozialisations- und Anpassungsprozesse beschreibt, für sich in Anspruch nimmt, diese Prozesse tatsächlich durchschauen zu können, bzw. zumindest in seinem Erkennen nicht selbst wiederum „manipuliert" zu sein (vgl. Apel 1973, 125). Er ist sozusagen der Sehende unter den Blinden. Er nimmt folglich eine distanzierte Haltung ein, wobei er davon ausgeht, dass diese von Objekten seiner Beobachtung entweder nicht eingenommen werden kann (sie durchschauen sich beispielsweise ja nicht *als* „Sozialisationsprodukte") oder nicht eingenommen werden soll (sie sollen ja zu etwas gebracht werden, was grundsätzlich deren Selbstbestimmung unterläuft). Letzteres wäre nichts anderes als eine normative Setzung, die wie das erste Argument den wissenschaftlichen Anspruch auf Selbstevidenz unterliefe.

An dieser Stelle wird deutlich, inwiefern die genuin pädagogische Theorieperspektive nicht als eine reine „Wunschvorstellung" oder „ideologische Seligpreisung" abgetan werden kann, sondern weshalb sie mit ihren Grundbegriffen der Erziehung und Bildung den Blickpunkt der Betrachtung auf ein Phänomen richtet, das durch die zweite, die empirisch-analytische Theorie, aus dem Blick zu geraten droht und das Kant wie folgt formuliert hat: „Der Mensch kann nur Mensch werden durch Erziehung. Er ist nichts, als was die Erziehung aus ihm macht" (Kant 1803/1968, 443). Mit dem Pädagogen und Philosophen Herbart lässt sich in diesem Zusammenhang vom Prinzip der Bildsamkeit als dem Grundbegriff der Pädagogik sprechen, die er als Übergang von der Unbestimmtheit zur Festigkeit beschreibt (Herbart 1835, 2). Dass Bildungstheorie als Nachdenken über die Bestimmung des Menschen zu dem Ergebnis kommt, dass der Mensch wesentlich betrachtet unbestimmt ist, liegt daran, dass er – anders etwa als Pflanze und Tier – „seine Bestimmung allererst denkend und handelnd hervorbringen muss" (Benner 1995c, 165; vgl. Kant 1803/1968, 442f). Der sinnfälligste Ausdruck, dass der Mensch seine Bestimmung allererst hervorzubringen hat, zeigt sich darin, dass er nicht instinktsich gesteuert wird, sondern sich selbst Sinngebilde wie Konventionen oder Moralen schafft, an denen er sein Handeln dann auszurichten vermag. Es sind nicht zuletzt solche kulturellen Sinngebilde wie Moralen, Konventionen, Weltsichten und andere menschliche Lebensäußerungen, die schulische Bildungsprozesse prägen. Ist nun die Bestimmung, wie der Mensch denken, fühlen und handeln soll von außen bereits abschließend festgelegt, etwa durch politische oder ökonomische Determinationen, die sich ungebremst in der Institution Schule Geltung verschaffen? Dann wird die Bildsamkeit des Menschen aus pädagogischer Sicht deshalb unterlaufen, weil an die Stelle der Aufforderung zur Selbstbestimmung die willkürliche Verstärkung von biologischen Anlagen oder ein anpassungsorientiertes Einsozialisieren in gesellschaftliche Vorfindlichkeiten tritt. Im ersten Fall wird der Mensch wesentlich als durch die Natur, im zweiten Fall wesentlich als durch institutionalisierte Herrschaft determiniert betrachtet (Heydorn 1980, 12, 111). Im ersten Fall wäre der Mensch immer schon nichts anderes als Pflanze und Tier, was wir oben problematisiert haben, weil er nicht wie die Pflanze auf die Tatsächlichkeit festgelegt ist und sich auch nicht wie das Tier instinktisch verhält. Im zweiten Fall würde er durch handelnde Menschen zu etwas gemacht, ohne dass diese Bestimmung willentlich hervorgebracht und er beteiligt wäre (gesellschaftliche Institutionen wie die Schule sind keine handelnden Subjekte und er kein Objekt). An die Stelle der von Herbart beschriebenen Unbestimmtheit träte in beiden Fällen vorab die Festgelegtheit, womit der der Erziehung *bedürftige* und der *sich* bildende Mensch zum Verschwinden gebracht wäre. Dietrich Benner hat aus diesem Grund darauf hingewiesen, dass eine Theorie, die implizit von einer Anlage- oder Umweltdeterminiertheit des Menschen ausgeht, die Erziehungstatsache biologistisch bzw. funktional unterbiete (vgl. Benner 1995a, 20). Dass eine genuin *pädagogische* Wirkung stets nur über die Mitwirkung des zu Erziehenden gedacht werden kann, muss von daher im Rahmen einer pädagogischen Theorie im Allgemeinen und auch einer Schultheorie im Besonderen bleibend mitreflektiert werden. Aus pädagogischer Perspektive lässt sich somit das Problem des Normativen dergestalt beschreiben, dass diejenigen Theorien als normativ zu bezeichnen sind, bei denen der „Weg und die Mittel der Erziehung unter Abstraktion von den konstitutiven Mitwirkungsmöglichkeiten und -leistungen der Heranwachsenden festgelegt werden" (Benner 1995c, 166). Wissenschaftliche Pädagogik halte, so Benner, gegenüber solchen normativen Theorien an dem Anspruch fest, dass pädagogisches Wirken „sich von den geläufigen Vorstellungen intentionaler Beeinflussung durchaus unterscheidet und anerkennt, dass reflexive, zu neuen Erfahrungen, Nachdenken und Selber-Handeln anregende Wirkungen nur durch Aufforderungen zur Selbsttätigkeit ‚bewirkt', niemals aber unmittelbar oder direkt herbeigeführt, angestrebt, veranlasst oder erzeugt werden können" (Benner 1995c, 167).

Wir stehen an dieser Stelle vor folgender Aporie: Keine Theorieperspektive lässt sich als „wissenschaftlich neutral" betrachten. Jeder der möglichen Theorieperspektiven liegt ein implizites Menschenbild, entweder ein mehr naturalistisches (Determiniertheit) oder ein mehr idealistisches (Freiheit) und darüber hinaus ein leitendes Interesse (Kontrolle versus Selbstbestimmung) zugrunde. Es ist daher nicht möglich, eine Schultheorie zu entwerfen, die mit allgemeiner Anerkennung rechnen könnte ohne von irgendeiner Seite Widerspruch zu erfahren. Vielmehr tun sich angesichts der möglichen theoretischen Grundhaltungen vielfältige Fragen auf: Lässt sich die Schule wesentlich als Sozialisationsinstanz der Gesellschaft begreifen, die deshalb funktional ist, weil sie Heranwachsende in bestehende Strukturen einsozialisiert? Folgen wir dieser Sichtweise, bewegen wir uns im Rahmen einer strukturfunktionalen Schultheorie. Bei dieser Sichtweise geraten jedoch willentlich handelnde, sich zu etwas bestimmende Menschen aus dem Blick. Man kann von daher fragen, ob sich die Schule aus diesem Grunde nicht eher als ein Ort beschreiben lässt, an dem der Heranwachsende durch den Prozess der Allgemeinen Bildung aus seinem unreflektierten Herkommen (z.B. aus der Familie) heraustritt und ein reflexives Selbst- und Weltverhältnis gewinnt, wodurch er seine eigene Bestimmung allererst hervorbringt. Folgen wir dieser Sichtweise, bewegen wir uns auf den Spuren einer mehr idealistischen Schultheorie. Denkbar wäre auch, dass die Schule beides ist, dass sie ambivalent bleibt. Unter Umständen propagiert sie gar das eine und bewirkt doch das andere. In diese Richtung weisen die kritischen Theorieperspektiven.

Wozu also betreiben wir Schultheorie? Mit dem Schultheoretiker Helmut Fend können wir antworten, dass Theorien *„Fenster zur Welt* [sind,] die die Aufmerksamkeit auf spezifische Phänomene lenken und sie uns so erst bewusst machen" (Fend 2008, 123). Mit dem Bild des Fensters lässt sich die Bedeutung der Schultheorie recht gut veranschaulichen: Es zeigt, dass wir nicht aus der Vogelperspektive auf die Schule und die in ihr ablaufenden Prozesse blicken können, sondern dass unser Blick immer schon geleitet und unter Umständen perspektivisch verengt ist. So kann es sein, dass durch das Fenster der bildungs- und erziehungstheoretischen Reflexion auf die Schule tatsächliche Wirkweisen und Determinationen unsichtbar bleiben. Wenn ein Fenster längere Zeit durch einen Vorhang verdunkelt wird, gerät der spezifische Blick aus diesem Fenster unter Umständen in Vergessenheit. Manche Fenster eines Raumes führen in unterschiedliche Richtungen, so dass man den Eindruck gewinnen kann, dass die Perspektiven nicht zusammenpassen. Um ein breites Bild von der Schule zu gewinnen, das sich nicht auf einseitige bzw. zeitgeistbedingte Aussichtspräferenzen beschränkt, lohnt es sich, von Zeit zu Zeit eine andere Sichtweise einzunehmen, sie zu bedenken und unter Umständen mit einer weiteren Sichtweise zu kontrastieren. Es lohnt sich ferner, auch solche Fenster aufzusuchen, deren Durchsicht erst wieder freigelegt werden muss. Dazu bedarf es freilich der Muße und der Bereitschaft, sich mitunter auf verschlungene Denkwege zu begeben, um die ursprüngliche Wortbedeutung von Schule an dieser Stelle aufzugreifen.

3.1.2 Auswahl und Anordnung
der im Folgenden dargestellten Theorieentwürfe

Wir haben im Folgenden verschiedene schultheoretische Perspektiven aufgenommen, die zum einen historisch-chronologisch, zum anderen systematisch angeordnet sind. In einem ersten Kapitel, das mit *Klassische neuzeitliche Theoriebeiträge* überschrieben ist, folgt ein Durchgang durch sogenannte „Klassiker" von Comenius bis Hegel. Mit der Aufnahme solcher Klassiker soll der bildungsphilosophischen Tradition der Schulpädagogik Rechnung getragen werden.

Mit Comenius wird in diesem Zusammenhang der pädagogische Anspruch einer schulischen Allgemeinbildung eröffnet, der von den anderen Klassikern auf ihre Weise aufgenommen wird: bei Rousseau und Humboldt vor allem unter der Problemstellung gesellschaftlicher Determinationen. Beide Protagonisten haben nachhaltig die schultheoretische Reflexion bis in die Gegenwart hinein beeinflusst. Bei Herbart wird die Spannung reflektiert, die sich in der Zusammenschau von Schule und Allgemeinbildung ergibt, bei Hegel wird der schulische Allgemeinbildungsgedanke unter einer staatstheoretischen Perspektive aufgegriffen. Herbart kann dabei als ein Begründer einer pädagogisch fundierten Schulkritik gelten, Hegel als Vorläufer späterer sozialisationstheoretischer Sichtweisen, die er allerdings philosophisch erweitert. In einem zweiten Kapitel, das wir mit *Neuere schultheoretische Perspektiven* überschrieben haben, sind solche Reflexionsgestalten aufgenommen, die im Kontext modernespezifischer Herausforderungen des 20. Jahrhunderts entwickelt wurden und in das 21. Jahrhundert hinüberreichen. Sie unterstreichen die Multiperspektivität und häufig auch die Inkommensurabilität dieser verschiedenen Perspektiven. So haben wir uns entschieden, für die Epoche der Geisteswissenschaftlichen Pädagogik exemplarisch auf Eduard Spranger zurückzugreifen, der bis in die 1960er Jahre durch seine Theoriebildung Einfluss auf das Bildungswesen und die Lehrerbildung genommen hat. Diese geisteswissenschaftliche Perspektive, die noch stark durch die erziehungs- und bildungstheoretische Auseinandersetzung mit den Klassikern, vor allem mit Humboldt und Hegel bestimmt ist, wird sodann mit einer Reihe sozialisationstheoretischer Perspektiven kontrastiert (u.a. Bernfeld, Parsons und Bourdieu), die die gesellschaftliche Determination des Schulwesens herausarbeiten. Darüber hinaus haben wir kritische Perspektiven mit aufgenommen (u.a. Adorno, Jackson, Illich, v. Hentig und Foucault), die den pädagogischen Anspruch der Schule etwa durch psychoanalytische, machtanalytische und ideologiekritische Reflexionsfiguren dekonstruieren. Wir schließen dieses Kapitel mit Helmut Fend, der auf seine Weise auf die Notwendigkeit einer multiperspektivischen Betrachtung auf die Schule hingewiesen hat und beide oben ausgeführten Grundhaltungen in seiner Theorie der Schule zusammenführt. Pointiert hat Fend in diesem Zusammenhang formuliert, dass den sozialwissenschaftlichen Perspektiven auf die Schule oftmals etwas „zwanghaft-naturhaftes" eigne (Fend 1980, 99). Er hat sie deshalb immer wieder durch eine dezidiert pädagogisch-bildungstheoretische Reflexion der Erziehungstatsache ergänzt. Gleichwohl streicht Fend in seiner Schultheorie wiederholt die Bedeutung heraus, die tatsächlichen Wirkungen der Schule zu erfassen und auch theoretisch zu reflektieren.

Die hier getroffene Auswahl an schultheoretischen Beiträgen ist selbst natürlich nicht frei von Perspektivität. Dass in der Auswahl eine Vielzahl von kritischen Zugängen mit aufgenommen wurde, unterstreicht den genuin pädagogischen Anspruch, die Schule verstärkt auch im Kontext der neuzeitlich-pädagogischen Grundbegriffe der Erziehung und Bildung zu reflektieren.

3.2 Klassische neuzeitliche Theoriebeiträge

▶ In diesem Kapitel besprechen wir
- worin der Übergang von der alteuropäischen zur neuzeitlichen Betrachtung von Schule und Bildung besteht
- wie die neuzeitlichen Klassiker die Schule im Spannungsfeld gesellschaftlicher Mächte wie Kirche, Staat und Ökonomie verorten
- was die Klassiker unter allgemeiner Menschenbildung verstehen und wie sie diese Bildung von einer speziellen Bildung abgrenzen
- welche Überlegungen der Klassiker auch für eine zeitgenössische Schultheorie von Relevanz sein können

3.2.1 Allen alles allumfassend lehren: Comenius

Johann Amos Comenius (geb. 1592, gest. 1670), protestantischer Pfarrer, Erzieher und Schulreformator aus Böhmen, hat zahlreiche pädagogische Schriften verfasst und eine umfassende, aus christlich-religiösem und philosophischem Geist begründete bildungstheoretische Perspektive auf die Schule entwickelt. In dieser Perspektive manifestiert sich auf exemplarische Weise der alteuropäische Denkstil, der bis weit in das 20. Jahrhundert hinein das schulpädagogische Denken prägte, nämlich „omnes – omnia – omnino", also „alle – alles – allumfassend" lehren zu können und auch lehren zu sollen (Comenius 1991, 12).

Die Voraussetzung für diesen Denkstil war ein geschlossenes teleologisches Weltbild, das dem Geiste des Christentums wie der antiken griechischen Philosophie entsprang. Im Folgenden soll die Perspektive des Comenius auf die Schule im Lichte seines christlich-abendländischen Denkens vorgestellt werden. Auf diese Weise verdeutlicht sich, wie sehr Schule von Anfang an in geschichtlich wirkmächtig gewordene, weltanschauliche Grundhaltungen eingebettet ist.

Der Mensch als bildungsfähiges und bildungsbedürftiges Wesen

„Aber, bei Gott, sind wir hier in Babylon? Wenn jeder sein eigenes Lied hudelt –, kann es ein größeres Wirrwarr geben?" (Comenius 1663/1992, 22): Die Welt als ein großes Wirrwarr, so beschreibt sie Comenius in seiner Erzählung *Labyrinth der Welt und Paradies des Herzens*. Es handelt sich dabei um einen fiktiven „Roman", in dem der Ich-Erzähler durch eine Stadt, Sinnbild der Welt, geführt wird und in der er nur sinnloses Chaos zu erblicken vermag, auch im Bereich der Erziehung und der institutionalisierten Bildung (ebd., 48ff). Seine Ermahnungen in der Erzählung verhallen ungehört: „Als ich dies hier und da bemerkte, fing ich an, einige zu ermahnen: die Eltern, diese Affenliebe und Nachsicht den Kindern gegenüber zu meiden; die Kinder, sich gute Eigenschaften anzueignen. Aber ich hatte wenig Erfolg ..." (ebd., 32). Es sind die christliche Vorstellung der gefallenen Welt (Comenius 2007, 31) und die antike Vorstellung vom menschlichen „Zustand der rohen Unvollkommenheit" (Comenius 1991, 12), die sich bei Comenius eigentümlich

verbinden und die ihn zum Pädagogen haben werden lassen. Der Mensch ist nämlich, davon ist Comenius überzeugt, von Natur aus zum Auszug aus dem Labyrinth der unvollkommenen Welt bestimmt, unter Natur versteht Comenius dabei
„unsre erste und grundlegende Beschaffenheit" (Comenius 2007, 31). Dass alles,
was existiert, ein Wesen, eine Bestimmung und einen Daseinszweck hat, wonach
es „von Natur aus" strebt, das ist dem alteuropäischen Denker Comenius gewiss.
Sehr eindrücklich dokumentiert sich diese Denkart der natürlichen Ordnung und
Zweckbestimmung aller Dinge in folgender Aussage:

> „Nichts braucht man zu zwingen, seiner Ordnung ‚lex' zu genügen; ein rundes Ding be-
> darf keiner Nötigung zur Bewegung, ein kantiges nicht zur Ruhe, ein schweres nicht zum
> Fall. Alles wird seiner Bestimmung folgen, wenn nur die Hindernisse beseitigt sind." (Co-
> menius 1991, 31)[1]

Anders als andere Lebensformen entspricht der Mensch jedoch nicht einfach seiner
Natur, bzw. nur zum Teil: Einerseits wird er sozusagen ohne sein eigenes Zutun im
„Mutterleib" (Comenius 2007, 25) mit all denjenigen Körperteilen gebildet, deren
er als *körperliches Wesen* in der Welt bedarf. Andererseits *soll* er *Vernunftwesen* werden, das zur Selbst- und Weltbeherrschung bestimmt ist, *soll* er als Ebenbild Gottes,
den Comenius als Schöpfer und Bildner der natürlichen Ordnung versteht, „die Vollkommenheit seines Urbilds" (ebd., 29) abbildend nachahmen. Dies geschieht nicht
gleichsam von selbst, dazu bedarf es der gelehrigen Bildung, (*eruditio*), der Bildung zu
Sittlichkeit und Tugend (*mores*) und der Bildung zur Frömmigkeit (*religio*) (ebd., 29).
Der Mensch bedarf all dieser Dimensionen von Bildung, um „aus dem Zustand der
rohen Unvollkommenheit herausgeführt ‚erudire'" zu werden (Comenius 1991, 12).
Unterbleibt eine oder alle Dimensionen dieses Bildungsprozesses, so wäre das für Comenius *contra naturam*, also unnatürlich, wäre das menschliche Leben „wie ein Acker,
den man nicht bestellt, wie ein Musikinstrument, das man nicht spielt, wie Augen,
mit denen man nicht sieht" (ebd., 20) und er fragt: „Wäre uns wohl die vernünftige
Naturbeschaffenheit gegeben, wenn sie nicht zum wirklichen Vernunftgebrauch vervollkommnet werden sollte" (ebd.)? Für Comenius ist es keine Frage: Es wäre reiner
Widersinn und gefährlich für dieses und das künftige Leben, wenn die Bildungsan-
strengung nicht darauf gerichtet wäre, dass jede/r seiner oder ihrer Natur so weit wie
es ihm oder ihr nur möglich ist, auch zu entsprechen vermag. Ansonsten prolongierte
sich nur das oben beschriebene Chaos im Weltlabyrinth: Das „*erkennende Vermögen*",
so Comenius, „erdichtet Nichtigkeiten" (ebd., 21), das „*wollende Vermögen* [...] erfreut sich an den schädlichen statt an den nützlichen Dingen und vernichtet so sich
selbst" (ebd.), das „*tätige Vermögen*" führt zu „Ränke, Totschlag und alle[n] möglichen
Schlechtigkeiten" (ebd.). Von daher gilt es, alle Hemmnisse der Bildung aus dem Weg
zu räumen: Die Welt soll kein Labyrinth, sie soll vielmehr „eine Pflanz- und Pflege-
stätte und eine Schule für uns" sein (Comenius 2007, 27). Eine Schule, die uns durch
umfassende Bildung des Geistes bzw. der vernünftigen Seele (ebd., 25) auf die „eine
ewige Academia" (ebd., 27) vorbereitet, die auf dieses Leben folgt.

„omnes – omnia – omnino"

Alle: Die bisherigen Ausführungen zeigen, dass religiöse Denkfiguren entscheidend das Bildungsverständnis des Comenius prägen: *Alle* Menschen sind Gottes Ebenbild und *alle* bedürfen der Bildung, weil „bei Gott kein Ansehen der Person gilt" (Comenius 2007, 52). *Alle* sollen deshalb die Schule besuchen: „Adelige und Nichtadelige, Reiche und Arme, Knaben und Mädchen aus allen Städten, Flecken, Dörfern und Gehöften" (ebd., 51f)

Abb. 7: Mit dem „Orbis sensualium pictus. Die sichtbare Welt" legt Comenius 1658 ein Schulbuch vor, in dem er alles, was ihm wissenswert erscheint, durch Bild und Text didaktisch aufbereitet darbietet. Es erfuhr annähernd 200 Auflagen und wurde in ca. 20 Sprachen übersetzt. Quelle: Universitätsbibliothek Tübingen

Alles: In den Schulen müsse, so Comenius, *alles* gelehrt werden (Comenius 2007, 54). Diese Aussage wird häufig dergestalt missverstanden, dass in der Schule alles *mögliche* Wissen gelehrt werden sollte. Auf das „allzu Spezielle" (ebd., 134) zielt Comenius jedoch gerade nicht ab, denn das wäre seines Erachtens eine „verdrießliche, weitschweifige und verworrene Angelegenheit" (ebd., 135). Ausdrücklich betont Comenius, seine Forderung in den Schulen „*alle alles*" zu lehren sei nicht dergestalt misszuverstehen, „dass wir von allen die Kenntnisse aller Wissenschaften und Künste (und gar eine genaue und tiefe Kenntnis) verlangten" (ebd., 54). Schulen müssten sich vielmehr auf das Wesentliche konzentrieren, sie sollten „Werkstätten der Menschlichkeit sein, indem sie eben bewirken, dass der Mensch Mensch werde" (ebd., 55) und das heißt für ihn: „I. vernünftiges Geschöpf, II. Geschöpf, das die anderen Geschöpfe und sich selbst beherrscht, III. Geschöpf, das die Wonne seines Schöpfers ist" (ebd.).

Allumfassend: Dies bedeutet demnach, dass keine Ebene des Menschseins vernachlässigt werden dürfe, ausdrücklich hebt Comenius neben den Sprachen, den Wissenschaften und den Künsten z.b. die Tugenden für die schulische Lehre hervor, wenn er schreibt: „Alle Tugenden ohne Ausnahme müssen der Jugend eingepflanzt werden" (Comenius 2007, 156): Das ist zunächst die *Klugheit*, nämlich „die Dinge nach ihrem Wesen und Wert unterscheiden [zu] lernen" (ebd.), dann das *Maßhalten*, zum Beispiel im Verhältnis von „Arbeit und Spiel, im Reden und Schweigen" (ebd., 157). Ein wichtiger Punkt ist für Comenius die *Stärke*, womit er meint, dass Schüler „Selbstüberwindung" zu lernen hätten, z.b. „indem sie die Neigung zu plaudern [...] selbstverständlich zügeln und Ungeduld, Murren oder Zorn eindämmen" und sich insgesamt daran gewöhnen, „alles überlegt und nichts mit Leidenschaft oder Ungestüm zu tun", damit der Mensch „in Wahrheit Herr seiner Handlungen sei" (ebd., 157). Schließlich gilt es für die Schüler sich die Grundtugend der *Gerechtigkeit* anzueignen, dass sie „jedem das Seine zuteilen" (ebd.). Mit diesen Überlegungen knüpft Comenius direkt an die antike Tugendlehre an, wie sie bereits Platon in seinem *Staat* dargelegt hat. Dass jeder seinen unmittelbaren Interessen und Neigungen folgen können sollte, wie es ökonomische Theorien der Neuzeit und in gewisser Weise auch reformpädagogische Ansätze fordern, wäre für den alteuropäischen Denker Comenius wohl kein möglicher Umgang mit Heterogenität sondern nur der verwirrende Ausdruck roher Unvollkommenheit und Ungeordnetheit gewesen (ebd., 158). Bei aller Verschiedenheit von Begabungen und anderen Persönlichkeitsmerkmalen, die Comenius durchaus reflektiert (ebd., 69f) und auch Konsequenzen daraus für die Schule zieht (etwa, dass man niemandem etwas aufzwingen dürfe und könne, was der Natur der Persönlichkeit widerstreitet), gilt für Comenius der Satz, dass sich Menschen bei aller Unähnlichkeit immer durch noch größere Ähnlichkeit auszeichnen: „Alle Menschen, sosehr sie sich auch in ihren geistigen Anlagen voneinander unterscheiden, haben doch die gleiche Natur" (ebd., 70). Dieser Grundgedanke hat nun entsprechende Folgen für die Schule: Für die Vorstellung dessen, wie sich der Natur gemäße schulische Bildungsprozesse idealiter vollziehen und für die Methode, die in der Schule Anwendung finden soll. Mit seinen im Folgenden dargestellten Überlegungen dazu hat Comenius nachhaltig das Nachdenken über Schule und schulische Bildung zu prägen vermocht.

Die der Menschennatur gemäße Schule und Bildung

Die natürliche, dem gesamten Kosmos eingestiftete Ordnung und den damit einhergehenden natürlichen Lauf der Dinge auch beim Bildungsprozess nicht zu hemmen, sondern zu unterstützen, ist eine erste grundsätzliche Überlegung von Comenius.

Die „Kunst alles zu lehren und zu lernen" könne nur „von der Lehrmeisterin Natur" entlehnt werden (Comenius 2007, 77). Er hat in diesem Zusammenhang eine Reihe von natürlichen Grundsätzen formuliert, in denen er die natürliche Umwelt und ihre Gesetzmäßigkeiten als Vorbild für schulische Prozesse heranzieht. Das soll an zwei Beispielen exemplarisch vorgestellt werden: So formuliert Comenius als allgemeines Naturgesetz: *„Die Natur beginnt bei allem, was sie bildet, mit dem Allgemeinsten und hört mit dem Besondersten auf"* (ebd., 91). Als Beispiel zieht er sodann das Vogelei heran, in dem nicht zuerst der Kopf oder die Federn voll ausgebildet würden, sondern von Anfang an ein Gesamtgebilde entstünde, „so dass schon die Grundzüge des ganzen Vögelchens (d.h. was Kopf, Flügel, Fuß werden soll) feststehen" (ebd.). Dann erst würde „das einzelne allmählich bis zur Vollkommenheit ausgearbeitet" (ebd.). Auf den schulischen Bildungsprozess übertragen folgert Comenius, dass zunächst „die Grundlagen einer Allgemeinbildung (universalis erudito) vermittelt werden" (ebd., 93), und jede „Sprache, Wissenschaft oder Kunst […] von den einfachsten Anfangsgründen aus geboten werden [müsse], damit ihre ganze Idee begriffen wird" (ebd., 93). Eine einseitige Bildung, die z.B. über der Wissenschaft die Tugenden vernachlässigte bzw. in einer ausufernden Mannigfaltigkeit verinselten Wissens bestünde, erachtet Comenius somit als unnatürlich und damit schädlich. Ein weiteres Naturgesetz lautet für Comenius: *„Die Natur übereilt sich nicht, sondern geht langsam vor"* (ebd., 102). Auch hier wird wieder das Vogelei zur Veranschaulichung herangezogen, wenn er fortfährt: „Der Vogel wirft seine Eier nicht etwa ins Feuer, damit die Jungen schneller ausschlüpfen […]. Später stopft er sie nicht mit Futter voll, damit sie schneller heranwachsen" (ebd., 102f). An dieser Stelle konstatiert Comenius eine gefährliche Fehlentwicklung in der Schule, wenn er fortfährt, es sei eine „Quälerei" für die Jugend, wenn sie „täglich sechs bis acht Stunden mit öffentlichen Lektionen und Übungen zubringen müssen" und „von Diktaten, Übungen, Auswendiglernen bis zum Überdruß, ja bis zur Geistesverwirrung" erdrückt würden (ebd., 103).

Diesem Missstand, nämlich dass das schulische Lernen so etwas wie Inselwissen befördert und der Lehrgang aus dem natürlichen Zeittakt gerät, will Comenius neben curricularen Erwägungen vor allem durch eine allgemeine Methode begegnen. Sie ist der Frontalunterricht, die ihm als die natürlichste aller Methoden gilt. Auch diese Überlegungen leitet Comenius mit einer Naturbeschreibung ein, nämlich mit dem Bild der Sonne, die mit denselben Strahlen alles erleuchte und der es nachzueifern gelte: Es solle „nur *ein* Lehrer einer Schule oder wenigstens einer Klasse vorstehen" und dieser soll „nach ein und derselben Methode alle Disziplinen und Sprachen" unterrichten (ebd., 122). Bis zu hundert Schüler könnten auf diese Weise gleichzeitig mit Unterricht versorgt werden, diese Methode sei „für den Lehrenden wie die Lernenden weitaus am angenehmsten" (ebd.). Comenius stützt diese Behauptung mit zwei Denkfiguren ab, die heute in gewisser Weise abständig wirken: Die erste ist eine psychologische, die zweite eine erkenntnistheoretische. Comenius rechnet zwar, so das erste Argument, mit der Heterogenität hinsichtlich von Begabungen,

geht aber davon aus, dass die mittelmäßig begabten „durch Gottes Gnade immer
am reichsten vorhanden sind" (ebd., 67) und die von ihm favorisierte Methode
entsprechend die meisten erreiche. Er nimmt damit den Gedanken einer Normal-
verteilung von Intelligenz bzw. Begabung vorweg und legitimiert interessanter Weise den Frontalunterricht just mit derjenigen Denkfigur, durch die er heute immer
wieder in Misskredit gerät (er richte sich primär am „Durchschnittsschüler" aus).
Auch die erkenntnistheoretische Absicherung der allgemeinen Schulmethode steht
quer zu aktuelleren Gedankengängen. Wenn Comenius das Bild von der Sonne
wählt, so knüpft er damit an ein Denken an, das sich bis auf Platons Ideenlehre
zurückführen lässt. Goethe hat es später in einem berühmten Aphorismus auf den
Punkt gebracht:

> „Wär' nicht das Auge sonnenhaft, die Sonne könnt' es nie erblicken;
> Läg' nicht in uns des Gottes eigne Kraft, wie könnt' uns Göttliches entzücken?"
> (Goethe 1998, 250)

Wenn in der Schule gelernt wird, so ist das für alteuropäisches Denken weniger ein
Konstruktionsprozess im technischen Sinne als vielmehr etwas, das sich mehr durch
eine Spiegelmetapher darstellen lässt: „Kaum gibt es einen so unreinen Spiegel, dass
er nicht auf irgendeine Weise Bilder aufnähme, kaum eine so rauhe Tafel, dass sich
nicht irgendwie darauf schreiben ließe" (Comenius 2007, 67). Im Menschen, der
ein Spiegel, ein Abbild der Gottheit ist, ist das Wissen um das Wesen der Dinge
längst angelegt: „Zeigt das nicht, dass wirklich alles im Menschen liegt?" (ebd., 34).
Der Mensch wird hier noch nicht in Analogie zum Computer verstanden, Lernprozesse verlaufen nicht „konstruktivistisch", sondern es geht bildlich gesprochen
darum, „den Docht zu entzünden" (ebd.), die Vernunftnatur, die in allen Menschen
dieselbe ist, zu „entfachen", das im Menschen schlummernde Wissen um das Wesen
der Dinge durch einen mäeutischen Prozess, also durch Hebammenkunst (man denke an Platons Dialoge) zu entwickeln. Nur wegen dieser allgemeinen, bei allen iden-
tischen Menschennatur kann Comenius das Bild vom „Wachs" bemühen, dem das
Gehirn gleiche und was es ermögliche, dass „Abbilder der Dinge dem Gehirn eingedrückt werden" könnten (ebd., 35). Was eingedrückt wird, ist schließlich für das
Ebenbild des Schöpfers nichts Wesensfremdes, nichts Neues im originären Sinne.
Diese idealistisch-theologische Weise, Erkenntnisprozesse zu verstehen, nämlich in
der Weise einer *adaequatio rei ad intellectum*, einer *wesentlichen Übereinstimmung
von Ding und Verstand*, hat das Bildungsverständnis des Abendlandes bis weit in die
Neuzeit hinein geprägt. Mit Worten des Comenius: „Unser Verstand ist schließlich
einem Auge oder einem Spiegel zu vergleichen. Wenn man irgendetwas vor ihn
stellt […] so zeigt er alsbald ein höchst ähnliches Abbild davon" (ebd., 36). Von
einer solchen unmittelbaren Abbildbarkeit von Dingen im Verstand hat sich das
abendländische Denken spätestens seit Kant verabschiedet. In gewisser Weise denken wir aber immer wieder auch heute noch so, z.B. dann, wenn wir sagen, dass wir
etwas nachempfinden könnten, z.B. ein Gefühl wie den Schmerz, den ein anderer

verspürt. In der Sprache der Neurobiologie wird hier derzeit eine neue Spiegelmetapher bemüht, diejenige der Spiegelneuronen (Bauer 2009, 36-53). Die Voraussetzung des *Nach*empfindens, so könnte man es in die Sprache von Comenius rückübersetzen, beruht auf Ähnlichkeit und der damit gegebenen Möglichkeit einer unmittelbaren Einung mit dem Gegenüber. Für Comenius' Denkwelt reicht diese Ähnlichkeit der menschlichen Natur offensichtlich darüber hinaus sogar aus, komplexe Gedankengänge eines anderen unmittelbar nachvollziehen zu können, wie im Frontalunterricht unterstellt. Auch beim Erlernen der Tugenden finden nach Comenius analoge Spiegelprozesse statt, vor allem die Vor*bilder* der Eltern und Lehrer wirken nach Comenius besonders eindrücklich. Sie würden, so konstatiert er, auch „ungeheißen" nachgeahmt (Comenius 2007, 159). In der technischeren Sprache des 20. Jahrhunderts wird man in diesem Zusammenhang vom „Modelllernen" sprechen. Für Comenius sind das alles „natürliche" Bildungsprozesse, für deren vernunftgemäßen Gang die Schule insgesamt Verantwortung trägt. Nach seinem Dafürhalten verläuft dieser natürliche Gang im Durchlaufen von Mutterschule, Muttersprachenschule, Lateinschule und schließlich der Universität, mit der die umfassende allgemeine Bildung zum Menschen beschlossen wird.

Kritische Würdigung

Die Ausführungen zu Comenius haben verdeutlicht, dass die Gedankengänge des Comenius auf den ersten Blick fremd geworden sind, viel mehr als heute betont Comenius das Einende des Menschseins vor aller Verschiedenheit, aller Heterogenität und Pluralität. Viel mehr als heute liegt die Weltanschauung des Comenius, die seinen einheitlichen Welthorizont strukturiert, offen zu Tage: Sie speist sich aus dem Christentum und antikem Denken. Mit seiner Denkart nimmt Comenius gleichwohl wesentliche Gedanken der neuzeitlichen Pädagogik vorweg: Die Rede von einer vernünftigen Bildung als *erudito*, als Auszug bzw. Herauskriechen aus der Bewusstlosigkeit eines gesellschaftlich bedingten Verhängnisses wird die Pädagogik nach Rousseau nachhaltig bestimmen: Der Mensch wird zum Menschen durch Bildung, dadurch, dass er ein reflexives Selbstverhältnis gewinnt und durch dieses Selbstverhältnis Distanz zu gesellschaftlich bedingten Determinationen, wie der Schaffung von Geburtsständen und der Ungleichbehandlung von Mann und Frau zu gewinnen vermag (vgl. Heydorn 1980, 95ff): Mensch zu werden, was nichts anderes besagt als sich seines Menschseins bewusst zu werden, ist das Ziel der comenianischen Bildung. Es ist der Gedanke der einheitlichen Vernunft der Comenius dazu drängt, alle und alles, Geist und Natur zu verbinden, sich selbst und die Natur gedanklich zu durchdringen.

Viele Überlegungen von Comenius scheinen aus diesem Grund bei aller Abständigkeit seines Denkens bis heute zentral: Die Frage nach der allgemeinen Menschenbildung von der niemand auf Grund seiner Herkunft, seines Geschlechts oder anderer Eigentümlichkeiten aus vernünftigen Gründen ausgeschlossen werden könne, ist z.B. bei derzeitigen Debatten um das Für und Wider von Inklusions- und Gemein-schaftsschulen nach wie vor aktuell; auch und gerade angesichts der Frage nach dem Verhältnis von Heterogenität, Pluralität und dem Einenden des Menschseins. Auch auf die spekulative Denkart, wie sie bei Comenius erscheint, wird in veränderter Form in der Gegenwart überall dort weiterhin zurückgegriffen, wo ein einseitig technisches Verständnis von Schule und schulischer Prozesse erneut die Frage nach dem Sinn und Zweck von Schule, Bildung und der Bildsamkeit des Menschen aufwirft (ebd., 269ff). Man kann freilich Comenius auch so verstehen, dass er mit seinem Denken das technische Missverständnis von Schule und Didaktik gerade anbahne. So hat ihn Dammer dahingehend kritisiert, dass es eben Comenius gewe-sen sei, mit dem die didaktische Phantasie, die allgemeine Bildung sei methodisch durchsetzbar, anhebe (vgl. Dammer 2008, 89). Der „unkalkulierbare Geist" werde dabei neutralisiert, die „allein vom Geist zu leistende Vermittlung wird durch die in der Methode verselbständigte Vermittlung verhindert" (ebd.). Gemeint ist, dass durch die technisch missverstandene Methode der sich Bildende als so etwas wie ein „Rohling" gesehen wird, den es methodisch zu bespielen gelte. In der Tat kann Comenius' Metapher vom „Wachs" einem solchen Denken Vorschub leisten.

Unbeschadet dieser Kritik am technischen Missverständnis der Methode wird das comenianische Bildungsdenken des „omnes – omnia – omnino" die schul*theoreti-sche* Betrachtung bis in die Gegenwart hinein bleibend mitbestimmen.

3.2.2 Natürliche Erziehung und Unterricht: Rousseau

Retour à la nature! Jean-Jacques Rousseau (geb. 1712 in Genf, gest. 1778 in Paris), Antipode der französischen Aufklärung um Voltaire und Diderot, „Verkünder des Evangeliums der Freiheit" (nach Goethe) verbindet den Rationalismus der Aufklä-rung mit Empfindsamkeit und Gefühl, übt radikale Gesellschaftskritik und gilt als Wegbereiter der französischen Revolution, der Sturm-und-Drang-Periode und der deutschen Romantik. Insbesondere auf die Pädagogik bis hinein in aktuelle didak-tische Kontroversen konnte sich Rousseau bleibenden Einfluss verschaffen.

Jean-Jacques Rousseau als Klassiker der Schultheorie zu sehen, ist auf den ersten Blick erklärungsbedürftig, da sich Rousseau in seinem großen Erziehungsroman *Émile oder Über die Erziehung* aus dem Jahre 1762 zum einen nur am Rande zur Schule äußert und zum anderen die Schule dort nur als Negativfolie zu seinem Erziehungsideal erwähnt: Voll Anteilnahme schildert Rousseau die aus seiner Sicht höchst problematische Vorstellung, ein Kind mit Kenntnissen auszurüsten, „die man jederzeit vorweisen kann" und die als „Plunder" das Gedächtnis der Zöglinge belasten (Rousseau 1762/1971, 154): „Was die Schüler im Schulhof untereinander lernen, ist hundertmal nützlicher als alles, was man ihnen in der Klasse sagen kann" (ebd., 110). Was in der Schule im Grunde gelernt wird, ist für Rousseau letztlich auch nur Ausdruck des die menschliche Natur hemmenden Gesellschaftszustands: „durch Preise und Belohnungen" (ebd., 252). Die Schule befördere Eigennutz,

Eitelkeit und Habsucht (ebd.), also diejenigen Haltungen, die nach Rousseau in der aus seiner Sicht korrumpierten Gesellschaft insgesamt vorherrschen. Auch das Schulwissen sieht Rousseau in diesem Kontext problematisch: Anstatt – der menschlichen Natur gemäß – Urteilsfähigkeit und Empfindsamkeit beim Heranwachsenden zu kräftigen, würden Schüler durch Unterricht, er spielt dabei auf den zu seiner Zeit vorherrschenden Katechismusunterricht an, „daran gewöhnt, Worte auszusprechen, die sie nicht verstehen" (ebd., 265): Dies jedoch ist für den Gesellschaftskritiker Rousseau Programm: Kann man schließlich derart unterrichtete Menschen „leicht alles sagen lassen, was man will" (ebd.). Sie bleiben unverständig, manipulierbar und damit dem äußeren Zwang der sie regierenden Mächte ausgeliefert, was für Rousseau klar der Natur des Menschen widerspricht: Der Mensch ist wesentlich frei, empfindsam und vernünftig (ebd., 11). Rousseau sucht nach Bedingungen, die es dem heranwachsenden Menschen erlauben, sukzessive sein Wesen, seine Natur verwirklichen zu können.

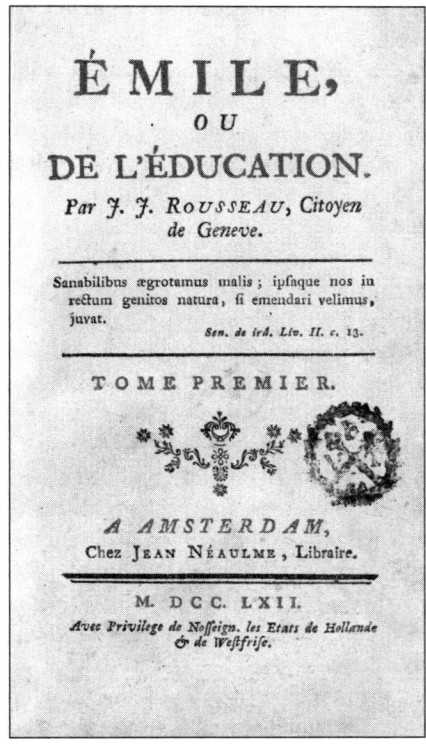

Abb. 8: Titelblatt der 1762 in Amsterdam erschienenen Ausgabe von *Émil oder Über die Erziehung*. Quelle: Universitätsbibliothek Tübingen

Der fiktive Schüler in Rousseaus Erziehungsroman, Émile, wird aus diesen Gründen keine Schule besuchen, im Gegenteil: Abgeschieden von der Gesellschaft (ebd., 14) soll er durch eine der menschlichen Natur gemäßen Erziehung sowie durch einen von gesellschaftlichen Fehlentwicklungen gereinigten Unterricht eine andere, bessere Entwicklung nehmen, damit er in der Gesellschaft später als Mensch bestehen kann und nicht überwältigt zu werden vermag. Rousseau will einen Menschen, keinen Bürger erziehen, „beides zugleich ist unmöglich" (ebd., 12). Mit seinen Überlegungen hat Rousseau dabei wichtige Impulse für das weitere pädagogische Denken, auch für Schule und Unterricht, gegeben. Im Folgenden sollen die für die Theorie der Schule wichtigsten Gedankengänge kurz vorgestellt und kritisch gewürdigt werden.

Die Natur des Menschen und ihre „Entartung"

„Alles ist gut, wie es aus den Händen des Schöpfers kommt; alles entartet unter den Händen des Menschen" (Rousseau 1762/1971, 9).

Mit diesen Worten eröffnet Rousseau seinen Erziehungsroman *Émile* und verdeutlicht damit bereits mit seinen ersten Zeilen *den* zentralen Grundgedanken seines Denkens: Er geht zum einen von der ursprünglichen (natürlichen) Güte der Schöpfung (und damit auch des Menschen) aus und benutzt wohl bedacht die hier gewählte religiöse Metapher, wie eine der zentralsten Passagen von *Émile* verdeutlicht, in der Rousseau durch das *Glaubensbekenntnis des savoyischen Vikars* eine scharfe Auseinandersetzung sowohl mit dem atheistischen Materialismus der französischen Aufklärung als auch mit der kirchlichen Religionslehre führt. Die Natur, auf die Rousseau in seinem *Émile* immer wieder zu sprechen kommt, steht dabei als Metapher für den Gedanken einer ursprünglich *gefügten* Ordnung und Harmonie des gesamten Weltzusammenhangs, der sich nach Rousseau einem unvoreingenommen und unverbildeten Herzen (der Empfindung) und Denken (der Reflexion) auch erschließt (ebd., 275-334). In dieses Ordnungsdenken sind seine anthropologischen Grundüberzeugungen einzuordnen und sie werden in ihm allererst verständlich[2]. Dass alles unter den Händen des Menschen „entartet" sei, stellt den Lapsus dar, der durch die vorherrschende gesellschaftliche Fehlerziehung bis auf Weiteres perpetuiert wird. Die „Natur" des Menschen, also das, was ihn wesentlich auszeichnet, besteht nach Rousseau darin, sowohl ein *Sinnen-* als auch ein *Geistwesen* (ebd., 280), „also nicht einfach ein sensitives und passives, sondern auch ein aktives und intelligentes Wesen" (ebd., 282) zu sein. Wäre der Mensch nur *Sinnenwesen*, so entspräche es seiner Natur, stets von außen bewegt zu werden, z.B. zu einem bestimmten Verhalten. Weil der Mensch jedoch auch *aktiv* und *intelligent* ist, könne er, anders als reine Sinnenwesen, durch seinen „Verstand […] das Ganze übersehen" (ebd., 289), sich also ein Bild von seiner Welt machen und durch seinen Willen *bewusst* auf Umwelt (die Gegenstände) und Mitwelt (die anderen Menschen) handelnd einwirken (ebd.). Dieser Zustand ist für Rousseau vernünftig im ganz ursprünglichen Sinne, weil der Mensch hier als Erkennender und Handelnder verständig ist. Die

Entartung, von der Rousseau spricht, kommt seines Erachtens dadurch zustande, dass das *eigentlich passive Moment*, die Sinnlichkeit (das „Unverständig-Materielle") das *eigentlich aktive Moment*, den Verstand und den Willen zu beherrschen beginnt anstatt umgekehrt (ebd., 290): „Das aktive Wesen gehorcht, das passive Wesen befiehlt" (ebd., 300). Dies ist für Rousseau u.a. dann der Fall, „wenn mich meine Leidenschaften fortreißen" (ebd., 290) oder wenn ich als Mensch durch andere in der Manier eines Steines bewegt werde, also wenn ich einer Situation ausgeliefert bin, weil ich sie nicht verstehe und mich somit auch nicht willentlich zu ihr verhalten kann. Diese Entwicklung ist es, die Rousseau als vernunftwidrig erachtet, sie unterlaufe nämlich die dem Menschen natürliche (das heißt wesentliche) „Freiheit" (ebd., 292). Der Mensch wird – wie es nach Rousseau die Materialisten fälschlicher Weise als natürlich betrachten – zu einer „Maschine", die nicht denkt, weil er nicht versteht und zu einer Maschine die nicht handelt, weil er die Stimme des Gewissens nicht vernimmt und deshalb nur unverständig zu reagieren vermag (ebd., 292ff). Genau diesen „entarteten Zustand" beklagt Rousseau als den gesellschaftlichen, der für ihn Ausdruck der beschriebenen vernunftlosen Verwirrung darstellt: Anstatt durch die Gesellschaft die ursprüngliche Güte des Schöpfers und der Schöpfung, die „natürliche Ordnung" abzubilden, in der alle Menschen gleich sind (ebd., 14) und sich als Gleiche „dem Ganzen" einordnen, geht es in der Gesellschaft um Herrschen und Beherrscht werden. Rousseau qualifiziert das nicht als gut, sondern als böse, weil der Grundzug hier darin bestehe, sich in der Manier eines Tyrannen nicht dem Ganzen, sondern „das Ganze sich" unterzuordnen (ebd., 307).

Diese Fehlentwicklung, davon ist Rousseau überzeugt, beruht letztlich auf der Erziehung: „Pflanzen werden gezogen: Menschen werden erzogen" (ebd., 10). Der Mensch ist, um seine Natur verwirklichen zu können, anders als die Natur im vegetabilen Sinne auf Erziehung angewiesen und diese kann falsch sein und ihn verderben. Rousseau will mit seiner Erziehungstheorie diese Fehler überwinden.

Gesellschaftszustand und Fehlerziehung

Bereits ganz zu Beginn des Lebens nimmt die Fehlentwicklung, von der oben gesprochen wurde und auf die Rousseau im weiteren Verlauf seines *Émile* immer wieder zurückkommt, ihren Anfang:

> „Ein Kind schreit schon, wenn es geboren wird; seine erste Kindheit vergeht mit Weinen. Bald wiegt man es, um es zu beruhigen; bald droht man und schlägt es, um es zum Schweigen zu bringen. Entweder tun wir, was ihm gefällt oder wir verlangen, was uns gefällt. Entweder wir unterwerfen uns seinen Launen, oder wir unterwerfen es unseren. Es gibt keine Mitte: entweder gibt das Kind Befehle, oder es empfängt sie. So sind seine ersten Eindrücke die der Macht oder der Unterwerfung. Ehe es noch reden kann, befiehlt es. Ehe es handeln kann, gehorcht es. Und manchmal wird es gestraft, ehe es seine Fehler erkennen, ja sie begehen kann. So weckt man schon früh die Leidenschaften, die man dann der Natur zuschreibt. Nachdem man es verdorben hat, beklagt man sich darüber." (Rousseau 1762/1971, 22)

Schon als Säugling, so Rousseau, lernen wir entweder über die uns umgebende Mitwelt Tyrannei und Zwang auszuüben und sie – im Beispiel durch das Weinen – zu beherrschen oder von ihr beherrscht zu werden. Als Motiv fungieren dabei jeweils „Launen", die der Eltern und die des Säuglings und darin sieht Rousseau den Beginn der Fehlentwicklung: Man unterwirft sich dem Willkürlichen oder wird von ihm unterworfen. Recht behält, wer sich Geltung zu verschaffen vermag ohne Rede und ohne Handeln. Da der Säugling noch nicht in der Lage ist zu reden (sein Anliegen vorzutragen) und zu handeln (den Gesamtkontext zu bedenken und begründete Entscheidungen zu treffen), wird er, so würden wir heute sagen, von Beginn an durch Belohnungs- und Strafmechanismen konditioniert. Er entwickelt auf diese Weise immer mehr „Gewohnheiten", denen er blind folgt (er hat nicht zu reflektieren gelernt) und wird dabei „Sklave und Tyrann zugleich" (ebd., 22). „Die Gewohnheit, seine Wünsche erfüllt zu bekommen, verleitet ihn viel zu wünschen, und gibt ihm das Gefühl ständiger Entbehrung" (ebd., 231), am Glück oder Unglück der anderen vermag er letztlich keinen Anteil zu nehmen.

„Der natürliche Mensch sieht anders aus" (ebd., 22). Die Begründung Rousseaus ist einfach: Die Empfindungen, die wir haben, werden von uns bewusst durch ein schematisches Gegensatzpaar verarbeitet und wir versuchen das eine zu erstreben und das andere zu fliehen (ebd., 11). Das erste „natürliche" Gegensatzpaar lautet nach Rousseau „angenehm-unangenehm". Wird unsere Natur jedoch nicht unterdrückt, sondern wird ihr die Möglichkeit gegeben, sich zu entfalten, erweitert sich dieses Gegensatzpaar zunächst hin zur „Zuneigung oder der Abneigung, die wir zwischen uns und jenen Dingen finden" (ebd., 11), was ein Bewusstseinsfortschritt darstellt. Erfolgt eine der Natur des Menschen gemäße Erziehung, kann auch dieses Schema noch erweitert und vervollkommnet werden: „schließlich urteilen wir vernünftig über ihren [der Dinge, M. H.] Wert für unser Glück und unsere Vollkommenheit. Diese Anlagen wachsen und festigen sich in dem Maße, in dem wir empfindsamer und vernünftiger werden" (ebd., 11). Erst in diesem letzten Stadium sind wir nach Rousseau im eigentlichen Sinne auch zur Begriffsbildung fähig, weil diese Abstraktionsleistungen Vernunft voraussetzt. Die Natur des Menschen, das ist ein weiterer Kerngedanke Rousseaus, den das sich erweiternde Gegensatzpaar impliziert, entwickelt sich. Das Kind ist noch kein junger Erwachsener und kann entsprechend auch nicht als solcher behandelt werden. Es ist noch nicht vernünftig.

Der Eigenwert des Kindseins und der Entwicklungsphasen Heranwachsender

„Jedes Alter, jede Lebensstufe hat seine eigene Vollkommenheit und seine eigene Reife" (Rousseau 1762/1971, 149). Mit dem Gedanken des Eigenwerts verschiedener Entwicklungsphasen hat Rousseau die weitere Ausgestaltung einer Entwicklungspsychologie vorgezeichnet, auf die fortan Erziehung und Unterricht bezogen werden sollte. Insgesamt geht Rousseau von vier unterschiedlichen Entwicklungsphasen des Menschen aus, in denen jeweils ein Moment der Entwicklung im Vordergrund steht:

zunächst der *Körper*, diese Phase reicht ca. bis zum 5. Lebensjahr. Sodann stehen die *Sinne* im Vordergrund, diese Phase reicht ca. bis zum 12. Lebensjahr. Diese Phase wird abgelöst durch die der Entwicklung der *geistigen Fähigkeiten und des Wissenserwerb*, was in etwa bis zum 15. Lebensjahr andauert. Erst, wenn diese Phasen durchlaufen sind kann sich der Mensch seiner Natur gemäß *in die Gesellschaft eingliedern* ein *moralisches und religiöses Bewusstsein* ausbilden und abstrakt denken und urteilen. Diese letzte Phase reicht wiederum bis etwa zum 20. Lebensjahr. Eine der Natur des Menschen gemäße Erziehung stellt sich auf die jeweils vorherrschenden natürlichen Bedürfnisse des Heranwachsenden ein: Sie gewährt dem Zögling zu Beginn der menschlichen Entwicklung entsprechend Bewegungsfreiheit (ebd., 46) und achtet darauf, dass er nur solche Wörter hört und zu benutzen lernt, die er auch in dieser Phase schon verstehen kann. Der Zögling soll schließlich grundsätzlich nicht dazu verleitet werden, mehr zu sagen als er denken kann (ebd., 51). Dass die Erziehung phasengerecht verläuft und den Eigenwert des jeweiligen Entwicklungsstadiums anerkennt, bedeutet in diesem Zusammenhang auch, nicht „die Gegenwart einer ungewissen Zukunft" zu opfern (ebd., 55), was Rousseau barbarisch nennt. Wenn es der Natur des Kindes entspricht, seine Sinne in der Auseinandersetzung mit der Umwelt zu schärfen, dann wäre es naturwidrig, es in die Studierstube einzusperren, wo es nur an Abhängigkeiten von befehlenden Menschen gewöhnt würde. Es käme von sich aus ja niemals auf die Idee, über Büchern zu sitzen anstatt die sinnlich erfahrbare Umwelt zu erkunden, es muss dazu vom Erzieher oder Lehrer gezwungen werden, wie die bis heute anhaltenden schulischen Disziplindebatten auf ihre Weise eindrücklich dokumentieren. „Die Abhängigkeit vom Menschen ist aber ordnungswidrig" (ebd., 63), nur der Abhängigkeit von den Dingen, die keine Befehle erteilen können, ausgesetzt zu sein, sei naturgemäß (ebd.): Den Dingen könne wiederum auch das Kind nicht befehlen, denn sie gehorchen etwaigen Befehlen durch das Kind nicht. Für den sprachlich-didaktischen Umgang mit dem Zögling in dieser Zeit gilt für Rousseau: „Solange das Kind nur sinnlichen Eindrücken zugänglich ist, sollen alle seine Begriffe auf Sinneseindrücken beruhen" (ebd., 68). Für Rousseau ist es aus diesem Grund einerseits abwegig, mit einem Kind „zu räsonieren" (ebd.): „Wenn die Kinder vernünftig wären, dann brauchte man sie nicht zu erziehen" (ebd.). Andererseits erachtet er aus demselben Grund den zu seiner Zeit gängigen Katechismusunterricht für sinnwidrig, weil ein Kind keine unsinnlichen Begriffe zu fassen vermag: „Wenn ich ein Kind verdummen wollte, so würde ich es zwingen, mir zu erklären, was es sagt, wenn es den Katechismus aufsagt" (ebd., 267): Ein abstrakt religiösphilosophischer Begriff, wie beispielsweise der Begriff „Geist", werde von Kindern in der Vorstellung als körperliches Gespenst gefasst. Rousseau rechnet nicht damit, dass die aus seiner Sicht falsche Vorstellung später einmal je richtig gestellt werden könnte: „Wenn die Phantasie einmal Gott geschaut hat, ist es sehr selten, daß ihn die Vernunft begreift" (ebd., 265). Für ein Kind, das zunächst seine Sinne schärfen und seinen Körper kräftigen müsse, gibt es ein entsprechend anderes Bildungsprogramm: „Unsere ersten Philosophielehrer sind unsere Füße, unsere Hände, unsere Augen" (ebd., 111). Es verbringt sehr viel Zeit in der freien Natur, was jedoch nicht heißt, dass der Erzieher passiv bliebe, im Gegenteil. Seine Aufgabe ist es, dem Kind ein seiner Entwicklungsphase gemäßes Arrangement von Lerngelegenheiten zu bereiten: „Es darf keinen Schritt tun, den ihr nicht vorausbedacht hättet" (ebd., 105). Rousseau predigt in seiner Erziehungstheorie kein *laissez-faire*: Ganz offen spricht er aus, dass der Erzieher und Lehrer Herr der Lage bleiben müsse und die Freiheit des Zöglings nur „den Schein der Freiheit" habe (ebd., 105). Er soll schließlich nur solche Erfahrungen machen, an denen er wachsen kann. Diese Herrschaft des Erziehers über seinen Zögling ist für Rousseau deshalb keine Tyrannei, weil sie seines Erachtens den natürlichen Bedürfnissen des Kindes Rechnung trägt.

Wenn der Körper entwickelt ist, „folgt der Drang des Geistes, sich zu bilden" (ebd., 158). Es sind vor allem praktisch nützliche Kenntnisse, die es jetzt zu erwerben gilt: Rousseau denkt u.a. an Geometrie und Geographie (ebd., 158ff). Es entspreche, so Rousseau, auch der natürlichen Entwicklung des Menschen, dass die Frage nach der Nützlichkeit von Kenntnissen in den Vordergrund trete (ebd., 172ff). Dass Dinge gelernt werden sollten, deren Wert ein Heranwachsender noch nicht (oder vielleicht nie) einzusehen vermag, scheidet für Rousseau aus den oben ausgeführten Gründen aus.

Auch die „Reifezeit", die er mit ca. 15 Jahren ansetzt, hat Rousseau in ihrem Eigenwert gewürdigt und die einschneidenden Folgen der körperlichen und emotionalen Entwicklung herausgehoben: Sie sind ihm eine „zweite Geburt" (ebd., 211). Einen zentralen Stellenwert nehmen, so Rousseau, von nun an die „Leidenschaften" ein. Sie dürften nicht unterdrückt werden, das wäre „vergeblich wie lächerlich" (ebd., 211). Es gelte nur, einer Fehlentwicklung vorzubeugen, nämlich der, dass an die Stelle der erwachenden natürlichen Selbstliebe (*amour de soi*), der es um die Befriedigung natürlicher Bedürfnisse gehe, die Eigenliebe (*amour propre*) trete, die unersättlich sei und nichts als ein Ausdruck einer Fehlerziehung zum egozentrischen Tyrannen. In dieser Phase zielt die Erziehung entsprechend vornehmlich darauf, die „aufkeimende Empfindsamkeit zu wecken und zu nähren" (ebd., 224) und sie in die Bahnen des Mitgefühls und des Mitleids zu lenken. Sie sei darauf auszurichten, „Neid, Habsucht, Haß und alle abstoßenden und grausamen Leidenschaften […] zu verhindern, die die Empfindsamkeit nicht nur auf den Nullpunkt bringen, sondern sie zu einer negativen Größe machen und den quälen, der sie empfindet" (ebd., 224). Es ist Rousseaus tiefe anthropologische Überzeugung, dass der von solchen Leidenschaften Fortgerissene und Getriebene nicht wahrhaft Glück empfinden kann. Gleichwohl gesteht er zu, dass so etwas wie Moralerziehung kein einfaches Unternehmen darstellt. In seinen weiteren Ausführungen nimmt Rousseau dabei einen auch aktuell geübten Vorbehalt vorweg: Um tatsächliches Mitleid und Mitgefühl zu empfinden, muss man sich jenen, denen es gelten soll, nahe fühlen, sich mit ihnen identifizieren können. Rousseau rechnet hier mit unterschiedlichen

Graden der Ergriffenheit, die man nicht einfach andemonstrieren könne (ebd., 228f). Diese Problemstellung wird heute als die anthropologisch bedingte Schwierigkeit der Universalisierung eines parochialen Altruismus erörtert: Wir fühlen uns nicht allem und jedem nahe, nicht alles und jedes löst in uns Betroffenheit aus, vor allem das nicht, was wir nur als abstraktes Problem kennen, das nicht unmittelbar erlebt wird (wie z.b. die möglichen Folgen einer Klimakatastrophe). Für Rousseau ist diese Abstraktionsfähigkeit der letzte grundlegende Schritt der Entwicklung und er ist davon überzeugt, dass die Generalisierung zu Prinzipien wie Gut und Böse, wie er sie im Bekenntnis des savoyischen Vikars dargelegt hat, gleichwohl bleibend mit inneren Empfindungen begleitet sein kann.

Grundlegende Konsequenzen für Erziehung und Unterricht

Die bisherigen Ausführungen haben bereits verdeutlicht, worin der Kern von Rousseaus Gedanken zu Erziehung und Unterricht besteht. Sein Erziehungskonzept nennt Rousseau *negative Erziehung*. Gemeint ist: Die Erziehung verfolgt keine willkürlichen *positiven* (im Sinne der lateinischen Wortbedeutung, also *gesetzten*) Ziele, sie hat nicht die Absicht, aus dem Heranwachsenden etwas Bestimmtes zu machen: „Ob mein Schüler Soldat, Priester oder Anwalt wird, ist mir einerlei. Vor der Berufswahl der Eltern bestimmt ihn die Natur zum Menschen. Leben ist ein Beruf, den ich ihm lehren will" (Rousseau 1762/1971, 14). Hierin liegt auch der grundsätzliche Vorbehalt gegenüber der Schule begründet, weil sie zu sehr in gesellschaftlich vorgegebene Zwecksetzungen eingebunden ist, ausdrücklich hat Rousseau, wie zu Beginn ausgeführt, das schulische Konkurrenzdenken und die Einübung in Belohnungs- und Bestrafungsmechanismen in diesem Zusammenhang kritisiert. Der Erziehung geht es um nichts anderes, als dass die natürliche Entwicklung des Menschen nicht behindert wird, weil auf diese Weise die Entfaltung der Natur, das Wesen des Menschen, gehemmt würde. Diese Entfaltung des Wesens gipfelt, wie wir sahen, nach Rousseau in seiner Vernünftigkeit. Erziehung ist somit, so Rousseau, „eine schwere Kunst: Kinder ohne Vorschriften zu leiten und durch Nichtstun alles zu tun" (ebd., 104).

Diese Vorstellungen haben weitreichende Konsequenzen auch für den Unterricht. Nicht jeder Gegenstand ist der jeweiligen Entwicklungsphase adäquat und das haben die Lehrerinnen und Lehrer zu bedenken: „Haltet dem Kind also keine Reden, die es nicht versteht!", so heißt es lapidar (ebd., 161) und weiter: „Erklärungen in Form von Vorträgen liebe ich nicht" (ebd., 174). Negative Erziehung besagt im Zusammenhang mit Unterricht, dass der Schüler selbst den Nutzen bzw. den Wert des Gegenstandes, mit dem er sich beschäftigt, entdeckt, ja sogar dass man ihm „nur selten vorschreiben sollte, was zu lernen ist. Er selbst muß es wünschen, suchen, finden" (ebd., 174). Die Gefahr des Vorschreibens besteht darin zu lernen, dass der Stärkere das Recht hat, willkürliche Vorschriften zu machen. Gelernt wird dann zu wollen, was der Stärkere will, dass man es in diesem Moment will, was nichts anderes als Sklavenerziehung wäre. Das Vernünftige des Lerngegenstandes verschwände hinter dem Zwang zu lernen und würde nicht als solches von den Schülerinnen und Schülern vernommen werden. Nichts vorzuschreiben heißt für Rousseau nun aber gerade nicht, dass die Lehrenden hier nicht durch geschicktes Arrangement das Wünschen, Suchen und Finden des Zöglings guten Gewissens in eine bestimmte Richtung kanalisieren dürften. Das Vernünftige soll nur selbst vom Zögling aufgefunden werden können. Eindrücklich hat Rousseau seine Vorstellung von Unterricht am Beispiel des Geographieunterrichts dargelegt, den Jean-Jacques, der fiktive Erzieher, Émile, dem fiktiven Schüler, angedeihen lässt; er ist von vorne bis hinten durchgeplant: Als Jean-Jacques seinen Schüler über die Himmelsrichtungen unterrichtet, als Lehrer freilich von der Nützlichkeit dieses Wissens überzeugt, wendet sich Émile an ihn mit der Frage, worin der Nutzen dieses Wissens denn bestünde. Daraufhin beendet Jean-Jacques seinen Unterricht mit den Worten: „Ich weiß keine passende Antwort für dich. Lassen wir das, ich hatte unrecht" (ebd., 174). Er will ihm keine Vorträge über die Nützlichkeit halten, er begreift es als seine Aufgabe, dass Émile selbst den Nutzen dieses Wissens *erfährt* und das Vernünftige vernimmt. Damit aber beginnt der eigentliche Unterricht allererst: Am nächsten Morgen schlägt Jean-Jacques Émile vor dem Mittagessen einen Spaziergang im Wald von Montmorency vor. Geschickt arrangiert es der Lehrer, dass beide im Wald die Orientierung verlieren und vergeblich hin und her irren. „Ganz erhitzt, ermattet und ausgehungert erreichen wir mit unserem Laufen nichts, als uns noch mehr zu verirren" (ebd., 176). Émile beginnt zu weinen, denn er hat Hunger und Durst. Das jedoch *nützt* Émile nichts, denn er hat es mit der Dingwelt zu tun, die man, anders als ein Säugling bei seinen Eltern, durch Weinen nicht zu einem Verhalten bewegen kann. Genau das macht ihm Jean-Jacques klar, wenn er antwortet: „Glaubst du, es ginge mir besser? Ich würde gerne weinen, wenn ich davon essen könnte. Weinen nützt nichts, wir müssen uns zurecht finden" (ebd., 176). Émile erinnert sich an den Unterricht des vergangenen Tages zu den Himmelsrichtungen, ganz zwanglos entwickelt sich ein sokratisches, sich fragend entwickelndes Lehrgespräch zwischen Émile und Jean-Jacques, an dessen Ende Émile herausfindet, in welcher Himmelsrichtung das Zuhause liegt. Der „Unterricht" endet mit dem freudigen Ausruf Émiles: „Die Astronomie ist doch zu etwas gut" (ebd., 177). Émile hat eine Entdeckung gemacht. Was er in Jean-Jacques Unterricht niemals lernen soll, ist herauszufinden was sein Lehrer will, dass er es will, um ihn unverständig und vor der eigenen Erfahrung durch Rede und Verhalten „bedienen" und „befriedigen" zu können. Dass dieser Unterricht gleichwohl von Anfang bis Ende durchgeplant ist, dass jede Reaktion Émiles von seinem Erzieher im Voraus bedacht wurde, verdeutlicht diese idealtypische Fiktion Rousseaus durchaus eindrücklich.

Kritische Würdigung

Rousseaus Gedanken zum Unterricht konnten das didaktische Denken dauerhaft beeinflussen. Noch in den 1960er Jahren haben beispielsweise die Lernpsychologen Bruner und Ausubel eine erbitterte Kontroverse um das Für und Wider von „entdeckenlassendem Lernen" geführt. Auch Rousseau spielte bei dieser Auseinandersetzung eine Rolle (vgl. Hasselhorn/Gold 2009, 267), wenn Ausubel als Verfechter der direkten Instruktion „den schädlichen Einfluss der kindzentrierten und sentimentalen Erziehungsutopie Rousseaus" bei seinem Gegner Bruner am Werke sah (ebd.). Viele reformpädagogische Bemühungen um einen offenen Unterricht sind noch heute vom Denken Rousseaus beeinflusst, auch die Problematisierung eines vorgegebenen schulischen Wissenskanons und der mechanischen Paukschule. Es ist offensichtlich, dass hier wenig vom Kind aus gedacht würde, wenn man, um mit Rousseau zu sprechen, den Augenblick gänzlich der Zukunft opferte, einer *gesellschaftlichen* Zukunft, die Rousseau aus prinzipiellen Gründen als nicht der Natur des Menschen gemäße betrachtet. Dem Menschen gemäß ist es, unmittelbar den Nutzen und Wert der Erfahrungen, die man macht, auch einsehen zu können, selbst- statt fremdbestimmt zu sein.

Dass in den ersten Lebensjahren tatsächlich nur die Entwicklung der körperlichen Kräfte im Vordergrund stehen und so wenig wie möglich darüber hinaus gelernt werden sollte, wie er empfiehlt, dürfte heutigen lern- und entwicklungspsychologischen Erkenntnissen jedoch nicht mehr standhalten. Für unser heutiges Denken ist ferner nicht mehr nachvollziehbar, wie Rousseau zwischen der natürlichen Erziehung eines Jungen und derjenigen eines Mädchens trennt: Hier scheint er ganz in gesellschaftlichen Konventionen und Klischees verfangen, wenn er etwa schreibt: „Fast von der Geburt an lieben Mädchen den Putz" (Rousseau 1762/1971, 395). Für eine wissenschaftliche Bildung hält Rousseau Frauen nicht geschaffen, „die Prinzipien und Axiome der Wissenschaften, alles, was auf die Verallgemeinerung der Begriffe abzielt, ist nicht Sache der Frauen" (ebd., 420), womit er dem weiblichen Geschlecht indirekt die Vernunftnatur abspricht. Dass Rousseau hier gesellschaftliche Konventionen bedient, die er ansonsten im Namen der Freiheit bzw. menschlichen Unbestimmtheit heftig zu kritisieren wusste, steht in einem auffälligen Kontrast zur Emphase, mit der Rousseau im Falle des männlichen Schülers von der Natur, also einem von gesellschaftlichen Zusammenhängen unabhängigen und prinzipiell unbestimmten Wesen, spricht.

Rousseau vertrat seine Ansichten – wie man sieht auch solche, die durchaus zeitbedingt und vorurteilsbehaftet sind – insgesamt mit einer gewissen Radikalität: Nicht nur Vorträge, auch Bücher erschienen ihm für Erziehung und Unterricht weitgehend ungeeignet, er bezeichnete sie als „Werkzeuge ihres [der Kinder, M. H.] größten Unglücks" (ebd., 100). Sie lehren seines Erachtens nur, „von dem zu reden, was man nicht weiß" (ebd., 179), weil sie an die Stelle der „natürlichen" Erfahrung träten (ebd., 180). Mit diesem Plädoyer für die unmittelbare Erfahrung und gegen das Buchwissen hat Rousseau interessanterweise vor allem literarisch weitergewirkt, insbesondere auf den Sturm und Drang[3]. Womit Rousseau jedoch am meisten auf die weiteren schultheoretischen Überlegungen Einfluss genommen hat, ist sein latenter Kulturpessimismus bzw. seine Gesellschaftskritik, die sich gegen die unter

Umständen undurchschaute Instrumentalisierung von Erziehung und Bildung für willkürliche Herrschaftsinteressen richtet sowie sein prinzipieller Optimismus, was die Bildungsfähigkeit des Menschen betrifft. Dass die Pädagogik, speziell die Schulpädagogik, in der Hauptsache um behaviorale Steuerungsmechanismen kreisen könnte, wäre mit Rousseaus Bestimmung der menschlichen Natur schlechterdings unvereinbar. Denn sie halten das Entwicklungsziel der menschlichen Natur, ihre Vernünftigkeit, dauerhaft nieder.

3.2.3 Schule und Allgemeine Menschenbildung: Humboldt

Wilhelm von Humboldt (geb. 1767 in Potsdam, gest.1835 in Tegel) war Gelehrter und in seiner Funktion als Leiter der preußischen Sektion für Kultus und Unterricht von 1809-1810 auch Bildungsreformer. Sein Name steht bis zum heutigen Tage für den allgemeinen Bildungsanspruch der Schule.

Schule im Spannungsfeld gesellschaftlicher Kräfte

Dass es in der Schule um nichts anderes als um eine allgemeine Menschenbildung geht war zur Zeit Humboldts alles andere als selbstverständlich. Das zu Beginn des 19. Jahrhunderts noch vorherrschende Ständewesen legte von Anfang an fest, welche Ausbildung man erfuhr, nämlich eine standesgemäße in einer standesgemäßen Schule. So gab es Ritterakademien, Gelehrtenschulen für Adel und Klerus, Dorfschulen für Bauern und Handwerker. Die Schule sollte an die späteren Aufgaben, die bereits feststanden, heranführten und so verwundert es nicht, was man Heranwachsenden in den Schulen so alles angedeihen ließ: „Seidenraupenzucht, Kartoffelanbau, militärisches Drillreglement, auch isolierte handwerkliche oder schon industrielle Techniken, die sich ausschließlich von den künftigen Verwendungssituationen her legitimieren" (Menze 1975, 200). Für Humboldt, der sich bereits 1794 der Frage gewidmet hat, was eigentlich Bildung sei, wird in solchen Schulen, die dem Zugriff unterschiedlichster gesellschaftlicher Kräfte ausgesetzt sind, keine Menschenbildung betrieben, sondern ein spezifisches Interesse verfolgt: Der Staat, so Humboldt, erziehe zum Bürger, nicht zum Menschen. Er übe durch Anordnung Zwang aus und steht damit für ihn im Verdacht, „dass er […] aus Menschen Maschinen machen will" (Humboldt 1792/1999b, 201). Humboldt hat hier offensichtlich das preußische Drillreglement im Blick. Auch den Einfluss der Kirchen auf die allgemeine Bildung sieht Humboldt kritisch, zumindest dort, wo er der staatlich gewollten Sozialdisziplinierung dient und statt Mündigkeit den „Glauben auf Autorität" (ebd., 234) befördert. Sind es ökonomische Interessen, die sich im Bereich der Bildung Geltung verschaffen, so bestehe die Gefahr, dass die Menschen „um der Sachen, die Kräfte um der Resultate willen vernachlässigt [werden]" (ebd., 211). Der bloß nützliche Arbeiter rückt für Humboldt in die gefährliche Nähe des Werkzeuges. Ein Werkzeug ist nicht selbsttätig, dem Menschen jedoch entspräche es nach Einschätzung Humboldts selbsttätig und nicht fremdgesteuert zu agieren.

Was er damit meint, soll im Folgenden anhand eines kurzen Ausschnittes aus seinem Bildungsfragment erläutert werden.

Allgemeine Menschenbildung

„Im Mittelpunkt aller besonderen Arten der Thätigkeit nemlich steht der Mensch, der ohne alle, auf irgend etwas Einzelnes gerichtete Absicht, nur die Kräfte seiner Natur stärken und erhöhen, seinem Wesen Werth und Dauer verschaffen will […] Daher entspringt sein Streben, den Kreis seiner Erkenntnisse und seiner Wirksamkeit zu erweitern, und ohne dass er sich selbst deutlich dessen bewusst ist, liegt es ihm nicht eigentlich an dem, was er von jener [der äußerlichen Welt, M. H.] erwirbt, oder vermöge dieser ausser sich hervorbringt, sondern nur an seiner inneren Verbesserung und Veredlung […] Rein und in seiner Endabsicht betrachtet, ist sein Denken immer nur ein Versuch seines Geistes, vor sich selbst verständlich, sein Handeln ein Versuch seines Willens, in sich frei und unabhängig zu werden, seine ganze äussere Geschäftigkeit überhaupt nur ein Streben, nicht in sich müssig zu bleiben." (Humboldt 1794/1999c, 16f)

Eine allgemeine Menschenbildung besteht für Humboldt darin, dass der Mensch als Individuum seine Kräfte *bildet*. Was ist gemeint? Mit der philosophischen Tradition unterscheidet Humboldt vier unterschiedliche Kräfte, deren Zusammenspiel den Menschen kennzeichnen: Die *physische Kraft*, die *Denkkraft*, die *Einbildungskraft* und die *moralische Kraft*. Mit der *physischen Kraft* zielt Humboldt auf die körperliche Vitalität, den inneren Antrieb und die Energie. Wird sie gebildet, so lässt sich Humboldt hier interpretieren, dann wird der Mensch beweglich und läuft nicht Gefahr, Sklave seines Körpers oder träge zu werden. Die physische Kraft ist jedoch noch nicht das spezifisch Humane, der Mensch teilt sie mit der übrigen Natur, anders als die *Denk- und Einbildungskraft*. Wenn Humboldt schreibt, dass das Denken nur ein Versuch des Geistes sei, vor sich selbst verständlich zu werden, so weist er darauf hin, dass das Verständigwerden ein wesentlicher Bestandteil allgemeiner Menschenbildung darstellt: Voraussetzung dafür ist es, zunächst formale Denkstrukturen zu entwickeln, wie etwa die Gesetze der Logik, ohne die Aussagen unverständlich bleiben. Neuere Untersuchungen in illiteralen Kulturen ohne Schulbildung haben diesen Gedanken bekräftigt: Die (schulische) Bildung der Verstandesstrukturen sind die Voraussetzung dafür, äußere Eindrücke strukturiert erfassen und in Beziehung setzen zu können. Damit dieses Erfassen gelingt, bedarf es zudem der *Einbildungskraft*, die zwischen Außen (dem Wahrgenommenen, dem „Stoff") und Innen (den Verstandesstrukturen wie z.B. dem kausalen Denken) vermittelt. In diesem Zusammenhang klärt sich auch ein weiterer Ausspruch Humboldts, nämlich der, dass es bei der Bildung darum gehe, „soviel Welt, als möglich zu ergreifen" (ebd., 17). Unter Welt versteht Humboldt den Inbegriff dessen, was man selbst nicht ist. Bildung beschränkt sich so gesehen nicht auf formale Regelhaftigkeit (dann wäre er so etwas wie ein Computer), sondern sie zielt *inhaltlich* darauf ab, dass der Mensch ein Selbst- und ein Weltverhältnis gewinnt. Bildet der Mensch

Welt, das, was um ihn herum ist, in sich ab und tut er das in strukturierter Weise, gewinnt er ein konsistentes Bild von Welt. Er ist so der Umwelt (der Natur) und der Mitwelt (den Ansprüchen anderer Menschen und herrschender gesellschaftlicher Kräfte) nicht mehr bedingungslos ausgeliefert. Er kann seine Eindrücke mit Bedeutung versehen und einordnen, was die Voraussetzung dafür darstellt, einen einsichtigen Umgang mit der Um- und Mitwelt zu finden. Zentral ist für Humboldt dabei, dass jeder ein eigenes Weltverhältnis gewinnt und dazu gelangt dem Äußeren, „diesem Stoff die Gestalt seines Geistes auf[zu]drücken" (Humboldt 1794/1999c, 18). Welt gibt es nicht unabhängig von jedem einzelnen Individuum, das sie erfasst. Nicht das Individuum soll ein Fall von Welt werden: Für Humboldt besteht hier die Gefahr der „Entfremdung" (ebd.) dass das Individuum „sich selbst verliere" (ebd.). Gebildete Individuen pflegen idealiter betrachtet den freien Austausch über ihre Welteindrücke; eine gegenseitige Bemächtigung die z.B. darin besteht, jemandem die eigene Weltanschauung (z.B. in Form von herrschenden Konventionen) aufzuzwingen, wäre im Gefolge Humboldts grobe Unbildung. Ein besonderer Stellenwert kommt für ihn in diesem Kontext dem Spracherwerb zu, weil jede Sprache individuell ist und „Welt" auf ihre Weise abbildet; man denke an Wittgensteins Ausspruch, dass „die Grenzen der Sprache (der Sprache, die ich allein verstehe) die Grenzen *meiner* Welt bedeuten" (Wittgenstein 1989, 136).

Vor sich selbst verständig zu werden, impliziert die stete Rückwendung nach innen und zielt dabei auch auf die Durchsicht der eigenen Intentionen und Handlungsmotive. Nicht nur der Außenwelt, auch der Innenwelt kann man potenziell ausgeliefert sein, wenn sie nicht gebildet wird. Das wäre z.B. der Fall, wenn unreflektierte und unwillkürliche Neigungen (was einem gerade so in den Sinn kommt) die Herrschaft über einen gewinnen und man sich nicht davon distanzieren kann (z.B. wenn Unlust aufkommt, den Text weiterzulesen, weil es einem zu mühsam erscheint).

Damit wären wir bei der *moralischen Kraft*: Auch hier geht Humboldt mit der philosophischen Tradition, wenn bei ihm konsequent Handeln von Verhalten unterschieden wird. Während ein Verhalten unmittelbar durch einen äußeren oder inneren Reiz hervorgerufen wird, bedeutet es handlungsfähig zu sein, sich z.B. von einem Unlustgefühl oder von einem Reiz (etwa wenn durch Werbung eine unwillkürliche Reaktion evoziert werden soll) distanzieren zu können. Die Bildung der moralischen Kraft ist so gesehen aus Humboldts Sicht wesentlich ein Distanz- und Freiheitsgewinn.

Für Humboldt gilt nun, dass eine einseitige Bildung, etwa nur der physischen Kräfte oder der Denkkraft, unvernünftig ist. Das kann man sich dergestalt klar machen, dass z.B. ein Heranwachsender, der, wie zum Teil im Dritten Reich geschehen, vor allem eine harte Körperbildung durchläuft, zwar durchaus Körperbeherrschung erwirbt. Wenn er aber gleichzeitig keine selbst- und weltbildenden Impulse erhält, ihm also nicht das Verstehen gelehrt wird und er somit nicht dazu ermuntert wird, begründet Urteile zu treffen und sein Selbst- und Weltverhältnis auch zu reflektieren und ggf. zu erweitern, bleibt er auf dieser Ebene von außen steuer- und manipulierbar.

Dasselbe gilt dort, wo an die Stelle bildender Impulse für die moralische Kraft Verhaltenstechniken gesetzt werden: Aus Humboldts Perspektive wäre es sicherlich problematisch, Schülerinnen und Schüler vorwiegend durch Belohnungs- und Strafmechanismen zu einem gewünschten Verhalten zu „motivieren", wie es auch heute noch so manche pädagogische Ratgeberliteratur zu Disziplinproblemen vorschlägt. Der Philosoph Karl-Otto Apel, der sich auch auf die Humboldtsche Bildungstradition beruft, hat später davor gewarnt, dass auf diese Weise aus der Pädagogik eine „Dressurtechnologie" würde (Apel 1972, 144). Für Humboldt kann nur eine wohlproportionierliche Bildung vor einer solchen Entwicklung bewahren. Sie allein garantiert für ihn, dass sich der Mensch zu einem Individuum (einem unteilbaren Einzigartigen) bildet und nicht zu einem Dividuum (zu einer nicht integrierten und damit manipulierbaren Persönlichkeit).

Das aus Selbstbildung hervorgehende Individuum gleicht so gesehen einer Art Kunstwerk, was Humboldts Bildungsverständnis eine deutlich ästhetische Komponente verleiht:

> „Der wahre Zwek des Menschen – nicht der, welchen die wechselnde Neigung, sondern welchen die ewig unveränderliche Vernunft ihm vorschreibt – ist die höchste und proportionierlichste Bildung seiner Kräfte zu einem Ganzen." (Humboldt 1792/1999b, 195)

Die geisteswissenschaftliche Pädagogik hat den Inhalt des Humboldtschen Bildungsgedankens „in den Begriffen der ‚Universalität', der ‚Individualität' und der ‚Totalität'" (Litt 1957, 9) gefasst gesehen. Dabei werde „in dem ersten Begriff der verstümmelnden Vereinseitigung, im zweiten der einebnenden Nivellierung, im dritten der gestaltzerstörenden Auflösung des zeitgenössischen Menschentums die korrespondierende Forderung gegenübergestellt" (ebd., 9).

Dass Humboldt seine Überlegungen zur Menschenbildung durchaus auch auf die Schule zu beziehen wusste, zeigt nun ein Blick in seine späteren Lehrpläne, die er als Leiter der Sektion für Kultus und Unterricht in Preußen verfasste. Sie verdeutlichen, dass die Legitimation der Schule für Humboldt ausschließlich bildungstheoretisch begründet werden kann.

Schule und allgemeine Menschenbildung

In seinen beiden Schulplänen von 1809, dem *Königsberger* und dem *Litauischen Schulplan*, hat Humboldt konkretisiert, wie eine allgemeinbildende Schule aus seiner Sicht beschaffen ist. Humboldt hat sich, obwohl in der politischen Administration tätig, in diesen Schulplänen konsequent von staatlichen bzw. gesellschaftlich-ökonomischen Erwartungshaltungen gegenüber der Schule distanziert. Dies dokumentiert sich auf formaler Ebene bereits darin, dass er die Schule als eine gegliederte Einheitsschule fasste, die nicht auf die Abnehmerinteressen von potenziellen Schulabgängern ausgerichtet war, sondern am inneren Entwicklungsgang des Bildungsprozesses: So unterscheidet Humboldt drei „natürlich" bzw. „philosophisch" begründete Stadien des Unterrichts: Den *Elementarunterricht*, den *Schulunterricht* sowie den *Universitätsunterricht* (Humboldt 1809/1999a, 139, 149). Schulen für besondere Abnehmerinteressen, wie eine standesgemäße Mittelschule, lehnt Humboldt mit der Begründung ab, sie könnten „die zur Bildung bestimmte Zeit zur Abrichtung missbrauchen und die Köpfe verderben" (ebd., 136). Auch für die bereits erwähnten Ritterakademien sieht Humboldt keine bildungstheoretische Legitimation. Statt des Reitens und der Einübung eines standesgemäßen Verhaltens empfiehlt er gelehrten Unterricht in den Alten Sprachen.

Der *Elementarunterricht* (die heutige Grundschule) vermittelt nach Humboldt die elementaren Kulturtechniken, die einer „bloßen Instandsetzung" dienen (ebd., 133). Das Elementare besteht darin, Gedanken vernehmen, auszudrücken und fixieren zu lernen, sowie einen Sinn für „Sprach-, Zahl- und Massverhältnisse" zu gewinnen (ebd.). Eine besondere Rolle kommt nach Humboldt auch der musikalischen Bildung zu, offensichtlich weil hier Maßverhältnisse sinnlich erfahrbar werden, und somit die Einbildungskraft gestärkt wird. Diese künstlerisch-ästhetische Bildung geht in der Elementarschule Hand in Hand mit der Erhöhung der Sprachfähigkeit durch das Studium zunächst der Muttersprache, das dazu dient, die Weltansicht zu erweitern.

Der *Schulunterricht*, Humboldt spricht hier auch vom Gymnasium (dem alle Schüler fortan angehören), führt den im Elementarunterricht angestoßenen Bildungsprozess dergestalt weiter, dass er eine *gymnastische* (körperliche), *ästhetische* (musikalisch-künstlerische) sowie *didaktische* Bildung vermittelt. Letztere gliedert Humboldt in eine mathematische sowie in eine philosophische Richtung. Dabei geht es Humboldt – dem allgemeinen Bildungsanspruch gemäß – bei der Mathematik nicht primär um den Anwendungsbezug, sondern darum, den Sinn für Strukturverhältnisse weiter zu vertiefen. Das Philosophische sieht Humboldt in der Schule vor allem im Sprachstudium verwirklicht, wenn es in ihm vor allem darum geht, „in der bestimmten Sprache die Sprache überhaupt anschauen" zu lernen und sich dabei vorwiegend auf das Grammatikalische zu konzentrieren (ebd., 135). Auch das Geschichtsstudium kommt an dieser Stelle unter philosophischen Gesichtspunkten in den Blick. Seinem Anspruch nach „Wohlproportionierlichkeit" der Bildung verleiht Humboldt dadurch Ausdruck, dass er die drei Bildungsformen als gleichwertig erachtet, was vor allem hinsichtlich der gymnastischen und ästhetischen Bildung ein Novum darstellt.

Der Schulunterricht führt nach Humboldt „bis zu dem Punkte wo es unnütz seyn würde, ihn noch ferner an einen Lehrer und eigentlichen Unterricht zu binden" (ebd., 149). Die Universität ist entsprechend nur noch der Ort der freien geistigen Begegnung gebildeter Individuen. Um dorthin zu gelangen, ist der Schüler des Gymnasiums „auf doppelte Weise, einmal mit dem Lernen selbst, dann mit dem

Lernen des Lernens beschäftigt" (ebd., 133). Dieser Ausspruch aus den Schulplänen wird noch heute gerne herangezogen, wenn die Bedeutung des Methodenlernens in der Schule unterstrichen werden soll. Für Humboldt hat das Lernen des Lernens insofern Methode, als es darauf abzielt, in sich frei und unabhängig zu werden, also urteilsfähig, ausdrucksfähig, empfindsam und körperlich beweglich. Es ist nichts anderes als das, was für Humboldt den Menschen zum Menschen macht, weshalb ausnahmslos alle an dieser Bildungsbewegung teilhaben können sollten. Was bildende Kraft hat, davon ist Humboldt überzeugt, ist für alle gleichermaßen ersprießlich: „Auch Griechisch gelernt zu haben könnte auf diese Weise dem Tischler ebenso wenig unnütz seyn, als Tische zu machen dem Gelehrten" (ebd., 148).

Kritische Würdigung

Humboldt traf mit seinen Überlegungen zu Schule und Bildung kurzfristig den Nerv der vorrestaurativen Zeit vielfältiger Reformbemühungen in Preußen. Gleichwohl hat sich Humboldt nach nur einem Jahr als Schulreformer in sein Privatgelehrtendasein zurückgezogen. Zuviel seiner Ideen erschienen als nicht umsetzbar bzw. erfuhren massiven Gegenwind durch restaurative gesellschaftliche Kräfte.
Ein inhaltlicher Kritikpunkt an Humboldts Bildungsschule könnte lauten, dass eine Schule, die aus der reinen Idee der Bildung abgeleitet wird, eine Abstraktion darstellt. Sie grenzt nämlich gedanklich die politischen, ökonomischen oder auch religiösen Einflusssphären auf Schule aus. Humboldts Gedanken zur philosophischen Dimension des Spracherwerbs zeigen die Abstraktheit seines Bildungsdenken auf exemplarische Weise, weil sie an der Wirklichkeit des Schulunterrichts vorbeigehen. Spranger bemerkte in diesem Zusammenhang, dass Humboldt „zu wenig Kinderpsycholog" gewesen sei (Spranger 1910, 171) und dass eine derart formalisierte Sprachbildung, die das Grammatische in den Vordergrund rückt, allen idealistischen Ansprüchen zum Trotz schnell „in eine klägliche und monotone logische Gymnastik" (ebd.) umschlagen könne. Auf diese Weise ließe sich die mechanische Akrobatik beim Erlernen alter Sprachen, wie sie de facto im gymnasialen Schulwesen noch lange vorherrschend war, sogar gegen die eigentliche Intention Humboldts bildungstheoretisch legitimieren. Dass schulische Bildungsgüter strikt von der späteren Verwendbarkeit im Leben abzukoppeln seien, erwies sich ebenfalls als illusionistisch und wurde dahingehend kritisiert, dass sich diese Bildungsidee schlicht der technisch-ökonomischen Entwicklung durch Rückzug in eine fiktive Innerlichkeit, die letztlich ein Weltverlust darstelle, verweigere (vgl. Litt 1959, 61). Die Position, dass sich Berufs- und Allgemeinbildung gerade nicht ausschlössen, ja dass „Allgemeinbildung als solche zu gewinnen [...] das Verkehrte dessen [sei], was sie eigentlich will" (Blankertz 1963, 122) konnte sich in West-Deutschland erst im Zuge der Bildungsreform Ende der 1960er Jahre Gehör verschaffen und hat zu einer programmatischen Ausweitung einer einseitig gymnasialen Oberstufe hin zu einer Berufs- und Allgemeinbildung integrierenden Sekundarstufe II geführt.

Die bildungstheoretische Kritik an Humboldt und vor allem an seiner Wirkungsgeschichte, die sehr prominent und wirkmächtig durch den Pädagogen Herwig
Blankertz vorgetragen wurde (er trieb die Neugestaltung der Sekundarstufe II auch
programmatisch voran), orientierte sich dabei implizit am dialektischen Denken
Hegels, das wir im Folgenden noch behandeln werden.

Trotz aller Kritik wirkte Humboldts Vorstellung, die Schule aus der Idee der Bildung
heraus zu entwickeln, noch lange im Schulwesen nach. Eine breite Wirkung der
Humboldtschen Bildungstradition auf die Schule, vor allem auf das Gymnasium bis
in die 1960er Jahre, sieht Helmut Fend in der *„Abwertung des geschäftigen äußeren
Lebens* zugunsten einer Aufwertung der zweckfreien Betätigung und Entfaltung der
Persönlichkeit" (Fend 1980, 132f). Sie zeigte sich, folgt man Fend, in besonderer
Weise in der bis damals vorherrschenden Hochschätzung des Faches Deutsch bzw.
des Literaturunterrichts und in der Tatsache, dass es bis in die 1960er Jahre hinein
die Besten eines Jahrgangs waren, die ein Germanistikstudium aufnahmen.

Auch in jüngerer Zeit wird wieder verstärkt auf Humboldts schultheoretisches
Denken zurückgegriffen, etwa wenn mit Humboldts Gedanken der allgemeinen
Menschenbildung kritisch auf die aktuelle Kompetenzorientierung im Bildungswesen Bezug genommen wird. So erscheint manchem derzeitigen Schulkritiker
die Kompetenzentwicklung im Lichte Humboldts als eine ökonomisierende Engführung, weil sie Anpassungsleistungen befördere und sich auf die Verwertbarkeit
des Schulischen konzentriere (so z.B. Krautz 2010, 334). Bereits Spranger strich
die hier liegende Bedeutung des Bildungsbegriffs Humboldtscher Prägung für die
Schule heraus: Er bewahre die Schule vor „flüchtige[n] Determinationen" durch
den „Zeitgeist" und „äußere[n] Machtwirkungen" (Spranger 1928/1969a, 139)
und verhindere es, Heranwachsende auf „Mittel für Machtziele und Erwerbsziele"
zu reduzieren (Spranger 1955/1970a, 275).

3.2.4 Erziehender Unterricht und Schule: Herbart

Johann Friedrich Herbart, ein Zeitgenosse Hegels und Humboldts, hat vor allem
durch die Entwicklung seines Formalstufenschemas des Unterrichts und dessen
enggeführter didaktischer Rezeption durch die sog. „Herbartianer" Einfluss auf die
Schule gewonnen (vgl. Kapitel 2). Noch heute wird bei Unterrichtsentwürfen im
Gefolge von Herbart eine Phasengliederung von Erarbeitung und Vertiefung vorgenommen. Dass Herbarts Überlegungen zum Unterricht erst in einem viel weiter
gefassten schultheoretischen Kontext verständlich werden, zeigt eine gründliche
Lektüre seiner pädagogischen Schriften, in denen er sein Verständnis vom erziehenden Unterricht sowie von der problematischen Verhältnisbestimmung von Erziehung, Schule, Staat und Gesellschaft expliziert hat. Der Pädagoge Dietrich Benner
hat angesichts der hier aufgeworfenen Problemstellungen in Herbart einen frühen
Schulkritiker ausgemacht, der die für die Schulpädagogik bis heute grundsätzliche
Frage aufwerfe, „ob eine pädagogische Theorie der Schule überhaupt möglich ist"

(Benner 1977, 79). Im Folgenden soll in einem ersten Schritt Herbarts Verständnis von erziehendem Unterricht erläutert werden, um in einem zweiten Schritt seine damit zusammenhängende *pädagogisch* motivierte Problematisierung des öffentlichen Schulwesens verständlich zu machen.

Erziehender Unterricht

Unterricht und Erziehung sind für Herbart aufs Engste verschränkt zu betrachten. So weist er darauf hin, „keinen Begriff zu haben von Erziehung *ohne Unterricht*" und unterstreicht, dass er „keinen Unterricht anerkenne, der nicht erzieht" (Herbart 1806/1983, 35). Herbart entwickelt seinen Erziehungsbegriff im Spannungsfeld von Pädagogik und praktischer Philosophie (ebd., 143): Von Seiten der Pädagogik ist in diesem Zusammenhang der Begriff der *Bildsamkeit* konstitutiv, von Seiten der praktischen Philosophie sind es die „praktischen Ideen" der *inneren Freiheit, Rechtlichkeit* und *Güte*. Wenn Herbart von der Bildsamkeit als dem „Grundbegriff der Pädagogik" spricht (Herbart 1835, 1) und sie als ein „Uebergehen von der Unbestimmtheit zur Vestigkeit" (ebd.) bestimmt, so unterstreicht er damit, dass die Entwicklung Heranwachsender weder gänzlich durch natürliche Anlagen (wir würden heute von „Genen" sprechen) noch durch ihr soziales Umfeld bestimmt gedacht werden darf. Bildsamkeit besagt, dass ein Mensch *sich* bildet, nicht „ungebremst" durch Anlagen und Umwelt zu etwas gemacht wird, jedenfalls dann nicht, wenn man ihm die Möglichkeit gewährt seine eigene Bestimmung zu finden. Die Bildsamkeit, das räumt Herbart ein, wird zwar durchaus durch Anlagen und Umwelt eingeschränkt. So ist es z.B. auch für die Selbstbestimmung nicht gleichgültig, in welcher Zeit und in welcher Gegend man aufwächst und welche Anlagen, wie z.B. kognitive Grundfertigkeiten, man mitbringt. Gleichwohl, und das ist für Herbart entscheidend, würde eine Festlegung Heranwachsender auf das vermeintlich Biologische oder auf etwaige vorliegende familiäre oder gesellschaftliche Verhältnisse deren prinzipieller Unbestimmtheit bzw. Selbstbestimmungsfähigkeit nicht gerecht werden. Die Erziehung, also die bewusst gestaltete Einflussnahme auf die Bildsamkeit Heranwachsender, muss aus diesem Grunde von Anfang an klären, worin das legitime Ziel der möglichen Einflussnahme überhaupt bestehen kann, wenn eine willkürliche äußere Festlegung der prinzipiellen Unbestimmtheit des potenziell selbst entschlussfähigen heranwachsenden Menschen widerspricht. Für Herbart müssen die Prinzipien der erzieherischen Einflussnahme, auch diejenigen, die man auf sich selbst ausübt, von der praktischen Philosophie her entwickelt werden, weil nur diese den Anspruch erhebt (und ihn nach Herbart auch einzulösen vermag), unmittelbar einleuchtende, also für alle denkenden Wesen selbstevidente Forderungen an die Erziehung stellen zu können: „Man kann die *eine* und ganze Aufgabe der Erziehung in den Begriff: *Moralität*, fassen" (Herbart 1804/1851a, 213). Nachvollziehbar wird diese Festlegung dann, wenn man sich klarmacht, dass Moralität für Herbart im Gefolge von Kant die Selbstgesetzgebung, also die Autonomie des Menschen, bezeichnet. Sie tritt dort in Erscheinung, wo der Mensch zur „inneren Freiheit" gelangt, sich tatsächlich selbst im Horizont von anderen bestimmen zu können (Herbart 1806/1983, 140ff) und wo er eine persönliche „Vestigkeit" seines Willens erlangt, die ihn frei von innerlich und äußerlich determinierenden Einflüssen macht. Man kann das an folgendem Beispiel verdeutlichen: Angenommen, man sitzt als Studierender in der Bibliothek und liest ein Buch zur Schultheorie. Draußen scheint die Sonne, auf dem Handy geht eine neue Nachricht ein. Eben kommt ein Freund um die Ecke. In diesem Moment ist es nicht unwahrscheinlich, dass man raus in die Sonne will, neugierig auf die Nachricht ist oder den Antrieb verspürt aufzustehen und mit dem Freund zu plaudern. Innere Freiheit bedeutet zunächst nichts anderes, als dass sich keine unmittelbaren Reaktionen aus diesen Willensstrebungen heraus ergeben. Für Herbart besteht die innere Freiheit darin, nicht tun zu *müssen*, wozu man geneigt ist, sondern die verschiedenen Strebungen *beurteilen* und sich bewusst entscheiden zu können, was man jetzt tut. Ausdruck der inneren Freiheit ist für Herbart, dass nicht die Stärke der Willensstrebung ausschlaggebend dafür ist, wie man nun handeln wird, weil ein Urteil nicht durch Druck sondern nur durch das Argument beeinflusst werden kann. Konkret: Auch wenn es einen stärker in die Sonne nach draußen zieht, kann das Urteil dazu führen, dass eine schwächere Willensstrebung den Vorzug erhält, nämlich sitzenzubleiben und weiterzulesen, so wie Sie es jetzt gerade tun. Unter Umständen haben Sie eben im Sinne Herbarts von Ihrer inneren Freiheit Gebrauch gemacht, einem schwächeren Antrieb den Vorzug gegeben und sich dadurch vielleicht sogar selbst erzogen, weil Sie sich selbst dazu aufgefordert haben. Wir können also im Gedankengang fortschreiten.

Die *innere Freiheit* ist Voraussetzung für die Möglichkeit, seinen Willen beurteilen zu können, sie enthält aber letztlich noch kein Urteils*kriterium*. Man könnte nun zu dem Ergebnis kommen: Das Urteilskriterium sei die Nützlichkeit. Man bestimmt sich dazu weiterzulesen, weil man bald eine Klausur zum Thema schreiben muss. Das ist sicherlich zweckmäßig, genügt aber als Urteilskriterium für Herbart noch nicht dem Begriff der Moralität, die ja der *ganze* Zweck der Erziehung ist. Wie wir oben ausgeführt haben, ist der Mensch nach Herbart wesentlich unbestimmt und kann sich selbst Gesetze geben. Weil *Mensch* jedoch nicht im Singular auftritt, sondern es viele Menschen gibt, ist das Kriterium der Nützlichkeit bzw. Zweckmäßigkeit nicht hinreichend. Ich könnte ja auf die Idee kommen, dass der Freund, der um die Ecke kommt, die Arbeit (etwa ein Exzerpt zur Schultheorie zu erstellen) für mich übernehmen soll, damit ich in der Sonne sitzen kann. Unter Umständen will er das nicht, weil er sich anders bestimmt. Hätte ich die Macht ihn gegen seinen Willen zu zwingen und für meine Zwecke dienstbar zu machen (etwa weil er erpressbar oder einfach nur leicht beeinflussbar ist), so wäre das zwar nützlich für mich, der Freund jedoch wäre seiner Autonomie beraubt. Er wäre fremdbestimmt. Das jedoch widerspricht seinem Wesen, selbstbestimmt, also autonom zu sein. Genau dies ist nach Herbart im Gedanken der Moralität gefasst: Er besagt nichts anderes als die Forderung, der Autonomie, der inneren Freiheit des anderen genauso Rechnung zu tragen, wie der eigenen. Herbart nennt als moralische Prinzipien zur Beurteilung des eigenen Willens entsprechend die Ideen der *Rechtlichkeit* und *Güte*. Sie gewährleisten es nämlich, dass das Gegenüber, das ebenso wie man selbst Mensch ist, also innere Freiheit besitzt und urteilsfähig ist, die unbedingte Anerkennung bekommt, die ihm gebührt. Rechtlichkeit und Güte bedeuten konkret, das Gegenüber stets als gleichberechtigtes Gegenüber zu sehen (Rechtlichkeit) und ihm mit Wohlwollen zu begegnen (Güte) und zwar unabhängig davon, ob sich das Gegenüber und seine möglichen Willensbekundungen für die Erreichung eigener Zwecke als nützlich erweist oder nicht.

Auch das pädagogische Wirken erfährt seine Legitimation nur dadurch, dass es sich an den praktischen Prinzipien der Rechtlichkeit und Güte ausrichtet: Seinen Schülerinnen und Schülern stets mit Wohlwollen zu begegnen besagt in diesem Zusammenhang, dass der Pädagoge sein Gegenüber nicht nach seinem Willen zu formen trachtet (es als Mittel zum Zweck seines Willens oder irgend eines Willens, z.B. den der Schulbehörde, sieht), sondern grundsätzlich anerkennt, dass sich das Gegenüber als bildsames Wesen eigene Zwecke setzt und auf diese Weise seine eigene Bestimmung findet (vgl. Benner 1993, 180f). Die zentrale erzieherische Aufgabe des Pädagogen ist es dabei, den Heranwachsenden dazu aufzufordern, von seiner Selbstbestimmungsfähigkeit Gebrauch zu machen und seine Willensstrebungen einem begründeten Urteil zu unterziehen, es also an den praktischen Ideen auszurichten. Lernten Schülerinnen und Schüler im Unterricht hingegen zu wollen, was ein Lehrer will, dass sie es wollen, fände nach Herbart keine Bildung, kein erziehender Unterricht statt, wäre Moralität nicht der ganze Zweck der Erziehung.

Natur, Gesellschaft und Unterricht als Erzieher zur Menschheit

Wenn man verstehen will, warum nach Herbart erst der Unterricht im eigentlichen Sinne des Wortes zu erziehen vermag, dann muss man zum Einen sehen, von welchen anderen, *uneigentlichen* Erziehern Herbart den Unterricht abgrenzt und zum Anderen, was den Unterricht nach Herbart als Unterricht qualifiziert, um erzieherische Wirkung entfalten zu können. Zunächst grenzt Herbart sich indirekt von Rousseau ab, wenn er es als „töricht" bezeichnet, den Heranwachsenden „der Natur überlassen oder gar derselben zuführen und anbilden zu wollen" (Herbart 1806/1983, 80). „Naturmenschen bilden", so Herbart, hieße, „die Reihe aller überstandenen Übel womöglich von vorn an wiederholen" (Herbart 1804/1851a, 32). Die innere Freiheit, die die Erziehung anzubahnen bestrebt ist, müsse vielmehr der inneren und äußeren Natur nach Herbart allererst abgerungen werden. So weist Herbart darauf hin, dass das Kind von Natur aus zunächst ungestüm und mit „rohen Begehrungen" (Herbart 1806/1983, 45) zur Welt komme. Zur inneren Freiheit fehle ihm noch die Distanz zu diesen Strebungen, es sei ihnen gleichsam ausgeliefert und könne noch keine Entschlüsse im eigentlichen Sinne fassen. Der

Naturmensch könne sich, so Herbart, nicht selbst regieren, er sei auf äußere Regierung angewiesen und von daher wesentlich unfrei (Herbart 1806/1983, 44ff). Die „Natur" scheidet von daher als Erzieherin für Herbart aus. Aber auch „konventionelle Erziehung" ist für ihn kein gangbarer Weg, denn sie „sucht die jetzigen Übel zu verlängern" (ebd., 32), weil sie die bestehenden Verhältnisse sanktioniere, den Heranwachsenden einseitig beeinflusse und fremdbestimme. Das ist deshalb der Fall, da familiär bzw. gesellschaftlich dargebotene Erfahrungen durch Einseitigkeit der Lage und Situationen gekennzeichnet sind, ferner herrschen hier oft höchst partikulare Zwecke, Bestrebungen und Begehrlichkeiten vor, die der Gewinnung von innerer Freiheit und Urteilsfähigkeit des Kindes abträglich sind und es frühzeitig fixieren (ebd., 82): Fixiert wird es, „weil es nur beurtheilt, was es bemerkte, ja weil das, was es sieht, ihm das einzig Mögliche, und das Muster seiner Nachahmung ist" (Herbart 1804/1851a, 227). Über die lage- und situationsbedingten Einseitigkeiten der Erfahrungseindrücke hinaus kritisiert Herbart in diesem Zusammenhang die einseitige *Art* der natürlich und gesellschaftlich dargebotenen Eindrücke: Sie sind nach Herbart in der Regel Ausdruck von Begehrlichkeiten, letztere beispielsweise vermitteln als „Weltklugheit" vor allem, was gerade nützlich und brauchbar sei und wie man sich selbst Vorteile in diesen Verhältnissen verschaffen könne, was wie oben ausgeführt dem Kriterium der Moralität nicht genügt (ebd., 220). Die an den praktischen Ideen ausgerichtete Erziehung muss von daher über die an unmittelbaren natürlichen Begehrlichkeiten wie auch an gesellschaftlichen Einseitigkeiten orientierten Erfahrungseindrücken hinausführen. Dies genau vermag für Herbart ein Unterricht zu leisten, bei dem das natürlich anzutreffende Begehren mit der Zeit dem „vielseitigen Interesse" weicht und der beschränkte Erfahrungskreis durch einen reichen Gedankenkreis erweitert wird. Er zielt hier wie Humboldt auf eine „*harmonische Ausbildung aller Kräfte*" (Herbart 1806/1983, 59), wenn er eine „*gleichschwebende* Vielseitigkeit" propagiert (ebd.).

Unterricht und ästhetische Darstellung der Welt
„Denn niemals lernt derjenige eine Sache recht kennen, der damit anfängt, sie als Mittel zu etwas Anderem zu betrachten" (Herbart 1810/1851b, 368). Genau das jedoch sei dem erziehenden Unterricht abträglich, der zur inneren Freiheit führen will. Für Herbart kann ein solcher Unterricht nur gelingen, wenn er eine „*ästhetische Darstellung der Welt* […] der *ganzen* bekannten Welt, und *aller* bekannten Zeiten" verfolgt, „um nöthigenfalls die üblen Eindrücke einer ungünstigen Umgebung auszulöschen" (Herbart 1804/1851a, 225). Für Herbart gilt es als ausgemacht, dass eine ästhetische Darstellung – sollte der Mensch nicht in seiner Bildsamkeit beschädigt sein – eine *unmittelbare* Empfindung bzw. ein unmittelbares Urteil hervorruft. Er spricht hier auch von „strengster Nöthigung" bzw. unmittelbarer Evidenz und illustriert diesen Gedanken am Beispiel der „harmonischen Verhältnisse" der Musik: Sie könnten, so Herbart, durch jedes Ohr vernommen werden (ebd., 220f), gegen

sie zu verstoßen, würde dem künstlerisch geschulten Ohr auch ohne Begründung unmittelbar als geschmacklos gelten[4]. Es käme einem Missklang gleich, wenn eine bestimmte Saite des Menschen durch Unterricht nicht zum Klingen gebracht würde. Etwa, wenn es nichts zu Denken und zu beurteilen gäbe und auf diese Weise bei allem Lernen eine wesentliche Anlage des Menschseins, seine Vernunftnatur, die Fähigkeit, Schlüsse ziehen zu können, verkümmerte.

Auch der Unterrichtende ist für Herbart vor allem ein Künstler (Herbart 1810/1851b, 376), der unmittelbar durch seine Kunst und weniger mittels manipulativer Strategien zu wirken bestrebt ist: Eine ästhetische Darstellung der Welt verfolgt dieser nach Herbart dann in seinem Unterricht, wenn er zum einen den Zusammenhang der verschiedenen Erkenntnisgegenstände deutlich zum Bewusstsein bringt und keine Anhäufung unverbunden nebeneinander stehender Vorstellungen befördert (hier würde aus der Melodie so etwas wie das Nebeneinander unverbundener Geräusche). Zu diesem Zweck hat Herbart seine Stufen des Unterrichts als Kunstlehre des Unterrichtens entwickelt, die vor allem im Wechsel von Vertiefung (sie zielt auf das Einzelne) und Besinnung (sie zielt auf die Verbindung der Gegenstände zu einem Gedankenkreis) besteht. Zum anderen verfolgt die ästhetische Darstellung die Beförderung einer spezifischen *Haltung* beim Adressaten des Unterrichts, nämlich die Generierung von Interesse im lateinischen Wortsinn von *inter-esse*, einem unmittelbaren begehrungslosen Dabeisein. Während die Begierde, so Herbart, auf die Gegenstände, von denen sie erregt wird, zugreifen will und dabei „nach etwas *Künftigem*, das sie nicht schon besitzt" strebt, entwickle sich Interesse „im Zuschauen und haftet noch an dem angeschauten *Gegenwärtigen*" (Herbart 1806/1983, 75), so wie man einer Melodie lauscht und sich während ihres Erklingens daran erfreut. Das Interesse, so Herbart, kalkuliere nicht wie die Begierde, der der dargebotene Gegenstand als *Mittel für etwas anderes,* das gerade nicht der Gegenstand selbst ist, erscheint. Interesse sei ein Zustand „zwischen dem bloßem Zuschauen und dem Zugreifen" (ebd.), bei dem keine vorschnelle Festlegung, keine unüberlegte Tat beim Zögling evoziert werde. Für Herbart ist es Ausdruck der natürlichen Begierde des Menschen, unmittelbar seinem Verlangen nachzugehen und auf diese Weise die bereits erwähnte egoistische Grundhaltung der kalkulierenden Weltklugheit zu entwickeln. Eine solche Entwicklung ist seines Erachtens Ausdruck der Tatsache, dass diesem Menschen noch nicht die „*Freiheit gegeben und erworben* [ist], jedes Verlangen ohne grosse Mühe anzuhalten" (Herbart 1804/1851a, 223). Damit ein Heranwachsender diese Freiheit von der Unmittelbarkeit innerer Bestrebungen bzw. durch von Gegenständen ausgehenden Reizen gewinnen kann, komme es, so Herbart, entscheidend darauf an, den Vorstellungskreis Heranwachsender systematisch zu erweitern. Wer wenig Vorstellungen hat bzw. wem wenig Vorstellungen dargeboten werden, auf die sich das Begehren zu richten vermag, „dem ist alles verleidet, sobald man ihm *dies* versagt" (ebd.). Weitet sich hingegen der Gedankenkreis, indem er im Unterricht in ästhetischer Absicht dargeboten wird, so dehnen sich nach Herbart die Begehrungen in diesem Kreis aus und verlieren, so konstatiert er, „an einseitiger Energie" (Herbart 1835, 16). Unterricht zielt folglich nach Herbart durch die ästhetisch dargebotene Erweiterung des Vorstellungskreises auf einen inneren Distanzgewinn zu allem Vorfindlichen: „Wir sollen viel Verlangen wecken; – aber durchaus keinem gestatten, zügellos hinzustürmen auf seinen Gegenstand. Es soll scheinen, als läge ein unermesslicher Vorrath von Willen eingeschlossenen in einem ehernen Behälter, den nur die Vernunft öffne, wo, wann, wie sie wolle" (Herbart 1804/1851a, 223). Konkret besagt das, dass durch Unterricht neue Optionen eröffnet werden: Es gibt nun nicht nur Sonne, Handynachrichten und Freunde, die um die Ecke gebogen kommen, sondern darüber hinaus die Möglichkeit, die Lektüre fortzusetzen und vieles mehr. Der Vorstellungskreis von Handlungsmöglichkeiten hat sich erweitert, eine einzelne Strebung hat nicht mehr so viel Kraft, die „Energie" ist nunmehr auf viele Strebungen verteilt, man ist von so vielem umgetrieben, dass man gar nicht umhin kann sich zu überlegen, was man nun in die Tat umsetzen will und warum.

Wurde jemand zunächst durch einzelne Willensstrebungen noch fortgerissen, entwickle sich auf diese Weise der ursprünglich „Flattersinnige […] der sich den Eindrücken und Phantasien wegwarf" und der „weder sich noch seine Gegenstände besessen" hat (Herbart 1806/1983, 70), durch den Unterricht und gestützt durch die Zucht[5] mit der Zeit zum „betrachtende[n] Subjekt" (ebd., 140): Die ursprüngliche Unbestimmtheit wird zur Festigkeit der Persönlichkeit und des Charakters geformt, was für Herbart Ausdruck einer festen Art der Entschlossenheit des Willens ist, der begründet Entscheidungen zu treffen vermag und dabei nicht mehr einseitig gesteuert werde (ebd., 134). Damit ein an dieser „Idee der Menschenbildung" ausgerichteter Unterricht gelingt, muss er sich neben der ästhetischen Darbietung seiner Gegenstände konsequent an der Individualität des Heranwachsenden und seiner Individuallage ausrichten: Er muss also „im Alter der Bildsamkeit" dort anknüpfen, wo das Individuum aufgrund seiner Anlagen und vor allem der von ihm gemachten Erfahrungen steht, um tatsächlich *seinen* Gedankenkreis zu erweitern und *sein* vielseitiges Interesse hervorrufen zu können (Herbart 1806/1983, 72, 86). Auch dem Zögling wird Verantwortung für seinen Bildungsprozess übertragen, er muss „seine Kräfte und die nächsten Kräfte, die ihm helfen, […] kennen, und anerkennen ihre Beschränktheit" (Herbart 1804/1859, 231), um sich in seiner Individualität am Unterrichtsgeschehen auch tatsächlich bewusst beteiligen zu können. Ein adaptiver Unterricht, wie man heute sagen würde, müsse ferner, um den praktischen Ideen der Rechtlichkeit und Güte gemäß bildend zu sein, neben dem Erwerb von *Erkenntnissen* auch Gelegenheit zur *Teilnahme* gewährleisten (Herbart 1804/1851a, 228): Gemeint ist dabei, dass es bei Bildung nicht nur um die Erweiterung von Wissen geht, sondern der Heranwachsende lernt, „sich in Empfindung anderer" zu versetzen, um damit „starke Gegengewichte" zum „Egoismus" zu erwerben (Herbart 1806/1983, 77f). Nur dadurch, dass er seine Empfindungsmöglichkeiten erweitere, komme er dahin, Willensstrebungen von anderen zu verstehen, die nicht die eigenen sind. So etwas könnte beispielsweise durch die unterrichtliche Lektüre eines Dramas oder eines Romans angebahnt werden. Die Erweiterung der Empfindungsmöglichkeiten ist dem Gedanken der Moralität gemäß geboten, weil die Strebungen anderer nicht weniger Geltung beanspruchen können als die eigenen, die einem „näher" sind. Auch der unterrichtende Erzieher sei, so Herbart, „ein ebenso reicher als unmittelbarer Gegenstand der Erfahrung" (ebd., 85), da es, so lässt sich dieser Hinweis deuten, gerade die reale zwischenmenschliche Begegnung ist, der eine bildende Rückkopplung durch den stattfindenden gegenseitigen Umgang zukommt, jedenfalls dann, wenn er von Wohlwollen auf Seiten des Pädagogen geprägt ist (Herbart 1804/1851a, 220).

Auch wenn es darum geht, sich in die Empfindungen von anderen hineinversetzen zu können und seinen Gedankenkreis zu erweitern, sei es, so Herbart, zentral, dass die Individualität und die Bildsamkeit im Verlauf des Unterrichts dabei keinen Schaden nehme. Es gelte daher, „die Individualität so unversehrt als möglich zu lassen" (Herbart 1806/1983, 61). Entsprechend dürfe der Erzieher *seine* Individualität nicht aufdrängen, wie es unverständige Eltern täten, die das Ziel verfolgen, dass ihre Kinder sich ihnen anähneln. Die entscheidende Frage ist nun: Kann die öffentliche Schule im Spannungsfeld von Individuum, Staat und Gesellschaft einen erziehenden Unterricht gewährleisten, lässt sie sich also pädagogisch legitimieren? Ist sie ein Ort der Erziehung und Bildung?

Schule und erziehender Unterricht

Herbarts Ausführungen zum erziehenden Unterricht sind in einer Zeit entstanden, als das öffentliche Schulwesen zunehmend an Bedeutung gewinnen sollte und der Staat die Erziehung zu seiner Aufgabe machte. Aus den bisherigen Ausführungen heraus ist klar, dass diese Entwicklung für Herbart nicht unproblematisch ist und zwar sowohl aus didaktischen als auch aus ganz grundsätzlichen Erwägungen.

Das didaktische Problem besteht hauptsächlich in der Schwierigkeit, im Kontext Schule der Individuallage des Zöglings überhaupt gerecht werden zu können und die dafür nötige pädagogische Beziehung zwischen Erzieher und Zögling herzustellen, „denn jedes Individuum bedarf der Erziehung für sich, und darum kann die Erziehung nicht wie in einer Fabrik arbeiten" (Herbart 1810/1851b, 370). Die Schule, so Herbart, unterlaufe schon aus strukturellen Gründen die Ansprüche eines erziehenden Unterrichts. Häufig weiche die Vielseitigkeit der Vielgeschäftigkeit, die Gedanken erweitern sich nicht zu einem umfassenden Kreis sondern kommen vielfach ungeordnet nebeneinander zum Stehen, in Herbarts Worten: „Mangelhafte Assoziation findet sich gewöhnlich in den Kenntnissen, die auf Schulen erlernt werden" (Herbart 1806/1983, 73). Oftmals konterkariere die Schule gar den Unterricht, wenn das schulische Lernen mehr hemme als bilde. Herbart denkt hierbei offensichtlich an die Auswüchse des mechanischen Lernens in der Paukschule aber eben auch daran, dass das zu Lernende schlicht nicht in umfassender Weise angeeignet werden kann, weil es nicht an der Individuallage des Zöglings anknüpft, sondern an den „Lehrplan" (ebd., 122). Die hinreichende Erforschung der Bedürfnisse des konkreten Zöglings ist für Herbart jedoch die Voraussetzung, um allererst einen Lehrplan entwerfen zu können (ebd.). Schulen können von daher schon aus didaktischen Gründen nur „Nothhülfen" sein, „weil es so viele Zöglinge giebt, und so wenige Erzieher" (Herbart 1810/1851b, 370). Gegen die öffentliche Schule macht Herbart jedoch noch grundsätzlichere Einwände geltend, die die Strukturlogik eines staatlichen bzw. öffentlichen Schulwesens betreffen und die der Erziehungslogik widerstreiten: Der Staat, so Herbart, „sorgt zuerst für die jetzige Generation der Erwachsenen; er sorgt für sich selbst" (ebd.). Es entspreche seinem Wesen „alles Einzelne unter allgemeine Regeln [zu] beugen" (ebd., 371), er könne „keine Selbstständigkeit anerkennen, als nur in dem Ganzen" (ebd.). Der Staat als Staat ordnet an und setzt sein Reglement gegenüber dem Einzelnen mit Zwang, der Härte des Gesetzes, durch. Herbart setzt dagegen, dass sich „die rechte Erziehung [...] um den Staat nicht kümmert" (ebd., 370). Erziehung verfährt wesentlich, wie ausgeführt, nicht durch Anordnung sondern durch ästhetisch darbietenden Unterricht, sie schwört auch nicht auf die gerade geltenden Verhältnisse und Zustände ein, sondern will die Heranwachsenden befähigen, sich nur aus innerer Einsicht, nicht durch äußeren Zwang zu Handlungen bewegen zu lassen, sich zunehmend eigenständig bestimmen zu können: Das schließt, folgt man Herbart, den Gedanken mit ein, sich z.B. in Zukunft ggf. auch anders zu bestimmen, als es die gegenwärtige Lage vorsieht. Die rein äußere Regierung des Kindes durch Anordnung und ggf. Sanktion hat für Herbart nur im frühsten Entwicklungsstadium seinen Ort, *„ehe sich Spuren eines echten Willens beim Kinde zeigen"* (Herbart 1806/1983, 45) also in einer Zeit, in der sich das Kind noch nicht selbst zu steuern weiß. Sprich: Wenn es auf die heiße Herdplatte fasst, sei es legitim, es mit Gewalt daran zu hindern. „Heiße Herdplatte" ist nämlich noch nicht Teil des frühkindlichen „Gedankenkreises". Die eigentliche Erziehung jedoch, so Herbart, fordert, wie oben ausgeführt, „einen *Künstler* [...], nicht einen Staatsmann" (Herbart 1810/1851b, 372). Erziehung im eigentlichen Sinne kann somit nicht angeordnet werden, sie ist von daher kein staatliches Geschäft. Herbart formuliert lapidar, dass „der Weg von der Politik in die Pädagogik [...] ein verkehrter Weg" sei (ebd., 369). Verfolgt die staatliche Schule öffentliche Interessen, Herbart denkt dabei dezidiert an ökonomische, so widerstreite auch diese Strukturlogik der pädagogischen, weil nach der ökonomischen gelernt werde, Gegenstände und Menschen „als Mittel zu etwas Anderem zu betrachten" (ebd., 368): Es ist die Konkurrenzlogik der modernen Leistungsgesellschaft, die Herbart hier besonders problematisiert. Heranwachsende würden dieser gemäß dahingehend gebildet, „nur ihr Erlerntes zu Markte [zu] bringen, um es so theuer als möglich zu verkaufen, gegen den Gewinn, den sie aus der Thätigkeit der Andern zu ziehen hoffen" (ebd., 369f). Das öffentliche Schulwesen, das sich nach dieser Logik ausrichte, konterkariere damit einen an den praktischen Ideen der Rechtlichkeit und Güte ausgerichteten erziehenden Unterricht, weil dieser „nicht Einen für die Andern, sondern jeden nur für sich selbst bilden will" (ebd., 370). Eine dem ökonomischen Kalkül verpflichtete öffentliche Schule, die zur Brauchbarkeit erzieht und Wettbewerb hervorruft, ist nicht darauf ausgerichtet, ein „vielseitiges Interesse" durch einen umfassenden Gedankenkreis und teilnehmende Empfindungen zu befördern und damit Begierde und Konkurrenzdenken zu hemmen: Die Ökonomie, die Herbart vom erziehenden Unterricht fordert, ist vielmehr eine „ökonomische Besinnung höherer Art, welche die Zwecke ausgleicht" (Herbart 1806/1983, 121). Der Unterricht „habe eine Zeichnung der Gesellschaft, gleichsam eine Landkarte für alle ihre Plätze und Wege" (ebd.) anzufertigen, die die Wirklichkeit im Lichte der praktischen Ideen beurteilt und zwar bevor der Heranwachsende in die gesellschaftliche Pflicht genommen werde. Nur so gewährleiste Erziehung, dass „der tiefe Kern der Persönlichkeit" sich in innerer Freiheit an den „Ideen des Rechten und Guten" auszurichten lernt, denn „das und nichts Minderes ist das Ziel der sittlichen Bildung" (ebd., 60). Ein von Verwertungslogik beherrschter Erfahrungskreis, wie ihn Herbart in der tatsächlichen Schulentwicklung sich ausbreiten sieht, ist dem erziehenden Unterricht entsprechend abträglich: „Welche Künste und Geschicklichkeiten ein junger Mensch um des bloßen Vorteils willen […] lernen möge, ist dem Erzieher an sich […] gleichgültig" (ebd., 35).

Wie bereits Humboldt, das wird an dieser Stelle deutlich, sieht Herbart folglich eine grundsätzliche Spannung zwischen den Konstitutionsbedingungen des modernen Besitzbürgertums mit seinem Verwertungsdenken, und einer allgemeinen Bildung des Menschen, der gemäß der Mensch sich und andere niemals bloß als Mittel, sondern immer auch als Zweck in sich selbst anerkennt. Es ist von daher konsequent, dass Herbart den Lehrer weder als Hauslehrer, der „nur dem Hause gehört" noch als „Schulmann", der „allzubestimmt verantwortlich gegen den Staat, über der öffentlichen Persönlichkeit die Freiheit des Künstlerlebens eingebüsst hat", bestimmt (Herbart 1810/1851b, 376). Eine solche *pädagogische* Lösung des Unterrichtsproblems, Herbart schwebt eine strukturelle Lösung zwischen Familie und Staat auf kommunaler Ebene vor, war bereits zu Lebzeiten Herbarts obsolet. Aus Herbarts Sicht muss man wohl sagen, dass die Schule, die sich durchgesetzt hat, nicht der vorgestellten Erziehungslogik folgt und von daher, wie eingangs im Gefolge Benners ausgeführt, aus pädagogischen Gründen einer grundsätzlichen pädagogischen Kritik zu unterziehen wäre. (Benner 1977, 79).

Kritische Würdigung

Auf die inneren Schwierigkeiten von Herbarts Begriff vom erziehenden Unterricht und der zugrundeliegenden Verhältnisbestimmung von Pädagogik, praktischer Philosophie und Erziehungs*wirklichkeit* kann an dieser Stelle nicht weiter eingegangen werden (vgl. dazu ausführlich Herbart 1986). Das große Verdienst Herbarts kann man darin sehen, dass er Kants Überlegungen zur Moralität mit seinen praktischen

Ideen auf die konkrete Erziehungswirklichkeit bezogen hat. Der Gedanke, dass der Wille nicht unmittelbar, sondern nur über das einsichtige Urteil zur Handlung führen soll, ist eine implizite Kritik an all denjenigen pädagogischen Motivationstheorien, die unmittelbar durch Belohnungs- und Bestrafungsmechanismen auf Heranwachsende Einfluss nehmen wollen. Wenn sich „echter Wille" regt, so wären derartige Maßnahmen nach Herbart im Klassenzimmer nicht statthaft. Hier aber entstehen die eigentlichen Probleme: Ist es echter Wille, wenn sich ein Schüler dazu bestimmt, nicht am Unterricht teilnehmen zu wollen oder ist es kein echter Wille, weil er sich weigert seinen Gedankenkreis zu erweitern, was ja Voraussetzung dafür ist, handlungsfähig zu werden und weniger manipulierbar zu sein? Was entspricht der Idee des erziehenden Unterrichts mehr: Der auf freiwilliger Teilnahme basierende Unterricht freier Schulen wie der Schule „Summerhill", weil sie die Selbstbestimmungsfähigkeit des Heranwachsenden achtet oder die verpflichtende Aufforderung zur Teilnahme am Unterricht, weil sie nichts anderes ist als die moralisch gebotene Forderung, sich selbst zu bilden, um urteilsfähig zu werden? (Die Aussage, „ich will nicht urteilsfähig werden", wäre ja so etwas wie ein Selbstwiderspruch). Die Antwort dürfte nicht leicht fallen. Jedenfalls beansprucht sowohl die eine, wie die andere Unterrichtstheorie in sich schlüssig und damit im Recht zu sein.

Festzuhalten bleibt, dass Herbart mit seinen schulkritischen Äußerungen daran gelegen war, den ursprünglichen pädagogischen Sinn der Schule angesichts gegenläufiger politischer und ökonomischer Einflussnahmen verstärkt hervorgekehrt zu haben: „*Schule* – geben wir dem edlen Worte seine echte Bedeutung! – *Schule* heißt Muße" (Herbart 1806/1983, 131; vgl. Kapitel 3.1.1). Es widerspräche der Muße eines selbstbestimmten Wesens, Lernen nur als Mittel für solche Zwecke zu sehen, die andere bereits für dieses bestimmt haben, vor allem dann, wenn sie sich als willkürlich erweisen sollten.

3.2.5 Schule als Institution des Übergangs: Hegel

Georg Wilhelm Friedrich Hegel (geb. 1770 in Stuttgart, gest. 1831 in Berlin), der vor allem durch sein umfassendes philosophisches System und dessen nachhaltige Wirkung Berühmtheit erlangte, wusste sich als Philosoph und mehrjähriger Rektor des Nürnberger Gymnasiums von 1808-1816 auch pädagogischen und insbesondere auch schultheoretischen Fragen zu widmen. Davon zeugen seine überlieferten jährlichen Schulreden, zahlreiche Lektionstexte seines Unterrichts und seine 1821 bekundete Absicht, eine Staatspädagogik zu schreiben, die er allerdings bis zu seinem Tod nicht mehr in Angriff genommen hat (Hoffmeister 1953, 270). Da Hegels philosophische Reflexionen auch überindividuelle Phänomene (in Hegels Sprache: Gestalten des Geistes) wie beispielsweise Familie, Gesellschaft und Staat mit umfassen, nimmt er spätere, mehr soziologisch geprägte Gedankengänge zur Schule vorweg. Hegels Denken und seine damit zusammenhängenden Überlegungen zur Schule auf wenigen Seiten darzustellen, ohne dass dies sinnentstellend bzw. ungebührlich simplifizierend wäre, ist schier nicht möglich. Wir erachten es dennoch als wichtig, in Hegels Denkart einzuführen, zumal sich Generationen von Pädagogen in Theorie und Praxis direkt oder auch indirekt an ihr abgearbeitet haben.

Dialektisches Denken und die Reflexion
von Familie, Individuum, Gesellschaft und Staat

Hegel hat in seiner 1806 verfassten *Phänomenologie des Geistes* eine dialektische Denkfigur entwickelt, nämlich die Entwicklungslogik vom *Ansichsein* über das *Fürsichsein* hin zum *An- und Fürsichsein*. Beschrieben werden mit dieser Denkfigur sowohl individuelle als auch überindividuelle Bildungsprozesse und ihr Ineinandergreifen. Dieses Ineinandergreifen von Individuellem und Überindividuellem heißt konkret, dass die einzelnen Menschen *im* Horizont von anderem (den geistigen Kulturgebilden und der Gesellschaft, in der sie leben) „zu sich selbst kommen", also ein Verständnis ihrer selbst gewinnen und nicht abseits davon. Das Dialektische an Hegels Denkfigur dabei ist, dass sie um die Vermittlung von Gegensätzlichem kreist, wie dem Gegensatz von Subjekt (der Einzelne) und Objekt (z.B. die Kulturgebilde und die Lebensäußerungen anderer, die ihm begegnen). Dialektisch kommt ursprünglich vom griechischen Verb *dialegesthai* und heißt wörtlich unterreden, unterhalten. Wenn sich der Einzelne auf einen ihm zunächst fremden Gegenstand, z.B. im Fach Pädagogik auf das Für und Wider alternativer Erziehungsstile einlässt und die Problematik auf sich wirken lässt, so kann es zu vielfältigen Vermittlungsleistungen kommen. Das wäre etwa der Fall, wenn ein Schüler oder eine Schülerin mit der Frage umgeht, ob Erziehung eher Führen oder Wachsenlassen bedeutet, mit einer dieser Konzeptionen identifiziert und damit sein Selbst- und Menschenbild klärt oder erweitert. Wenn er nun seine Gedanken nicht für sich behält, sondern „entäußert", so dass sie in der Klasse, also im überindividuellen Zusammenhang aufgegriffen werden können, so wirkt er auf diesen zurück. Dass es bei Hegels dialektischer Denkfigur tatsächlich um die Vermittlung von dezidiert Gegensätzlichem geht, wird in der vereinfachenden Form deutlich, in der sie in der Rede von *These*, *Antithese* und *Synthese* alltagssprachlich geläufig geworden ist und darüber hinaus als dialektische Erörterung Eingang in den schulischen Deutschunterricht gefunden hat: So könnte man etwa in einer dialektischen Erörterung zum Gegensatz von „Führen oder Wachsenlassen" als pädagogisches Grundprinzip zu dem Ergebnis gelangen, dass dieser Gegensatz bei einer erfolgreichen Erziehung so nicht stehen bleiben kann, sondern in irgendeiner Weise vermittelt und damit aufgehoben werden muss. Aufheben ist dabei wiederum ein Spezifikum von Hegels dialektischer Denkfigur und hat einen dreifachen Sinn. Der Gegensatz wird aufgehoben im Sinne von *beendet*, aufgehoben im Sinne von *emporgehoben* (weil eine qualitativ höhere Stufe erreicht wurde) und aufgehoben im Sinne von *aufbewahrt*: Man kann auf den ursprünglichen Gegensatz, der jetzt vermittelt ist, auch weiterhin rekurrieren, die zwei Positionen standen ja zunächst als Gegensätze im Raum (vgl. Derbolav 1980,

128). Für Hegel, so könnte man vereinfacht sagen, ist diese Dialektik die Grundstruktur jeglicher Bildung, und zwar für einzelne Individuen wie auch für überindividuelle Formen des menschlichen Geisteslebens insgesamt, also z.B. Familie, Ökonomie und Staat. Der Schule kommt, wie wir noch sehen werden, in diesem Gefüge eine ganz spezifische Vermittlungsrolle zu. Wir wollen im Folgenden diese Bildungsprozesse näher betrachten und noch genauer der Denkfigur vom *Ansich*, *Fürsich* und *An- und Fürsich* auf den Grund gehen.

Wenn ein Kind zur Welt kommt, so Hegel, ist es zwar zunächst ein Einzelnes, von seiner äußeren Um- und Mitwelt Abgegrenztes, es wird jedoch als solches von Anfang an in eine vermengende Einheit verwoben: die Familie[6]. Vermengend ist sie für Hegel deshalb, weil man sich ihrer Zugehörigkeit schlechterdings nicht entziehen kann. Er beschreibt sie darüber hinaus als „*empfindende* Einheit", die durch das Band der Liebe zusammengehalten sei (Hegel 1821/1970d, 307). Hegel will damit sagen, es sei Kennzeichen des Familiären, dass die Anerkennung als „Mitglied" unmittelbar durch Zuneigung gewährt wird und nicht erarbeitet werden muss (Kinder leisten keine Erwerbsarbeit für ihre Teilhabe an der Familie und können auch nicht aus ihr „entlassen" werden. Sie erfahren Anerkennung, *weil* sie Glied der Familie sind). Für Hegel gewinnt nun das Kind seinen Charakter *in* dieser „innigen" und „vermengenden" Einheit, wenn es die Gewohnheiten seiner familiären Umgebung annimmt und sich *unmittelbar* mit ihr verbunden fühlt. Es ist somit noch mehr Ansich als Fürsich, weil es sich im ganzen Lebensausdruck noch nicht von der familiären Herkunft abhebt. Augenscheinlich wird das dort, wo man auf Klassenphotos der unteren Jahrgangsstufen ganz deutlich erkennt, dass es die Eltern sind, die ihre Kinder einkleiden und damit ihren äußeren Habitus bestimmen oder wenn man wahrnimmt, dass es die elterlichen Überzeugungen und Normen sind, die sich in ihren Kindern äußern und die damit auch ihren inneren Habitus prägen. Kinder, so könnte man hier mit Hegel folgern, haben zwar durchaus Bewusstsein, aber noch kein ausgeprägtes Bewusstsein ihrer *selbst*. Für Hegel, den man dem philosophischen Idealismus zurechnet, drängt dieser Zustand des Geistes zur Weiterentwicklung hin zu einer höheren, bewussteren Ebene. Diese Weiterentwicklung ist zunächst eine Entfremdung vom Zustand des *Ansichseins* hin zum *Fürsichsein* (also eine Antithese zum Bisherigen). Gemeint ist die Negation des bisherigen vermengenden Zustandes, den man heute als Individuation bezeichnen würde. Für Hegel drückt sich diese Entwicklung durch eine Entfremdung vom familiären Zusammenhang aus. Der einzelne Heranwachsende löst sich vom unmittelbaren Verwobensein mit seiner familiären Herkunft und fängt an, einen eigenen äußeren und inneren Habitus zu entwickeln. Wir sehen das beispielsweise daran, dass sich Jugendliche in der Regel nicht mehr von ihren Eltern einkleiden lassen. Auch auf der Ebene innerer Haltungen und Anschauungen finden Absetzbewegungen vom elterlichen Umfeld statt.

Wie angedeutet, lässt sich diese Entwicklung auch auf überindividueller Ebene ausmachen. So sieht Hegel den Zustand der Entfremdung vom Familiären kulturgeschichtlich betrachtet in der bürgerlichen Gesellschaft (gemeint ist die ökonomisch-arbeitsteilige Gesellschaft) erreicht. In diesem Zustand ist die menschliche Arbeit aus dem vermengenden familiären Zusammenhang, aus dem Oikos (dem Haus) herausgetreten, wo sie dereinst z.B. in der Sippe verortet war. Die Erwerbsarbeit und die Arbeitenden haben sich von der Familie losgelöst. Dieser Schritt lässt sich mit dem individuellen Erwachen des Fürsichseins, etwa in der Pubertät vergleichen, weil erst in diesem Stadium der Mensch seine „Eigeninteressen" entdecken und befriedigen kann. Die Produkte der Arbeit werden nunmehr auf dem freien Markt dargeboten. Diese Entwicklung verändert nun grundlegend das Verhältnis zu den anderen: Man fühlt sich nicht mehr unmittelbar mit ihnen verbunden, wie im familiären Kontext, sondern die anderen erscheinen jetzt als nützlich zur Verwirklichung von Eigeninteressen. Konkret: In einem ökonomischen Betrieb und in der ökonomischen Gesellschaft wird die *Anerkennung nicht grundlos gewährt, sondern aufgrund von Leistung.* Die Personen, wie die von ihnen produzierten Güter sind prinzipiell austauschbar geworden bzw. in Konkurrenz zueinander getreten. Wenn einem das Produkt der Arbeit nicht zusagt oder die Arbeitskraft (das Humankapital) nicht effizient genug arbeitet, wird es nicht gekauft bzw. entlassen. Einzelne können hier, anders als im (ideal gedachten) vermengenden familiären Kontext auf der Strecke bleiben, aus dem Zusammenhang exkludiert werden. Im Gefolge von Hegels Dialektik ist diese Entwicklung gleichwohl ein Fortschritt für den Einzelnen und die Gesellschaft; allerdings nur dann, wenn zuvor die Voraussetzungen dafür geschaffen wurden, nämlich eine durch den familiären Erziehungseinfluss indirekt erworbene Anstrengungs- und Arbeitsbereitschaft.

Auf der individuellen Ebene lässt sich das leicht verdeutlichen: Im weiteren Zusammenhang wird sich das Kind nur bewähren können, wenn es zuvor durch den elterlichen Einfluss tatsächlich erzogen wurde, wenn es *Ansich* geworden ist und als Glied der Gemeinschaft gelernt hat, unmittelbare Bedürfnisse mitunter zurückzunehmen: Recht drastisch formuliert Hegel, es gehe in der Familie darum, dass „das bloß Sinnliche und Natürliche ausgereutet werde" (Hegel 1821/1970, 327). Er meint damit, dass das Kind als Glied der familiären Gemeinschaft durch ihren disziplinierenden Erziehungseinflusses gelernt hat, das eigene Handeln nicht mehr nur „nach unmittelbaren Einfällen und Gelüsten", nach der unmittelbaren Begierde, die einen überkommt, auszurichten (ebd.). Es entspricht der oben dargestellten Eigenart des Familiären, wenn Hegel fortfährt, dass sich dieser elterliche Erziehungsprozess vor allem durch Liebe und Zutrauen vollzöge. Häusliche Disziplinierung findet also nach Hegel vorwiegend en passant bzw. vorbewusst statt und weniger durch elterliche Gewalteinwirkung. Dieser vorbewusste Prozess wird in der späteren Theoriebildung, wie sich zeigen wird, als Sozialisation bezeichnet werden. Dadurch, dass das individuelle Fürsichwerden und der entsprechende gesellschaftliche Zustand, den Hegel *bürgerliche Gesellschaft* nennt, wesentlich durch eine Absetzbewegung, eine Negation charakterisiert sind, könnte man diesen Zustand als relativ „instabil" beschreiben. Er drängt für Hegel als Antithese entsprechend auch zu einer höheren Einheit, zu einer aufhebenden Vermittlung. Diese leistet auf überindividueller Ebene für Hegel der Staat, auf der individuellen Ebene denkt Hegel an den Staatsbürger.

Der Staat lässt sich mit Hegels dialektischer Denkfigur als Zustand des *An- und Fürsichseins* beschreiben, was bedeutet, dass die bisherigen Ebenen in ihm aufgehoben erscheinen. Das ist für Hegel deshalb der Fall, weil der Staat die beiden bisherigen Stadien der Familie und der bürgerlichen Gesellschaft hinsichtlich der *Anerkennungsstruktur* vermittelt: Obwohl die Anerkennung in der Familie, wie beschrieben, zwar unmittelbar aufgrund von Zuneigung gewährt wird, kann sich in ihr das Fürsichsein noch nicht zur Geltung bringen. Es findet noch keine wirkliche Personwerdung statt. In der bürgerlich-ökonomischen Gesellschaft entdeckt Hegel hingegen zwar einen Fortschritt dahingehend, individuelle Interessen ausbilden und ihnen auch nachgehen zu können. Dabei aber geht die Negation der Familie mit einer Verflüssigung der Anerkennung des Einzelnen einher: Er muss sie sich fortan ständig verdienen und wird *als* Einzelner austauschbar. Im Staat, der Synthese aus Familie und bürgerlicher Gesellschaft findet nach Hegel nun eine Anerkennung höherer Ordnung statt: Man schließt sich zu ihm, so Hegel, nicht aufgrund von *Neigung* und *Gefühl* zusammen (wie in der Familie), auch nicht nur weil man sich gegenseitig nützt, also gegenseitig Mittel zum Zweck ist (wie in der Ökonomie), sondern aufgrund einer wechselseitigen unbedingten Anerkennung als Rechtsperson und, so würde man heute sagen, als solidarische Sozialpartner. Für Hegel ist so betrachtet der Staat so etwas wie eine höhere Form der Gemeinschaft, nämlich eine solche, in der Individuelles (das Fürsichsein mit seinen Interessen) und Allgemeines (das Ansichsein als überindividueller Zusammenhang) so vermittelt sind, dass sich beide Ebenen Geltung verschaffen können. Der Staat stellt für Hegel folglich eine universale Ordnungsstruktur dar, die alle bisherigen Ebenen umgreift: Den Einzelne als Staatsbürger, wenn er von seinen, andere unter Umständen schädigenden Partikularinteressen, aufgrund seines Rechts- und Sozialbewusstseins absieht, die Ökonomie, die im Staat einen rechtlichen Rahmen erhält, wodurch den Gefahren des Ökonomischen begegnet wird (etwa durch Sozialgesetze), die Familie, indem der Staat dem Gefühl des unmittelbaren Verbundenseins den rechtlich-verbindlichen und schützenden Rahmen der Ehe gibt. Der Staat, so Hegel, habe aus diesen Gründen das „höchste Recht gegen die Einzelnen, deren *höchste Pflicht* es ist, Mitglieder eines Staats zu sein" (Hegel 1821/1970d, 399). Dass für Hegel die Schule selbstverständlich eine staatliche (und keine familiäre oder ökonomische) Angelegenheit darstellt und die Lehrerschaft staatliche Beamte sein müssen, ergibt sich zwangsläufig aus dem entwickelten Gedankengang. Auch das eingangs vorgestellte Beispiel für eine dialektische Erörterung wurde indirekt aus Hegels Sicht beantwortet: Die Alternative von Führen und Wachsenlassen ist keine, weil der Zusammenhang, in dem das Kind heranwächst immer schon unmittelbar erziehend wirkt. Familiäre Erziehung ist immer schon beides. Nach Hegel wächst man zunächst durch äußere und zunehmend verinnerlichte Führung aus dem Familienzusammenhang heraus und wird Schülerin beziehungsweise Schüler.

Schule im Übergang von Familie zur wirklichen Welt

Welche Rolle spielt in diesen Prozessen nun die Schule? Für Hegel ist die Schule die Mittelssphäre, „welche den Menschen aus dem Familienkreise in die Welt herüberführt" (Hegel 1811/1970c, 349). Interessant ist dabei, wie Hegel den Unterschied von Familie und Schule, die zur Welt führt, genau markiert: Sie verläuft über das Verhältnis von Erziehung und Bildung. Erziehung findet, so Hegel, vorwiegend im häuslichen Rahmen statt, Bildung in der Schule (ebd., 352). Studienanstalten wie das Gymnasium seien „Institute des Unterrichts, nicht unmittelbar der Erziehung" (ebd., 334). Die Voraussetzung für diesen Unterricht, so Hegel, bestehe darin, dass durch die häusliche Erziehung die „Rohheit" gebändigt und die „Zerstreuungssucht" bereits fixiert worden seien (ebd., 334). Die Familie hat ihre Kinder somit indirekt schon zu Schülerinnen und Schülern erzogen. Ist diese Voraussetzung nicht erfüllt, so räsoniert Hegel, müssten die Kinder „den Eltern zurückgegeben werden […], um ihre Pflichten erst an denselben zu vollenden" (ebd., 335). Die an die Erziehung anschließende Bildung der Sekundarstufe beschreibt Hegel so, dass sie *wissenschaftlichen* Charakter trage. Gemeint ist hier schlicht, dass sie durch Reflexion gekennzeichnet ist: Bisher unreflektiert geltende Vorstellungen und Empfindungen würden durch sie zurückgelassen oder zumindest relativiert. Damit erhält die schulische Bildung bei Hegel einen durchaus emanzipatorischen Zug: Die schulische Reflexion schafft Distanz zur bisherigen Unmittelbarkeit des Daseins, wie es das Familienleben charakterisiert. Wissenschaftlicher Unterricht ist „ein beständiger Übergang in der Erhebung des Einzelnen unter allgemeine Gesichtspunkte und umgekehrt in der Anwendung des Allgemeinen auf das Einzelne" (ebd., 348). Diese Aussage hat einen zweifachen Sinn: Schulische Bildung, die reflexiv ist, hat es zum einen gerade nicht mit *Vor*gegebenem zu tun, das es unverstanden zu memorieren gelte. Einzelnes, das im Unterricht dargeboten wird, soll vielmehr in seiner Fraglichkeit erscheinen (das wäre die Negation) und sodann in einen umfassenden Sinnzusammenhang gerückt werden (das wäre die Aufhebung). Konkret hat Hegel dies am Umgang mit der antiken Welt im Alte-Sprachen-Studium am Gymnasium beschrieben: Es gehe dabei darum, zunächst „Bekanntschaft mit den Alten" zu machen, „ihre Irrtümer und Vorurteile einzusaugen und in dieser Welt einheimisch zu werden – der schönsten, die gewesen ist" (Hegel 1809/1970a, 318). Für Hegel entspricht die antike Welt der kulturgeschichtlichen Stufe des *Ansichseins*. Dass er sie als schön qualifiziert, besagt, dass es für Hegel eine Welt gewesen ist, in der zum Beispiel Kunst und Wissenschaft, unmittelbares Erleben und Denken noch ungetrennt ineinander verwoben waren und das ökonomische Leben noch an das eigene Haus gebunden war. Die antike Welt stellt somit auf der Ebene der Geistesgeschichte das familiäre Stadium dar, das dem Schüler in der Schule nun in intellektueller (und

damit distanzierter) Form, etwa im Griechisch- und Lateinunterricht als Reflexionsgestalt dargeboten wird. Diese vergangene Welt wird nun im weiteren Bildungsgang
fraglich: Sie wird in Hegels Lektionsplänen entsprechend auch nicht verklärt, wie es
bei so manchem neuhumanistischen Bildungsansatz der Fall gewesen sein mag, wo
ein Zurück zur Antike propagiert wurde. Im Gegenteil hat Hegel die Antike, z.B. im
Rahmen seines Philosophieunterrichts, konsequent dergestalt weiterentwickelt, dass
die Entdeckung und Freisetzung des Individuums (das *Fürsichsein*) in der modernen bürgerlichen Gesellschaft als strukturlogische Entwicklungsstufe erscheint. Dies
drückt sich beispielsweise darin aus, dass er in seinen Lektionsplänen dezidiert die
ästhetisch-künstlerische Bildung (sie steht bei ihm für das antike Erleben und Empfinden, die gefühlte Verbundenheit mit den Gegenständen) gegenüber der wissenschaftlichen (sie steht wie ausgeführt für die moderne Reflexionskultur) abwertet.
Hegel begründet dies damit, dass Bildung wesentlich „Bildung zur Selbständigkeit"
sei (Hegel 1811/1970c, 350). Die Selbständigkeit, die auf nichts anderes als auf die
Freisetzung des *Fürsichseins* der Schülerinnen und Schülern durch den reflexiven Distanzgewinn abzielt, begegnet im schulischen Kontext auch dergestalt, dass Schüler
lernen, ihr Tun nach Zwecken und Regeln zu bestimmen und die Konsequenzen
ihres Handelns zu antizipieren (Hegel 1811/1970c, 349). Auf diese Weise bewährt
sich die Schule als Institution des Übergangs in der Weise, dass sie die veränderte Anerkennungsstruktur der bürgerlichen Leistungsgesellschaft einübt. Deutlich
formuliert Hegel dies, wenn er sagt, das Kind höre in der Schule auf, „um seiner
unmittelbaren Person willen" zu gelten, sondern nach dem, „was es leistet" (ebd.).
Mit dieser veränderten Anerkennungsstruktur geht nun auch eine bislang nicht da-
gewesene Selektionslogik einher: „im Fortrücken durch die verschiedenen Klassen
reinigt sich der Bestand nach und nach durch das Übergehen zum Gewerbe oder
in andere Anstalten" (ebd., 354). Die Aussagen Hegels, dass die schulischen Urteile
nichts Fertiges sein könnten, die Schule also einen gewissen Schonraumcharakter
(einen Rest des Familiären) besitze, können die Aussagen zum durchschlagenden
Leistungsprinzip und zur schulischen Selektionslogik kaum mildern.

Es widerspräche nun Hegels Denken, das geht aus den bisherigen Ausführungen
hervor, wenn die Schule tatsächlich nichts anderes wäre als die Einsozialisierung in
die bürgerliche Gesellschaft: Sie stellt ja, wie wir sahen, als Negation der Familie
einen metastabilen Zustand dar und drängt zur Aufhebung in den Staat.

Übergang in unterschiedliche Welten

In der Pädagogik haben Hegels Ausführungen zur Schule eine Diskussion darüber
entfacht, ob die wirkliche Welt, zu der die Schule die Heranwachsenden aus der
Familie herausführt, die bürgerliche Gesellschaft oder der Staat sei. Dietrich Benner
beispielsweise sieht in Hegels Ausführungen eine pädagogisch höchst problematische Rechtfertigung für die Schule als denjenigen Ort gegeben, „sich zum bloßen
Arbeitsmittel zu disziplinieren" (Benner 1977, 63). Aus Hegels Perspektive dürfte

diese Sichtweise so nicht zutreffend sein, weil er die Schulbildung (zumindest die des Gymnasiums) als eine theoretische Bildung fasst, deren Charakteristikum darin besteht, nicht Mittel zum Zweck zu sein. Gegen den Primat der Nützlichkeit schulischer Bildung plädiert Hegel dafür, in der Schule „Sinn für das *Objektive in seiner Freiheit*" zu entwickeln und meint damit, dass es in der Auseinandersetzung mit den Bildungsgütern darum gehe zu lernen, „daß ich mich ohne einen besonderen *Nutzen* dafür interessiere" (Hegel 1810/1970f, 260). Hegel sieht die Schule als einen Ort allgemeiner Bildung, wie sie uns bereits bei Humboldt begegnet ist. Wie für Humboldt ist auch für Hegel das bloß Nützliche schulischer Bildung der Freiheit des Geistes abträglich, weil, so formuliert er an anderer Stelle, das Nützliche stets „absolut für ein anderes" sei (Hegel 1817/2000, 225) und der so Gebildete folglich „Werkzeugcharakter" annehme. Der Unterschied zu Humboldt besteht jedoch darin, dass die Allgemeinbildung bei Hegel die Form des Staatlichen erhält, in dem das besondere *Fürsichsein* gemäß seiner dialektischen Denkbewegung notwendig aufgehoben wird. Es verwundert daher nicht, dass Hegel die Gymnasien mit ihrer allgemeinen, zweckfreien Bildung als „Pflanzstätten für den Staatsdienst" (Hegel 1811/1970c, 359-362) begreift: Der Staatsbeamte ist für ihn nämlich so etwas wie eine Persönlichkeit, die idealiter nicht nach ihrem persönlichen Vorteil strebt, wie es in der „Wirtschaftsbürgergesellschaft" charakteristisch ist, sondern die den Allgemeinwillen des Rechtsbewusstseins verkörpert. Der verbeamtete Lehrer, der Rechts-, Pflichten- und Tugendlehre am Gymnasium lehrt, wie Hegel es selbst getan hat, steht idealtypisch für diese „Staat" gewordene Persönlichkeit.

Nicht alle Menschen verkörpern jedoch dieses staatliche Bewusstsein, das nach Hegel ja damit einhergeht, jegliche besonderen Bedürfnisse der eigenen Person zurückzustellen, um dem Staate dienstbar zu sein (noch heute bekommt der Staatsbeamte keinen Lohn, sondern Dienstbezüge; noch heute genießt er kein Streikrecht). Nicht alle können ferner Staatsbeamte wie Lehrer und Richter werden. Vielmehr ist den meisten Heranwachsenden, auch zur Zeit Hegels, das Schicksal beschert, später als Arbeitskraft in den Produktionsprozess eintreten zu müssen. Hegels Lösung dieser Problematik sieht dergestalt aus, dass er die umfassendere Schulbildung der Studieranstalt nicht allen Schülerinnen und Schülern angedeihen lassen will. So unterscheidet Hegel konsequent zwischen zwei Bildungsgängen, einem mehr praktischen, auf die bürgerliche Gesellschaft bezogenen, den er im Realinstitut verwirklicht sieht (der späteren Realschule, die es mit den Realien zu tun hat) und dem oben beschriebenen mehr theoretisch-intellektuellen Bildungsgang, bei dem die gelehrte Bildung, wie die alten Sprachen oder auch die Philosophie auf dem Lehrplan stehen. Nur letztere Anstalt bildet zum Staat. Begründet wird diese Aufteilung schulischer Bildungsgänge bei Hegel damit, dass er mit zwei gänzlich verschiedenen Schüler- bzw. Menschentypen rechnet, den praktisch Veranlagten und solchen, die für das „Intellektuelle […] ein Element haben" (Hegel 1810/1970e, 392). Mit dieser Festlegung zementiert Hegel eine Begabungstheorie, die mit einer deutlichen Abwertung derjenigen einhergeht, die sich mit den Realien beschäftigen. Die Schülerschaft des Realinstituts rekrutiere sich, so fährt er fort, aus „Menschen von geringem Talent und Fassungsvermögen" (ebd., 391). Offensichtlich sieht Hegel kein substanzielles Problem gegeben, dass diesen Schülern die aus seiner Sicht höhere zweckfreie Bildung vorenthalten wird und damit auch die Chance, später eine Universität besuchen zu können. Es ist nicht auszuschließen, dass dies letztlich mit Hegels Abwertung des Individuellen gegenüber überindividuellen Denk- und Gemeinschaftsformen wie Wissenschaft und Staat zusammenhängt. Für Hegel ist es jedenfalls kein Grundsatzproblem, wenn Einzelne sich in ihr Schicksal fügen müssen, womit er eine Haltung befördert hat, die sich im weiteren Verlauf der deutschen Geschichte und Schulgeschichte als durchaus verhängnisvoll erweisen sollte.

Kritische Würdigung

Hegels schultheoretische Überlegungen sollten noch lange in der deutschen Schulgeschichte nachwirken. So weist Menze darauf hin, dass sich „im Bewusstsein vieler Deutscher Staatsbegriff, Gymnasium und Beamtentum zu einer widerspruchslosen Einheit verknüpft haben" (Menze 1986, 16). Dass verschiedene Schultypen verschiedenen Menschentypen entsprächen, wie Hegel meinte, führte in der deutschsprachigen Pädagogik zu einer ideellen Verklärung der Gliedrigkeit des Schulwesens, wie sie sich indirekt z.B. noch bei Eduard Spranger findet (Spranger 1968, 54). Auch muss konstatiert werden, dass sich Hegels Vorstellung von der Aufhebung des besonderen *Fürsichseins* im Staat durchaus in höchst problematischer Weise interpretieren lässt, nämlich wenn ein konkreter Staat, wie der preußische Obrigkeitsstaat seiner Zeit, als eine absolute Größe gefasst wird. Auch wenn Hegels rechtsphilosophisches Staatsverständnis durchaus nicht im totalitären Sinne gemeint gewesen sein dürfte, wirkte es sich in der weiteren Deutschen Geschichte durchaus höchst verhängnisvoll aus, dass Hegel den Staat als das „an und für sich *Vernünftige*" bezeichnete (Hegel 1821/1970d, 399). Es war jedenfalls der autoritäre Preußenstaat, der sich bei der Ausgestaltung seines Schulwesens durchaus auf Hegel zu berufen wusste. Aber bereits auf der reinen Theorieebene tut sich eine für die Schulpädagogik zentrale Frage auf: Werden die Gesetzmäßigkeiten der bürgerlichen Gesellschaft (Leistungsprinzip und Selektionslogik) tatsächlich durch den Staat aufgehoben oder handelt es sich bei Hegel um eine rein abstrakt-begriffliche Aufhebung, die keinerlei gedankliche Konsequenzen, etwa in der Ausgestaltung des Schulwesens nach sich zieht? (Benner 1977, 63). Das Leistungsprinzip und die Selektionslogik jedenfalls werden in Hegels Schule, wie wir sahen, nicht weiter staatstheoretisch problematisiert.

Unbeschadet dieser substanziellen Kritik an Hegels schultheoretischen Reflexionen gilt es an dieser Stelle hervorzuheben, dass er wesentliche Gedanken soziologischer Perspektiven auf die Schule, wie sie beispielsweise im Strukturfunktionalismus Parsons oder auch bei Fend auftauchen, vorweggenommen hat. Auch entwicklungspsychologisch erweisen sich Hegels Ausführungen über den Ablöseprozess von der Familie und der damit einhergehenden Ich-Werdung zum *Fürsichsein* als durchaus anschlussfähig. Mit Hegel, so kann man abschließend resümieren, begegnet erstmals ein schultheoretischer Ansatz, der die gesellschaftliche bzw. psychosoziale Wirklichkeit der Schule bleibend mitreflektiert und die Folgen einer rein ökonomisch begründeten Bildungslogik aufzeigt.

In diesem Kapitel haben wir gelernt

- dass der Übergang der alteuropäischen zur neuzeitlichen Betrachtung von Schule und Bildung darin besteht, die Bildung des Menschen im Spannungsfeld von Anlagen und Umwelt zu betrachten und die Schule als Ort einer allgemeinen Menschenbildung zu sehen (seit Comenius)
- dass die neuzeitlichen Klassiker zum einen durch den Gedanken der allgemeinen Menschenbildung, den Zugriff gesellschaftlicher Mächte auf die Schule (etwa durch Kirche, Staat oder auch Ökonomie) problematisieren und damit insgesamt die institutionelle Organisation der Vergesellschaftung heranwachsender Individuen (z.B. Rousseau und Herbart)
- dass die neuzeitlichen Klassiker zum anderen die Spannungen zu reflektieren beginnen, die sich aus der Tatsache ergeben, dass die Schule als Ort institutioneller Bildung keine „ideelle Größe" sein kann, weil sie nicht losgelöst von gesellschaftlich bedingten Notwendigkeiten zu denken ist (z.B. Hegel)
- dass die Klassiker zwischen Bildung und Ausbildung, also zwischen berufs- bzw. standesspezifischer Bildung und allgemeiner Menschenbildung unterscheiden (alle hier besprochenen Klassiker)
- dass die Klassiker Fragen aufgeworfen haben, die auch für eine zeitgenössische Schultheorie von Relevanz sind, nämlich
  - wie die Spannung von gesellschaftlichen bzw. institutionellen Bedingtheiten von Schule und individuellen Bildungs- und Freiheitsansprüchen theoretisch bearbeitet werden kann (z.B. Humboldt)
  - wie sich normative Ansprüche der Theoriebildung allgemein begründen lassen, so dass sie nicht als willkürliche Werturteile erscheinen (z.B. Herbart)
- dass die Antworten der Klassiker auf die Fragen zum Teil Probleme aufwerfen
  - die tendenzielle Abkoppelung pädagogischer Bildungsansprüche von den realen gesellschaftlichen Bedingungen und die Schaffung einer pädagogischen Sonderwelt (z.B. Rousseau und Humboldt)
  - der implizite Optimismus, dass ethische Prinzipien und gesellschaftliche Notwendigkeiten vermittelt werden können (z.B. Herbart
  - die Vermittlung von spezieller und allgemeiner Bildung dergestalt, dass die Schaffung von Bildungsständen unausweichlich wird (z.B. Hegel)

3.3 Neuere schultheoretische Perspektiven

▶ In diesem Kapitel besprechen wir
- worin das Spezifikum einer geisteswissenschaftlichen Perspektive der Schule besteht und inwiefern sie über die Klassiker hinausführt
- worin das Spezifikum sozialisationstheoretischer Betrachtungen der Schule besteht
- welche Kritik von sozialisationstheoretischen Betrachtungen der Schule gegenüber den Klassikern und der geisteswissenschaftlichen Perspektive vorgebracht werden
- wie man die Schule aus dem Blickwinkel der Kritischen Theorie verstehen kann
- wie schultheoretische Programmatiken machtanalytisch dekonstruiert werden können
- wie sich die verschiedenen Theoriestränge zu einer multiperspektivischen Betrachtung verbinden lassen

3.3.1 Geisteswissenschaftliche Perspektive: Spranger

Mit der Person Eduard Sprangers möchten wir im Folgenden die geisteswissenschaftliche Perspektive auf die Schule vorstellen. Eduard Spranger (geb. 1882 in Berlin, gest. 1963 in Tübingen) war Philosoph, Pädagoge und Psychologe und hat, zusammen mit anderen Geisteswissenschaftlern dieser Zeit die Auseinandersetzung mit Schule, die Lehrerbildung und die Pädagogik insgesamt – zumindest im deutschsprachigen Raum – bis in die 1960er Jahre nachhaltig geprägt und wohl auch dominiert. Ihre Vertreter sind zum einen durch die Bildungsphilosophien des 19. Jahrhunderts, v.a. durch Humboldt und Hegel beeinflusst, zum anderen wenden sie sich noch stärker als jene einer historisch-psychologischen Betrachtung zu. An rein ideellen Verfahren, die die Schule wie bei Humboldt aus dem Begriff der Bildung entwickeln, kritisiert Spranger, dass sie zu „Luftkonstruktionen" (Spranger 1928/1969a, 114) führten, für die die realen gesellschaftlich bedingten Einflüsse auf die Schule nur „Fremdmächte" darstellten (ebd., 118). Einem Verzicht der Theorie auf Normativität redet Spranger mit seiner geisteswissenschaftlichen Perspektive auf die Schule jedoch nicht das Wort: Er hält an der Normativität des Bildungsbegriffes fest, um die Erziehung einerseits vor „flüchtige[n] Determinationen" (ebd., 139) durch den Zeitgeist bzw. vor rein „äußeren Machtwirkungen" (ebd., 139) etwa des Staates oder der Ökonomie abzuschirmen und, wie er es nennt, vor der Einseitigkeit einer rein technischen Werttendenz zu bewahren: Sie stellt für Spranger das Grundproblem seiner Zeit dar, weil sie für ihn Ausdruck „einer fortschreitenden Enthumanisierung des Menschen" (Spranger 1955/1970a, 275) ist, die Gefahr läuft, Menschen auf „Mittel für Machtziele und Erwerbsziele" (ebd.) zu reduzieren (vgl. Harant 2013a). Diese Gefahr geht nach Spranger nicht zuletzt mit „subjektfernen" Theoriebildungen einher, die durch das objektivierende Verfahren die Gegenstände von der lebensweltlichen Erfahrung entkoppeln. Mit dem Bildungsbegriff verbindet Spranger die Vermittlung von verschiedenen Werttendenzen.

Die Methode, die die geisteswissenschaftliche Perspektive in Abgrenzung zum objektivierenden Verfahren wählt, wird als *Verstehen* bezeichnet und von *erklärenden* Zugängen zum Phänomenbereich Schule, wie sie für empirische Theoriebildungen und Forschung kennzeichnend sein werden, abgegrenzt.

„Die Natur erklären wir, das Seelenleben verstehen wir" (Dilthey 1894/1924, 144). So lautet die programmatische Formulierung Wilhelm Diltheys, auf den der Begriff der Geisteswissenschaft (in Abgrenzung zum Begriff der Naturwissenschaft) zurückgeht und der auch Spranger folgt (siehe Kapitel 2). Man kann sich diese prinzipielle Unterscheidung etwas vereinfacht wie folgt klar machen. Der erklärende Zugang blickt mit Distanz von außen auf Phänomene (also das, was wahrgenommen wird), er entwickelt Theorien, die gesetzmäßige Kausalzusammenhänge oder mit einer gewissen Wahrscheinlichkeit auftretende Korrelationen formulieren. Dieses Verfahren läuft grundsätzlich auf eine Versachlichung hinaus, der individuelle Gegenstand wird zum Objekt unter Objekten, beobachtet und beschrieben, er wird messbar und damit verfügbar gemacht, man kommuniziert aber nicht mit ihm. Der verstehende Zugang hingegen zielt gerade auf das Individuelle und das, was in einem anderen vorgeht, Seele bzw. Seelenleben ist für Spranger eine „Bezeichnung für die Innerlichkeit" (Spranger 1968, 63). Der Geisteswissenschaftler wählt also nicht die distanzierende Beobachtung, sondern tritt in Kontakt, um das, worum es geht, innerlich nachempfinden, nachvollziehen zu können. Der Gegenstand der geisteswissenschaftlichen Perspektive lässt sich auch gar nicht beobachten, weil er *im* Menschen vorkommt also in einer Zone, die für die Beobachtung unzugänglich bleibt. Gemeint sind vor allem Erlebnisse, Empfindungen und Gedanken: Jedes Individuum hat sie und kann sie auch mitteilen. Die distanzierte Objektsprache der (Natur-)Wissenschaft ist dazu allerdings nicht geeignet bzw. wird dem, was ausgedrückt werden soll, nicht gerecht. Das kann man an einem einfachen Beispiel Sprangers verdeutlichen: „Auch noch im Zeitalter der mathematischen Physik und Chemie trinken wir immer noch Wasser, nicht H2O, hören wir immer noch Musik, nicht Schwingungsverhältnisse" (Spranger 1955/1970a, 298). Diese Sätze hat Spranger in einem für ihn programmatischen Aufsatz formuliert: *Der Eigengeist der Volksschule*, wir werden später nochmals darauf zu sprechen kommen. Was Musik *bedeutet, was sie für uns Menschen ist*, so muss man diesen Satz weiterführen, lässt sich nicht durch ein Erklärungsmodell erfassen, aber man kann es nachvollziehen. Für Spranger ist das nicht anders, wenn es darum geht der Sache auf den Grund zu gehen, was Schule ist, was sie bedeutet. Auch Schule ist für Spranger nämlich *wesentlich* ein *geistiges Kulturwertgebilde*, ein Inneres, ein Verstehenszusammenhang, der ohne das Erlebnishafte, und den wechselseitigen Austausch von Menschen, die in ihn involviert sind, nicht gegeben wäre. Kulturgebilde sind also überindividuelle Größen, denen wir einen Eigensinn beilegen (Schule ist beispielsweise nicht

Familie). Der Begriff *Wert* soll unterstreichen, dass es verschiedene, sich mitunter ausschließende menschliche Möglichkeiten gibt Sinnhaftes zu erleben, auch in der Schule. Spranger spricht hier von individuellen Werttendenzen oder Sinnrichtungen, denen seiner Ansicht nach jedoch auch überindividuelle, zeitüberdauernde Kulturfaktoren entsprechen. Diese Sinn- bzw. Wertproblematik ist für Spranger das Hauptproblem, mit dem die Heranwachsenden in der Schule letztlich einen Umgang finden müssen.

Werttendenzen und Kulturfaktoren

Für den Geisteswissenschaftler Spranger ist es zunächst von Interesse, wie allgemein beschreibbare Werte (Spranger 1966a, 96) im Erleben tatsächlich vorkommen, wie sie das Verstehen bzw. Auffassen von Menschen prinzipiell immer schon ausrichten. Spranger veranschaulicht seinen Gedanken von den unterschiedlichen Sinnrichtungen (er spricht auch von Werttendenzen), an einem kleinen Gedankenspiel, das sich gut auf die Schule übertragen lässt: Wir wollen im Folgenden an diesem Gedankenspiel Sprangers Rede von der persönlichen Werttendenz und den überindividuellen Kulturfaktoren erläutern.

Das Gedankenspiel sieht wie folgt aus: Man zeige einer Gruppe zum Beispiel einen glänzenden Ring, in der Sprache der Didaktik wäre das so etwas wie ein „stummer Impuls" (ebd., 95), und warte auf die verschiedenen Resonanzen, die in den Betrachtenden hervorgerufen werden. Nach Spranger ist mit folgenden Reaktionen zu rechnen: Eine erste lautet: „Das glänzt". Für Spranger wäre diese Reaktion Ausdruck einer ästhetischen Sinnrichtung. Der Betrachter bleibt beim Gegenstand, er ist noch ganz eins mit ihm (Spranger 1955/1970a, 309). Auf der anderen Seite ist Spranger der Meinung, dass der ästhetisch Betrachtende eine gewisse Freiheit gegenüber dem Gegenstand behält, weil er von ihm zu keiner weiteren Reaktion herausgefordert wird, er ganz in sein unmittelbares Erleben, seine Imagination bzw. Phantasie vertieft bleibt (Spranger 1966a, 102), so wie ein kleines Kind in seinem Spiel ganz aufzugehen vermag (Spranger 1955/1970a, 309). Für Spranger ist das Ästhetische auch tatsächlich „der blassere Rest der kindlichen Einsfühlung" (ebd., 310), die in der Entwicklung von Individuen (und auch Kulturen) mehr und mehr durch einen distanzierteren, nutzorientierten bzw. beherrschenden Umgang mit der Gegenstandswelt verdrängt wird. Gleichwohl sei jeder Mensch zu einer ästhetischen Empfindung fähig, weil es sich für ihn um eine allgemeine Sinnrichtung des Menschen handle. Das zeige sich auch darin, dass ihr ein überindividuelles Wertfeld, bzw. ein überindividueller Kulturfaktor (Spranger 1928/1969a, 135) entspreche: Spranger bezeichnet ihn als das Ästhetische, die Kunst bzw. als den Bereich des Schönen, ein Bereich, der wie andere Wertfelder auch durch ein „spezifisches Aufbaugesetz" (ebd., 135) geprägt ist und sich dadurch von anderen unterscheidet. Um auf den glänzenden Ring zurückzukommen ist nach Spranger durchaus auch mit anderen Assoziationen zu rechnen. Als eine weitere Assoziation nennt er: „Gold ist selten" (Spranger 1966a, 100). Prägnanter könnte man formulieren: „Gold hat einen hohen Tauschwert". Spranger spricht in diesem Zusammenhang von der ökonomischen Sinnrichtung, die primär auf die Verwertbarkeit bzw. Nutzbarkeit von Gegenständen ausgerichtet ist. Auch diese Art der Sinnrichtung geht folglich mit einer spezifischen Wahrnehmung einher, im Unterschied zur ästhetischen Sinnrichtung tendiert sie stärker dazu, auf den Gegenstand zugreifen und mit ihm umgehen, etwas aus ihm oder mit ihm machen bzw. ihn nutzbar machen zu wollen. Der überindividuelle Kulturfaktor, der dieser Sinnrichtung folgt, ist für Spranger die Ökonomie (Spranger 1920/1970b, 35f).

Eine andere Assoziationskette zum Ring wäre, dass jemand sogleich darüber ins Nachdenken gerät, woraus Gold denn eigentlich besteht. Dieser Zugang bleibt für Spranger Ausdruck einer distanziert interessierten Grundhaltung zum Gegenstand, zumindest wenn er nicht mit einem ökonomischen Interesse verquickt wird: Spranger nennt ihn die theoretische Sinnrichtung. Der (rein) theoretischen Sinnrichtung ist es eigentümlich vom vorhandenen Einzelring als Phänomen abzusehen, für sie rückt das Einzelphänomen mehr als das „Exemplar von etwas" in den Blick, sie will das Einzelphänomen in einem größeren Zusammenhang durchdringen (Spranger 1968, 26). Der Kulturfaktor dieser Sinnrichtung ist für Spranger die Wissenschaft bzw. die Philosophie (Spranger 1966a, 104; Spranger 1968, 26; Spranger 1966b, 228, 241). S.E. ist es Ausdruck einer wissenschaftlichen Grundhaltung, kein unmittelbares Verwertungsinteresse zu entwickeln: „Sie verweilt in den fernsten Fernen der historischen Grammatik ebenso gern wie in den letzten theoretischen Folgerungen der Funktionentheorie" (Spranger 1920/1970b, 29).

Spranger rechnet über die genannten Werttendenzen und Kulturfaktoren hinaus noch mit einer sozialen Werttendenz (etwa, wenn man mit dem Ring Freundschaft und Verbundenheit assoziiert) und spricht von der Gemeinschaft als dem sozialen Werttendenz entsprechenden Kulturfaktor. Vom Gemeinschaftserleben lässt sich seines Erachtens so etwas wie das Machtbewusstsein abgrenzen (aus dieser Perspektive erschiene der Ring evtl. als ein „Herrschaftssymbol"), das er auf überindividueller Ebene im Staat bzw. der Staatsgewalt repräsentiert sieht. Davon unabhängig spricht Spranger noch von einer religiösen Werttendenz, die für ihn die umfassendste darstellt, weil in ihr ein übergreifender Sinnzusammenhang erlebt werden kann, der alle anderen Sinnrichtungen zu einer Einheit zusammenschließt, wie es Religionen östlicher und westlicher Prägung durch so etwas wie ein mystisches Verschmelzungserleben vermitteln.

Die Herausarbeitung von verschiedenen Werttendenzen und Wertgebieten ist, so Spranger, idealisierend und isolierend. In der Realität gibt es freilich nicht solche isolierten Typen, kein Mensch ist nur Ästhet, nur Machtmensch oder hat nur einen theoretischen Zugang zur Welt. Es sei vielmehr mit unterschiedlichsten Mischformen zu rechnen, die alle angesprochenen Werttendenzen miteinander verbinden. Gleichwohl vertritt Spranger den Standpunkt, dass bei jedem Menschen eine dieser

„Werttendenzen" die vorherrschende ist bzw. die vorherrschende wird (Spranger 1966a, 114), um dann in besonderer Weise seine Motive zu bestimmen (Spranger spricht in diesem Zusammenhang auch von „Motivationstypen"; ebd., 115). Er ist ferner davon überzeugt, dass das auch für die Gesamtkultur gilt, dass also „jede Zeit [...] ihr eigentümliches Gesicht" (Spranger 1966b, 232) hat. Für Spranger ist der Zeitgeist des 20. Jahrhunderts ein „technischer", nämlich „eine Mischung der theoretischen und der ökonomischen" Sinnrichtung (Spranger 1966a, 115). Das, so Spranger, sei nicht immer so gewesen und werde auch nicht immer so bleiben (ebd.), womit er verdeutlicht, dass die geisteswissenschaftliche Perspektive historisch-relativierend denkt: Vorherrschende gesellschaftliche Wertstrukturen sind nicht einfach nur „naturgegeben" sondern sind immer auch geschichtlich bedingt. Man kann sie von daher nur „aus ihrem Gewordensein" verstehen (Spranger 1928/1969a, 112). Vorherrschende Wertstrukturen sind darüber hinaus stets in sich spannungsreich, weil die unterschiedlichen Werttendenzen nicht „gegeneinander kommensurabel" (Spranger 1966a, 287) sind, also miteinander im Widerstreit liegen, etwa im Hinblick auf Nähe, Zugriff und Distanz, wie sich oben am Beispiel von der Wahrnehmung des Ringes ja auch zeigte.

Für die Ausbildung einer persönlichen Wertstruktur, also ob jemand im Laufe seiner Entwicklung z.B. mehr theoretisch-ästhetisch (also philosophisch im klassischen Sinne) oder z.B. theoretisch-ökonomisch, (also technisch), „gestimmt wird", sind zwar, so vermutet Spranger, so etwas wie angeborene Anlagen prägend, eine wichtige Rolle spielen jedoch auch die soziale Lage und vor allem die Eindrücke, die bewusst oder unbewusst den Heranwachsenden vermittelt werden (ebd., 341, 343). Spranger sieht hier eine „Doppelseitigkeit" (ebd., 341) gegeben. Für die Herausbildung einer persönlichen Wertstruktur sei zum Einen der „nächste Kreis" entscheidend (ebd.), zum anderen aber, vor allem wenn es um den die Vermittlung des dominierenden Zeitgeistes geht, kommt für Spranger eine andere Einrichtung ins Spiel, nämlich die Schule: Sie ist s.E. de facto „der bewusst angelegte Kanal [...] um solche Zeiteinflüsse an die junge Generation heranzubringen" (Spranger 1966b, 232).

Damit wäre eine erste Bestimmung von Schule als Kulturwertgebilde vorgenommen: Sie vermittelt den Geist der Zeit. Mit dieser Einschätzung aber bewegen wir uns noch ganz auf der Ebene der historisch-psychologischen Deutung. Die andere Ebene der geisteswissenschaftlichen Perspektive ist, wie eingangs ausgeführt, die ideelle bzw. normative, die der Bildungsbegriff mit sich bringt: Prägnant zum Ausdruck kommt dies in den folgenden beiden Sätzen Sprangers: „Nicht alles, was Wert hat, hat Bildungswert" (Spranger 1920/1970b, 32). „Es sollte nie und nirgends nur im Sinne der kollektiven Moral erzogen werden, sondern immer darüber hinaus im Sinne des idealen Wertsystems" (Spranger 1966a, 347). Wie aber kommt man zu einem „idealen Wertsystem"? Was hat Bildungswert, was hat keinen? Was bedeuten diese Aussagen für die Schule?

Schule und ideales Wertsystem

Betrachtet man Sprangers Überlegungen zu einer Werthierarchie so lässt sich feststellen, dass er, ganz im idealistischen Sinne, von einer Rangordnung der Werte vom aus dieser Sicht Naturhaften (Begehren, Bedürfnisse) hin zum Ideellen (Theoretisch-Philosophisches bzw. Sinndeutend-Religiöses) ausgeht (Spranger 1966a, 317). Die Begründung dafür ist, dass der „naturhafte Kreislauf von Erwerb und Verbrauch" die Frage nach dem „Wozu" noch gar nicht berühre (ebd.). Auf der anderen Seite ist Spranger anders als etwa Hegel skeptisch, was eine objektive Rangordnung der Werte betrifft (ebd., 335). Wichtiger als die Formulierung einer objektiven Werthierarchie erscheint Spranger offensichtlich ein anderer Aspekt, wenn er von Bildungswert und idealem Wertsystem spricht, nämlich die Gewährleistung, dass die sich bildenden Individuen die Möglichkeit erhalten, sich den Wertekosmos von ihrem jeweils eigentümlichen Standpunkt aus aneignen zu können und dieser nicht aus wie immer gearteter Kalkül dargeboten wird. Hier nimmt Spranger eine gewisse Abgrenzung sowohl zum bildungstheoretischen Denken von Schule, wie es bei Humboldt begegnet ist, vor, als auch gegenüber einer bedarfsökonomischen Begründung von Schulbildung:

> „Nicht der Staat ist *der Idee nach* von der Erziehung fernzuhalten, sondern der Gesinnungsdruck des Staates als bloßer Machtorganisation; nicht die Wissenschaft natürlich, wohl aber alles nur dogmatische, nicht innerlich eingesehene und bejahte Wissen; nicht die Religion, sondern die bloß äußerlich gemeinte und zugemutete Religion; nicht die Welt der Interessen und des Nutzsuchens überhaupt, wohl aber die Herrschaft von Interessen." (Spranger 1928/1969, 139)

Nicht der Gegensatz von „Berufsbildung und Allgemeinbildung" ist für Spranger, anders als etwa für Humboldt, von besonderer Bedeutung (Spranger 1918/1969b, 15), denn auch das Nützliche hat für ihn bildenden Wert. Er rechnet im Gegenteil damit, dass jeder sich das Allgemeine der Bildung auf seine „besondere Art erobern" könne (ebd.). Ein Heranwachsender mit einer ökonomischen Werttendenz hat nach Spranger ein anderes Weltverhältnis als ein Heranwachsender, bei dem vor allem das Theoretisch-Ästhetische innere Resonanz auszulösen vermag. Schule kann und muss hier, so Spranger, durchaus differenzieren können, Bildung könne gerade nicht mit einer einseitig literarischen Bildung, wie sie für das Gymnasium seiner Zeit noch charakteristisch war, gleichgesetzt werden (ebd., 16). Spranger rechnet eben mit Prädisponiertheit, mit einer „Individualität, die weder gepflanzt noch ausgerottet, sondern nur veredelt und gereinigt werden kann" (Spranger 1920/1970b, 42). Er geht von groben Unterschieden der Persönlichkeiten aus, „wie hohe[r] künstlerische[r] Begabung, fehlender religiöser Sinn, Grundrichtungen des Intellektes" und damit durchaus auch mit „Grenzen der Bildsamkeit" (ebd.), denen Rechnung zu tragen sei, weil eine bildungstheoretisch legitimierte Schule gerade nicht die Aufgabe haben könne, die Individualitäten zu zeitgeistaffinen Produkten zu stanzen. Das Problem der Schule entsteht aus dieser Sicht entsprechend dort, wo die Darbietung von Bildungsgütern der Herrschaft von Interessen bzw. einem Machtkalkül dient, für das die Entwicklung der Persönlichkeit, Spranger greift in diesem Zusammenhang den aristotelischen Begriff der Entelechie[7] auf, gerade nicht im Vordergrund steht.

Was Spranger allerdings ebenfalls als problematisch ansieht, ist „der bloße Spezialist, der mit uneröffneten Augen an seiner Scholle haftet und sich ewig im Kreise seiner engen Routinen dreht" (Spranger 1918/1969b, 16). Bildungswert gehe entsprechend immer auch mit der „Entbindung *aller* Wertrichtungen im Erleben, der Gesinnung und dem praktischen Verhalten" einher (Spranger 1955/1970a, 45). Jeder Heranwachsende, so Spranger, soll durch die Schule dahin geführt werden, sich auch für diejenigen Werttendenzen, die nicht „zu den vorherrschenden seiner Natur gehören" (Spranger 1966a, 348), zu öffnen. Bildungswert hat aus seiner Sicht entsprechend eine Schule, die jedem Heranwachsenden dazu verhilft, von seinem persönlichen Standpunkt aus Sinn für den Zusammenhang aller möglichen Werttendenzen zu gewinnen. Um dies gewährleisten zu können, sind für Spranger vor allem zwei Phasen der Schulbildung von besonderer Bedeutung: Die Phase der frühen Kindheit, die Zeit der Volksschule, sowie die Phase der Pubertät, die Zeit der weiterführenden Schule. In beiden Phasen kommt es nach Spranger entscheidend darauf an, der Bedeutung dieser Entwicklungsphasen für den Bildungsprozess gerecht zu werden.

Kindliche Eigenwelten und Volksschule

Eduard Spranger hat in einer autobiographischen Notiz die Abhandlung *Der Eigengeist der Volksschule* als eine seiner wichtigsten Schriften hervorgehoben. (Spranger 1961/1964, 20). Die Volksschule, so kann man dort lesen, stelle „*die pädagogische Brücke*" von den Eigenwelten des Kindes zum Kulturganzen dar (Spranger 1955/1970a, 265). Das Kulturganze wird in dieser Schrift zunächst als objektiver Gegenpol zur kindlichen Eigenwelt bezeichnet. So leistet seines Erachtens beispielsweise der Umgang mit den mathematischen Symbolen einen wichtigen Beitrag zum Übergang in die streng objektive Welt (ebd., 304). Gleichwohl betont Spranger, dass den kindlichen Eigenwelten ein *Eigenwert* zukomme. Der Übergang zur objektiven Welt wird hier entsprechend so verstanden, dass er kein Exodus, kein gänzliches Zurücklassen des Kindhaften sein kann, sondern dass es die kindhaften Eigenwelten in diesem Übergehen zu bewahren gilt: Die Volksschule habe entsprechend die Aufgabe, „typische Züge von diesen Eigenwelten zu kultivieren, weil sie im Sinne des vollen Menschentums wertvoll sind" (ebd., 269). Was Spranger genau unter diesen Eigenwelten versteht, verdeutlicht sich, wenn man seine Rede vom „magischen Alter" (ebd., 285) beachtet. Mit dem „Magischen" zielt er auf ein unmittelbares „Verwobensein von Seele und Sache, von Subjekt und Objekt" (ebd.), die seiner Ansicht nach im Kind noch „ungeteilt" (Spranger 1966a, 345), in einer magischen Verbundenheit erlebt werden. In dieser wichtigen Entwicklungsphase ist die Verbundenheit nämlich noch nicht durch „ein nüchternes Beobachten der abgerückten Objekte [des] homo faber" verdrängt worden (Spranger 1955/1970a, 286). Wenn Spranger vom „Magischen" spricht, denkt er dabei beispielsweise an ein Kind, das völlig in sein Spiel versunken ist, das im Augenblick des Spiels ganz aufzugehen scheint und auch nicht die Frage stellt, was ihm dieses Spiel jetzt nützt. Für Spranger liegt hier die Wurzel des Ästhetischen, nämlich ohne ein besonderes Interesse nahe bei den Dingen zu sein. Für die jetzt folgende „natürliche" Entwicklung bzw. Reifung im Kindesalter wie auch für die organisierte Bildungsentwicklung kann es nicht ausbleiben, dass diese Unmittelbarkeit durchbrochen wird: Es ist ein Charakteristikum der Jugendzeit, sich als ein Gegenüber zur Umgebung zu setzen und sich von ihr zu entfremden (Spranger 1966a, 345). Dass das kindliche Einssein jedoch gänzlich abgestreift, dass „Subjektwelt und Objektwelt […] so radikal zerrissen" werden, wie es bei der vorherrschenden Dominanz eines technischen Weltumgangs charakteristisch ist, ist für Spranger jedoch nicht nur auf die natürliche Entwicklung zurückzuführen, sondern gleichzeitig Ausdruck „fortschreitender Enthumanisierung des Menschen unserer Zeit" (Spranger 1955/1970a, 275), die eben ein *einseitig* technisches Gepräge erhalten habe. Die Volksschule hat gerade angesichts dieser Entwicklung aus bildungstheoretischen Gründen die Aufgabe, hier bewahrend zu wirken und die Versachlichung bzw. Verzweckung von allem, was ist, nicht ungebremst voranzutreiben: Das tut sie beispielsweise dort, wo sie nicht einer reinen Logisierung der Sprache Vorschub leistet, die als „völlig entseelte Zwecksprache" (ebd., 280) gänzlich ihrer „Gemütstiefen" entkleidet würde. Spranger geht es konkret darum, einen Sinn für das Poetische der Sprache zu bewahren (ebd., 283). Die Gefahr der technischen Einseitigkeit im zeitgeistbedingten Denken und Handeln und der logisierten Zwecksprache sieht er darin, dass sie dazu verleiten, auch Menschen als Gegenstände, als „Mittel für Machtziele und Erwerbsziele" anzusehen (ebd., 275). In kulturkritischer Weise sieht Spranger hier auch die Gefahr einer durch Nivellierung und Uniformierung von Eigenwelten gekennzeichneten Massenkultur, in der alles auf einen Nenner gebracht und standardisiert wird. Interessanterweise nimmt er mit diesen Überlegungen einen vor allem für Adornos *Kritische Theorie* wesentlichen Gedankengang vorweg. Auch Spranger sieht eine hohe Bedeutung des Ästhetischen für die moderne Welt: Ästhetische Bildung ist so gesehen für ihn nichts anderes, als „von der Phase des magischen Seele-Welt-Verhältnisses etwas Belebendes und Veredelndes hinüberzuretten in die Epoche der realistisch gerichteten Seelenstruktur" (ebd., 290), was in besonderer Weise die Aufgabe der Volksschule darstellt. An dieser Stelle verdeutlicht sich einmal mehr das Spezifikum der geisteswissenschaftlichen Perspektive auf die Schule in ihrer Abgrenzung zu wissenschaftlich-technischen Perspektiven, in denen schon aus methodischen Gründen weniger die innere Erlebnisstruktur bzw. die jeweilige Eigenwelt Heranwachsender Gegenstand des Interesses sein dürfte.

Weiterführende Schule und „Erweckungspädagogik"

Die Volksschule als pädagogische Brücke von den kindlichen Eigenwelten hin zur objektiven Kulturwelt endet dort, wo Heranwachsende beginnen, ihre eigene Position angesichts der verschiedenen Wertfelder zu suchen. Selten, so Spranger, sei beim Kind schon eine „geistige Richtung", eine persönliche Werttendenz erkennbar (Spranger 1966a, 342). Genau hier setzt die Erziehung der weiterführenden Schule an: Sie ist „Prozess der Wertbelebung" (Spranger 1955/1970a, 41), weil es im Jugendalter bzw. in der Zeit der Pubertät darum gehe, zum „Zentrum der persönlich bejahenden Wertsetzung vor[zu]dringen" (Spranger 1966a, 347). In den Tiefen, so Spranger, sei schon mit einer Vorgebildetheit dessen, was werden kann, zu rechnen. In der Pubertätszeit, „wo das Ich sich zum ersten Male als ein Fürsichseiendes der Welt gegenüberstellt" (ebd., 345) geht es um die „Herausarbeitung und Festigung" der persönlichen Werttendenz (ebd., 342), bilden sich persönliche Interessen aus. Deshalb, so folgert er, sei diese Zeit „neben den allerersten Jahren für die Erziehung die wichtigste Zeit" (ebd.).

Spranger hat vor allem diesen Wertbildungsprozess im Jugendalter im Blick, wenn er in seiner bekannten gleichnamigen Programmschrift die ideale Lehrkraft als *geborenen Erzieher* vorstellt. Dass die schulische Lehrkraft in erster Linie erzieht, steht ganz im Zeichen der sogenannten „Erweckungspädagogik", bei der das verstehende Bemühen um das innere Seelenleben der Schülerinnen und Schülern in den Vordergrund gerückt ist. Die Programmschrift *Der geborene Erzieher*, die aus einem Vortrag am pädagogischen Institut in Weingarten 1956 hervorgegangen ist, kreist entsprechend um den Prozess der Personwerdung durch die Vermittlung von Kulturwerten. Weil Spranger, wie beschrieben, mit unterschiedlichen Prädispositionen, was die Werttendenzen betrifft, rechnet, kann seines Erachtens Erziehung „nur Möglichkeiten bieten und herauslocken, nicht beliebig formen" (ebd., 343). Ein technisches Durchgriffsdenken ist aus geisteswissenschaftlicher Perspektive weder vorstellbar noch zielführend: Der Schüler ist kein Unterrichtsobjekt, über das die Lehrkraft in irgendeiner Weise zu verfügen hätte. Sprangers Ausführungen bleiben, wie die gesamte geisteswissenschaftliche Pädagogik, von daher dem Methodischen und Organisatorischen des Unterrichts gegenüber ausgesprochen vage und verfolgen auch keine Effizienzdebatten[8]. Die Überlegungen zur Kulturwertbildung bei Heranwachsenden wird vielmehr programmatisch, nicht ohne Pathos vorgetragen: So kreisen Sprangers Ausführungen vor allem um die Bedeutung der Persönlichkeit des erziehenden Lehrers, der ein „voller, reifer Mensch" sein müsse (Spranger 1968, 43). Der Ausdruck *geborener Erzieher* ist nur im übertragenen Sinne gemeint. Zu der „beträchtlichen Reife", die er hat, sei „ein langer Bildungsweg nötig" (ebd., 14), er bedarf der Offenheit für das Leben der geistigen Welt, dazu „eines Besitzes an Bildungsgütern, die er in andern wecken und pflegen soll" (Spranger 1920/1970b, 27). Mit einem *pädaogogischen Eros* ausgestattet (Spranger 1968, 95), der darauf ausgerichtet ist, die Schülerin und den Schüler „empor[zu]bilden" (ebd., 96), begegnet der Erzieher den ihm Anvertrauten. In ihnen sieht er vor allem „die gegebenen Möglichkeiten" (ebd., 97), die es zu „erwecken" gelte, er weiß um die wechselseitigen Idealisierungen von Schüler und Lehrperson, um die notwendigen Identifizierungsprozesse (ebd., 100) und geht in pädagogischer Verantwortung damit um. Als „Menschenbildner" gelingt ihm die Rückverwandlung von kulturell Fertigem in Bildungsgüter, da die bereits geformte Kultur für den jugendlichen Geist „hemmend" wirken kann (Spranger 1966b, 152). Er verflüssigt das Feste, um es in den Heranwachsenden „lebendig" werden zu lassen (Spranger 1968, 29ff), er begeistert den „romantisch" empfindenden Jugendlichen, wo die Erwachsenengesellschaft „aufs äußerste realistisch, durchaus phantasielos und poesielos" geworden sei (Spranger 1966b, 146).

Kritische Würdigung

Sprangers idealisierte Beschreibungen der pädagogischen Beziehung zwischen Lehrkraft und Schüler machen deren Grenzen deutlich: Die Schule ähnelt in solchen Beschreibungen der idealisierten Darstellung stark einer antiken Philosophenschule Griechenlands. In der Tat bezieht sich Spranger in seiner Schrift auch tatsächlich auf das platonische Höhlengleichnis und sieht den geborenen Erzieher als Vermittler der Idee „des Guten, Wahren, Schönen" (Spranger 1968, 67). An dieser Stelle stellt sich freilich die Frage, ob eine solche idealisierende Darstellung der Schule überhaupt reale Phänomene der Schulwirklichkeit berührt oder ob es nicht ebenso eine „Luftkonstruktion" darstellt, wie es Spranger an Humboldt kritisiert hat. Helmut Fend konnte in diesem Zusammenhang zeigen, wie sehr die geisteswissenschaftliche Perspektive tatsächlich schulische Erfahrungsfelder zu beeinflussen vermochte, vor allem den gymnasialen Deutsch- bzw. Literaturunterricht bis in die 1960er Jahre (Fend 1980, 137ff), dem in dieser Zeit auch eine herausragende schulische Bedeutung zugekommen ist. Fend hat die geisteswissenschaftliche Programmatik in diesem Kontext dahingehend kritisiert, dass sie einseitig „das Menschenbild und Gesellschaftsbild des Bildungsbürgers [propagiert], der sich in Abhebung von der kulturkritisch gegeißelten Gesellschaft als autonomes Individuum entwickelt" (ebd., 143). Für Bourdieu erweist sich diese Perspektive darüber hinaus auch von daher als problematisch, als sie seines Erachtens einseitig und systematisch das gehobene Bildungsbürgertum in der Schule gegenüber anderen Gesellschaftsschichten privilegiere. Spranger war mit Sicherheit von der Denkwelt eines nationalkonservativ-preußischen Bürgertums befangen. Ein weiteres Problem, das damit zusammenhängend dürfte, besteht in der zunächst mangelnden universitätspolitischen Abgrenzung zum NS-Regime, die ihm – vor allem um 1933 – inhaltlich begründet vorgeworfen werden kann (vgl. Orthmeyer 2009, 30-42).

Von solchen persönlichen, letztlich wohl strategisch motivierten Fehltritten abgesehen, kann man an dieser Stelle jedoch festhalten, dass die geisteswissenschaftliche Perspektive auf die Schule, wie sie bei Spranger begegnet, in besonderer Weise das pädagogische Ziel der Personwerdung heraushebt, das ästhetische Moment schulischer Erziehung unterstreicht und für das Problem einer Instrumentalisierung schulischer Bildung für einseitige gesellschaftliche Zwecke sensibilisiert. Ob man heute noch in derselben Weise wie Spranger von individuell verschiedenen Werttendenzen und allgemein anerkannten Kulturfaktoren sprechen kann, ist umstritten. Die Rede von unterschiedlichen Menschentypen findet in der Wissenschaft, z.B. der Biologie, durchaus Fürsprecher (z.B. Neumann 2002), auf die Spranger-sche Typologie bezieht man sich bis heute bei der Klassifikation von Interessen, z.B. für die Personalauswahl oder die Berufs- und Studienberatung. Vor allem die Rede von den objektiven Kulturwerten und die Prägnanz der von Spranger vorgelegten Beschreibung wurde hingegen immer wieder Gegenstand der Kritik (z.B. Bellmann 1999).

3.3.2 Materialistische Perspektive: Bernfeld

Siegfried Bernfeld (geb. 1892 in Lemberg, gest. 1953 in San Francisco) war Psychoanalytiker und Pädagoge. Als Anhänger der Psychoanalyse Freuds und der Gesellschaftskritik von Karl Marx, hat er im Jahr 1925 eine Streitschrift verfasst, die sich als eine direkte Replik auf Eduard Sprangers geisteswissenschaftliche Perspektive und alle bisher aufgeführten Sichtweisen auf die Schule lesen lässt und diese Perspektiven mit einem großen Fragezeichen versieht: *Sisyphos oder die Grenzen der Erziehung*. Besonders deutlich wird das in einer zentralen Passage dieser Schrift, wo er einen fiktiven Unterrichtsminister, Bürger Machiavell, auftreten lässt, der, wie Bernfeld betont, „kein einziges Kolleg von Spranger" belegt habe (Bernfeld 1925/1973, 98). Gleichwohl habe diese Figur „eine diabolische Art" (ebd.), all das – ohne es je gelesen zu haben – zu propagieren, was Spranger und andere Anhänger eines humanistischen Erziehungsdenkens für wertvoll erachten und der Schule angedeihen lassen wollen, allerdings in einer „zynischen, unwahren, unidealen Weise" (ebd., 106). Bernfeld verfolgt eine antiidealistisch-materialistische Perspektive auf Schule und Erziehung. Für ihn sind entsprechend alle bisherigen „Pädagogiker", die sich wie Humboldt, Herbart oder auch Spranger um die Schule bemüht haben, keine Menschenbildner, sondern eine Sisyphosgestalt. Mit dieser Figur der griechischen Mythologie, die, so Bernfeld, „in weitester Folge das Gymnasium verschuldete" (ebd., 115), hat Bernfeld wenig Mitleid, auch deshalb nicht, weil sie vielleicht gar kein Bedauern will. Bernfeld vermutet, dass sie den Stein (die Ziele der im weitesten Sinne idealistischen Pädagogik) vielleicht sogar nur aus sportlichem Interesse auf den Berg rollt und sich freut, wenn sie von Neuem damit beginnen kann, weil der Stein auf dem Berg keinen Halt findet, weil die Pädagogik von Bildungszielen „beseelt" ist, die – um es mit Freud und Marx zu formulieren – als Projektionen bzw. Hirngespinste jeglicher Realität entbehren und für die es keine Mittel gibt, sie jemals zu erreichen (ebd., 115). Das müsse sie auch nicht. Es handelt sich für Bernfeld offensichtlich um vernebelndes Opium des Volkes, um einen Gedanken des gesellschaftstheoretisch ebenfalls antiidealistisch argumentierenden Karl Marx aufzugreifen. Es gibt die Erziehungs- und Bildungsideale – wie auch die Schule als Institution – aus anderen Gründen, sie sind gesellschaftlicher Natur. Aus welchen, möchte Bernfeld mit seiner antibürgerlichen Gesellschaftskritik verdeutlichen, die, wie bereits angedeutet, auch Anleihen bei der Psychoanalyse Freuds nimmt.

Erziehung, Pädagogik, Schule

Um zu erkennen, wie es um eine pädagogische Sicht auf die Schule bestellt ist, muss man nach Bernfeld nur die Einstellung derer betrachten, die keine Pädagogen sind und tatsächlich Verantwortung für die Schule tragen. Die „Einstellung der nicht-pädagogischen Welt […] zu der Pädagogik und den Pädagogen", so Bernfeld, sei „Nachsichtigkeit gegenüber ihren Idealen – es wäre schön – und entschiedener kalter Unglaube gegenüber ihren Programmen, Mitteln, Versprechungen" (Bernfeld 1925/1973, 8). Dass eine allgemeine Skepsis gegenüber der tatsächlichen Wirksamkeit pädagogischer Programme in der Schule vorherrscht, illustriert Bernfeld an den freiheitlichen Ideen des Pädagogen Fröbel im 19. Jahrhundert: Sie wurden anfangs angesichts des restaurativen Klimas im Staat, so Bernfeld, verboten, dann aber wieder erlaubt, schließlich sogar gefördert. Man sah in ihnen offensichtlich trotz des Freiheitspathos keine wirkliche Gefahr für restriktive Staatsziele. Für Bernfeld nicht weiter verwunderlich, denn „die Pädagogik hält nicht, was man sich von ihr verspricht, sie gibt keine klaren, eindeutigen, konkreten Anweisungen" (ebd., 9). Fraglich daran ist für Bernfeld allerdings, dass es für die Schule eigentlich ja einen klaren Auftrag gebe: Unterricht und Didaktik seien schließlich ein sachliches Mittel zur Erreichung von Unterrichtszwecken. „Die Aufgabe des Lehrers ist präzis: er hat zu unterrichten, und zwar einen bestimmten Stoff, in einer bestimmten Zeit, an bestimmte Kinder. Der Erfolg seiner Tätigkeit ist kontrollierbar" (ebd., 21). Unterrichten, so Bernfeld, das ist vergleichbar mit der Bienenzucht: Sie z.B. ist ein reines Mittel, um Honig zu gewinnen (ebd., 20). In der Schule jedoch gibt es praktisch keine „Bienendidaktik", die Pädagogik liefere vielmehr eine „Philosophiedidaktik", die Gefahr laufe, dass „die Kinder dumm bleiben" (ebd.). Bernfeld will damit sagen: Der Pädagogik mangelt es an „Rationalität" (ebd., 15). Anders als etwa der Bienenzüchter, die Ärztin oder die Lokomotivführerin, muss sich der Pädagoge – zumindest 1925 – nicht daran messen lassen, ob er den gewünschten Effekt herbeizuführen vermag. Die Medizinerin führt keine Zaubereien mehr aus, sie kontrolliert ihre Mittel und wird daran gemessen. Auch bei einem Lokführer, so Bernfeld, frage man nicht nach seinen Idealen, ob er etwa „Lokomotivführer wurde, weil sein Kindertraum der Bändigung des Maschinenungeheuers galt" (ebd., 23). Nein, es gehe ausschließlich darum, dass er die Lokomotive sicher zu fahren weiß, wie eben der Lehrer dem Schüler etwas beizubringen habe. Überall sei die Rationalisierung fortgeschritten – außer in der Pädagogik – und es bleibt Bernfeld nur zu konstatieren: „Unter allen gesellschaftlichen, kulturellen Tätigkeiten entbehrt fast allein die Pädagogik dieser Tatbestands-Gesinnung" (ebd., 13): Statt von Unterricht spricht man von Erziehung, obwohl keiner so genau weiß, was Erziehung denn eigentlich ist. Alles wäre recht einfach. „Die Pädagogik gibt sich äußerste Mühe, diese nüchterne Einfachheit ideologisch zu verzieren, diese harte Klarheit armselig zu vernebeln" (ebd., 21). Anders als den Unterrichtserfolg kann eine Lehrperson einen Erziehungserfolg nämlich nicht überprüfen (ebd., 22). Ein nüchterner Blick auf die Begrifflichkeiten der Pädagogik, wie sie im vergangenen Kapitel bei Spranger begegnet sind, genügt nach Bernfeld, um sie als Nebelkerzen zu entlarven. Wenn Pädagogen von Erziehung sprechen, dann geht es ihnen, so Bernfeld, gar nicht um Wirkungen, sondern um Ideale. Da werde wahlweise das „sittliche, soziale, religiöse, intellektuelle Ideal als Ziel der Erziehung" (ebd., 38) propagiert oder gar so etwas wie die Idee der Menschheit (ebd., 39). Die „technische Schwierigkeit der Sache" (ebd.), solche Ziele genauer zu präzisieren, geschweige denn erreichen zu können, bekümmert die Pädagogen offensichtlich kaum. Dabei genüge ein nüchterner Blick: Das *Ergebnis* aller Erziehungsziele sei „die Menschheit von heute" (ebd., 41). Den pädagogischen Idealen wohnt offensichtlich „die umbildende idealverwirklichende Kraft nicht inne, die die Systeme der großen Pädagogiker ihnen zuschreiben" (ebd.). Wie auch? Es gibt kein Mittel, festzustellen, „ob dieser Junge ein sittlich-religiöses Subjekt, dieses Mädchen ein Charakter ist" (ebd.). Wenn Urteile über Erziehungserfolge von Pädagogen gemacht werden, dann keine kontrollierbaren (ebd., 43), sie sind intuitiv. Und kein Pädagoge kann angeben, dass es gerade der Erziehungserfolg der Schule gewesen sein soll, dass jemand diesen oder jenen Charakter ausgebildet hat (ebd., 37).

Für Bernfeld gibt es nur eine Schlussfolgerung: Die Pädagogik ist „ein Luftgebäude" (ebd., 45). Die Erziehung, von der sie spricht, gibt es nicht. Schlimmer: „die Pädagogik verhindert vielleicht die Zukunft, die sie verspricht" (ebd., 11). Warum aber ist das nicht anders? Es liegt für Bernfeld nicht daran, dass Kinder und Heranwachsende eben keine Lokomotiven sind, die man von Punkt a nach Punkt b mit einem geeigneten Plan und der Kunst des Zugfahrens zielsicher steuern könnte. Das wäre ein idealistischer Standpunkt. Die materialistische Antwort Bernfelds ist eine andere: Der „Entwicklung einer Erziehungswissenschaft stehen starke Kräfte entgegen" (ebd., 13). Sie müsste allererst „von der Pädagogik und ihren Wertungen befreit" werden (ebd., 52), denn letztere verhindern nach Bernfeld gerade die Erkenntnis und die Funktion von Erziehung (ebd., 53). Worin aber besteht die Funktion von Erziehung, wenn es Erziehung im Sinne der Pädagogik gar nicht gibt? Was genau findet in der Schule statt, wenn es nicht nur um den Unterricht im engen Sinne geht?

Erziehung und Schule im Lichte einer „Tatbestands-Gesinnung"

Eine nüchterne Tatbestandsgesinnung zeigt zunächst, worin neben allen inhaltlichen Schwierigkeiten der Erziehungsziele das Grundproblem der Pädagogik besteht: Sie geht von einer idealisierten Zweierbeziehung aus, dem Erzieher und dem Zögling, und überträgt dieses Interaktionsverhältnis auf die Schule, wie es beispielsweise Spranger im *Geborenen Erzieher* tut. Das Schulwesen jedoch, so Bernfeld, sei eine „komplizierte Institution" (Bernfeld 1925/1973, 26), die Übertragung der idealisierten Zweierbeziehung von Erzieher und Zögling erhelle nichts, sie verschleiere vielmehr die eigentlichen Vorgänge (ebd., 58). Die „Wirkungen solcher Pädagogik auf die Erziehung [sind] nahezu null" (ebd., 59). Denn: „Als Ganzes übt es bestimmte Wirkungen auf die heranwachsende Jugend aus [...] Die Tätigkeit des einzelnen Lehrers, sein Unterricht ist bloß ein Faktor in dem Ganzen dieser Wirkungen" (ebd., 26). Es ist genau diese gesellschaftliche Bedingtheit, die nach Bernfeld dem idealisierten Blick auf die Schule entgeht, wie er in den bisher vorgestellten Schultheorien letztlich – sieht man vielleicht von Hegel ab – vorherrschend war:

> „Das Schulwesen hat offenbar Wirkungen, die über den eigentlichen Unterricht weit hinaus reichen. Die Schule – als Institution – erzieht [...] zum Hohne allen Lehren der großen und kleinen Erzieher, zum Hohne allen Lehr- und Erziehungsprogrammen." (Bernfeld 1925/1973, 28)

Erziehung, „wie sie wirklich ist" (ebd., 49) ist, so Bernfeld, also eine „unvermeidliche soziale Tatsache" (ebd.) und gerade kein „System von Normen und Anweisungen", wie es die Pädagogik und ihre Schule glauben machen wollen (ebd., 51). Was die Schule ist, lässt sich nicht normativ aus dem Bildungsbegriff wie bei Humboldt und letztlich auch bei Spranger ableiten. Die Schule ist nichts anderes, als der Ausdruck gesellschaftlicher Verhältnisse. Ändern sie sich, ändert sich die Schule (ebd., 54), ob die Pädagogen das wollen oder nicht.

Es fragt sich, nimmt man den Standpunkt Bernfelds ernst, wieso es die Schulpädagogik (jedenfalls der alten Couleur) dann überhaupt gibt. Die perspektivengemäße Antwort kann nur lauten: Sie erfüllt die gesellschaftliche Funktion (ebd., 46) ganz unabhängig von ihrer jeweiligen Ideologie oder gerade durch sie. An dieser Stelle verbindet Bernfeld die materialistisch-antiidealistische Grundhaltung mit der marxistischen Gesellschaftsanalyse vom Klassenkampf. Erziehung, so Bernfeld, sei ein „sehr respektables Kampfmittel" (ebd., 97), das dazu diene, die „Macht der herrschenden Klasse zu sichern" (ebd.).

Schule und Klassengesellschaft

In der von Klassengegensätzen geprägten Gesellschaft nehme die Ökonomie eine Schlüsselstellung zur Erhaltung der herrschenden Klasse ein, die eine Minderheit sei. Anders als der Name Ökonomie suggeriert, geht es nicht um Bedarfsdeckung mit Gütern, nicht darum, „den Hunger der Menschheit, ich meine jedes einzelnen Menschen, zu stillen" (Bernfeld 1925/1973, 95). Es geht, so Bernfeld, vielmehr darum, „den durch Genuß überreizten Appetit ihrer Minderheit, und zwar einer recht unbeträchtlichen Minderheit, der Angehörigen der herrschenden Klasse, bis zur Übersättigung zu befriedigen" (ebd.). Dabei sieht die Rollenverteilung der Klassen so aus: Die herrschende, bürgerliche Klasse ist „von jeder körperlichen Arbeit befreit" (ebd.), sie ergeht sich „im Konsum der Wirtschaftsgüter und in der Produktions-Leitung, also in einer künstlerischen, spielerischen, von äußerem Zwang freien" Tätigkeit (ebd.). Die andere Klasse, das Industrieproletariat, schuftet hingegen in den Fabriken.

Mit anderen Worten, die Minderheit der herrschenden Klasse lebt auf Kosten der Mehrheit. Dass das möglich ist, verdanke sie nicht zuletzt der Schule und den Erziehungsidealen, die die Pädagogen mit ihr verbinden: das Spielerische und Zweckfreie. Es ist nichts anderes als der bürgerliche Lebensstil, der für sich genommen als „Kulturplus" nichts zur Produktivkraft beiträgt (ebd.). Dieser Lebensstil jedoch ist von großer gesellschaftlicher Bedeutung: Alle Kinder müssen ihn lieben lernen, als erstrebenswert ansehen. Nur so können sich die ungleichgewichtigen Verhältnisse reproduzieren. Hier hebt die fiktive Rede des Unterrichtsministers an, der mit zynischen Worten (aus Bernfelds Sicht) nichts anderes als das bestehende Schulsystem charakterisiert: Es gelte, so Machiavell, der Unterrichtsminister, „einen Intellektuellenstand zu schaffen, […] die quasi bürgerliche Jugend durch eine Bildungskluft von der proletarischen [zu] trennen und sie durch Identifikation für ewig im Wünschen und Denken mit der besitzenden Klasse [zu] verknüpfen" (ebd., 99f). Das Mittel der Wahl sei ein simpler psychologischer Mechanismus, nämlich „libidinöse Identifikation" (ebd., 99) also ein verlangendes Streben danach, auch so zu sein. Die proletarische Jugend müsse die Ideale der bürgerlichen Herrscherklasse lieben lernen, also sie als in sich wertvoll erachten. Das sei umso leichter, wenn man sieht, wie genussreich die herrschende Klasse in ihrem Reichtum schwelgen kann. Wenn also die bürgerliche Klasse durch „das Vermögen und soziale Ansehen ihrer Väter" gesichert „eine ungestörte Schullaufbahn" durchlaufe (ebd.), kommen Erziehungsziele, die idealistischen Phantasiebildern gleichen, gerade recht. Gelernt werde aber etwas zutiefst Antiideelles, rein Materielles, nämlich, dass die bürgerliche Jugend „sich von selbst an den Annehmlichkeiten eines parasitären Lebens" bildet (ebd., 101). Der jugendliche Idealismus und auch die jugendliche Empfänglichkeit kann dabei ohne Gefahr „mit großen Worten", mit „Kulturwerten" genährt werden: „Vaterland – Kultur – Nation – Kultur – Wissenschaft – Kunst – Kultur – Volk – Rasse – Kultur" (ebd., 101). Bedeutung habe das alles keine. Aber es lenke „als Ideologie" ab vom eigentlich materiellen Geschehen, das allein in der Erhaltung des Klassengegensatzes besteht. Die Ablenkung ist total: Die Ideologie von den Kulturwerten kann helfen, die Kräfte aller Klassen zu mobilisieren, wenn man ihnen z.B. suggeriert, dass sie durch einen fiktiven irrealen Feind, z.B. „den Juden" bedroht würden (ebd., 103), so formuliert Bernfeld wohlgemerkt im Jahre 1925. Im Blick hat er im Kampf um die „heiligsten Kulturgüter" des Volkes wohl den Kriegsenthusiasmus von 1914, dem auch die Arbeiterbewegung erlegen ist. Die Zweiteilung ist perfekt: Noch bevor die proletarische Jugend rebellieren kann, wird sie in die Fabrik abgeschoben. Die bürgerliche Jugend hingegen wird aufgrund der erlebten Vorteile ihrer Existenz, der „Glücksmöglichkeiten des Besitzes" (ebd., 100), diese Annehm-lichkeiten mit der Zeit nicht mehr entbehren können, die durch eine ausgedehnte Schulzeit bis in die zwanziger Jahre, nämlich an der sogenannten Universität, noch verlängert werden.

Kritische Würdigung

Bernfeld will mit seiner kritischen Sicht auf die Schule sicherlich ganz bewusst provozieren. Er tut es, weil er „die Möglichkeit einer anders strukturierten Gesell-schaft" (Bernfeld 1925/1973, 109), einer sozialistischen Gesellschaft, als heilsamere Alternative betrachtet. Dass Erziehung „Konservierung" der bestehenden sozial-ökonomischen Verhältnisse mit sich bringt (ebd., 110), macht Bernfeld zum radi-kalen Kritiker der Erziehung und Erziehungsphilosophie und damit auch der Schu-le. Ob der radikale Rationalismus und Materialismus der Erziehungswissenschaft, so wie sie Bernfeld vorschwebt, tatsächlich zu humaneren Verhältnissen führt, kann man durchaus mit einem Fragezeichen versehen. Die kritischen Perspektiven nach dem zweiten Weltkrieg, namentlich die Perspektive Adornos auf die Schule, der ebenfalls wie Bernfeld an Marx und Freud anknüpft, haben das jedenfalls nach-drücklich getan. Unbeschadet dessen wirft die polemische Streitschrift von Bern-feld eine Fragestellung auf, die die Schultheorie von nun an nachhaltig beschäftigen wird: Es handelt sich um die Frage, was es bedeutet, dass die Institution Schule und die Gesellschaft als Ganze erziehen und das mitunter auch gegen die in der Schule herrschende Erziehung*philosophie* des „geborenen Erziehers". Pierre Bourdieu wird diese Zusammenhänge mit seiner sozialisationstheoretischen Perspektive noch ge-nauer unter die Lupe nehmen und die Polemik Bernfelds theoretisch untermauern.

3.3.3 Kritische Theorie: Adorno

In den 1960er Jahren werden zum einen an materialistische und psychoanalytisch geprägte Denkfiguren, wie sie uns im vergangenen Kapitel bei Bernfeld begegnet sind, angeknüpft, zum anderen kehren – in kritischer Distanz – auch Gedanken und Intentionen der Bildungsphilosophie des Deutschen Idealismus, etwa von Humboldt, wieder, die Bernfeld gänzlich zurückgewiesen hatte. Dies trifft sozu-sagen „idealtypisch" auf Adornos schultheoretische Reflexionen zu, mit denen wir uns im Folgenden auseinandersetzen wollen.

Theodor W. Adorno (geb. 1903 in Frankfurt/M., gest. 1969 in Visp/Schweiz) war ein Philosoph und Soziologe, der sich als Mitbegründer der sogenannten *Kritischen Theorie* bis in die Gegenwart hinein bleibenden Einfluss auf die Erziehungswissen-schaft zu verschaffen vermochte.

Bei Adorno begegnen uns Gedanken der Psychoanalyse Freudscher Prägung (auf die im weiteren Verlauf noch genauer eingegangen werden wird), ferner Überlegun-gen der Gesellschaftsanalyse von Karl Marx. Adorno greift aber auch auf Gedanken von Humboldt und Hegel zurück. So findet sich bei ihm – inspiriert von Hegel –

dialektisches Denken wieder, das, wie bereits ausgeführt, um die Vermittlung von Gegensätzen kreist. Wenngleich Adorno sich selbst als einen „alte[n] Hegelianer" (Adorno 1969/1971d, 118) bezeichnet hat, muss man diese Aussage dahingehend einschränken, dass er nur so etwas wie ein „halber" Hegel sein will: Er strebt nämlich gerade nicht die gedankliche Aufhebung von Gegensätzen an, sondern will vor allem Widersprüche offenlegen. Vereinfacht gesagt: Seine Gedanken kreisen um die Negation, den inneren Widerspruch, der sich bei der Betrachtung von Phänomenen immer wieder auftut. Diese Methode hat er als „negative Dialektik" bezeichnet. Wenn Adorno beispielsweise von „Entfremdung" spricht, also davon, dass etwas mit sich selbst in Widerspruch gerät, so verfolgt er nicht die Absicht zu zeigen, wie dieser Widerspruch gedanklich zum Verschwinden gebracht werden kann, wie es bei Hegel der Fall war. Konkret: Schule verfolgt, so Adorno, eine aufklärerische Erziehung zur Humanität und genau diese Erziehung hat ihren Anteil an dem, was er gesellschaftliche Barbarei nennt. Das Ziel der Theorie wäre in diesem Falle, die Genese des Widerspruchs durch eine kontrastreiche Darstellung bzw. analytische Betrachtung bewusst zu machen, um einen reflektierten Umgang mit ihm anzubahnen. Mit einer „optimalen Lösung", die den Widerspruch aufhebt, rechnet er nicht, weder im Denken noch in der vorfindlichen Wirklichkeitsgestaltung. Handlungsorientierungen, die man aus Adornos Theorie folgern kann, bleiben zwangsläufig immer „beschränkt" und in sich schillernd. Im Folgenden soll das an zwei widersprüchlichen Aussagen zur Schule gezeigt werden, an denen wir Adornos Theorie insgesamt darstellen wollen: „Die Schule ist für den Einzelmenschen fast der Prototyp gesellschaftlicher Entfremdung überhaupt" (Adorno 1965/1971, 82) und Schule muss der „Entbarbarisierung der Menschheit" dienen, „so beschränkt ihr Bereich und ihre Möglichkeiten auch sein mögen" (Adorno 1969/1971d, 86).

Schule als Prototyp gesellschaftlicher Entfremdung für den Einzelmenschen

Beschäftigen wir uns zunächst mit der ersten Aussage des Zitats von eben. Sie fasst – bewusst plakativ – das Ergebnis von Adornos Analyse zusammen (Schule als Prototyp gesellschaftlicher Entfremdung). Sie vermittelt implizit aber auch, was das *Grundanliegen* seines Denkens darstellt, wer im Zentrum seiner Denkbemühungen insgesamt steht, *für wen* er in normativer Absicht Theorie betreibt: für den Einzelmenschen und damit für die Menschheit, nicht umgekehrt.

Wenn man sich klarmacht, dass sich für Adorno gesellschaftliche Entfremdung in „Barbarei" manifestiert und damit „Unterdrückung, Völkermord und Folter" (Adorno 1965/1971, 86) gemeint sind (Adorno denkt v.a. an die Massenvernichtung europäischer Juden im Dritten Reich), dann wird die Radikalität dieser Aussage deutlich: Keine Schule – zumindest vor dem dritten Reich – hatte sich ja bewusst die „Barbarisierung" der Menschheit auf die Fahnen geschrieben. Auch Adorno spricht nicht abwertend, sondern durchaus wohlwollend von seiner eigenen Schulerfahrung, vor allem von der, die er in den „humanen Fächern" gemacht hatte

(Adorno 1968/1971c, 126). Gleichwohl soll die Schule einen gehörigen Anteil daran gehabt haben und immer noch haben, dass die in ihr durchaus auch humanistisch „Gebildeten" sich als Barbaren gerieren konnten, trotz oder besser gesagt *mit* ihrer Bildung. Und genau hierin liegt der *dialektische* Gedanke: „Statthalter des Besseren ist immer auch Komplize des Schlechteren" (Adorno 1970, 292). Konkret heißt das für Adorno: Das Grauen von Auschwitz war kein Betriebsunfall der ansonsten von Aufklärung und Humanismus geprägten Bildungsgeschichte, sondern geht mit ihr einher. Wo immer Bildung propagiert wird, ist auch mit ihrer negativen Kehrseite, ihrem „Todfeind" (Adorno 1959/1972, 113) zu rechnen, der „gereizt und böse" sei. Adorno gibt ihm die wenig schmeichelhafte Bezeichnung *Halbbildung* (ebd., 116), ein wesentlicher Indikator dafür, dass Bildung nicht mit sich im Reinen ist. Die Hintergründe der Genese dieses dialektischen Doppelcharakters von Bildung führen, folgt man Adorno, weit zurück in die Vergangenheit und sie sind Ausdruck eines existenziellen Grundproblems, an dem sich der Mensch bis zum heutigen Tag abarbeitet.

Das existentielle Grundproblem des Menschen

Das existenzielle Grundproblem des Menschen besteht darin, dass er Bedrohungen ausgesetzt ist, die sich seiner Kontrolle entziehen. Er reagiert zunächst mit Angst auf sie, weil sie ihn zur Vernichtung seiner Existenz führen können. Bedrohungen liegen sowohl außen, in der Umwelt, als auch in uns selbst. Adorno erfasst sie mit dem Begriff der *Natur* und meint damit den Inbegriff dessen, was uns unmittelbar zu Leibe rückt, wenn wir uns als Getriebene und Ausgelieferte erleben: Von „innen" durch Triebhaftes, das uns zu überwältigen vermag (wie beispielsweise eine unwillkürliche sexuelle Erregung) und von „außen", wenn wir Naturgewalten (z.B. einem sich unserer Planbarkeit entziehenden Gewitter in den Bergen) schutzlos ausgeliefert sind. Menschliche Existenzbewältigung kreist von Anbeginn an darum, genau dieses Unberechenbare, die „Natur", in den Griff zu bekommen und damit „beherrschbar" zu machen. Damit aber ist die „Naturbeherrschung" – hier knüpft Adorno an Freuds psychoanalytisches Denken an – zunächst nichts anderes als ein Abwehrmechanismus und ein solcher vermag es nicht, das Problem gänzlich zu lösen. Es kehrt, weil es sozusagen nur oberflächlich behandelt und nicht beseitigt wird, in veränderter Gestalt wieder. Das Streben, Unbeherrschbares in den Griff zu bekommen, Unbegreifliches begreiflich und beherrschbar zu machen, so Adorno, hat allem menschlichen Denken und Handeln von Urzeiten an seinen Stempel aufgeprägt und sich gegen den Menschen selbst gewendet. Hier liegt für Adorno die Wurzel des Bildungsproblems, in das die Schule immer schon verstrickt ist. Das Unbegriffene und Bedrohliche soll aufgeklärt, identifiziert und damit beherrschbar gemacht werden. Diese Entwicklung ist für Adorno „ambivalent"; sie führt aus seiner Sicht nicht nur zur Kultur (also zur Technik und zur Kunst), sondern auch zur Barbarei und das heißt: Das, was der Mensch zu bannen suchte (Natur), um sich als einzelnen zu retten, kehrt in Gestalt des Bannstrahls von Aufklärung und Identifizierung wieder. Das „Beherrschtwerden" des Einzelnen, das der Begriff möglich macht, weil es ihn auf etwas festlegt, was er ist und zugleich nicht ist, ein Exemplar von etwas.

Der Ursprung der gesellschaftlichen Entfremdung in der Dialektik der Aufklärung und das „identifizierende Denken"

Für Adorno sind sowohl die Aufklärung bzw. ganz allgemein das begriffliche Denken und die damit einhergehenden Handlungsfolgen, die auch von der Schule perpetuiert werden, nichts anderes als Ausdruck bzw. Konsequenz von Bemächtigungsstrategien: Denken „verdinglicht", Begriffe schaffen Distanz zum Vorfindlichen, das man zunächst nicht „im Griff hat". Es wird „beherrschbar", indem Begriffe das Vorfindliche zu einem Exemplar *von etwas* machen, es als *etwas* identifizieren. Konkret: Das *unmittelbar* erlebte Gewitter löst nacktes Entsetzen aus, wie auch ein wildes Tier oder ein Feind, andere Begebenheiten hingegen pure und ungebändigte Vitalität und Lebenslust. Wer begreift, was vor sich geht, wer weiß, dass es sich *um einen Fall von* Gewitter, Wildtier oder Feindesangriff oder um ein „aggressives Verhalten" handelt, ist dem Geschehen weit weniger unmittelbar ausgeliefert: Er kann Vorkehrungen treffen, nicht überwältigt zu werden: Zum Beispiel in der Schule als Lehrerin oder Lehrer durch technische Strategien, die verhaltensregulierend wirken und damit die innere Natur der Schülerinnen und Schüler (und die eigene) zu bändigen vermögen. Der Einzelne wird mit seinen Regungen zum erklärbaren und kontrollierbaren Fall. Je weiter dieses Denken fortschreitet, je abstrakter es wird (je mehr Begriff und Bezeichnetes auseinandertreten), desto mehr sieht es vom konkret Gegebenen ab und desto weniger wird ihm Rechnung getragen. Diese Art des herrschaftlichen Zugriffs, der durch das Denken freigesetzt wird, ist alt und setzt nach Adorno und Horkheimer bereits beim Verfügungs- und Tauschcharakter des archaischen Opfers an: In diesem trete, so führen sie aus, das Einzeltier bereits in den Hintergrund seiner Gattungszugehörigkeit, deren Exemplar es ist. Es wird *stellvertretend* geopfert, wenngleich man um die Einmaligkeit bzw. Bedeutsamkeit des Opferaktes und Opfertieres weiß. In der Moderne habe sich diese Verfügungsgewalt und der Tauschcharakter radikalisiert, Adorno und Horkheimer veranschaulichen das am Beispiel eines Kaninchens im Versuchslabor: Hier schlage die „Vertretbarkeit" in „universale Fungibilität" um (Adorno/Horkheimer 1969, 16). Das Kaninchen des Tierversuches sei vollends austauschbar, ein reines „Exemplar" geworden. In seinem Eigensein vermag es nicht mehr in Erscheinung zu treten. Das identifizierende Denken (dies *ist*) beherrscht es, und macht das Einzelne als reines Mittel zum Zweck *verfügbar*: Als „Um-Zu-Kaninchenexemplar" (vgl. Adorno 1970, 149). Der Bannstrahl der Identifizierung trifft nun aber nicht nur Kaninchen, sondern eben auch Menschen, z.B., wie oben angedeutet, Schüler, Schülerinnen und Lehrkräfte. Das „Nicht-Identische", das „naturhaft Unbegreifliche" am

Einzelnen, das, was es unabhängig vom theoretischen und zugleich praktischen Zugriff, also seiner Verwendung und Selbstzurichtung tatsächlich *ist*, wird damit restlos zum Verschwinden gebracht: Schülerinnen und Schüler werden, wie man heute sagt, im „Classroom gemanaged" und es wird erwartet (und es wird ggf. mit Lerntechniken nachgeholfen), dass sie sich selbst stets im Griff haben und „schülerkonform", „exemplarisch" verhalten. Lehrkräften, so befürchtet Adorno, werde bereits in ihrer Ausbildung durch Gleichmachung der Elan ausgetrieben (Adorno 1965/1971, 85). Insgesamt erfolgt, so Adorno, Ausbildung als „‚on the job training' praktisch in Formen der Abrichtung" (Adorno 1969/1971d, 142): „Der Druck des herrschenden Allgemeinen auf alles Besondere, die einzelnen Menschen und die einzelnen Institutionen, hat eine Tendenz, das Besondere und Einzelne samt seiner Widerstandskraft zu zertrümmern" (Adorno 1966/1971a, 91). Damit aber ähnelt sich das objektivierend-identifizierende Denken und beherrschende Handeln genau dem an, was es zu bannen versuchte (Adorno 1959/1972, 96). Auch vor ihm gibt es nämlich kein Entkommen, auch ihm ist man als Einzelner ausgeliefert und, darin steckt eine gewisse Tragik, man liefert sich ihm sogar durch Selbstzurichtung aus. Der unüberbietbare Exzess dieser Entwicklung ist für Adorno die gesellschaftliche Barbarei, der technisch-industrielle Umgang mit den „Menschenexemplaren", zum einen in Form der zweckmäßigen Zurichtung nach dem herrschenden Allgemeinen (vgl. Adorno 1970, 288), zum anderen in der fabrikartigen Vernichtung in Auschwitz. Das alles ist von Anfang an – folgt man Adorno – im begrifflich-identifizierenden Denken, das was Adorno gegen den gängigen Sprachgebrauch *Aufklärung* nennt, angelegt. Es ist kein Betriebsunfall der Geschichte.

Schule und (Halb-)Bildung

Nun könnte man Adorno entgegenhalten, dass die Schule, zumindest seit Humboldt, eine zweckfreie und allgemeine Menschenbildung verfolgt, also gerade nicht nur und nicht einmal in erster Linie auf technisches Verfügungswissen, zumal über den Menschen, ausgerichtet ist. Diesem Einwand begegnet Adorno wie folgt: Sicherlich gibt es so etwas wie eine zweckfreie Kultur, beispielsweise die bildende Kunst oder die Musik (Adorno nennt das „Geisteskultur", vgl. Adorno 1959/1972, 94). Sie ist für Adorno auch bildend, wenn er formuliert: „Bildung ist nichts anderes als Kultur nach der Seite ihrer subjektiven Aneignung" (ebd.). Er rechnet also damit, dass das einzelne Subjekt sich bilden kann, also eine *eigene* und damit *unverwechselbare* Gestalt zu gewinnen vermag. Möglich wird das seines Erachtens (ähnlich wie bei Humboldt) dadurch, dass beispielsweise ein Kunstwerk oder ein Gedicht nicht restlos entschlüsselbar ist, dass man nicht so schnell damit fertig wird, weil ihm immer so etwas wie ein „Rätselcharakter" zukommt. Jeder vermag darin etwas Unverwechselbares zu entdecken, jede Entdeckung ist unvertretbar. Das unterscheidet diese Art von Kultur z.B. von standardisierten Gebrauchsanweisungen, die darin aufgehen, Verfügungswissen bereitzustellen. Es ist Adornos negativ-dia-

lektischem Denken geschuldet, dass er auch die sogenannte zweckfreie Bildung als ambivalent beurteilt. Auch sie ist zutiefst in den oben skizzierten Zusammenhang verstrickt. Wenn Adorno die klassisch-ästhetischen Bildungsgüter wie Kunst und Musik als „Geisteskultur" bezeichnet, so will er damit darauf hinweisen, dass es sich um eine Abspaltung von der tatsächlich gegebenen gesellschaftlichen Praxis, der „realen" Kultur handelt (ebd., 96), und diese geistige Abspaltung bezeichnet er als „Ideologie" (ebd., 97). Das ist ganz wörtlich gemeint: Rein Ideelles hat sich von der Realität abgespalten, nimmt einerseits keinen Einfluss auf sie und geht andererseits wiederum mit Herrschaft und Unterdrückung einher. Adorno hat das, gemeinsam mit Max Horkheimer in der *Dialektik der Aufklärung* an der mythologischen Gestalt des Odysseus und der Begegnung mit den Sirenen zu veranschaulichen versucht. Der Gesang der Sirenen ist für die, die ihn hören, betörend und tödlich. Damit Odysseus gefahrlos dem Gesang der Sirenen lauschen kann, muss er sich von seiner Mannschaft am Mast seines Schiffes festbinden lassen, er muss sich beherrschen, um im rauschhaften Genuss nicht unterzugehen, um danach wieder ans Werk gehen zu können. Weil Genuss und Arbeit nicht zusammengehen, muss er, solange er Genießender ist, andere für sich arbeiten lassen: seine Mannschaft. Die nackte Realität der Arbeit ist frei von Genuss. Die Ruderer des Schiffes müssen sich die Ohren verstopfen, damit sie nicht von den Sirenen abgelenkt werden. Die Geschichte des Odysseus ist für Adorno so etwas wie das Urbild der Entfremdung von unmittelbarem Genuss einerseits und instrumenteller Beschäftigung und Zurichtung andererseits. Dieser Widerspruch, so muss man diesen Gedanken weiterführen, durchzieht auch die Schule. Eine Harmonie von Bildung und Ausbildung ist, so Adorno, nicht möglich (Adorno 1966/1971b, 118), die Schulrealität ist eine andere. Die Kultur hat ihr „Versprechen gebrochen" (Adorno 1968/1971c, 128): „Sie hat die Menschen geteilt" (ebd.).
Die Orte zweckfreier Bildung sind in der Schule entweder völlig abgespalten vom Rest des Geschehens (etwa in Form eines Schulkonzertes, das anderen Gesetzmäßigkeiten folgt) oder Bildung durchkreuzt sich selbst, weil sie instrumentalisiert wird, als Mittel zum Zweck für etwas anderes dient. Bildung wird zu „Halbbildung". Das findet in der Schule, folgt man Adorno, dort statt, wo schulische Kulturgüter, wie z.B. das Lernen der lateinischen Sprache, dem Prestigegewinn dienen, um sich „vom Volk zu trennen" (Adorno 1959/1972, 108), wo sie „Embleme des Status" (ebd.) werden. Für Adorno ist das nichts als ein „Surrogat von Bildung" (ebd.). Denn hier geht es nicht um den Einzelnen und das Individuelle, hier geht es letzten Endes um nichts anderes als um deren Beherrschung und zwar durchgreifend: Bei den Bildungsgütern und bei den Schülern. Es werden keine „bildenden" Erfahrungen (Adorno 1966/1971b, 118) gemacht, wo der „Rätselcharakter" der Kultur in der Schule „Norm, […] Qualifikation gewordene, kontrollierbare Bildung" geworden ist (Adorno 1959/1971, 106), die sich der Einzelne standardisiert (heute spricht man von „Bildungsstandards") einzuverleiben hat. Auch im Fach Kunst oder Musik

beispielsweise geht es vielfach um normiertes „Bescheidwissen", weniger um eine unmittelbare Erfahrung dessen, was man gerade nicht begrifflich dingfest machen kann, wie die innere Resonanz, die z.B. eine Beethovensonate in einem, der dafür offen ist, auslöst. Reflektierendes Denken, für Adorno ein Synonym für Erfahrung, wird in der Schule auf den „viel zu engen Begriff" der „formalen Denkfähigkeit" reduziert (Adorno 1966/1971b, 116). Dabei geht es um „Fassbarkeit" im wörtlichen Sinne und zwar um eine, die erfassen und gleichzeitig erfasst werden soll: Formale Denkfähigkeit ist schließlich ein Konstrukt, das sich messen und wiederum kontrollieren lässt, wie auch der „Fetisch Begabung" (Adorno 1969/1971d, 135), der in der Bildungsforschung konstruiert wird (ebd.). Für Adorno sind das allesamt „Kontrollmechanismen" (ebd.). Schule ist, so lässt sich an dieser Stelle zusammenfassen, deshalb der *Inbegriff* gesellschaftlicher Entfremdung, weil sie Bildung instrumentalisiert und Kulturgüter und die, die mit ihnen Umgang haben, verfügbar, verwendbar und damit austauschbar macht: In der Schule werden damit gesellschaftlich geltende Herrschaftsmechanismen nicht abgemildert sondern lediglich verdoppelt. Sie fügt sich nahtlos in ihre Umwelt ein, der die Heranwachsenden außerhalb ihrer ausgeliefert sind. Auch dort ist der individuelle Kulturausdruck verfügbar gemacht worden, so Adorno, um über die Einzelnen herrschen zu können, um sie restlos zu vergesellschaften (Adorno 1959/1972, 93). Adorno nennt diesen Mechanismus Kulturindustrie. Sie, so seine Überzeugung, „schlägt alles mit Ähnlichkeit" (Adorno/ Horkheimer 1969, 128), alles werde, so Adorno in Anlehnung an Marx, unter den Tauschwert subsumiert (ebd., 167), Kultur ist zur konsumierbaren Ware geworden. Das „Schöne" als Mittel zum Zweck dient fremden Zwecken: Beispielsweise zur Reklame. Wenn das Reklamebild nicht mehr „wirkt", wird es durch ein wirksameres ersetzt, wie auch der Schauspieler oder Sänger. „Die Kulturindustrie hat den Menschen als Gattungswesen hämisch verwirklicht. Jeder ist nur noch, wodurch er jeden anderen ersetzen kann: fungibel, ein Exemplar" (ebd., 154). Er ist restlos austauschbar, wie die Schlager und ihre Sänger, die kommen und gehen, wie die stereotype Routine, die die Fernsehserien bestimmt. Und auch in der sogenannten Hochkultur geht es letztlich nicht um Erfahrung sondern, wie in der Schule, um „Dabeisein und Bescheidwissen, Prestigegewinn" (ebd., 167); auch diese Kulturgüter sind ein Mittel zum Zweck, haben Warencharakter (ebd.) angenommen wie das „Humankapital", das sie konsumiert und damit „die automatisierte Abfolge genormter Verrichtungen" besser zu bewältigen lernt (ebd., 145).

Schule und Entbarbarisierung

Und dennoch: Die Schule, die zutiefst in gesellschaftliche Zusammenhänge verwoben erscheint, soll und muss der „Entbarbarisierung der Menschheit dienen" (Adorno 1965/1971, 86), womit wir den zweiten Teil des vorangestellten Zitats an dieser Stelle aufgreifen wollen. Das soll sie leisten, obwohl sie, wie oben dargestellt, für Adorno gerade der Inbegriff gesellschaftlicher Entfremdung ist. Eine „Ideallösung" ist das freilich nicht, aber eine solche wäre auch Ideologie, also eine von den realen anthropologisch-gesellschaftlichen Bedingungen abgespaltene Scheinlösung. Adornos negative Dialektik verfolgt das Ziel, sowohl vor einer solchen Flucht in den Schein als auch vor der kritiklosen und unreflektierten Anpassung an das Vorfindliche zu bewahren. Beides hätte das Verschwinden des Einzelnen zur Folge: einmal in der Abstraktion, einmal in der Vergesellschaftung, was, wie oben gezeigt wurde, für Adorno letztlich auf dasselbe hinausliefe. Inmitten des Bestehenden gibt es nicht mehr als ein „Hinarbeiten" zum Besseren. Dieses ergibt sich implizit aus der Analyse der Verhältnisse und ihrer Entstehung. Sie macht den Widerspruch, in den Schule verwickelt ist, bewusst, was nach Adorno genauso Aufgabe einer schulischen Erziehung wäre (Adorno 1968/1971c, 119): Lehrerinnen und Lehrer wären somit ihren Schülerinnen und Schülern gegenüber angehalten, die in der Schule obwaltenden Ambivalenzen nicht ideologisch zu verschleiern, sondern offenzulegen und mitzuteilen (Adorno 1965/1971, 83). Das gilt nicht nur für die innerschulischen Widersprüche: Schule müsste sich nach Adorno insgesamt die Analyse der Machart dessen, was er die Kulturindustrie nennt, zur Aufgabe machen und die Mechanismen z.B. in Film, Illustrierten und Musik (den maßgeblichen Medien seiner Zeit) mit den Schülern gemeinsam rekonstruieren (Adorno 1969/1971d, 145). Diese Programmatik, das sei hier angemerkt, hat dann tatsächlich in den 1970er Jahren, wie Helmut Fend herausgearbeitet hat, vor allem die Deutschdidaktik in der Schule zutiefst bestimmt, wie zuvor schon das Denken Sprangers bzw. insgesamt die geisteswissenschaftliche Perspektive auf die Schule (Fend 1980, 144ff).

Wenn Adorno den technischen Zugriff auf den Einzelnen problematisiert, so wäre ein weiterer wichtiger Impuls für Schule und Lehrerbildung so etwas wie die programmatische Reduktion schulischer Technikphantasien bzw. deren notwendige Ergänzung durch dialektisch-problematisierendes Denken: In diese Richtung weisen die Gespräche, die Adorno mit dem Bildungswissenschaftler Hellmut Becker in den 1960er Jahren geführt hat (vgl. vor allem Adorno 1969/1971d, 135). In seinen *Minima Moralia* sieht Adorno Entfremdung zwischen Menschen auch darin gegeben, „dass die Distanzen fortfallen" (Adorno 1951/2003, 45). Mit der „Durchsichtigkeit der menschlichen Beziehungen […] meldet die nackte Rohheit sich an" (ebd., 46). Möglicherweise ist das, überträgt man Adornos Gedankengang auf die aktuelle Entwicklung, die Kehrseite der vielbeschworenen „Diagnostik" im Klassenzimmer, zumindest wenn sie „nichts Undefiniertes mehr zulässt" (ebd.). Anstelle zugerichteter und instrumenteller Halbbildung gälte es, in der Schule für die Einzelnen die Möglichkeit echter Erfahrung und Begegnung zu stiften: Adorno spricht, eine Redewendung Hegels aufgreifend, von „Entäußerung", der „Erfahrung des Nicht-Ichs am anderen" (Adorno 1966/1971b, 118). Anstelle des Wettbewerbscharakters propagiert Adorno einen „Unterricht, der sich in humanen Formen abspielt" und „der den Menschen abgewöhnt, die Ellenbogen zu gebrauchen" (Adorno 1968/1971c, 127), und der mehr spielerischen Charakter trägt, vor allem im Sport.

Kritische Würdigung

Vor allem die letzteren Äußerungen zeigen, wie quer die handlungspraktischen Folgen Adornos zur Realität der Schule stehen und wie vage sie letztlich bleiben müssen. Die programmatischen Einflüsse der kritischen Theorie auf Didaktik und Lehrerbildung, die in den Forderungen nach Kapitalismuskritik, Emanzipation und antiautoritärer Erziehung kulminierten (Herrmann 2000, 28f), dürften heute, anders als in den 1970er Jahren, im Rahmen der „kompetenzorientierten Wende" der Schule und ihrer von der empirischen Bildungsforschung dominierten Agenda gänzlich im Verschwinden begriffen sein. Gerade deshalb könnten die dialektischen Denkformen Adornos, auch wenn sie mitunter ideologischen Charakter tragen mögen, das auf Verfügungswissen fixierte Nachdenken über Schule auch heute noch verflüssigen. Bereits zu seiner Zeit formulierte Adorno einen Gedanken zu den auf empirischer Bildungsforschung beruhenden Schulreformen, der es wert ist, aufgegriffen zu werden: Die Schulreformen, die sich vermeintlich frei von Ideologie auf reine Faktenorientierung stützen, sind für Adorno einerseits notwendig und zwar aus humanen Gründen (Adorno 1959/1972, 105). Andererseits ist der ideologiefeindliche Realismus (heute würde man sagen die „Evidenzbasiertheit") der Bildungsforschung für Adorno „seinerseits Ideologie" (ebd.) und seines Erachtens sogar eine „schlimmere" (ebd.): Sie habe nämlich (gegen ihre eigene Intention) die „Zueignung und Verinnerlichung von Geistigem weiter geschwächt, an der Freiheit haftete" (ebd.). Das gut Gemeinte könnte auf diese Weise unter der Hand zur totalen Vergesellschaftung und Herrschaft führen, für Adorno gleichbedeutend mit Barbarei, die es dem Einzelnen noch mehr verunmöglicht, in seinem Eigensein in Erscheinung treten zu können, ohne durch das „herrschende Allgemeine" kontrollförmig zugerichtet zu werden. Vor diesem Extrem jedenfalls könnte, so wohl die Hoffnung, die „Ideologie" alter Prägung (im Sinne Adornos die Geisteskultur oder die Bildung, wie sie Humboldt propagiert hat) zumindest partiell bewahren.

3.3.4 Strukturfunktionalismus: Parsons

Mit der strukturfunktionalen Betrachtung der Schule wird im Folgenden eine Perspektive vorgestellt, die in gewisser Weise quer zu den bisherigen Ansätzen steht, weil sie mit der inhaltlichen Bestimmtheit der Leitbegrifflichkeit *Funktion* weniger an philosophische Konzeptionen als vielmehr an biologische Vorstellungsebenen anknüpft, wenn der Gegenstand der Betrachtung hier in Analogie zu einem körperlichen Organismus verstanden wird. Die strukturfunktionale Betrachtung greift, wie auch der noch zu besprechende Symbolische Interaktionismus (beides US-amerikanische Theoriebildungen) so gesehen verstärkt auf biologische Denkformen zurück, wodurch man sie von der kontinentalen bildungstheoretischen Tradition abgrenzen kann. Es sei in diesem Zusammenhang erwähnt, dass die Rezeption dieser Ansätze in Deutschland entweder durch die Perspektive der Kritischen Theorie erweitert (siehe im vorigen Kapitel) oder relativiert wurde. Letzteres ist bei der Rezeption des Strukturfunktionalismus in der Schultheorie Helmut Fends der Fall, worauf wir im entsprechenden Kapitel eingehen werden.

Strukturfunktionales Denken

Parsons, ursprünglich Biologe, der nach Fend „sein Denken in diesen Kategorien sicher gefördert hat" (Fend 2006a, 33), knüpft mit seinen Überlegungen indirekt an seinen Lehrer, den Ethnologen Bronislaw Malinowski an: Dieser hat in seinem programmatischen Aufsatz *Die Funktionaltheorie* ausgeführt, dass Kultur „im Wesentlichen ein instrumenteller Apparat" zur Problembewältigung sei, dem körperlichen Organismus analog und stets auf den körperlichen Organismus des Menschen mit seinen Grundbedürfnissen bezogen (Malinowski 1949, 22). Will man also theoretisch erklären, welche Funktion die Schule für den Gesamtorganismus des „Gesellschaftskörpers" erfüllt, so sind hierbei weniger normative Zwecksetzungsdebatten von Interesse (was Schule sein *soll*) als vielmehr eine Analyse des unabhängig von solchen Debatten de facto schon stattfindenden Beitrags der Schule für die Funktionsfähigkeit des sozialen Ganzen. Das Bild des Organismus verdeutlicht dabei den Paradigmenwechsel im Verständnis dessen, was Gesellschaft ist und wie sie sich konstituiert: Die Funktion der Schule für das gesellschaftliche Ganze könnte man analog zur Funktion der Lunge für den Körper sehen. Auch hier wären Debatten welche Ziele man mit seiner Lunge hat, welchen Zweck sie erfüllen *soll* irrelevant: Die Lunge geht anders als das fragende Ich der philosophischen Tradition in ihrer Funktionalität für den Organismus immer schon auf. Eine funktionslose Einheit kann im Gefolge Malinowskis keinen kulturellen Bestand haben, weil sie nicht angepasst ist.

Parsons selbst benutzt in diesem Zusammenhang mit dem zweiten Vordenker des Funktionalismus, dem Ethnologen Radcliffe-Brown, weniger die Begrifflichkeit des Organismus und spricht stattdessen vom System. Er greift aber auch mit dieser Chiffre eine biologische Kategorie zur Beschreibung von gesellschaftlichen Interaktionsprozessen auf, die durch Anpassungsleistungen gekennzeichnet sind: Die Gesellschaft beschreibt er insgesamt als soziales System, deren Subsysteme (wie z.B. das kulturelle System oder die Persönlichkeitssysteme) jeweils durch Interaktionen einen spezifischen Beitrag zur Systemleistung insgesamt erbringen (Parsons 1972, 12ff). Vier Grundfunktionen sind es, die nach Parsons bei sozialen Systemen erfüllt sein müssen. Sie werden – gemäß der englischen Begrifflichkeiten – auch als AGIL-Schema bezeichnet:

A daption (Anpassung),
G oalattainment (Zielverwirklichung),
I ntegration, und
L atent pattern maintenance (Normerhaltung) (Parsons 1972, 13).

Menschliche Interaktionen können als stabil gelten, wenn diese vier Grundfunktionen bei möglichen Handlungszusammenhängen erfüllt sind. Jedes (Sub-)System muss an seine Umwelt – wie oben ausgeführt – angepasst sein. Das System der Ökonomie ordnet Parsons direkt dieser Grundfunktion zu, weil hier die nötigen Mittel zu Erhaltung des Gesamtsystems generiert werden. Die Zielsetzung und -verwirklichung leistet seines Erachtens das politische Gemeinwesen. Die Integration, also die Verteilung vorhandener Ressourcen und anstehender Aufgaben übernimmt die gesellschaftliche Gemeinschaft. Die gesellschaftliche Normerhaltung bzw. die Verinnerlichung gesellschaftlich adaptiver Werte besorgen das Erziehungssystem, die Weltanschauungs- und Religionssysteme sowie die Familie.

Strukturkomponenten dieses Prozesses sind u.a. Normen, Werte und vor allem Rollen (ebd., 20), die die Handelnden in unterschiedlichen Zusammenhängen einnehmen. Moderne Gesellschaftstypen, so Parsons, sind dabei durch „Differenzierungsprozesse" wie den *Rollen-Pluralismus*, d.h. die Beteiligung ein und derselben Person an mehreren Gesamtheiten" gekennzeichnet (ebd., 23). Wir werden unten genauer ausführen, inwiefern für Parsons die Schule aus strukturfunktionaler Sicht im Horizont dieser Grundfunktionen einen originären Beitrag zur Stabilisierung des Gesamtsystems zu leisten vermag.

An dieser Stelle sei nochmals darauf hingewiesen, dass der Fokus von Parsons Analyse weniger darauf liegt, zu zeigen, weshalb und wie sich Gesellschaften verändern, sondern darauf, welche Strukturen es ermöglichen, dass sie sich stabilisieren und damit funktionsfähig bleiben.

Handlungstheoretische Implikationen von Parsons Strukturfunktionalismus

Im Rahmen der vier Grundfunktionen wurde bereits deutlich, dass soziale Systeme durch Interaktionen, also durch Handlungsprozesse aufrechterhalten werden. Wenn Parsons von Handlungen spricht, sind allerdings nicht nur interagierende Individuen gemeint: Deutlich grenzt sich Parsons von einer – wie er es nennt – „individualistische[n] Gesellschaftstheorie" ab, für die „soziale Systeme bloß Begleiterscheinungen" wären (ebd., 15), wie es beispielsweise, das sei hier angemerkt, noch bei Max Weber der Fall gewesen ist, weil bei jenem nur Individuen im originären Sinne handeln, nicht Organisationen, die sich durch die Interaktion sinnhaft handelnder Individuen allererst konstituieren. Anders als der spätere Systemtheoretiker Niklas Luhmann, bei dem der Systembegriff den Handlungsbegriff letztlich ersetzen wird, verzichtet Parsons gleichwohl nicht auf eine handlungstheoretische Untermauerung seines Systemdenkens. Wenn nun allerdings Personen handeln, Parsons spricht hier auch von Persönlichkeitssystemen, so sind sie stets eingebunden in den oben entfalteten übergeordneten Systemzusammenhang von Sozial- und Kultursystemen: Ihre möglichen Handlungen sind nämlich immer schon durch solche Normen und Werten präformiert, die sich für die entsprechenden Systemebenen als funktional erweisen. Micha Brumlik hat beim Strukturfunktionalismus im Gegensatz zum Symbolischen Interaktionismus „von der systematischen Vorrangigkeit objektiver Strukturen gegenüber Handlungen" gesprochen (Brumlik

1989, 770). In *The Social System* hat Parsons fünf polare Handlungsmuster (*Pattern Variables*), also solche vorrangigen Strukturen entwickelt (Parsons 1966, 60ff), in deren Spannung seines Erachtens mögliche Handlungen stets verlaufen. Sie spielen auch für die strukturfunktionale Analyse der Schule eine entscheidende Rolle:

- *Affektive Neutralität* versus *Affektivität* (Parsons 1966, 60)
- *Selbstorientierung* versus *Gemeinschaftsorientierung* (ebd.)
- *Universalismus* versus *Partikularismus* (ebd., 62)
- *Leistung* versus *Zuschreibung* (ebd., 64)
- *Spezifizität* versus *Diffusität* (ebd., 66)

Eine affektive Handlung wäre z.B. eine herzliche Umarmung unter Freunden, affektiv neutral hingegen die sachorientierte Bearbeitung eines Vorgangs durch einen Finanzbeamten. Selbstorientiert wäre es, ein auf die eigene Person zugeschnittenes Trainingsprogramm in einem Fitnessstudio zu absolvieren, womöglich gar mit Kopfhörern von der Mitwelt abgeschirmt. Gemeinschaftsorientierung wäre dort gegeben, wo das Einzelinteresse für die Gruppe zurückgestellt wird, etwa im Mannschaftssport. Universalistisch wäre es, als Lehrer oder Lehrerin alle Kinder gleich zu behandeln. Partikularistisch wäre es, als Lehrer/in ein Kind zu bevorzugen, weil man mit seinen Eltern befreundet ist. Zählt die Leistung, dann korreliert die gewährte Anerkennung, wie idealiter bei Schulnoten, streng mit dem, was tatsächlich geleistet wurde. Zuschreibung hingegen liegt dann vor, wenn Eltern ihrem Kind aufgrund von unmittelbarer Zuneigung (weil es ihr Kind ist) Anerkennung und Liebe schenken. Spezifisch ist eine Handlung dann, wenn sie rollenkonform ist, also wenn ich z.B. als Kunde einen Verkäufer im Geschäft nach dem Preis frage. Diffus wäre es hingegen, mit ihm ein Gespräch über das Wetter und über Politik zu beginnen.

Auch diese fünf polaren Handlungsmuster lassen sich nun wiederum strukturfunktional analysieren: Der erste Pol markiert jeweils Grundhaltungen, die vor allem für die Funktionalität moderner ausdifferenzierter Gesellschaftssysteme wichtig sind, z.B. für das ökonomische Subsystem. Letztere hingegen stabilisieren eher traditionale Gesellschaftssysteme wie die nomadische Sippe oder auch deren Überdauerung in modernen Kontexten, das traditionelle Familiensystem.

Die Schulklasse als soziales System und ihre Funktion
Parsons wählt bewusst die Schulklasse und nicht die Schule insgesamt als Analyseinheit, weil dort seines Erachtens „das ‚Geschäft' der formalen Erziehung tatsächlich besorgt wird" (Parsons 1981, 161). In seinem 1959 erschienenen Aufsatz *The School Class as a Social System: Some of its Functions in American Society* führt er seine diesbezüglichen Überlegungen anhand eines strukturellen Vergleichs von Grundschul- und Oberklasse aus.

Es sind Sozialisationsleistungen wie die „Bereitschaft und Fähigkeit zur erfolgreichen Erfüllung ihrer späteren Erwachsenenrolle zu verinnerlichen", die die Schule vollbringt sowie Selektionsleistungen, nämlich die „menschlichen Ressourcen innerhalb der Rollenstruktur der Erwachsenengesellschaft zu verteilen" (ebd., 161f). Damit sind die für das Funktionieren eines sozialen Systems wesentlichen Grundfunktionen der Integration und der Normerhaltung angesprochen. Die Normerhaltung, also die Einübung in gesamtgesellschaftlich funktionale Handlungsmuster bzw. Normen wird auch durch andere Sozialisationsinstanzen wie die Familie oder die Religionssysteme geleistet. In seiner Abhandlung versucht Parsons zu zeigen, inwiefern der Beitrag der real existierenden Schule als gesellschaftliches Subsystem hier vor allem die Sozialisationsleistung der Familie notwendiger Weise erweitert bzw. sogar neutralisiert.

Für die moderne ausdifferenzierte Leistungsgesellschaft ist es – anders als in traditionalen Gesellschaften – entscheidend, dass die Selektionsleistung, also die Zuteilung späterer Berufschancen über die „individuelle Befähigung" läuft und nicht über Zuschreibungen wie den sozioökonomischen Status der Familie. Entsprechend stelle, so Parsons, bereits in der Grundschule „die Schulleistung das bei weitem wichtigste Selektionskriterium dar" (ebd., 164), er macht die Leistung gar als einzige Hauptachse aus, auf der sich Selektion in der Schule vollziehe. Die Schule, so Parsons weiter, sei auch die erste Sozialisationsinstanz in der Erfahrung des Kindes, in der Statusdifferenzierung nicht durch Zuschreibungsprozesse verlaufe, sondern durch Leistung verdient werde. Dies bringe eine für den Sozialisationsprozess zentrale wertmäßige Verschiebung der jeweiligen Polaritäten der Handlungsmuster mit sich. Dabei steht die Grundschulklasse familial geprägten Handlungs- und Erlebnismustern zunächst noch näher als die spätere Oberklasse. In der Schule machen Heranwachsende insgesamt die Erfahrung zunehmender Spezifität hinsichtlich der Leistungsbeurteilung: In der Grundschulklasse werde noch nach „diffus allgemeinen Begriffen" beurteilt, weil hier noch „kognitive und moralische Komponenten miteinander verschmolzen sind" (ebd., 171). Beurteilungen in der Oberklasse seien hingegen bereits weitaus spezifischer, weil dort, so Parsons, kognitive und moralische Aspekte der Leistungserbringung viel ausdifferenzierter erscheinen (ebd., 186): So rücke in der Oberklasse gerade die Rollendifferenzierung des Kognitiven und des Moralischen in den Vordergrund, wenn die einen Schülerinnen oder Schüler mehr „kognitive" und die anderen mehr „moralische" Leistungen erbringen, letztere etwa durch ihre Konzentration auf Beziehungsarbeit in der Altersgruppe oder durch soziales Engagement in der Schule. Mit der Ausdifferenzierung entlang dieser Ebene findet so gesehen in der Oberklasse bereits eine gesellschaftlich relevante Vorselektion hinsichtlich späterer beruflicher Rollenübernahmen statt (soziale versus technische Berufe, die jeweils unterschiedlichen Handlungsmustern folgen). Auch die Rolle der Lehrkraft verändert sich im Verlauf des Schullebens: In der Grundschulklasse sei sie in der Regel noch eine Person pro Klasse und üblicherweise eine Frau. Dies ist nach Parsons ein Hinweis dafür, dass die Beziehung in dieser Zeit noch stärker affekthaft und diffuser geprägt sei (ebd., 177). Er spricht von einer „Quasi-Mütterlichkeit", die die Härte des leistungsorientierten Anerkennungsmusters, das in der Schule greift und familial geprägte Anerkennungsprozesse zurückdrängt, für die Schulkinder noch übergangsweise abzumildern vermag (ebd., 180). Die Lehrkraft prolongiert jedoch keineswegs die Elternrolle, die vom traditionalen Pol der jeweiligen Handlungsmuster geprägt ist: Es sei wichtig, dass die Lehrkraft „für ihre Schüler keine Mutter ist, sondern auf universalistischen Normen und unterschiedlichen Belohnungen von Leistungen bestehen muss" (ebd., 177). Schon die Klassengröße, die Gleichaltrigkeit der Schülerinnen und Schüler in der Klasse (was den Wettbewerbscharakter verstärkt) und der jährliche Austausch der Lehrkraft verhindern nach Parsons in diesem Zusammenhang die Übertragung eines familiär geprägten Partikularismus auf die Beziehungen zwischen Lehrkräften und Schülerinnen und Schülern. Die Grundschulklasse stellt somit ein Übergangssystem hin zur Oberklasse dar: Hier unterrichtet eine Vielzahl von Lehrkräften unterschiedlichen Geschlechts und diese treten hinsichtlich ihres direkten Einflusses auf die Heranwachsenden gegenüber demjenigen der Gleichaltrigen mehr und mehr zurück. Dies sei, so Parsons, für das Einüben von gesellschaftlichen Normen und für „die Pflege delikater menschlicher Beziehungen ohne unmittelbare Beaufsichtigung und die Gewöhnung an die Übernahme der Konsequenzen" im Rahmen einer demokratischen Gesellschaft mit flachen Hierarchien von entscheidender Bedeutung (ebd., 190). Anders als in der Grundschulklasse rekrutiert sich die Schülerschaft der Oberklasse wegen der Leistungsdifferenzierung auch nicht mehr vorwiegend aus der unmittelbaren Nachbarschaft, wo von dichteren elterlichen Beziehungen und familialem Einfluss auszugehen sei. Die Schule der Oberklasse habe ein größeres Einzugsgebiet, es komme zu einer „beträchtliche[n] Umgruppierung der Freundschaften" (ebd., 187), was wiederum den modernespezifischen Veränderungen der späteren Partnerwahl Rechnung trage, bei der der elterliche Einfluss anders als in traditionellen Gesellschaften „minimal" sei (ebd., 191). Insgesamt gilt für die Schulzeit nach Parsons, dass für das Individuum „die alte familiäre Identifizierung" zerbricht und die „Herkunftsfamilie [...] zu einem ‚verlorenen Objekt'" wird (ebd., 181). Dies sei für das Funktionieren eines modernespezifischen Gesellschaftssystems unerlässlich und die Schule leiste in diesem Zusammenhang durch die beschriebenen Sozialisations- und Selektionsleistungen ihren strukturfunktionalen Beitrag als gesellschaftliches Subsystem.

Kritische Würdigung

Parsons liefert mit seiner strukturfunktionalen Betrachtung einen originären Beitrag dafür, weshalb die Schule zentrale Funktionsleistungen im Rahmen moderner Gesellschaften erfüllt. Sein Schüler Robert Dreeben hat diesen Ansatz in seiner wichtigen und lesenswerten, 1968 erschienenen Studie *On what is Learned in School* noch weiter ausgeführt: Er arbeitet dort die strukturellen Unterschiede von Familie und Schule im Sinne Parsons noch differenzierter heraus und entfaltet noch genauer den Beitrag der Schule zur Internalisierung der für die moderne Gesellschaft entscheidenden Normen der *Unabhängigkeit, Leistung, Universalismus und Spezifizität,* die Parsons im Rahmen seines Handlungsmusters entwickelt hat (Dreeben 1980, 59-86). Auch Helmut Fend wird in seiner Theorie der Schule den strukturfunktionalen Ansatz Parsons – wie noch zu zeigen sein wird – aufgreifen. Unbeschadet der analytischen Kraft, die Parsons Ansatz innewohnt, seien an dieser Stelle zwei mögliche Kritikpunkte genannt: Der erste greift die Frage auf, ob Parsons mit seiner Analyse nicht mehr den amerikanischen Traum der Leistungsgesellschaft beschreibt als die gesellschaftliche Wirklichkeit. Gerstner und Wetz haben in ihrer *Einführung in die Theorie der Schule* darauf hingewiesen, dass die empirischen Befunde hier der Theorie widersprechen, weil sie zeigen konnten, dass die Beurteilung von Schülerleistung sich eben doch auch in der Schule leistungsunabhängigen Zuschreibungen (vielfach über den Bildungsgrad des Elternhauses) verdanke (Gerstner/Wetz, 78f). Gerade die Ergebnisse der PISA-Studien haben in diesem Zusammenhang deutlich gemacht, wie sehr der Schulerfolg durch die soziale Herkunft bestimmt wird. Man wird freilich konstatieren können, dass die bundesdeutsche Gesellschaft, in der der Zusammenhang von sozialer Herkunft und Schulerfolg besonders gravierend ausfällt, aus der Perspektive Parsons deutlich traditionaler verfasst ist als die US-amerikanische, was sich nicht zuletzt in der immer noch vorherrschenden Gliedrigkeit eines Schulsystems zeigt, das sich ja der Schaffung von Bildungsständen im 19. Jahrhundert verdankt und somit den Statuserhalt des gehobenen Bürgertums verfolgt. Auf eine über PISA-Befunde hinausgehende Kritik an der empirischen Tragfähigkeit der strukturfunktionalen Betrachtung der Schule wird im Kapitel zu Fends Schultheorie noch genauer einzugehen sein.

Der zweite Kritikpunkt zielt auf die eingangs beschriebenen Konstitutionsbedingungen der Theoriebildung selbst und wurde von Helmut Fend vorgetragen: Die Anleihen, die das (struktur-)funktionale Denken bei der Vorstellungswelt der Biologie nimmt, führt nach Fend dazu, dass „normativ hergestellte Zusammenhänge durch mechanische Kausalitäten" ersetzt würden (Fend 2006a, 119). Er spielt in diesem Zusammenhang darauf an, dass geltende gesellschaftliche Normen und Wertvorstellungen keine natürlichen Prozesse sind, sondern sich nicht zuletzt ideengeschichtlichen Entwicklungen, wie dem Einfluss vorherrschender Weltanschauungen verdanken, die man durchaus bildungstheoretisch reflektieren könne und unter Umständen auch begründet verändern sollte. Um mit Spranger zu sprechen: Nicht alles, was Wert hat, hat Bildungswert. Diese Kritik am Strukturfunktionalismus würde zumindest dann greifen, wenn unter der Hand aus einer funktionsanalytischen Beschreibung eine bildungspolitische Programmatik zu werden droht, die das philosophische Fragen nach dem Wesen des Menschen und die funktionsunabhängige ethische Begründungspflichtigkeit normativer Handlungs*grundsätze* hinter sich gelassen hat.

3.3.5 Symbolischer Interaktionismus: Rückgriff auf Mead

Mit dem Symbolischem Interaktionismus soll im Folgenden ein Theorieansatz vorgestellt werden, der sich bewusst von solchen Ansätzen abgrenzt, die „menschliches Verhalten als das Produkt verschiedener Faktoren [...] betrachten, die willkürlich auf die Menschen einwirken" (Blumer 1973, 81), seien es innerpsychische Faktoren, seien es soziale Strukturen. Vielmehr gelte es zu beachten, „dass Menschen anderen Dingen gegenüber auf der Grundlage der Bedeutungen handeln, die diese Dinge für sie haben" (ebd.), was sowohl traditionelle Ansätze der Sozialwissenschaft, wie der Strukturfunktionalismus Parsons, als auch psychologische Ansätze unbeachtet ließen. Herbert Blumer, der den Begriff des „symbolischen Interaktionismus" prägte, führt diesen Ansatz vor allem auf sozialphilosophische und -psychologische Gedanken seines Lehrers, den amerikanischen Pragmatisten George Herbert Mead zurück, die er allerdings weiterentwickelt. Für den Bereich der Schule sind darüber hinaus vor allem die Überlegungen Lothar Krappmanns (Krappmann 1993) zu den strukturellen Bedingungen und institutionellen Problemstellungen für die Teilnahme an Interaktionsprozessen wegweisend geworden, die – ähnlich wie bei Adorno – ein kritisches Licht auf schulische Vergesellschaftungsprozesse werfen.

Meads Pragmatismus und seine Weiterentwicklung

Mead, der zusammen mit dem einflussreichen Erziehungsphilosophen John Dewey dem philosophischen Pragmatismus zugerechnet wird, hat wesentliche Impulse seines Denkens durch sein Studium in Deutschland, u.a. bei dem geisteswissenschaftlichen Philosophen und Pädagogen Wilhelm Dilthey (siehe Kapitel 2) sowie beim empirisch-experimentell verfahrenden Psychologen Hermann Ebbinghaus gewonnen. Stärker noch als diejenigen, die ihn im Rahmen des Symbolischen Interaktionismus rezipiert haben, folgen Meads philosophische Überlegungen dem naturwissenschaftlich ausgerichteten Denkstil von Letzterem: Hierbei spielen für Mead vor allem evolutionstheoretisches Denken des Darwinismus aber auch der psychologische Behaviorismus eine Rolle, die seine Verwendung der Begriffe Geist (*Mind*) und Identität (*Self*) gänzlich der diesen oft anhaftenden idealistischen Prägung entkleiden[9]: Mead geht es bei seinen Überlegungen darum, theoretisch plausibel zu machen, inwiefern Geist und Identität als natürliche und ausschließlich gesellschaftliche Phänomene betrachtet werden können (Morris 1934/1973, 17). Die Entstehung des Menschen als vernunftbegabtes und gesellschaftliches Wesen erfährt bei Mead insgesamt eine sozialpsychologische Erklärung (ebd., 19); zwischen tierischen Reflexen und menschlichen Handlungsgründen sieht Mead, anders als etwa die kontinentale, stärker idealistisch ausgerichtete Philosophie seiner Zeit, keine kategoriale Differenz. Mead rechnet mit einer natürlich-evolutionären Entwicklung hin zu einer moralischen und demokratischen Gesellschaft. Wissenschaftliche und ethische Allgemeinheit bzw. Universalität stellen keine transzendentalen

Kategorien dar, die als normativ gesetzter Ausgangspunkt für wissenschaftliche und gesellschaftliche Betrachtungen fungieren, sondern gelten für Mead vielmehr als rein durch gesellschaftliche Prozesse hervorgebracht. Wahrheit ist für Pragmaten schlicht, was sich bewährt, sie ist „eine Frage der praktisch-instrumentellen Brauchbarkeit von Wissen und Moral" (Münch 2002, 269).

Von der Geste zum Symbol

Gesten: Meads Überlegungen zur Entwicklung von Geist, Identität und Gesellschaft, setzen bei *Gesten* ein (hier knüpft er an den Psychologen Wilhelm Wundt an), die später zu Symbolen werden (Mead 1973, 81): Mead denkt dabei z.B. an kämpfende Hunde, deren Gesten im Rahmen eines Reiz-Reaktions-Schemas gesehen werden können (jede Geste des einen wird zu einem Reiz für den anderen, seine Haltung zu ändern), das gleiche lasse sich, so Mead, auch beim menschlichen Boxen beobachten: Auch hier sei der Großteil der Handlungen nicht überlegt, sondern erfolge unmittelbar als reflexartige Reaktion. Nur darum seien sie erfolgreich (ebd., 82; Blumer 1973, 88).

Symbole: Erreicht die Geste nun den Zustand, den wir Sprache und Geist nennen, wird sie nach Mead zum *Symbol* (Mead 1973, 85). Symbole sind Gesten bei denen die Reaktion, die sie beim Gegenüber auslösen, in einem selbst bewusst antizipiert werden und umgekehrt. Symbole sind den Interagierenden also jeweils bewusst und sie werden in gesellschaftlichen Austauschprozessen hervorgebracht, was Mead an der Assoziation des Wortes Stuhl mit dem „Objekt" Stuhl veranschaulicht: Durch Kommunikationsprozesse wird diese Assoziation sukzessive verinnerlicht, sie wird zu einem *signifikanten* Symbol (ebd., 146). Signifikant sind Symbole dann, wenn sie *durch* gesellschaftliche Austauschprozesse für alle die gleiche Bedeutung gewonnen haben und sich mit ihnen eine bestimmte Verhaltenserwartung verbindet (um im Beispiel zu bleiben: sich draufzusetzen). Es ist nicht die Idee des Stuhles, die der Einzelne unabhängig von solchen Interaktionen im Stuhlding entdecken könnte, das wäre idealistisch gedacht. Es ist auch nicht so, dass innerpsychische Mechanismen oder soziologisch bedingte Strukturen die Menschen mechanisch dazu zwängen, etwas als Stuhl zu erkennen bzw. zu verwenden. Der Stuhl wird zum Stuhl, *indem* wir den Gegenstand als solchen handhaben. Weil sich Gesten zu signifikanten Symbolen entwickeln können, ist es uns möglich, die Verhaltensweisen anderer zu antizipieren und unser Verhalten mit dem ihren zu koordinieren. Auf diese Weise gewinnen wir nicht nur Objekterkenntnis, sondern wir erfahren im Umgang mit anderen auch, wer wir selbst sind, wir gewinnen auf diese Weise unsere gesellschaftliche Identität. Die frühkindliche Internalisierung von (unter Umständen problematischen) elterlichen Aussprüchen wie „ein Indianer kennt keinen Schmerz" wirken identitätsbildend (ich bin ein Indianer und deshalb weine ich nicht).

Geist: Mit der Begrifflichkeit Geist bezeichnet Mead „die Hereinnahme des gesellschaftlichen Prozesses der Kommunikation in den Einzelnen" (Morris 1934/1973, 25). Geist steht somit für den Prozess der Vergesellschaftung des jeweiligen Selbst, der jeweiligen Identität, die sich im Horizont von anderen und der Verallgemeinerung von Verhaltenserwartungen ausbildet (etwa als eine Gemeinschaft, in der es allgemein als peinlich gilt zu weinen, wenn man Schmerz empfindet).

Gesellschaftliche Identitätsbildung und formative Bedeutungszuschreibung

Mead hebt hierbei die Bedeutung des Spieles und des Wettkampfes bei der Einübung gesellschaftlicher *Rollen* hervor (Mead 1973, 194ff), durch die sich mit der Zeit eine gesellschaftliche Identität herausbildet, das *Me,* das er vom *I* abhebt: Das *I* ist „die Reaktion des Organismus auf die Haltung anderer" (ebd., 218). Das *Me* hingegen ist die gesellschaftliche Identität, also das Gesamt der übernommenen Haltungen der *signifikanten* anderen (ebd., 218), also derjenigen anderen, deren Verhaltenserwartungen internalisiert wurden. Wie die anderen Objekte, so führt Blumer diesen Gedanken weiter aus, „entwickelt sich auch das ‚Selbst-Objekt' aus einem Prozess sozialer Interaktion, in dem andere Personen jemandem die eigene Person definieren" (Blumer 1973, 92). Sprich: Wer ich bin, erfahre ich in Interaktion mit anderen, sei es mit dem Lehrer, der mir Können attestiert (dann erfahre ich mich durch diese Zuschreibung als Begabter), sei es mit der Freundin, die mir durch eine Geste ihre Zuneigung zum Ausdruck bringt (dann erfahre ich mich als Geliebter, als Freund). Blumer hat in diesem Zusammenhang verstärkend hervorgehoben, dass symbolische Interaktionsprozesse stets auf der Basis von den Interpretationen aller an der Interaktion Beteiligten erfolgen. Diese könnten von daher „nicht als eine rein automatische Anwendung bestehender Bedeutungen betrachtet werden, sondern als ein formender Prozess" (ebd., 84). Das heißt, dass menschliches Zusammenleben nicht als ein „reines Wirkungsfeld bereits existierender Faktoren" zu sehen ist (ebd., 90). Bei der Interaktion partizipiert nämlich nicht nur ein vermeintlich rollenförmig starres *Me*, sondern bringt sich auch das lebensgeschichtlich einmalige und spontane *I* zur Geltung. Für Mead ist dieses spontane und in seiner Reaktion letztlich unabsehbare Moment die biologisch-vitale Seite der Identität (Mead 1973, 219), für Blumer darüber hinaus die individuell-bedeutungszuschreibende Seite derselben. Aufgrund der Spontaneität von Reaktionen auf Erwartungshaltungen ist daher stets mit dem Wandel der Bedeutung von Objekten, auch des Selbst, zu rechnen. Um im Beispiel zu bleiben: Jede und jeder erlebt die Bedeutung dessen, was es heißt, ein Freund bzw. eine Freundin zu sein, auf eigentümliche Weise und wird entsprechend verschiedene Reaktionen im weiteren Interaktionsprozess zeigen und sei es nur in Nuancen. Jede und jeder wird ihre bzw. seine Schülerrolle auf eigene Weise fassen und mit Leben füllen, sie ist in ihrer Bedeutung nicht restlos, etwa durch Reglement, fixierbar.

Meads Theorie der Entwicklung gesellschaftlicher Identitäten läuft darauf hinaus, dass sich in der Gesellschaft universalisierende Kommunikationsprozesse ereignen, an denen idealiter jedes einzelne Selbst als das, was es für sich ist, partizipiert (*I*) und durch gegenseitige Rollenübernahme als das, wodurch es die anderen antizipiert (*Me*). Letzteres ist unsere gesellschaftliche Identität, die wir mit denen teilen, mit denen wir interagieren. Mit der Zeit entwickelt sich, befördert vor allem durch immer umfassendere Interaktionen (vor allem ökonomischer Art), so etwas wie eine universale Verständigungsgemeinschaft auf demokratischer Grundlage (ebd., 328ff). Zu dieser Entwicklung vermag auch die Schule aus Meads Sicht einen essentiellen Beitrag zu leisten (Morris 1934/1973, 36, dort Anm. 25).

An dieser Stelle liegt Meads Theoriebildung, was gesellschaftliche Entwicklungsprozesse betrifft, ein latenter Optimismus zu Grunde. Dieser Optimismus ist unter Umständen seiner intensiven Auseinandersetzung mit Hegel geschuldet, mit dem er durch seinen Lehrer Josiah Royce an der Universität Harvard, einem Neuhegelianer, konfrontiert wurde (Münch 2002, 266). Morris hat in diesem Zusammenhang zu Recht bemerkt, dass Gesellschaftsprozesse jedoch auch zu Kriegen, Wirren und Desorganisation und damit nicht zu Verständigung, sondern zu Überwältigung der Einzelnen führen können (Morris 1934/1973, 36, dort Anm. 25). Deutlicher als Mead hat in diesem Zusammenhang Krappmann auf die Schwierigkeit des Balanceaktes, den das Selbst zwischen einer „social identity" (in den Erwartungen der anderen voll aufzugehen) und einer „personal identity" (Beharren auf der Einzigartigkeit) vollführen muss, hingewiesen (Krappmann 1993, 80). So seien „Distanzierungskraft, Empathie und Ambiguitätstoleranz" als notwendige Voraussetzung dafür, „die aufrechtzuerhaltende Ich-Identität auch sichtbar werden zu lassen", angesichts der Bedrohung durch andere bzw. durch Institutionen nicht hinreichend (ebd., 168). Vor allem totale Institutionen als voll absorbierende soziale Systeme liefen Gefahr, alle Ansätze einer nicht vergesellschafteten Identität (das Eigensein) im Keim zu ersticken, eine Überlegung, die uns bereits bei Adorno begegnet ist. Krappmann nennt als Beispiele unter anderem Internate und Gefängnisse. Dies hänge zum einen mit Asymmetrien von Hierarchien zusammen, also damit, dass Regeln und Normen gar nicht im Austausch ausgehandelt und bestimmt werden, sondern durch Anordnung. Zum anderen habe es seinen Grund darin, dass in totalen Institutionen kaum Spielraum für die individuelle Interpretation und den Umgang mit Regeln und Normen besteht und von den Einzelnen strikt normförmiges Verhalten erwartet wird. Alles andere wird als Abweichung sanktioniert (ebd., 83f). Auch ein sprachliches Problem gilt es zu bedenken: Bietet die Sprache, etwa als Formelsprache (wie z.B. bei schulischen Zeugnistexten üblich), wenig Deutungsspielraum, weil sie aus Stereotypen besteht und greift sie in einem hierarchischen Raum gesellschaftlicher Überformung des Einzelnen, bleibt nur das widerstandslose Aufgehen in den Erwartungen und Zuschreibungen der anderen (ebd., 84).

Es sind vor allem diese Aspekte der Identitätsproblematik, die durch den Rückgriff auf die Theorie des Symbolischen Interaktionismus in den 1970er und 1980er Jahren im Bereich der Schultheorie und Schulforschung im deutschsprachigen Raum Beachtung fanden.

Schulische Problemstellungen aus der Perspektive des Symbolischen Interaktionismus

Die Ausführungen zum Symbolischen Interaktionismus führen zu konkreten Problemstellungen im Kontext Schule. Zwei Ebenen lassen sich hier unterscheiden: Eine äußere Ebene, die Betrachtung der Schule von außen und eine innere Ebene, die schulischen Interaktionsprozesse selbst.

Wählt man im Kontext Schule einen äußerlichen Standpunkt der Beobachtung, wie im Bereich der Schulforschung, dann ist damit zu rechnen, dass die Vorstellungen, die sich ein von außen kommender Forscher von der Schule macht, den Anschauungen und Vorstellungen der in diesem Bereich Interagierenden (z.B. den konkreten Lehrkräften und Lernenden) nicht entspricht. Aus Sicht des Symbolischen Interaktionismus müsste ein Schulforscher allererst „in einen engen Kontakt mit diesem Leben eintreten [...], um zu wissen, was in ihm vorgeht" (Blumer 1973, 120). Damit widerspricht diese Theorie dem Vorgehen der zumeist quantitativ angelegten empirischen Bildungsforschung schon im Ansatz: In diesem Zusammenhang ist auch Andreas Gruschkas Kritik einzuordnen, dass bei einem nach den Strategien der empirischen Unterrichtsforschung modellierten und durch äußere Beobachtung erforschten Unterricht gerade nicht das Eigentliche des Unterrichtsgeschehens in den Blick geraten könne, nämlich die gemeinsame kommunikative Verhandlung der Inhalte (Gruschka 2011, 36). Blumer hat ganz allgemein vom Problem einer „formalisierten Forschungsart" im Bereich des Sozialen gesprochen (Blumer 1973, 129). Eine Schulforschung, die auf die Theorie des Symbolischen Interaktionismus zurückgreift, wird hier andere Wege gehen müssen, wie wir unten zeigen werden (vgl. Brusten/Hurrelmann 1973; Holtappels 1984).

Nicht nur der Forscherblick von außen kann aus Sicht des Symbolischen Interaktionismus mit einer unsachgemäßen Überformung schulischer Interaktionsprozesse einhergehen, sondern auch innerschulische Prozesse selbst erweisen sich als gleichermaßen problematisch, wenn man das oben beschriebene Problem der schwierigen Balance zwischen persönlicher und sozialer Identität in Institutionen betrachtet:

Ein literarisches Beispiel für innerschulische Überformungen der Ich-Identität liefert Horst Rumpf anhand einer autobiographischen Notiz Peter Handkes zum Aufsatz-Ich (Rumpf 1976, 153f). So schildert Handke, wie sich durch das schulische Verfassen von Erlebnisaufsätzen bei ihm das tatsächliche Erlebnis während des schultypologisch bedingten stilisierten Schreibens allmählich veränderte und schließlich Einfluss auf das künftige Erleben gewann:

„Sogar ein eigenes Erlebnis erschien mir anders, wenn ich darüber einen Aufsatz geschrieben hatte. In Aufsätzen über Treue und Gehorsam schrieb ich wie in Aufsätzen über T. und G., in Aufsätzen über einen schönen Sommertag schrieb ich wie in Aufsätzen über einen sch. St. [...] bis ich schließlich an einem schönen Sommertag nicht den schönen Sommertag, sondern den Aufsatz über den schönen Sommertag erlebte." (Handke 1972, zit. nach Rumpf 1976, 153)

Rumpf interpretiert die hier angezeigte Problemstellung dergestalt, dass die Institution den Schüler zwinge, das „in der Institution approbierte Schreiber-Ich anzuziehen – und den alten Menschen mit seinen Erfahrungen, Ängsten, Einwendungen abzulegen" (ebd., 153). Es bleibe dem Schreiber auch gar nichts anderes übrig, um nicht „aus der Sozietät der Normalen und Guten ausgewiesen [zu] werden" (ebd., 153). Die Ich-Identität wird somit durch die schulisch geformte soziale Identität gänzlich absorbiert.

Mit welchen realen Folgen eine Schülerin oder ein Schüler bei einem nonkonformen Verhalten rechnen muss, zeigen die Arbeiten zu schulischen Stereotypisierungs- und Etikettisierungsprozessen von Brusten und Hurrelmann, deren theoretischer und methodologischer Bezugsrahmen der Ansatz des symbolischen Interaktionismus darstellt (Brusten/Hurrelmann 1973, 8). So weisen Brusten und Hurrelmann unter anderem auf ein Phänomen hin, das in der Sozialpsychologie als *Haloeffekt* bekannt geworden ist und dem Höhn 1967 sozialpsychologische Untersuchungen im Kontext Schule widmete, die auch heute noch Gültigkeit haben dürften:

„Die Mehrheit der Lehrer geht von einem zu statischen Typisierungen neigenden Begabungsbegriff aus, durch dessen (vermeintlich zutreffende) Anwendung in einem Prozess der selektiven Wahrnehmung immer wieder ‚Bestätigungen' dafür gefunden werden, dass sich ein guter und ein schwacher Schüler durch ganz bestimmte soziale und intellektuelle Eigenschaften und Verhaltensqualitäten auszeichne. Leistungsschwachen Schülern gegenüber werden in diesem Prozess in der Regel starre und affektbesetzte Einstellungssterotype entwickelt: Schwache Schüler erscheinen in den Augen der Lehrer als ‚faul', ‚dumm', ‚unkonzentriert' und ‚charakterlich schlecht'; das Verhalten dieser Schüler wird oft auf ‚Mangel an gutem Willen' und auf ‚Faulheit' zurückgeführt – also auf solche Eigenschaften, die moralisch verurteilt werden können." (Brusten/Hurrelmann 1973, 15f)

Typisierungen, also die Generalisierung von Einzelbeobachtungen, bei denen von einem Merkmal auf andere Merkmale geschlossen wird, seien, so Brusten und Hurrelmann weiter, „für den reibungslosen Ablauf von Interaktionsprozessen zwischen Individuen faktisch unabdingbare Voraussetzung" (ebd., 30). In der hierarchisch verfassten Schule, in der zudem ein Wettbewerb um die Erlangung von Statuspositionen herrscht, können Typisierungsprozesse jedoch fatale Folgen für die Identitätsbehauptung haben. Das sei dann der Fall, wenn durch Stigmatisierung (gemeint ist das allgemeine Bekanntwerden der erfolgten Typisierung auch durch die anderen Interaktionspartner von Personen) der schulische Interaktionsprozess sich dergestalt verändert, dass Stigmatisierte auf ihre zugeschriebene Rolle festgelegt werden, was auch ihre zukünftigen Handlungsoptionen durch die Verhaltenserwartungen der Beteiligten weitgehend bestimme (ebd., 31). In diesem Kontext weist Holtappels auf Ergebnisse empirischer Schulforschung zu Stigmatisierungsprozessen hin, wonach beispielsweise Lehrkräfte von einzelnen Handlungen „schrittweise auf die Identität des Schülers" schlössen (Holtappels 1984, 26). Holtappels konnte diese Prozesse sehr eindrücklich auch im Rahmen von Schülerinterviews verdeutlichen, in denen Schülerinnen und Schüler davon sprechen, wie sie selbst oder andere durch solche Prozesse zunehmend „abgestempelt" würden, weil eine Uminterpretation durch gegenteilige Informationen (also z.B. angepasstes Verhalten) nicht mehr erfolge (ebd., 26ff). Die Institution Schule, in der mangelnde Regelkonformität zumeist durch Defizite in der außerschulischen Sozialisation (Elternhaus) oder durch individuelle Problemzuschreibungen (die Persönlichkeit des Schülers) erklärt und als abweichendes Verhalten problematisiert werde, trügen, so Holtappels, den Einsichten des Symbolischen Interaktionismus keine Rechnung, weil die Bedeutungszuschreibung von Handlungen der am schulischen Interaktionsprozess beteiligten Schülerinnen und Schüler systematisch ausgeblendet werde (ebd., 18). Entschlüsselt man jedoch die Schule und die in ihr ablaufenden Handlungen nicht einseitig sozialisationstheoretisch oder psychologistisch, sondern nimmt man die Perspektive des Symbolischen Interaktionismus ein, dann verdeutlicht sich, dass „Schüler auf der Grundlage der Bedeutungen, die die Schulalltagssituationen für sie haben" handeln (ebd., 19). Auf diese Weise, so Holtappels, werde auch „abweichendes" Schülerverhalten „in eindrucksvoller Weise plausibel und für jeden nachvollziehbar" (ebd., 23). Störverhalten oder geistige Abstinenz („einpennen", träumen) lasse sich dann als Problemlösungsversuch z.B. im Umgang mit Langeweile interpretieren, aggressives Verhalten in der Pause („abreagieren") mit unterrichtsbezogener Überforderung, Unterhalten in Unterrichtssituationen („schwätzen") oder das Bemalen von Tischen mit „Aneignung schulischer Lebenswelt: die Schule wird als Ort für die Einlösung von Kommunikationsbedürfnissen mit Gleichaltrigen, mit Mitschülern gesehen" (ebd., 22). Aus Sicht des Symbolischen Interaktionismus, so lässt sich resümieren, ist das, was als abweichendes Verhalten etikettiert wird, zumeist ein erwartbarer Identitätsweis der einzelnen Interaktanten der Institution Schule. Einzelne Problemlösungsstrategien von Schülerinnen und Schülern wie „Beschädigungen und Zerstörungen", das räumt Holtappels ein, erweisen sich freilich als „untauglich" (ebd., 23). Es sind – wie bereits erwähnt – aus Sicht des Symbolischen Interaktionismus totale Institutionen, die es mit den Mitteln extremer Repression dem Individuum verunmöglichen, die Balance von sozialer und persönlicher Identität aufrechtzuerhalten. Für die Praxis bedeutet das, dass die Schule als Bildungseinrichtung schlecht beraten wäre, sich als solche zu gerieren. Für die Schultheorie lässt sich folgern, dass sie den tatsächlichen Bedeutungen, auf deren Grundlage sich innerschulische Handlungen vollziehen, Rechnung tragen muss. Sie leistet auf diese Weise einen Beitrag dazu, für institutionell bedingte Überformungsprozesse der Identitäten zu sensibilisieren.

Kritische Würdigung

Mead hat mit seinen grundsätzlichen Überlegungen zur Entwicklung des Selbst im Rahmen gesellschaftlicher Kommunikationsprozesse bis heute wichtige Impulse für eine Theorie der Schule geliefert, die – anders als etwa die makrosoziologischen Gedanken Parsons – den Blick für die Mikroebene der am Interaktionsgeschehen beteiligten Interaktanten schärft. Eine Problemstellung, die sich aus Meads Grundansatz ergibt, kann zunächst in einem gewissen evolutionären Optimismus, was die Entwicklung einer moralischen Identität im Rahmen gesellschaftlicher Prozesse betrifft, gesehen werden. Die Beispiele von Typisierungs- und Etikettierungsprozessen aus der Schulforschung sowie die theoretischen Reflexionen von Krappmann zur Gefahr einer gesellschaftlichen Absorbierung der Ich-Identität lassen Vergesellschaftungsprozesse in einem deutlich ambivalenteren Licht erscheinen. Es steht zu vermuten, dass zu dieser Sensibilisierung auch die kontinentaleuropäischen Erfahrungen von Faschismus und Nationalsozialismus des 20. Jahrhunderts auf ihre Weise beigetragen und wie bei Krappmann zu einer Konflikttheorie zwischen *I* und *Me* geführt haben, wie sie uns auch in anderer Form bei Adorno begegnet.

Ein weiteres Problem des Symbolischen Interaktionismus besteht in der eingangs bereits erwähnten Relativismusproblematik. So merkt Brumlik kritisch an, dass im Gefolge Meads jedwelches Denken und jedwelche Praxis, sei sie wissenschaftlicher oder auch ethischer Art, „vor den Richterstuhl des ‚common sense‘ gezerrt […] dann doch die letzte Instanz darstellt" (Brumlik 1989, 773). Das aber heißt, dass letztlich alles verhandelbar sei und alles, was keine gesellschaftliche Anerkennung erfährt, verworfen wird. Hier wurde vor allem von Seiten der kontinentaleuropäischen Philosophie Einspruch erhoben und nach dem *Apriori*, also der nichtverhandelbaren und vorgesellschaftlichen Voraussetzung der Kommunikationsgemeinschaft gefragt, was eine Kritik am Pragmatismus darstellt (Apel 1973, 359ff). Aus einer solchen Sicht erscheint „das ethische Problem vernünftiger Zielsetzung" bzw. die Frage nach einem letztbegründeten „Prinzip der Ethik", die der Pragmatismus methodisch ausklammert, für eine Interaktionstheorie längst nicht erledigt (ebd., 372). Die Geltung universaler ethischer Normen wäre aus einer solchen Perspektive somit nicht das Resultat, sondern die Voraussetzung verständigungsorientierter Kommunikation (ebd., 400). Unterbleibt diese wechselseitige Anerkennung *a priori*, so würde einfach gelten, was sich in gesellschaftlichen Prozessen durchsetzt, was sich als funktional erweist (Mead 1973, 366ff). Schulische Etikettierungsprozesse rücken so gesehen – wenn auch nicht beabsichtigt – in die gefährliche Nähe einer moralischen Legitimation, zumindest wenn sie sich als funktional erwiesen. Der „Beweis", dass die gegenseitige funktionale Abhängigkeit weltweiter wirtschaftlicher Verflechtungen hier, wie Mead dachte, eine evolutionär bedingte Abhilfe gegenüber gesellschaftlichen Fehlentwicklung schaffe, und verbunden mit dem Einfluss der Universalreligionen gar zur „menschlichen Idealgesellschaft" führen könnte, steht bis dato noch aus (ebd., 377). Insgesamt erscheint es fraglich, ob sich der Widerspruch ethisch begründeter Normen und gesellschaftlicher Funktionen überhaupt realgeschichtlich wird aufheben lassen (vgl. Dammer 2008).

3.3.6 Kapitalbildung und Schule: Bourdieu

Pierre Bourdieu (geb. 1930 in Denguin, gest. 2002 in Paris) gilt als einer der einflussreichsten französischen Soziologen im 20. Jahrhundert. Mit ihm soll im Folgenden eine weitere sozialisationstheoretische Perspektive auf die Schule vorgestellt werden, die die Schule unter dem Aspekt der Kapitalbildung und des Kapitaltransfers beleuchtet. Bourdieus Theorieansatz verbindet Grundzüge des sozialisationstheoretischen Denkens, wie sie uns bereits bei Parsons begegnet sind, mit einem spezifisch sozialkritischen Erkenntnisinteresse, wie es etwa für Bernfeld kennzeichnend war.

Folgende Grundzüge sozialisationstheoretischen Denkens prägen Bourdieus Perspektive: Erstens rechnet sie mit beharrenden Kräften, die die Gesellschaft relativ veränderungsresistent machen und damit Entwicklungen mehr oder weniger determinieren. Mit Bourdieu gesprochen: Gesellschaften tendieren zu einer „Reproduktion der Sozialstruktur" (Bourdieu 1992, 55). Die Funktion von Schule als einer gesellschaftlichen Größe wäre entsprechend qua definitionem die „Erhaltung des Bestehenden" (Bourdieu 2001, 38) und das hätte auch dann Gültigkeit, wenn sie mit einer anderen, unter Umständen sogar konträren Programmatik versehen sein sollte[10]. Ein zweites Spezifikum dieser Denkart besteht darin, gesellschaftliche Entwicklungen weder natürlich zu erklären, noch als letztlich unerklärbar anzusehen. Eine natürliche Erklärung wäre es beispielsweise, wenn man den Macht- und Geltungseinfluss, den sich Einzelne oder ganze Gruppen gegenüber anderen in gesellschaftlichen Zusammenhängen, etwa in der Schule, verschaffen können, auf deren natürliche Intelligenz oder Begabung zurückführte. Die gänzliche Zurückweisung eines allgemeinen Erklärungsmusters für gesellschaftliche Unterschiede bestünde hingegen darin, schulische Ungleichheiten z.B. auf die letztlich unerklärliche Willens- und Entscheidungskraft Einzelner oder auf ein nicht vorhersehbares plötzlich erwachendes ideelles Streben in ihnen zurückzuführen, das durch pädagogische Einflussnahme allenfalls angeregt, niemals aber hergestellt werden kann. Eine solche Sichtweise läge der geisteswissenschaftlichen Perspektive nahe. Warum sich jemand wie verhält, kann dagegen aus sozialisationstheoretischer Sicht zwar nicht naturbedingt aufgeklärt, wohl aber sozialisationsbedingt *erklärt* werden. Entsprechend formuliert Bourdieu, dass es möglich sei, beispielsweise die Unterschiedlichkeit im Schulerfolg „nahezu vollständig zu erklären, und zwar ohne

auch nur im entferntesten auf angeborene Unterschiede rekurrieren zu müssen"
(Bourdieu 2001, 28). Dass bei gesellschaftlichen Prozessen, etwa in der Schule,
kaum mit Überraschungen zu rechnen ist, folgt seines Erachtens (so muss man
Bourdieu an dieser Stelle wohl interpretieren) einer psychologischen Gesetzmäßigkeit, nämlich dem Gesetz von Erkennen und Anerkennen. Eine Lehrerin oder ein
Lehrer würde dieser Gesetzmäßigkeit gemäß, denjenigen für besonders begabt und
leistungsfähig halten, der seine Art zu fühlen, zu denken und zu sprechen in besonderer Weise zu „bedienen" vermag. Je ähnlicher einer jemanden ist, desto mehr
wird er erkannt und, was damit einhergeht, anerkannt. Je fremder er wirkt, desto
mehr Abwehrreaktionen wird er hervorrufen[11]. Für Bourdieu ist dieses Phänomen,
wir kommen unten noch genauer darauf zu sprechen, vor allem ein sprach- und
habitusbedingtes.

Mit dieser Einschätzung geht eine dritte Grundannahme einher. Auch wenn gesellschaftliches Reüssieren, wie z.B. der Schulerfolg, nicht auf natürliche Anlagen
zurückzuführen ist, ist es dennoch determiniert: Der Schulerfolg wird, so Bourdieu,
sozial „vererbt" (Bourdieu 1992, 55). Entgegen der vorherrschenden bürgerlichen
Ideologie der Meritokratie (Anerkennung erwirbt man durch Leistung ohne Ansehen der Person), gelten ähnliche Gesetzmäßigkeiten wie zur Zeit des Erbadels und
der Aristokratie (gesellschaftlicher Einfluss wird, auch in der Schule, weitergereicht.
Anerkennung kann sich dasjenige verschaffen, das erkannt wird und damit der eigenen Denkart, dem eigenen Habitus ähnlich ist). Es ist also nicht die augenscheinlich Motivation und Interessen weckende und zu Leistungssteigerung führende
schulische Interaktion, auf die der Schulerfolg aus dieser Sicht zurückzuführen ist,
wie es etwa pädagogische Diskurse alter und auch neuer Couleur Glauben machen
wollen. In der Schule, wie in der Gesellschaft insgesamt, gilt die oben bereits erwähnte psychologische Gesetzmäßigkeit.

Wenn das aber der Fall ist, dann sind die *eigentlich* entscheidenden Einflüsse, die
den Schulerfolg und den Erfolg in der Gesellschaft insgesamt determinieren, zunächst verborgen, d.h. sie treten nicht ins Bewusstsein, weil sie nicht Gegenstand
der Reflexion sind. Es ist jedoch auch damit zu rechnen, dass die tatsächlich maßgeblichen Wirkmechanismen, die in Gesellschaft und Schule Macht und Einfluss
sichern, bewusst latent gehalten werden, weil deren Offenlegung nicht im Interesse
derjenigen liegt, die Nutznießer gesellschaftlicher Reproduktionsmechanismen sind
und weil sie der herrschenden Ideologie von der Chancengleichheit widersprechen.
Bourdieu bezeichnet in diesem Zusammenhang die Schule als ein „Reproduktions-
instrument mit besonderer Fähigkeit zur Verschleierung" (ebd., 75). Die sozialisationstheoretische Perspektive Bourdieus verbindet mit solchen Formulierungen den
Anspruch, die hier waltenden Mechanismen offenzulegen (Bourdieu 2001, 38) und
damit durch eine „subversive Kritik" (Bourdieu 1992, 74) am „Prinzip ihrer Perpe-
tuierung" (ebd.) Impulse für eine veränderte gesellschaftliche bzw. schulische Praxis
zu geben. Dass es immer, auch in der Schule, letztlich um die Reproduktion, die

Vererbung von Macht und Einfluss geht, veranschaulicht Bourdieu mittels seines über den engeren Bereich der Ökonomie auf die Gesamtkultur hinaus erweiterten Begriff vom Kapital.

Die Ökonomie der Gesellschaft

Bourdieus Theorie geht von einer insgesamt rein ökonomischen Struktur der Gesamtgesellschaft aus, d.h. alle gesellschaftlichen Praxisformen (z.B. auch die vermeintlich zweckfreie Menschenbildung oder Kunst) haben einen „objektiv ökonomischen Charakter" (Bourdieu 1992, 52), was er mit dem Begriff des Kapitals veranschaulicht. Eine Gesellschaft ohne Kapital, so Bourdieu, müsste man sich wie ein Roulette-Spiel vorstellen. In jedem Moment würden die Chancen neu verteilt, man könnte kurzfristig Besitz, Status und Anerkennung erwerben und im nächsten Augenblick, wenn die Kugel wieder rollt, wäre alles wieder offen. Unter Umständen fiele der gerade erst erworbene Besitz an jemand anderen und man ginge leer aus (ebd., 49f). Eine solche Gesellschaft gibt es nicht, weil es das Interesse der Besitzenden ist, ihres Besitzes nicht wieder verlustig zu gehen. Um einen erworbenen Status nicht wieder zu verlieren, bedarf es allerdings eines Mediums, das ihn sichert, sozusagen konserviert. Das ist, so Bourdieu, das *Kapital*. Der Begriff Kapital steht dafür, dass man sich einen durch Arbeit oder Zeit erworbenen Besitz bzw. Einfluss sichern und ihn auch weitergeben kann. Kapital steht dafür, dass Besitz im Augenblick des Erwerbs nicht sogleich wieder zerfließt und verschwindet. Kapital ist somit akkumulierte Arbeit. Für die Arbeit erwirbt man mit Kapital nicht nur einen flüchtigen, sondern einen dauerhaften Wert, also etwas, das man z.B. zu einem späteren Zeitpunkt wieder eintauschen kann, um seinen Interessen – auch zeitverzögert – Geltung verschaffen zu können. Es ist von daher gleichsam akkumulierte Zeit, die einst investierte Zeit zahlt sich zu einem späteren Zeitpunkt wieder aus, sie war nicht vergebens bzw. flüchtig. Die Kapitallogik beruht wesentlich auf dem psychologischen Mechanismus, dass der erworbene Besitz dauerhaft in seiner Wertigkeit anerkannt wird.

Im Bereich der Ökonomie ist dieses Verfahren mehr oder weniger allgemein durchsichtig. Durch investierte Arbeit und Zeit verschafft man sich allgemein anerkanntes Kapital, wie z.B. Geld, das sich zeitweise z.B. in der Geldbörse „parken" lässt, damit man es zu einem späteren Zeitpunkt, an dem man nicht arbeitet und keine Zeit investiert, eintauschen bzw. wieder veräußern kann, um die „Früchte seiner Arbeit" zu genießen. Damit das erworbene Kapital nicht an Wert verliert, darf es nicht in inflationären Mengen auftreten. Käme es zu der Situation, dass jeder zu jeder Zeit über eine x-beliebige Geldmenge verfügte (etwa weil es möglich ist, sich Geld in beliebigen Mengen selbst zu drucken), ginge diese Inflation mit der Entwertung des Geldes einher. Hätten alle Geld, könnte sich niemand mehr etwas kaufen. Es ist ein Kennzeichen des Kapitals, dass es gerade nicht für jeden immer schon unbegrenzt zur Verfügung steht.

Geld kann man darüber hinaus problemlos an jemanden übertragen, der selbst weder Arbeit noch Zeit investiert hat, der im eigentlichen Sinne nichts leisten musste, um den an ihn übertragenen Besitz zu erwerben. Kapitalbesitz ist Macht, weil er in die Lage versetzt, seinen Interessen über den Augenblick hinaus Geltung zu verschaffen und sich gegenüber denjenigen, die weniger oder kein Kapital haben, zu behaupten ermöglicht. Damit steht Kapital als Machtinstrument für die Beharrungskräfte der Gesellschaft, weil der Besitz von Kapital den Macht- und Geltungseinfluss dauerhaft sichert. Für Bourdieu steht dieses Verfahren insgesamt für *alle möglichen* Austauschprozesse in der Gesellschaft, d.h. es gibt keinen Bereich, der davon ausgenommen wäre: Weder die außerberuflichen Sozialkontakte, z.B. die gesellige abendliche Runde sind ausgenommen, noch der vermeintlich zweckfreie Genuss bzw. die nicht kommerzielle Darbietung von Kulturgütern, also „l'art pour l'art" (ebd., 51). Wenn etwa ein Schulkonzert veranstaltet wird, folgt das nach Bourdieu einer rein kapitalbedingten Logik, auch wenn kein Eintrittsgeld bezahlt werden muss. Ökonomiefreie Sphären von Kultur und Bildung zu postulieren, so Bourdieu, ist nämlich nichts anderes Ausdruck einer gesellschaftlichen Verschleierungstaktik, weil hier die Funktion der sozialen Reproduktion latent gehalten wird. Es geht immer und überall um den Erwerb und die Sicherung von Kapital und damit um Machterhalt und Machtausbau. Um das zu verdeutlichen, erweitert Bourdieu den ökonomischen Kapitalbegriff im engeren Sinne um zwei weitere Kapitalarten: das kulturelle und das soziale Kapital. Alle diese Kapitalsorten können, so Bourdieu, „gegenseitig ineinander transformiert werden" (ebd., 52).

Kulturelles und soziales Kapital

Dass der Kultur insgesamt eine kapitalgemäße Logik innewohnt, also alles akkumuliert und „umgemünzt" werden kann, veranschaulicht Bourdieu vor allem an der Sprache: Sie ist, so Bourdieu, weit mehr als ein Werkzeug. Sie ist „eine Syntax, d.h. ein System mehr oder weniger komplexer Kategorien" (Bourdieu 2001, 31). Die Sprache ist, um auf Humboldt zurückzukommen, Bedingung der Möglichkeit, Welt zu haben und sein Weltverhältnis zu erweitern. Wer beispielsweise die innere Struktur einer bestimmten Musik oder einer bestimmten Denkart nicht versteht, der hat sie nicht, für den bleibt das gesamte Phänomen im Dunkeln und tritt gar nicht erst ins Bewusstsein, er besitzt weniger Kapital und kann es, mangels Besitz, auch nicht weitergeben. Bourdieu macht das an einem für die Schulkarriere wichtigen Punkt deutlich, der „Wahl des Schicksals": Es gibt, so Bourdieu, eine gesellschaftliche Klasse, nämlich die „Volksklasse", die mit dem Begriff des Gymnasium nichts verbinden, weil es in ihrem Sprachschatz und damit in ihrer Erfahrungswelt gar nicht erst auftaucht (Bourdieu 2001, 29). Die Folge ist, dass sie oft nicht einmal den Namen des nächstgelegenen Gymnasiums kennt und von daher auch nicht von sich aus auf die Idee kommt, ihre Kinder dort hinschicken zu wollen. Damit geht ein weiteres Problem einher: Die einen, Bourdieu spricht von der herrschenden Klasse, kommen schon im frühen Kindesalter mit dem Kulturbesitz in Form eines großen Sprachschatzes oder in Form von Konzert- und Museumsbesuchen in Berührung und eignen sich diesen kulturellen „Schatz" auf „osmotische" und „ungezwungene" Weise als Besitz an (ebd., 31). Um Kindern einen großen Sprachschatz zu vermitteln oder mit ihnen die Stätten des objektivierten Kulturkapitals aufsuchen zu können (gemeint sind z.B. Gemälde oder Bibliotheken etc.), bedarf es, das sei hier angemerkt, nicht zuletzt ökonomischen Kapitals, um sich zeitliche Freiräume für solche Aktivitäten verschaffen zu können.

Dass es sich bei all diesen Aktivitäten um nichts anderes als Kapitalerwerb handelt, verdeutlicht Bourdieu daran, dass die bereits im Kindesalter angeeignete Kultur einen Tauschwert besitzt. Die späteren Schüler können in der Schule ihr „inkorporiertes kulturelles Kapital" in schulische Anerkennungstitel wie gute Noten oder schließlich einen höheren Schulabschluss – Bourdieu spricht vom „institutionalisierten kulturellen Kapital" – ummünzen. Das institutionalisierte kulturelle Kapital hat über den inkorporierten Kulturbesitz (z.B. den Sprachschatz oder das Wissen) hinaus den weiteren Vorteil, dass es durch gesellschaftliche Institutionen dauerhaft in seinem Wert gesichert ist und auch dann noch gilt und seinen Wert behält, wenn sich das Angeeignete längst verflüchtigt hat. Mit dem erworbenen Abitur hat man die bleibende Berechtigung für die Aufnahme eines Hochschulstudiums erworben, auch wenn man schon längst nicht mehr in der Lage sein sollte, es noch einmal zu absolvieren. Man kann sich auch dann noch Doktor nennen, wenn man längst nichts mehr von dem weiß, was man dereinst erforscht hat. Bildungstitel haben keine Halbwertszeit, sie sind akkumulierbares Kapital und sichern gesellschaftliche Macht und Einfluss.

Für ein Kind aus der Volksklasse hingegen bleibt der Kulturbesitz von Beginn an fremd, mangels ökonomischen Kapitals steht für Kulturvermittlung kein ausreichendes Zeitfenster zur Verfügung. Die Volksklasse muss arbeiten. Aber selbst wenn genügend ökonomisches Kapital zur Verfügung stünde, bliebe die Kultur dieser Klasse schon aus sprachlichen Gründen verschlossen. Das Wort Museum ist unter Umständen gar nicht Bestandteil des aktiven Wortschatzes, entsprechend kommt man auch nicht auf die Idee, es aufzusuchen. Klassische Bildungsstoffe, die wie das Erlernen der lateinischen Sprache am Gymnasium fester Bestand des Bildungskanons sind, bleiben für die „untere Klasse" von vornherein unzugänglich. Dass sie im Alltag bzw. in der Währung ihrer weniger kapitalkräftigen „Volkskultur" schlicht nicht vorkommen, besiegelt schicksalhaft die mögliche Bildungskarriere der „unteren Klasse" unter dem Anschein eigener Wahl, wenn sie zu dem Ergebnis kommen muss: „das ist nichts für uns" (Bourdieu 1992, 32). Hier greift also einmal mehr das Gesetz, dass das Fremde nicht erkannt und damit auch nicht anerkannt wird. Die grundverschiedene Ausstattung mit kulturellem Kapital verfestigt sich zu einem grundverschiedenen Habitus, einem „System von Grenzen" (ebd., 33) das limitierend darauf wirkt, „wie einer spricht, tanzt, lacht, liest, was er liest, was er mag, welche Bekannte und Freunde er hat" (ebd., 32). Letztere bilden das soziale Kapital, mit dem man sich wiederum gesellschaftliche Einflusssphären sichern kann, wenn man „die richtigen Leute kennt". Das wiederum entscheidet darüber, welche Position man erwirbt und was man verdient. Kulturelles und soziales Kapital sind somit wieder in ökonomisches Kapital transferierbar, der Wirtschaftskreislauf ist geschlossen.

Kapitallogik und Schule

Man könnte nun Bourdieu die eingangs bereits erwähnte Programmatik der Schule, etwa das Bemühen um Chancengleichheit oder die pädagogische Bildung der Lehrkräfte entgegenhalten. Für Bourdieu spielt beides jedoch der latenten Funktion von Schule, nämlich die Klassenverhältnisse zu reproduzieren, schlicht in die Hände. Das „Gleichheitsprinzip", so sagt er, sei nur oberflächlich gerecht, denn es „sanktioniert […] faktisch die ursprüngliche Ungleichheit gegenüber der Kultur" (Bourdieu 2001, 47). Gerade indem alle gleich behandelt werden, perpetuiert die Schule die gesellschaftliche Privilegiertheit einzelner. Mit der Kapitaltheorie wird der Gerechtigkeitsmythos der befreienden Schule (ebd., 46) schnell entzaubert. Die Schule erfüllt nämlich ganz unbeschadet stattfindender Diskurse um Chancengleichheit ihre latente Funktion, die darin besteht, den „Kult einer Kultur zu organisieren" (ebd., 43). In die Hände spielt dieser Funktion zum einen die in der Schule herrschende „Begabungsideologie" (ebd., 47), zum anderen die an diese Ideologie anknüpfende „Erweckungspädagogik" (ebd., 39), wie sie programmatisch etwa von der geisteswissenschaftlichen Perspektive propagiert wird. Wenn es beispielsweise einem Schüler oder einer Schülerin gelingt, durch seine/ ihre Beiträge „virtuos" zu erscheinen und er es vermag, durch „intellektuelle Brillianz" zu bestechen, dann kommt ihm ein Lehrer, der sich im platonischen Sinne als Mäeutiker versteht, also als jemand, der das in Schülerinnen und Schülern schlummernde Potenzial durch geschickte Fragetechnik erweckt, gerade entgegen. Die Lehrerinnen und Lehrer erkennen die vermeintliche Begabung und sehen es als ihre Aufgabe an, die schlummernden Talente, die sie in den Schülern ausmachen, zu wecken und zu befördern. Was hier jedoch eigentlich stattfindet, bringt das Sprichwort „gleich und gleich gesellt sich gern" zum Ausdruck: Die Lehrperson, selbst Träger des kulturellen Kapitals und Angehörige der „herrschenden Klasse", machen letztlich nichts anderes, als bei den beschriebenen Schülern das lange vor dem Unterricht „osmotisch Angeeignete", das den Oberklassenschülern längst „Vertraute" hervorzulocken, nämlich ihre Sprachfähigkeit, ihren klassenspezifischen Jargon. Es ist genau das, was diese Schülerinnen und Schüler gerade nicht im Unterricht gelernt haben, es ist das bereits früh erworbene Kapital, mit dem sie sich jetzt im Unterricht Anerkennung bei einem Gleichgesinnten bzw. einer Gleichgesinnten verschaffen und es damit für den Erwerb von institutionellem Kapital in Form guter Noten und guter Abschlüsse zum Einsatz bringen. Je vager dann die Anforderungen etwa in einer Prüfung sind, so Bourdieu, desto mehr stellt eine solche Prüfungsleistung eine rhetorische Übung dar (ebd., 43), in der Lehrer oder später Universitätsprofessoren (wenn auch unbewusst) nichts anderes als die Klassenzugehörigkeit ermitteln. Es sind gerade diejenigen Prüfungen, die den Nimbus des besonders Gehaltvollen tragen. Das, was hier aber letztlich zählt, ist das, was „das schulische Lernen niemals in gleichem Maße vermitteln kann" wie das Herkommen (ebd., 41, dort Anm. 21). Das kulturelle Kapital der Volksklasse kann der harten Währung der Oberklasse im erweckungspädagogisch organisierten Unterricht nicht standhalten. Mangels sprachlicher Distinguiertheit wirkt ein Volksklassenschüler nicht virtuos und eloquent, sondern „angespannt" (ebd., 40), wenig brillant und damit wenig begabt. Dass die gymnasialspezifische Erweckungspädagogik mit einer „Abwertung der Techniken" (ebd.) einhergeht, ist nur die Kehrseite davon, in aristokratischer Weise den kulturellen Kapitaltransfer zu sichern und die Reproduktion der gesellschaftlichen Verhältnisse zu stabilisieren. Dass es sich um eine latent gehaltene Aristokratie handelt, wird deutlich, wenn man an dieser Stelle nochmals die Kapitallogik beachtet. Tritt Kapital im inflationären Maßstab auf, wird es wertlos. Ein Sprachstil ist dann distinguiert und tritt hervor, wenn er sich unterscheidet: „Was ‚Distinktion' ist, was ‚Unterschied' ist, lässt sich […] immer nur relativ sagen, in Beziehung zu anderem. Im Grunde heißt ‚distinguiert' sein: ‚nicht populär' sein" (Bourdieu 1992, 39). Es kann von daher als ein gesellschaftliches Strukturgesetz gelten, dass es unmöglich ist „unterschiedslos allen Mitgliedern der Gesellschaft die Befähigung zu den kulturellen Praktiken zu geben, die der Gesellschaft als die nobelsten gelten" (Bourdieu 2001, 50). Sie würden damit – folgt man der Kapitallogik Bourdieus – wertlos. Bourdieu sieht eine solche Entwicklung im Rahmen der sogenannten „Bildungsexpansion" seit den 1960er Jahren dort gegeben, wo fortan der „Niveauverlust" beklagt wird, die der „Massenbetrieb" Schule und die Inflation der Bildungsprädikate hervorgebracht habe (Bourdieu 1992, 34; Bourdieu 2001, 44).

Das Erkenntnisinteresse Bourdieus und die eigentliche Funktion von Schule
Mit der Feststellung, dass es unmöglich sei, die bestehenden gesellschaftlichen Ungleichheiten zu verflüssigen, weil es gerade das Charakteristikum von Gesellschaft ist, bestehende Ungleichheiten zu reproduzieren, will es Bourdieu nicht bewenden lassen. Bereits zu Beginn haben wir darauf hingewiesen, dass Bourdieu mit seiner sozialisationstheoretischen Perspektive des gesellschaftlichen Kapitaltransfers eine explizit kritische Absicht verfolgt. Seine Theoriebildung hat ihm aber zunächst den Vorwurf eingebracht, dass das hier gezeichnete Gesellschaftsbild *recht statisch* sei (Bourdieu 1992, 35) und in der Tat, so muss man wohl konstatieren, führt das kritische Interesse Bourdieus letztlich in eine Aporie. Bourdieus *kritisches* Anliegen, mit seiner Offenlegung gesellschaftlicher Reproduktionsmecha-

nismen zur Veränderung gesellschaftlicher Prozesse beizutragen, verstrickt sich in einen theorieimmanenten Selbstwiderspruch. Das wird deutlich, wenn man die Textpassagen beleuchtet, in denen Bourdieu beschreibt, was Schule seines Erachtens eigentlich in einer demokratischen Gesellschaft leisten sollte: So kann man beispielsweise lesen, es sei tatsächlich die Aufgabe von Schule, „unterschiedslos allen Mitgliedern der Gesellschaft die Befähigung zu den kulturellen Praktiken zu geben, die der Gesellschaft als die nobelsten gelten". Sie solle tatsächlich „allen das […] vermitteln, was einige ihrem familialen Milieu verdanken" (Bourdieu 2001, 48). An dieser Stelle kommt zum einen der durchgreifende Ökonomismus Bourdieus an seine Grenzen und es ist fraglich, ob Schule Letzteres tatsächlich zu leisten vermag, wenn doch an die Stelle der „erweckenden Pädagogik" nunmehr vor allem das Technische treten soll. Wenn Kultur tatsächlich nichts anderes als Kapital darstellt, also ein reines Mittel zum Zweck ist, wie es der ökonomische Reduktionismus nahelegt, dann müsste dieses Ansinnen Bourdieus zu nichts anderem als zur Entwertung des bisher als wertvoll betrachteten kulturellen Kapitals führen und damit letztlich dazu, dass mit der Entstehung einer neuen „exklusiven Währung" zur rechnen ist, mit der man dann auch wieder bezahlen kann. Bourdieu selbst jedenfalls hat das am Beispiel des Skifahrens zu verdeutlichen versucht: „Kaum war es populär geworden, kam Skifahren außerhalb der eingefahrenen Pisten auf. Kultur, das ist im Grunde auch immer etwas ‚außerhalb der Piste'" (Bourdieu 1992, 39).

Kritische Würdigung

Man kann an dieser Stelle festhalten, dass Bourdieu der Radikalität seines ökonomischen Reduktionismus offensichtlich nicht durchgehend treu bleibt. Das ist auch nicht möglich, wenn die Theorie mit der Absicht betrieben wird, kritische Impulse zur Veränderung zu geben. Sie muss dann nämlich auch deutlich machen können, inwiefern und in welchem Rahmen Veränderung tatsächlich möglich erscheint. Hier wäre unter Umständen ein Rückgriff auf das geisteswissenschaftliche Denken interessant, das ja daran festgehalten hat, dass Kulturgüter unabhängig von ihrem Tauschwert einen Eigenwert bzw. einfach um ihrer selbst willen einen Bildungswert besitzen, so wie auch jeder einzelne Mensch, den ja auch Bourdieu letzten Endes vor dem gesellschaftlichen Zugriff bewahrt wissen will.

In jedem Falle, das sei an dieser Stelle hervorgehoben, kann Bourdieus sozialisationstheoretische Perspektive dazu anhalten, sich als Lehrkraft für latent ablaufende Prozesse gesellschaftlicher Privilegierung zu sensibilisieren. Gemeint ist der Kapitaltransfer und die Nobilitierung dessen, was dem eigenen milieubedingten Habitus ähnlich ist: Sprache, Gedankengänge und Wertpräferenzen. Nur eine für solche Phänomene sensibilisierte Lehrkraft dürfte nämlich in der Lage sein, auch das Fremde und Abständige am Habitus des Anderen vorurteilslos wertschätzen zu lernen und nicht unbewusst bzw. latent abzulehnen. Es geht also um nichts anderes als um einen qualifizierten Umgang mit Heterogenität. Die an Bourdieu anknüpfende Milieutheorie hat hier drastisch von nur schwer überwindbaren „Ekelschranken" gesprochen, die letztlich dafür sorgen, dass Milieus lieber unter sich bleiben (Bourdieu 1987, 366) – auch in der Schule.

3.3.7 Der geheime Lehrplan: Jackson

Mit Bernfeld und Bourdieu wurden bereits zwei schultheoretische Ansätze vorgestellt, die solche Wirkungen der Schule in den Blick nehmen, die in offiziellen Bildungsplänen oder pädagogischen Programmatiken weder beschrieben geschweige denn propagiert werden. Diese Perspektiven auf die Schule sind also dadurch gekennzeichnet, dass sie die hinter dem programmatischen Überbau von Bildungszielen ablaufenden Prozesse nicht als zufällig bzw. irritierend, sondern als funktional erachten. Philipp W. Jackson hat sie 1968 in seiner Veröffentlichung *Life in Classrooms* mit dem Stichwort *Heimlicher Lehrplan* (hidden curriculum) versehen (Jackson 1968).

Für Jackson sind es vor allem „Anpassungsstrategien", die auf seiner Agenda stehen: Schüler mausern sich, so Jackson, im Laufe ihrer Schulkarriere zu „lebenden Tintenflecken, deren rätselhaftes Schweigen und lässiger Stil erfolgreich Desinteresse wie Begeisterung für Schuldinge zu tarnen vermögen" (Jackson 1975, 28). Jackson spricht in diesem Zusammenhang auch vom Maskieren als ein wesentliches Moment des Geheimen Lehrplans: So lernten Schüler, „interessiert zum Lehrer zu blicken und bei passender Gelegenheit die Stirn gedankenvoll in Falten zu legen – auch wenn man mit seinen Gedanken kilometerweit weg ist" (ebd.). Schülerinnen und Schüler lernen somit, ihre Lehrer zu „bedienen" und sich dabei so weit wie möglich in einem guten Licht zu präsentieren. Techniken, wie zweideutige Antworten auf Lehrerfragen oder dieselben „dezent" mit Komplimenten an die Lehrkraft zu versehen sind weitere Formen geschickter Maskierung, die zum gewünschten Erfolg führen. Von Seiten der Lehrkräfte gehöre zum Geheimen Lehrplan hingegen die Praxis, „Schüler dafür zu belohnen, dass sie's überhaupt versuchen" (ebd., 30). Auf diese Weise, so Jackson, zeige sich wiederum, dass es das institutionell angepasste Verhalten, die Maske (sich melden, die Hausaufgaben machen, Interesse bekunden) sei, mit der man in der Schule reüssiere. Diese Maske ist dabei nichts anderes als die Rückseite der internalisierten Haltung von Schülern, den von „Verzögerungen, Versagungen und Unterbrechungen" (ebd., 28) gekennzeichneten Unterricht mehr und mehr geduldig zu ertragen.

• *Verzögerungen* sieht Jackson im häufigen Warten, z.B. auf langsamere Schülerinnen und Schüler oder auf den erlösenden Pausengong.

• *Versagungen* sind gegeben, weil man in der Schule auf seine Wünsche und Interessen Verzicht leisten muss, schließlich sucht man sich (in der Regel) nicht aus, was man bearbeitet und wann man es bearbeitet, so dass „Tätigkeiten häufig begonnen werden, ehe ein Interesse für sie besteht, und beendet, ehe das Interesse an ihnen nachgelassen hat" (ebd., 25). Hilbert Meyer hat in diesem Zusammenhang als heimliches Lehrziel ausgemacht, dass nichts so interessant sei, als dass es nach 45 Minuten nicht wieder beendet werden könne. Das Einzige, was sich im späteren Erwachsenendasein ändert (so kann man diesen Gedanken weiterführen) ist, dass die Schulglocke durch die Stechuhr ersetzt wird.

- *Unterbrechungen* durch die Schulglocke. Damit wäre auch schon die Hauptunterbrechung, mit der man in der Schule neben den vielen alltäglichen Störungen des Unterrichtsablaufs zu leben lernt, bezeichnet.

Jackson will mit seinen Ausführungen, die er auch aus teilnehmender Beobachtung speist, die Aufmerksamkeit darauf lenken, dass es „funktionierende" Schüler sind, die in der Schule mit Erfolg rechnen können und dass man sich mit den zum Schulerfolg führenden Tugenden auch als späterer Erwachsener bewährt: Mit ihnen könne man sich dann nämlich geräuschlos in eine bürokratische Gesellschaft einfügen, werde man, so Jackson, schließlich als Erwachsener „genauso wie die Schüler dafür belohnt, wenn wir unsere Aufgaben sauber, pünktlich und möglichst ohne Unruhe zu stiften erledigen" (ebd., 33). In der Schule werde zwar kaum intellektuelle Neugierde geweckt – nach Jackson ist es nicht unüblich, nach der Schule „niemals mehr vom Wissensdurst befallen [zu] werden" (ebd.). Aber dafür lerne man, sich den Bedingungen des künftigen Arbeitsplatzes anzupassen. Zinnecker hat in diesem Kontext den heimlichen Lehrplan analog zur seines Erachtens „zynischen Anthropologie der bürgerlichen Gesellschaft" gesehen (Zinnecker 1975, 185): Die Schule ist aus dieser Perspektive der Ort, an dem die Gesellschaft die zu ihr passenden Sozialcharaktere formt, bzw. an der eine gesellschaftliche Übertragung von Persönlichkeitsmustern stattfinde (ebd., 186).

Jacksons Rede von der bürokratischen Gesellschaft und seine schulischen Beobachtungen, die er als *Heimlichen Lehrplan* fasst, stammen aus den 1960er Jahren. Dies wirft die Frage auf, inwiefern die Überlegungen und Beobachtungen in Zeiten von Schulentwicklung und angesichts gesellschaftlicher Umbrüche so noch zutreffen oder ob sich der *Heimliche Lehrplan*, wie die Gesellschaft auch, verändert hat. Die Beschreibung vom lethargisch-passiven Schülerdasein passt bei allen damit verbundenen Präsentationsqualitäten jedenfalls nicht zum aktuellen Bild vom kompetenten, sich selbst durch Kompetenzraster geschäftig steuernden und regulierenden Schüler, dem gegenüber die Lehrperson heute, anders als in den 1960er Jahren – zumindest vordergründig – eigentümlich passiv erscheint. Diese Frage wird im Rahmen des machtanalytischen Ansatzes im Gefolge von Foucault nochmals aufgegriffen werden, der auf seine Weise die Perspektive vom *Geheimen Lehrplan* fortschreibt.

Die Gedanken zum Heimlichen Lehrplan auf die Schule beruhen, das sei hier abschließend betont, auf sozialisationstheoretischen Überlegungen, die allerdings in gesellschaftskritischer Absicht erfolgen. Sie beleuchten somit diejenigen schulspezifischen Phänomene, die man weniger normativ und damit sozialisationstheoretisch-neutraler, schlicht als „funktional" bezeichnen kann, weil sie sich im Rahmen der gegebenen Gesellschaft als adaptiv erweisen. Diese gesellschaftliche Adaptivität der Schule herauszuarbeiten, so haben wir bereits gesehen, verfolgt vor allem Parsons strukturfunktionaler Ansatz.

3.3.8 Radikale Schulkritik: Illich

In den 1990er Jahren erregte ein Postbote mit Hauptschulabschluss Aufsehen, weil er es schaffte, sich eineinhalb Jahre in einem bei Leipzig gelegenen Landeskrankenhaus für einen Psychiater auszugeben und während dieser Zeit unbehelligt als „Sachverständiger" gerichtsrelevante psychiatrische Gutachten zu verfassen, ohne dass er jemals wegen mangelnder Fachkenntnis aufgefallen wäre (Kronenberg 2006, 20). In den Augen der Öffentlichkeit und aus Sicht des Bildungswesens handelte es sich um einen Hochstapler, strafrechtlich gesehen sogar um einen Fall für das Gefängnis. Für Illich, den radikalen Kritiker jedwelcher institutioneller Bildung würde es sich hingegen wohl eher um einen „Autodidakten"(Illich 1972b, 16) gehandelt haben, der auf seine Weise die Sinnlosigkeit der Institution (Hoch-)Schule und ihrer Bildungstitel zu demonstrieren vermochte. Illich hat nämlich unter anderem den Autodidakten im Blick, wenn er formuliert, „daß das Ziel der öffentlichen Erziehung durch die Pflichtschule seine soziale, pädagogische und ökonomische Berechtigung verloren hat" (Illich 1978, 113). Entsprechend plädiert er in seinem gleichnamigen Buch für eine durchgreifende *Entschulung der Gesellschaft* und prognostiziert diese auch für die nahe Zukunft. Die Schule ist für Illich in jeder Hinsicht ein gesellschaftliches Auslaufmodell, ein „Musealgegenstand", der wie „der Bison, das Barock und Botticelli" allenfalls der Denkmalpflege anzuvertrauen sei (Illich 1984, 15). Nur die „Muße, um Erkenntnissen nachzugehen" (Illich 1972b, 33), also die griechische Wortbedeutung von Schule (scholé), fällt Illichs radikaler Schulkritik nicht anheim. Der Erwerb nützlichen Wissens und praktischer Fähigkeiten wird ebenfalls nicht in Frage gestellt.

Die Illusion des Schulmythos

Das Schulsystem, das Illich so sehr bekämpft, beruht seines Erachtens insgesamt auf einer Illusion, nämlich „der Annahme, daß Lernen meistens das Ergebnis von Unterricht sei [...]. Die meisten Menschen aber erwerben den größten Teil ihres Wissens außerhalb der Schule" (Illich 1972a, 31). Illich rekurriert unter anderem auf den Spracherwerb von Mutter- und Fremdsprache, der in großem Umfang im außerschulischen Umfeld und nicht im Unterricht der Pflichtschule stattfinde. Sprachen lerne man, wenn die Umstände dieses Lernen erforderlich machten bzw. begünstigten. Beim Erwerb von Spezialkenntnissen, wie „Algebra, Computer-Programmierung und chemische Analysen" (ebd., 32) auf schulische Methoden zurückzugreifen, hält Illich zwar für durchaus sinnvoll, eine bis zu achtzehnjährige öffentlich finanzierte Schulbildung (Universität inbegriffen) ist für ihn jedoch schon aus bildungsökonomischen Gründen völlig abwegig (ebd., 33). „Wer mit Interesse lernt, braucht nicht lange, um sich beinahe jede Fertigkeit anzueignen, die er erlernen will"[12] (Illich 1978, 133). Das in Industrie und Forschung benötigte Know-how sei weit weniger komplex, als vielfach behauptet werde (ebd.), es könne z.B. durch spezielle „Lernprogramme" durchaus effektiv und effizient angeeignet werden (Illich 1972a, 32). Das ginge beispielsweise durch den Erwerb von „Bildungsgutscheinen" (ebd.) möglich seien aber auch spontane Unterweisungen, wie Illich sie vor allem für Lateinamerika dokumentiert hat (Illich 1978, 133). Diese funktionierten bei gegebenem Bedarf „schneller, billiger und mit weniger unerwünschten Nebenwirkungen als in der Schule" (Illich 1972a, 33). Dass das Lernen in einer hochtechnologisierten Gesellschaft nicht en passant geschehen kann, sondern ein geplantes Curriculum benötigt, lässt Illich nicht gelten. Der Grad der Technologisierung ist für ihn Teil der schulischen Nebenwirkungen: „Von allmächtigen Werkzeugen umgeben ist der Mensch nur noch ein Werkzeug seiner Werkzeuge" (ebd., 149). Die Technologie und ihre Anwendung erweisen sich auf ihrem gegenwärtigen Entwicklungsstand als absurd, Illich nennt in diesem Zusammenhang die Militärtechnologie, die das Leben vernichte, um es zu bewahren, die moderne Landwirtschaftstechnologie, die den Boden beackere und dabei vergifte (ebd., 150) sowie die Medizintechnologie, die zu teuer geworden sei, um alle mit ihr versorgen zu können (ebd.).

Die Verschulung bzw. die umfassende Institutionalisierung der Bildung hat also Nebenwirkungen, die man nicht wollen kann: Als solche diagnostiziert Illich über die absurden Effekte der Technologisierung hinaus vor allem Bürokratisierung, Kapitalisierung und Monopolisierung: Die Schule schadet in Illichs Augen also mehr als sie nützt und hat es dennoch geschafft, sich dauerhaft zu etablieren. Das vermochte sie, weil sie wie die institutionalisierte Religion ein institutionalisierter Mythos sei: Wie einstmals die Kirche erzeuge die Schule ständig neue Formeln, in diesem Falle Curricula, um sich mit ihren Riten zu verewigen (Illich 1978, 121). Der Theologe und Intellektuelle Ivan Illich versteht seine Theorie als „Kirchenkritik" der Schule. Er stellt Schulbildung unter Illusionsverdacht und will den Mythos Schule entzaubern: „Die Trennung der Bildung vom Schulwesen hat ihr Vorbild in der Entmythologisierung der Kirche" (Illich 1972b, 16).

Die Nebenwirkungen verschulter Bildung für die Gesellschaft

Der Vergleich von Schule und Kirche liegt für Illich von daher nahe, als es sich aus seiner Sicht jeweils um Institutionalisierungsprozesse einer emanzipatorisch-freiheitlichen Grundhaltung, im einen Fall des Glaubens (Illich denkt an die Propheten), im anderen der Bildung handelt. Die Institutionalisierung der Religion habe, so Illich, dazu geführt, dass Gläubige, die ihre Unabhängigkeit von der Institution bekundeten, weil ihnen die Riten zu starr erschienen, von den „Klerikern" als Andersdenkende und Abgefallene ausgeschlossen und verketzert wurden (Illich

1972b, 16f). Dazu konnte es nur deshalb kommen, weil der durch die Institution
gestützte und abgesicherte Klerus Teil der gesellschaftlichen Machtelite geworden
sei. Die Sache, die der Kirche ursprünglich anvertraut war, nämlich der Glaube,
wurde dadurch pervertiert. Die Folge dieser geschichtlichen Entwicklung, so Illich, sei die Reformation gewesen, eine Bewegung, deren Protagonisten folgerichtig
die klerikale Herrschaft zu bekämpfen begannen, weil sie den Glauben bedrohte
anstatt ihn zu befördern. Ähnlich sehe es heute mit der Bildung aus. Die Institutionalisierung der Bildung habe einen „Lehrberuf" hervorgebracht, „der unfreiwillig zu einem ökonomischen Interesse geworden ist" (ebd., 16). Wie der Kleriker
dereinst den unabhängigen Gläubigen bedrohte, so disqualifiziert die Macht der
Institution Schule und ihr Lehrberuf heute beispielsweise die Autodidakten, die
ihre Fähigkeiten außerhalb der Schule erworben haben (ebd.). Auch die Schule
hat sich durch ein starres und unflexibles Ritualsystem, das verpflichtend gemachte
Curriculum, „institutionalisiert" und damit Bildung in Form von Erziehung als
Dauerbeschulung für sich okkupiert. Diese geschichtliche Analogie von Religion
und Bildung, die sich durch Institutionalisierung zum starren Ritual bzw. zur schulischen Erziehung wandelten, ist für Illich kein Zufall, sondern Methode. Der die
Schule beherrschende Mythos, die Erziehung, „ist eine Idee für die wir (außerhalb
der christlichen Theologie) in keiner anderen Kultur ein spezifisches Gegenstück
finden" (Illich 1978, 121). Die Schule ist für Illich nichts anderes als die säkulare
Gestalt der Kirche, sie ist „zur Staatskirche des säkularisierten Zeitalters geworden"
(Illich 1972b, 15). Entsprechend gelte es heute „im Namen der Bildung" gegen
einen Lehrberuf aufzustehen, „wie in früherer Zeit die Reformatoren gegen einen
Klerus kämpften, der – häufig unfreiwillig – Teil der alten Machtelite geworden
war" (ebd., 16).
Einfach sei das wegen der Verquickung von Staat und Bildung (wie ehedem von
Staat und Religion) nicht: „Der moderne Staat hat es sich zur Pflicht gemacht, das
Urteil seiner Erzieher [...] auf ähnliche Weise durchzusetzen, wie einstmals die
spanischen Könige das Urteil ihrer Theologen durch Konquistadoren und die Inquisition durchsetzten" (Illich 1972a, 29). Durch diese Verquickung von Staat und
verschulter Bildung sei es dem Schulwesen gelungen, „Bildung" in Rechtstitel zu
verwandeln (Illich 1978, 124). Entscheidend sei nun nicht mehr die Befähigung,
sondern die durch die bürokratische Institution gewährte Berechtigung, wie das
eingangs beschriebene Beispiel auf seine Weise dokumentiert[13]. Nach Illich ist es
diese staatlich garantierte Monopolstellung im Bereich der Bildung, die dazu geführt hat, dass sich das bürokratisch verfasste Schulwesen verselbständigen konnte.
Bildung ohne Schule mache fortan „den Eindruck, als wäre sie etwas Unechtes,
Illegitimes und jedenfalls Nichtbeglaubigtes" (Illich 1972b, 28). Die dauerhafte Be-
schulung, die zu einem Zwangsritual pervertiert ist, werde von den Schülern (und
ihren Eltern) nicht mehr wegen des Wissens- und Fertigkeitserwerbs aufgesucht
(dafür hat sie zu sehr Gefängnischarakter), sondern in erster Linie deshalb, weil sie

zur staatlich geschützten und damit privilegierten Berechtigung führe. Dass schulische Gegenstände zunehmend von den realen Anforderungen im Leben wegführten, wird dabei in Kauf genommen: Das spezialisierte Expertenwissen der Schule stellt heute, so Illich, vielfach ein Geheimwissen dar, das die Lebensbewältigung aus ökonomischem Kalkül verkompliziere, anstatt sie zu erleichtern: Er demonstriert das unter anderem am Beispiel von Fischern einer Küstenregion in Südamerika: Diese Menschen seien, so Illich, dereinst in der Lage gewesen, ihre vor 1950 gekauften Außenbordmotoren auch ohne Schule selbst zu reparieren. Das zunehmende technokratisch-verschulte Expertenwissen habe hingegen dazu geführt, Motoren fortan so zu konstruieren, dass sie nicht mehr repariert werden könnten (Illich 1978, 135). Für Illich ein Zeichen dafür, dass verschulte Bildung in erster Linie dem Machtausbau weniger Privilegierter diene und die in Armut lebende Mehrheit entmündige. Die den technologischen Fortschritt vorantreibende Schulbildung „beliefert die meisten mit technischen Spielereien, die sie sich nicht leisten können, und entzieht ihnen die einfacheren Werkzeuge, die sie brauchen würden" (ebd.). Statt teurer Spezialschulen für das Medizinwesen und der schulmäßig bedingten „hochkomplexen Medizintechnik" (ebd., 134) in den industrialisierten Staaten plädiert Illich dafür, einfache Instruktionen für „jedes Bauernmädchen" auch in Lateinamerika zu entwickeln, mit denen es, „die meisten Infektionskrankheiten zu diagnostizieren und auch zu behandeln" vermag (ebd.). Die Schule jedoch verfolge andere Ziele: Sie erziehe die wenigen, die weltweit in den Genuss von Schulbildung kommen, zu Konsumenten der technischen Spielereien und zu Konsumenten des Wissens, das eine Ware geworden sei (ebd., 127). Letztlich verfolge sie mittels einer subtilen Form des Kapitalismus nichts anderes als sich selbst zu erhalten, wenn sie es „Nutznießern einer guten Bildung gestattet, dem rückständigen Wissenskonsumenten selbst die Schuld daran zu geben, daß er ein Zertifikat von geringerem Nennwert besitzt" (ebd., 129). Auf diesen *Geheimen Lehrplan* der Schule fallen zu Illichs Bedauern auch zunehmend die Länder der dritten Welt herein, die sich dabei heillos verschuldeten (ebd., 115ff).

Kritische Würdigung

Illich legt mit seinen Gedanken eine radikale Schulkritik vor, die im Gestus an die radikale und pauschale Kritik der jüdischen Propheten am Religionssystem ihrer Zeit erinnert, auf die er sich auch selbst bezieht (Illich 1972b, 17). Der säkulare Theologe und Religionskritiker der Schule Illich wird damit selbst zu einer Provokation für all diejenigen, die sich in Theorie und Praxis um die Schule bemühen, was leicht dazu führen kann, dass auch dieser „Prophet des Umsturzes […] als Irrer abgeschrieben" wird (ebd.) oder wissenschaftlich vornehmer gesprochen: Illich ist jemand, der keine Theorie, sondern eine radikale Ideologie vorgelegt hat. Auch wenn man geneigt sein sollte, so zu denken, gilt es, Illichs Rede von der Entschulung der Gesellschaft trotzdem noch ein wenig genauer in den Blick zu nehmen. Sie erhebt zum einen eine Forderung, zum anderen aber auch, wie eingangs formuliert, den Anspruch, einen geschichtlichen Prozess zu beschreiben.

Zu den Forderungen, die Illich mit seiner Schulkritik verbindet, ist festzuhalten, dass er das Berechtigungssystem nicht grundsätzlich problematisiert. Eine Befähigungsprüfung für ein Amt oder eine Aufgabe schließt er nicht aus, was er jedoch anprangert ist die „absurde Benachteiligung" gegenüber demjenigen, „der eine bestimmte Fertigkeit ohne größten Aufwand an öffentlichen Mitteln erlernt [...] hat" (Illich1972a, 29). Völlig sinnwidrig erscheint es ihm, ein „Diplom" ohne nützliche Fertigkeit oder Tätigkeit erworben zu haben. Illich denkt so gesehen zunächst einmal bildungsökonomisch: Teure Schulbildung (worunter auch die Universitätsbildung gefasst ist) hat sich für ihn daran zu messen, ob sie ihre Schüler auch tatsächlich zu etwas Überprüfbarem qualifiziert oder ob sie nur eine wie immer geartete teure Bildungspriviligierung ohne gesellschaftlichen „Mehrwert" betreibt.

Illich plädiert ferner für die „Abschaffung des Rechts auf korporative Geheimhaltung" (Illich 1978, 132) und damit für eine „wirkliche Sozialisierung des Knowhow" (ebd., 133). Gemeint ist ein freier Zugang zu Informationen, die bis dato „eifersüchtig" von „Berufsvereinigungen, Institutionen und Nationen" gehütet werden, um andere „von privaten Reservaten fernzuhalten – seien es Cockpits, Anwaltskanzleien, Müllhalden oder Kliniken" (ebd., 132). Es ist diese Macht über den Zugang zu Informationen und Fakten, ohne die, so Illich, weder „die politischen noch die professionellen Strukturen unserer Gesellschaft" (ebd.) überlebensfähig wären. Der Pädagoge Hilbert Meyer konstatierte in den 1990er Jahren im Rahmen des Bedeutungszuwachses, den die Schulentwicklung zu dieser Zeit erfuhr, lapidar:

> „Die Diskussionen der 70er Jahre über die ‚Entschulung der Schule' sind – man möchte sagen: leider – vorbei. Die Zeitpensen, die die Heranwachsenden in Schulen zubringen, steigen von Jahr zu Jahr weiter an. Eine realistische Alternative zur schulischen Bildung ist nirgendwo in Sicht." (Meyer 1997, 52)

Vielleicht war dieses Urteil ein wenig voreilig: Parallel zur Schulentwicklung hat sich nämlich auch eine andere Entwicklung zugetragen, die auf ihre Weise die Entschulung der Bildung befördert hat, nämlich die Ausbreitung des Internets und damit, um es mit Illich zu formulieren, die Sozialisierung von Wissen, von Informationen und von Know-how. Überall in der Welt kann fortan darauf zugegriffen werden und diese Entwicklung drängt zunehmend das Wissens- bzw. Informationsmonopol institutionell verfasster Einflussgrößen wie Schulen, öffentlicher Medienkonzerne und der staatlichen Administration zurück, ganz so, wie es Illich zum einen propagiert aber eben auch prognostiziert hat. Damit aber ist ein entscheidendes Hindernis auf dem Weg „zu einer echten Bildungsgesellschaft" (Illich 1972a, 45) im Sinne Illichs bereits aus dem Weg geräumt, nämlich dass eine „spezielle Institution" bestimmt, „was für andere notwendige Bildung sei und was nicht" (ebd.,

46). Wissenszugänge lassen sich heute, anders als in den 1970er Jahren, kaum noch monopolisieren. Auch eine Lehrkraft, die ihr „Wissen für sich" behalten und damit möglichen Adressaten vorenthalten könnte, sollte es ihr curricular geboten oder opportun erscheinen (Illich 1978, 132), dürfte der gegenwärtigen Realität wohl kaum noch entsprechen. Ob die Schule durch diese Entwicklung tatsächlich mittelfristig als „alte Schachtel" (Illich 1984, 15) zum Bison ins Museum wandert, muss die weitere Entwicklung zeigen. Dass sie zum Ende des 20. Jahrhundert zusammen mit dem Privatauto abgeschafft worden wäre, wie Illich 1970 prognostizierte (Illich 1972b, 16), hat sich zumindest nicht bewahrheitet. Vielleicht auch deshalb, weil Illich wusste, dass das gar nicht möglich ist. Bisons, als rezente Vertreter der Bovidae, leben noch immer, wie auch die Schule.

3.3.9 Humane Schule: von Hentig

Hartmut von Hentig (geb. 1923 in Posen) ist Altphilologe und Erziehungswissenschaftler. Die Begrifflichkeiten „humane Schule" (Hentig 1976), „pädagogische Schule" (Hentig 2003, 211) und „Bildungsschule" (Hentig 2004, 162), sowie die vielzitierte Formulierung: „die Menschen stärken, die Sachen klären" (ebd., 183) sind untrennbar mit dem langjährigen Leiter der Bielefelder Laborschule verbunden, der unter anderem zuletzt in seiner programmatischen Schrift *Die Schule neu denken* sein Verständnis einer Theorie der Schule dargelegt hat. Theorien, heißt es dort, seien „keine Abbilder der Wirklichkeit" (Hentig 2003, 184). Eine Theorie der Schule habe „eine kritische Funktion gegenüber der Schulpraxis" (ebd., 185). Von Hentigs Gedanken zur Schule sind vielfältig und mitunter spannungsreich. Die Vielfältigkeit zeigt sich beispielsweise darin, dass er Aspekte neuhumanistischen Denkens – seine vielzitierte Formulierung führt er direkt auf Humboldts Bildungstheorie zurück (Hentig 2004, 183) – mit dem Grundanliegen der kritischen Theorie verbindet: Wie Adorno beschwört v. Hentig die Gefahr, dass die Bildung Heranwachsender durch die Ausbreitung von „kontrollierten und normierten Lehr-Lern-Prozessen" in der Schule beschädigt werden könne (ebd., 160). Spannungen treten etwa bei folgenden Überlegungen zu Tage: H. v. Hentig problematisiert die Verschulung der Bildung (ebd., 54) sowie den „kläglichen Output" der Schulbildung, z.B. was das Erlernen von Fremdsprachen betrifft (Hentig 2003, 200) und knüpft direkt an Illichs Gedanken zur Entschulung an (Hentig 2003, 242, 245). Unbeschadet solcher schulkritischer Überlegungen unterstreicht v. Hentig (wie bereits Hegel) die Bedeutung der Schule als Ort des Übergangs von der Familie zur bürgerlichen Gesellschaft und kann im verbeamteten Lehrer sogar den Repräsentanten der *polis*, also der Idee des demokratisch geordneten Gemeinwesens sehen (ebd., 192). Eine weitere Spannung ensteht, wenn v. Hentig einerseits mit der Forderung nach dem „Lebensraum" Schule die lebensferne Lehrschule kritisiert, sich anderseits jedoch vom pragmatistischen Lernbegriff des *learning by doing* „radikale[r] Empiristen" distanziert (Hentig 2004, 153), weil dieser durch sein einseitig technisch-instrumentelles und bildungsfeindliches Gepräge letztlich auf „erfolgreiche Anpassung" hinauslaufe (ebd., 154) und philosophiearm sei. Philosophieren bzw. nach dem Sinn der Dinge zu fragen, sei für eine pädagogische bzw. humane Schule jedoch unerlässlich (Hentig 2003, 254).

Für v. Hentig sind die Vielfältigkeit der Denkwege und die damit einhergehenden Spannungen konstitutiv. Eine dem philosophischen Denken verpflichtete Theorie der Schule, die den Anspruch hat, „eine Übung in praktischer Vernunft" zu sein (so der Untertitel von *Die Schule neu* denken), kommt nicht umhin, Denkformen und Argumente abzuwägen, sie kann „nicht eine Dogmatik aus einem Guß" bereitstellen (ebd., 185). Im Folgenden sollen einige wesentliche Gedankengänge v. Hentigs, die für ihn eine kritische Funktion gegenüber der Schulpraxis ausüben, wie auch exemplarische Konkretisierungen zur humanen Schule exemplarisch erläutert werden.

Schule im Spannungsfeld von Individuum und Gesellschaft

Mit seiner Formulierung *Die Menschen stärken, die Sachen klären* knüpft v. Hentig ausdrücklich an die „Humboldtsche Figur von der Wechselwirkung zwischen Individuum und Welt", als ein „Sich-Bilden" an (Hentig 2004, 183). Unter Bildung versteht v. Hentig mit der neuhumanistischen Tradition den Prozess, durch den ein Mensch eine *„sich selbst bestimmende Individualität"* wird und „als solche *die Menschheit bereichert"* (ebd., 39). Bildung von jungen Menschen zielt entsprechend vor allem auf die Fähigkeit und den Willen sich zu verständigen (ebd., 80) und damit einhergehend auf ein *„Bewusstsein von der Geschichtlichkeit der eigenen Existenz"* (ebd., 83). Letzteres besagt, dass dem Heranwachsenden Bildung dort zuteil wird, wo ihm die „bestimmte Gefühls- und Meinungsausstattung", die er im Kontext der ihn prägenden Verhältnisse erworben hat, bewusst wird „und er daraufhin sein Verhalten selber steuern und verantworten kann" (ebd., 84). Verständigkeit schließt ein Wissen darum mit ein, so v. Hentig, dass jede Lebensgeschichte „völlig einmalig" ist, und von daher Verständigung mit anderen Menschen und Kulturen vielfach „äußerlich" bleiben müsse bzw. nur annäherungsweise gelingen könne (ebd., 85). Ganz im Sinne des neuhumanistischen Denkens zielt die Verständigungsorientierung der die Menschheit bereichernden Individualität auf demokratische Gemeinschaftsformen; es gehe folglich um „Stärkung gegen die vereinnahmenden Verhältnisse, kurz um Emanzipation" (ebd., 18).

Von Hentig denkt Schule insgesamt vom Begriff einer emanzipatorischen Bildung her. Bleibe dieses Denken aus, „wird sie bald keine Schule mehr sein, sondern ein sozialpädagogisches Heim einerseits und eine Berufsvorbereitungsanstalt andererseits" (ebd., 54). H. v. Hentig problematisiert mit diesem Denkansatz indirekt zwei gängige gesellschaftliche Funktionsbeschreibungen von Schule, zum einen die kustodiale Funktion, wenn er davon spricht, dass hier Bildung „mit sozialpädagogischer Aufbewahrung" verwechselt werde, zum anderen die Qualifikationsfunktion, wenn Bildung fälschlicherweise „mit der Sicherung des jeweiligen Industriestandortes" gleichsetzt werde (ebd., 209). Eine an gesellschaftliche Verhältnisse angepasste Schule, so v. Hentig, sei „inhuman" (Hentig 2003, 202), weil sie nicht das Ziel verfolge, „dass der Einzelne sich gegen seine Verzweckung behaupten kann" (Hentig 2004, 162). Eine vergesellschaftete Bildung stärkt, so lässt sich der Gedanke weiterführen, nach v. Hentig nicht den Menschen, sondern die Sachen als Sachzwänge. Nicht die Gegenstände, sondern die Menschen werden versachlicht, wenn sie es sind, die durch standardisierte Leistungsmessungen „geklärt" werden: ein Verfahren, das für v. Hentig einem emanzipatorischen Bildungsprozess abträglich ist. „Ob einer gebildet ist oder nicht gebildet, läßt sich nicht mit Hilfe von Wissenstests und den üblichen Befragungsmethoden ermitteln" (ebd., 173). H. v. Hentig kritisiert in diesem Zusammenhang ausdrücklich eine Schulpraxis, in der der Grundbegriff Bildung durch den des Lernens ersetzt (ebd., 52) und „Lehrbares und Meßbares" in den Vordergrund gerückt werde (ebd., 97; vgl. auch Hentig 1976, 14). Bedeutende „Fertigkeiten und Einstellungen" würden so „durch die taxonomische Einordnung und den Operationalisierungszwang der modernen Didaktik banalisiert und pervertiert" (Hentig 2004, 199), die vielfach beschworene Individualisierung, ein Kernanliegen der Bildungsschule, werde durch die sich durch diese Prozesse ausbreitende „Arbeitsbogendidaktik" gerade nicht erreicht, sondern „kollektiv vorgetäuscht" (Hentig 2003, 209). Sie habe zudem „den Kindern auch noch den Spaß am Drama des Klassenlebens genommen" (ebd.). Eine „radikale Individualisierung der Lernwege" (ebd., V41), wie sie v. Hentig beispielsweise an der schwedischen Modellschule FUTURUM gesehen hat, sei auf „Erledigung und Abrechnung von Leistung angelegt, nicht auf geistige Entdeckung" (ebd., V42). Auch zum Bedeutungszuwachs, der den vielfach diskutierten Schulleistungsstudien wie PISA für die Schulpraxis widerfahren ist, äußert sich v. Hentig kritisch: Die von ihm vorgetragenen Aufgabenbeispiele von PISA könnten allesamt aus testtheoretischen Gründen den Anforderungen einer persönlichen und politischen Bildung, wie sie für Schule konstitutiv seien, nicht genügen. Diese wären: „Zusammenhang herstellen, Sinn geben, bewerten (nicht nur begründen), etwas Tradiertes aneignen und bewahren, etwas auf sich beziehen, etwas genießen können, Vergangenes rekonstruieren, Künftiges entwerfen, Einzigartiges verstehen, Ambiguität oder Aporie aushalten" (ebd., V28). Aporien auszuhalten und zu benennen ist, das geht aus den bisherigen Ausführungen hervor, ein vorrangiges Ziel einer philosophisch ausgerichteten Reflexion und Kritik der Schulpraxis. H. v. Hentig weist in diesem Zusammenhang ganz grundsätzlich auf das Problem der theoretischen Grundausrichtung einer „Philosophie der Schule" hin (Hentig 2004, 153), die im Spannungsfeld von „Humanismus und Aufklärung" einerseits und „Pragmatismus" bzw. „entschlossener Verwissenschaftlichung" andererseits stehe (ebd., 154). Richtet sich die Philosophie der Schule vorwiegend an der ersten Grundrichtung aus, wie es zumeist in Schulordnungen und Lehrplänen der

Fall ist, dann sei das Ziel der Schule selbstlimitierend: Es bestehe dann darin, sich überflüssig zu machen, indem die extern gestützte Schulbildung sukzessive in ein „Sich-Bilden" des mündigen Subjekts übergehe (ebd., 154f). Folge die Philosophie der Schule hingegen – unter Umständen auch unbewusst – der pragmatistischen Grundausrichtung, die Erfolg als „successful adjustment" der durch „continual growth" geprägten gesellschaftlichen Umwelt bestimmt (ebd.), dann gebe es „kein wirksames Kriterium mehr für eine Begrenzung" der Schulbildung (ebd., 156). Das vielfach propagierte „lebenslange Lernen" laufe dann Gefahr, den Menschen durch die ständige Anpassung an die Verhältnisse zu entmündigen, das sich bildende Subjekt werde in diesem Fall nurmehr „als potenzieller Störfall behandelt" (ebd., 160).

Die humane Schule als „Zipfel der möglichen *besseren* Welt"

Weil v. Hentig am Gedanken einer pädagogischen Schule aus dem Geist des Humanismus und der Aufklärung festhält, geht sein Beitrag zu einer Theorie der Schule nicht darin auf, ausschließlich „Kritik der Schulpraxis" zu sein. Die Theorie habe vielmehr Wege aufzuweisen, die „das Individuum stark machen gegen die Systemzwänge" (Hentig 2003, 220). Nur so diene die pädagogische Schule „als Brücke zwischen der Kleinfamilie [...] und den meist massenhaft organisierten Systemen des gesellschaftlichen Lebens" (ebd., 228).

Die humane Schule könne aufgrund der unaufhebbaren Ambiguität und Aporie zwischen gesellschaftlicher Nützlichkeit und einer dem Bildungsgedanken und dem Individuum verpflichteten Schule nicht „auf die Wirklichkeit abrichten" (ebd., 208). Andererseits stärke sie die Menschen nicht, wenn sie als pädagogische Provinz „eine heile Welt vorgaukeln" würde (ebd.). Ähnlich wie bereits bei Adorno habe Schule vielmehr so etwas wie ein Zeuge des Besseren zu sein, in ihr sollen „Kinder ausdrücklich ‚einen Zipfel der möglichen *besseren* Welt' erfassen" können (Hentig 2008, 208). H. v. Hentig zielt auf eine Schule, in der das kritische Denken neben dem erfahrungsgesättigten Leben für Schülerinnen und Schüler und Lehrer gleichermaßen konstitutiv ist (Hentig 2003, 251, 254). Sie vermittelt Kulturtechniken und einen „beträchtlichen Anteil an Wissen, das für sich wichtig ist und nicht zu etwas" (Hentig 2004, 161). Dort, wo sie in den höheren Klassen der Vorbereitung auf das Studium dient, betreibt sie nicht selbst Wissenschaft, sondern befördert durch den Nachvollzug des wissenschaftlichen Forschens und seiner erkenntnistheoretisch bedingten Grenzen ein „philosophisches und also freies Verhältnis zu ihr" (Hentig 2003, 231). Auch das Gemeinschaftsleben solle bildenden Charakter haben: H. v. Hentig orientiert sich in diesem Zusammenhang an der Idee der griechischen Polis und fordert: „Man muss die Schule [...] zur *polis* machen" (Hentig 2004, 126f). Gemeint ist ein überschaubarer „Lebens- und Erfahrungsraum", in dem die Demokratie im Kleinen erlebt und eingeübt werden könne (Hentig 2003, 190); schon deshalb, weil die gesellschaftliche *polis* und die reale Politik in ihr, aufgrund der dort obwaltenden Komplexität für Heranwachsende, keinen bildenden Charakter mehr ausübe (Hentig 2004, 122). Bildenden Charakter habe die Schule also, wenn Schüler in ihr das *politeuein* lernten, also in Gemeinschaft zu leben, und darüber hinaus das *philosophein*, gemeint ist, nach dem Sinn der Dinge zu fragen und diese denkend zu prüfen (Hentig 2003, 254). An dieser Stelle grenzt v. Hentig ausdrücklich den Lebensraum Schule auch von dem der Familie ab, wie auch die Eltern von den Lehrenden. Schule habe nämlich das demokratische Gemeinwesen mit seinen komplexen Aushandlungsprozessen in einer pluralistischen Welt zu repräsentieren: Sie sei, so v. Hentig, als *polis* entsprechend auch nicht durch die Eltern, sondern durch die Bürgerinnen und Bürger legitimiert (ebd., 192). Als demokratische Polis, die zur Verständigung bildet, habe die Schule dabei auch immer auch *embryonic society* zu sein, d.h. sie nimmt alle Schülerinnen und Schüler eines Wohnbezirks auf und ist so gesehen Gesamtschule (ebd., 236). Für v. Hentig ist es, wie eben angedeutet, ausdrücklich Aufgabe einer Theorie der Schule, die erwähnten spezifischen pädagogischen Aufgaben der Schule im Kontext von Einflussinstanzen wie der Familie oder auch der Öffentlichkeit zu bestimmen (ebd., 191). Dabei kann es – wie oben bereits deutlich wurde – unter Umständen aus pädagogischen Gründen geboten sein, eine Entschulung der Schule voranzutreiben, damit sie nicht zu einem selbstgenügsamen oder gesellschaftliche Verhältnisse reproduzierenden System wird, das seinen pädagogischen begründeten Bildungsauftrag unterläuft. Weil Bildung nicht mit erfahrungsarmem akkumulierbarem Wissen verwechselt werden dürfe, sondern, „wir im und am Leben lernen können sollten" (Hentig 2004, 151), bedürfe es Lehrkräfte mit entsprechender Lebenserfahrung an den Schulen. Es kann daher geboten sein, bei der Auswahl von Lehrkräften unter Umständen nicht einseitig auf die verschulte Berechtigung durch Abschlüsse zu setzen (Hentig 2003, 252). Vielmehr gelte insgesamt, dass der Staat „Personen mit Eigenschaften" einzustellen habe und nicht „Diplomträger" (Hentig 1976, 109). In der Lehrerbildung sei folglich darauf hinzuwirken, dass künftige Lehrkräfte neben professionsspezifischem Wissen und Können stets auch „die eigenen Erfahrungen, die Merkmale der eigenen Person" mit einzubringen in der Lage sind bzw. dass sie die Reflexion „über Wissenschaft und Bildung, über die Gründe und Ziele der Erziehung […] nicht von ihrer Lehrtätigkeit isolieren" (Hentig 2003, 251). Auch für Lehrerinnen und Lehrer steht somit das *philosophein* und *politeuein* im Vordergrund. Auf Schülerseite führt die Forderung nach Entschulung zu einer Relativierung des Notensystems, das an der Bielefelder Laborschule bis zum letzten Schuljahr de facto auch keine Rolle spielte (ebd., 189f), weil es keine pädagogische, sondern nur eine gesellschaftlich bedingte Legitimation besitze: „Die Benotung ist ein Signum der Leistungsgesellschaft" (ebd., 203). Auch eine weitergehende Entschulung hält v. Hentig, der 1972 das Vorwort zur deutschen Ausgabe von Ivan Illichs *Entschulung der Gesellschaft* verfasste (Illich 1972a, 9ff), im Rahmen der humanen Schule auch des 21. Jahrhunderts für geboten: Weil die Lern- und Sitzschule vielen Heranwachsenden in der Mittelstufe nicht gerecht werden könne, plädiert v. Hentig dafür, ihnen in dieser Zeit ein Schuljahr lang die Möglichkeit zu konsequent entschulten Erfahrungen in einem Freiwilligendienst außerhalb der Schule zu gewähren (Hentig 2007).

Kritische Würdigung

Von Hentigs Schultheorie wirft viele Fragen an die gängige Schulpraxis zwischen staatlich-bürokratischer Verwaltung und technisch-ökonomisch inspirierten Managementtechnologien auf. In diesem Spannungsfeld will v. Hentig Lehrkräfte auf eine Art sokratischen Eid verpflichten, stets dem Eigensein der einzelnen Kinder in der Schule gerecht zu werden und an der besseren Welt, deren „Zipfel" Schule darzustellen habe, mitzubauen (Hentig 2003, 258f). Ob die *pädagogische* bzw. *humane* Bildungsschule und ihre Lehrkräfte im Spannungsfeld gesellschaftlich bedingter Kräfte und Aporien dieser Forderung genügen können oder sich angesichts der hier formulierten Ansprüche und Problemstellungen nicht heillos überfordern müssen, bleibt fraglich. Sehr nüchtern jedenfalls beurteilt v. Hentig selbst bereits in früheren Jahren die Chancen für eine humane Regelschule angesichts der gesellschaftlichen Bedingtheiten: „Die Schule kann nicht gut sein; es gibt immer nur Gutes in schlechten Schulen" (Hentig 1976, 90). Auch den humanisierenden Einfluss der Schule auf die Gesellschaft schlägt er mitunter gering an, ein Zurück zur (ideellen) antiken Polis jedenfalls hält v. Hentig schon in den 1970er Jahren, aufgrund der Komplexität des Gemeinwesens, für illusorisch (ebd., 92). Auch für die allgemeine Regelschule sind die Forderungen nach einer gelebten Polis und einer von gesellschaftlichen Sachzwängen befreiten Schule bis heute Utopie. Ob der Theorie, wie sie v. Hentig vorschwebt, tatsächlich die immer wieder beschworene verändernde Kraft der Utopie innewohnt, lässt sich somit bis dato nicht abschließend beantworten.

3.3.10 Machtanalytik: Rückgriff auf Foucault

Michel Foucault (geb. 1926 in Poitiers, gest. 1984 in Paris) war Philosoph, Historiker und Psychologe, der vor allem durch seine Diskurs- und Machtanalytik bleibenden Einfluss auf die Sozialwissenschaften, auch auf die Erziehungswissenschaft, zu gewinnen vermochte. Solche Positionen, die Foucaults theoretische Reflexionen nach dessen frühen Tod im erziehungswissenschaftlichen Kontext weiterdenken, werden in der folgenden Darstellung mit aufgenommen.

„Was ist daran verwunderlich, wenn das Gefängnis den Fabriken, den Schulen, den Kasernen, den Spitälern gleicht, die allesamt Gefängnissen gleichen?" (Foucault 1977, 292). Die Schule, die in ihrer Programmatik immer wieder zu einer Freisetzung des mündigen Individuums aufruft, ist für Foucault ein Einschließungsmilieu wie andere auch. Was diese für Foucault so ähnlich macht, sind die Techniken von

Macht und Bemächtigung, die in ihnen vorherrschen und die seine Theorie zu dechiffrieren verfolgt. Mit dieser Machtanalytik lässt sich eine schultheoretische Perspektive generieren, die in gewisser Weise quer zu allen bisherigen Theoriebeiträgen steht: Foucault sieht keine Logik des Fortschritts bzw. der Emanzipation von autoritären Machtsphären hin zu mehr Autonomie, zu der Schule und Bildung seit dem 19. Jahrhundert Grundsätzliches beigetragen hätten bzw. beizutragen in der Lage gewesen wären. Vielmehr geht Foucaults Denken und dessen Rezeption, die seit den späten 1990er Jahren verstärkt im Rahmen von Ökonomisierungsdebatten in den Sozialwissenschaften aufgegriffen wird, davon aus, dass sich im Laufe der Sozialgeschichte letztlich nur unterschiedliche Machtkonfigurationen und Bemächtigungsstrategien ablösen bzw. in veränderter Form wieder Gestalt gewinnen. Dort, wo äußerlich-repressive Aspekte von Machteinwirkung zurückgehen, wie seit den neuzeitlichen Bildungsreformen im Schulwesen, greifen aus dieser Sicht subtilere bzw. verborgenere Machteinflüsse. Auch die Schule und die aktuelle Schulentwicklung können dabei keine Ausnahme bilden, zu tief seien die Machtverhältnisse insgesamt im „gesellschaftlichen Nexus" verwurzelt (Foucault 1994, 257). Entsprechend lässt sich die Schule durch die machtanalytische Betrachtung auch stets, als ein Spiegel solcher unterschiedlicher gesellschaftlich dominierender Machtkonfigurationen und Regierungstechniken, dechiffrieren. Die Schule ist im Gefolge Foucaults letztlich auch nicht mehr als ein „Dispositiv" der Macht (ebd., 258). Im Folgenden soll geklärt werden, was Foucault unter einem Machtdispositiv versteht und welche sozial- und schulgeschichtlich wirksam gewordenen Machttypen er ausmacht. Dabei wird gezeigt, wie sich aus dieser Perspektive die neuzeitlich-humanistische Bildungsprogrammatik der Schule und aktuelle Tendenzen in der Schulentwicklung im Gefolge von Foucault machtanalytisch dekonstruieren lassen. Ferner soll dargelegt werden, welches spezifische Erkenntnisinteresse dieser (schul-) theoretische Ansatz mit diesen vorgenommenen Dekonstruktionen genau verfolgt, wenn eine Überwindung von Macht- und Überformungsstrategien, folgt man diesem Ansatz, angesichts der gesellschaftlichen Wirklichkeit kein erreichbares Ziel darstellen können.

Schule als gesellschaftliches Dispositiv der Macht

Um die die Schule bestimmenden, gesamtgesellschaftlich wirksamen Machtkonstellationen dechiffrieren zu können, muss man versuchen, ihre Wurzeln bzw. ihre Wirkungsgeschichte – Foucault spricht von deren *Genealogie* – zu rekonstruieren und nachzuvollziehen. Er unterscheidet dabei ein Macht- von einem reinen Gewaltverhältnis: Während letzteres „zwingt, beugt, bricht, […] zerstört" (Foucault 1994, 254), zielt ein Machtverhältnis darauf ab, dergestalt auf andere Individuen einzuwirken, dass sie sich gleichermaßen von selbst bzw. von innen heraus in ein verändertes Verhältnis zu sich und zu ihrer Umwelt setzen: „Machtausübung besteht im ‚Führen der Führungen' und in der Schaffung der Wahrscheinlichkeit" (ebd., 255). Foucault spricht in diesem Zusammenhang immer wieder auch vom *Regieren* bzw. vom *Gouvernement:* „Regieren heißt in diesem Sinne, das Feld eventuellen Handelns der anderen zu strukturieren" (ebd.), womit deutlich wird, dass Regierungen kein staatliches Spezifikum sind, eher ist für Foucault der Staat der Ausdruck von ganz unterschiedlichen, zum Teil widersprüchlichen Regierungsformen. Auch Erziehungsverhältnisse sind, hier kann Foucault bereits auf Kant zurückgreifen, als Regierungsverhältnisse zu qualifizieren, die nicht frei von (innerem und äußerem) Zwang gedacht werden können. Durch sie sollen nämlich die Individuen auf spezifische Weise vergesellschaftet werden, weil die hier stattfindende Machteinwirkung daraufhin angelegt ist, dass Individuen sich nicht willkürlich bzw. unberechenbar verhalten, sondern *sich selbst* in überindividuelle Zusammenhänge (wie z.B. in einen religiösen, staatlichen oder ökonomischen Zusammenhang) mehr oder weniger berechenbar einordnen und damit durch eigenes Zutun in diese *inkludierbar* werden. Die Wirksamkeit dieser Machteinwirkungen wird gesteigert, wenn sie sich durch verschiedene Faktoren zu einem Feld verdichten: Foucault spricht in diesem Zusammenhang – auch im Rahmen von Schule – von „Dispositiven" der Macht und bestimmt Dispositive als eine umfassende Konstellation, bestehend aus „spezifischen Orten, eigenen Regelungen, sorgfältig ausgebildeten hierarchischen Strukturen" (ebd., 258) und nicht zuletzt ganz spezifischen, je nach Machttyp unterschiedlichen *Wissensregimes*, die für die Selbst- und Fremdsteuerung der Individuen unabdingbar sind. Auch die Eigenart des im Machtdispositiv Schule generierten Wissens und seine Veränderung im Laufe der Zeit lässt sich von daher stets als Ausdruck jeweils vorherrschender Machtkonstellationen interpretieren (Pongratz 1989).

Gesellschaftlich wirksame Machttypen und ihre Schule

Im Rahmen der abendländischen Geschichte rekonstruiert Foucault v.a. folgende, in unterschiedlichen Rahmungen immer wieder auftauchende Macht- bzw. Regierungskonstellationen: Die Pastoralmacht, die er auf den Einfluss des Christentums zurückführt, die Staats- bzw. Repressionsmacht, wie sie Foucault vor allem seit dem 16. Jahrhundert anbrechen sieht, die mit beiden Machtformen zusammenhängende Disziplinarmacht und schließlich einen zunächst quer zu diesen Machtformen sich entwickelnden Gegenpol von Regierungsform, der hier als ökonomische Macht bezeichnet werden soll. Auch diese derzeit vorherrschende Regierungsform ist mit den anderen erwähnten Machtformen verquickt bzw. geht realiter mit ihnen einher. Dass das Abendland im Unterschied zu anderen Kulturkreisen das Individuum bei gleichzeitiger Einpassung in überindividuelle Zusammenhänge hervorgebracht hat, lässt sich für Foucault auf den spezifischen Mechanismus der *Pastoralmacht* zurückführen. Er qualifiziert sie wesentlich als „eine individualisierende Macht" (Foucault 2006a, 191), die „zugleich auf alle und jeden", „*omnes et singulatim*" wirke (ebd., 193). Aus der Sicht Foucaults stellt es ein Novum in der abendländischen Geschichte dar, wenn sich Menschen als „Schafe" verstehen, die sich um einen für sie sorgenden Hirten, den Pastor, versammeln, dem die Aufgabe zukommt „die Individuen zu leiten" und dafür zu sorgen, „daß die Individuen auf dem Weg des Heils vorankommen und fortschreiten" (ebd., 244). Es ist dieser spezifische Kontext, so Foucault, in dem die fortan wirksamen Techniken und Wissensformen zur „Erforschung des Selbst und der anderen" (ebd., 267) hervorgebracht werden. Diese pastoralmachtspezifischen Wissens- bzw. Kontrollformen (wie z.B. die Beicht- und Bußpraxis) sind es, die nach Foucault im Abendland aus Individuen allererst sich unterwerfende Subjekte generiert haben, denn Subjekt-Sein bedeutet für Foucault nichts anderes, als „vermittels Kontrolle und Abhängigkeit jemanden unterworfen [zu] sein und durch Bewußtsein und Selbsterkenntnis seiner eigenen Identität verhaftet [zu] sein" (Foucault 1994, 246f). Das im Abendland im Rahmen der Pastoralmacht generierte Subjekt übt anderen gegenüber Gehorsam und prüft und erforscht sich dabei ständig selbst, indem es sich zum Objekt des nunmehr internalisierten Willens macht (ein Aspekt, der auch in gegenwärtigen ökonomischen Konstellationen eine gewichtige Rolle spielt). Die Pastoralmacht, so Foucault, habe eine „verwickelte Kombination von Individualisierungstechniken und Totalisierungsverfahren" (ebd., 248) gestiftet, die sich, und das ist für den Bereich Schule entscheidend, nach Foucault im Laufe der Zeit vor allem „außerhalb der kirchlichen Institution vermehrt hat" (ebd., 248f). Karin Amos konstatiert in diesem Zusammenhang, dass die pastorale Form der Regierung als „Archetyp" der modernen Pädagogik mit ihrem Bildungsbegriff verstanden werden kann. Denn auch diese hat sich vor allem um die Hinführung zu einem universalen Bildungshorizont bei gleichzeitiger Seelenführung und Gewissensbildung, sowie der Beeinflussung von Haltungen und Dispositionen bemüht (vgl. Amos 2010, 90f). Die hier vorgestellten schultheoretischen Ansätze des 19. Jahrhunderts und der geisteswissenschaftlichen Pädagogik Sprangers haben dies eindrücklich dokumentiert. Für Foucault sind die gleichzeitig verstärkt seit dem 19. Jahrhundert aufgekommenen empirisch ausgerichteten Humanwissenschaften mit ihrem generierten Kontrollwissen zur Steuerung von Individuen auch im Machtdispositiv Schule letzlich nichts anderes als Säkularisate pastoraler Kontrolltechniken bzw. der inquisitorischen Befragung (Foucault 1994, 246). Provokant formuliert er in diesem Zusammenhang, dass das „Operationsmodell in der Inquisition" den Mutterboden für „die Psychologie, die Psychiatrie, die Pädagogik" darstelle (Foucault 1977, 290). Foucault begründet diese These damit, dass es dem empirischen Erkennen letzlich darum gehe, Tatsachen festzustellen und das generierte Wissen zu operativen Zwecken einsetzen zu können (ebd., 289). Nicht nur den neuzeitlichen Staat und die neuzeitliche Staatsschule mit deren „Individualisierungs-Matrix" bei gleichzeitigem überindividuellen Gemeinschaftspathos (wie z.B. der Nation) sieht Foucault als „neue Form der Pastoralmacht" (Foucault 1994, 249). Auch im Kommunismus des 20. Jahrhunderts erblickt Foucault letztlich eine Ausformung dieses Machttyps, wenn er von der „Pastoralisierung der Macht in der Sowjetunion" und „der Partei" spricht (Foucault 2006a, 291) und davon, dass Dissidenten dieses Machtblocks derartig zu charakterisieren seien, dass sie „die gesamte Pastoral des Heils", das hier in säkularer Form aufgeboten wird, in Frage stellen würden bzw. nicht „von diesen Leuten und mit diesen Mitteln gerettet werden" wollten (ebd.). Dass die Schule in beiden Systemen zur Staatsschule wurde und nicht innerhalb der kirchlich-pastoralen Mauern verblieb, hängt nach Foucault mit dem Aufkommen eines weiteren Machttyps zusammen, der Staatsmacht, die sich, so Foucault, im Laufe der Geschichte, u.a. aus Gründen der Effizienz, zunehmend jedoch pastoralisierte.

Die aufkommende *Staatsmacht* der frühen Neuzeit, die zunächst den Machttypus der kirchlich institutionalisierten Pastoralmacht verdrängt habe, hat im Gefolge Foucaults auf ihre Weise Einfluss auf die Entwicklung der Schule genommen. Die Staatsmacht beschreibt Foucault dergestalt, dass sie sich zunächst keine Gedanken um das „Heil der Individuen" (Foucault 2006a, 375) mache, sondern die Bevölkerung mehr als ein „Instrument" des „Fürsten" betrachte. Dessen Regime sei von daher mehr durch die Demonstration von äußerlicher Macht charakterisiert, die Bevölkerung dient allenfalls zur Abschöpfung ökonomischer Güter (ebd., 392). Ludwig Pongratz hat in der Nachfolge Foucaults diesen Machttyp und das mit ihm einhergehende Wissensregime auf das Bildungswesen abgebildet, wenn er davon spricht, dass ihm bildungsgeschichtlich der Philosophenfürst entspreche, der kein Wissen im eigentlichen Sinne produziere, sondern gleichsam von einer „Abschöpfungstechnik" geleitet, durch ein „diffiziles Abschöpfen dessen, was die Schriften der Autoritäten hergeben" zu charakterisieren sei (Pongratz 1989, 158)[14]. Für Pongratz verkörpert sich dieser Machttypus in einer Schule, in der hauptsächlich bestehendes Wissen gesammelt und memoriert, nicht jedoch hervorgebracht bzw. produziert worden sei (ebd., 159). Es handelt sich zudem um eine Schule, die für die tatsächlichen Protagonisten der Staatsmacht, in der Regel Illiteraten, noch keine wirkliche Rolle gespielt habe. Die Herrschaft des Ritterwesens z.B. beruhte nach Pongratz gerade nicht auf gelehriger Bildung, sondern auf der körperlichen Demonstration von Macht (ebd.). Die spezifischen Techniken der Macht, die gemeinhin mit der neuzeitlichen Schule assoziiert werden, greifen in dieser Machtkonstellation entsprechend auch noch nicht: Die traditionelle Macht im Staat bekümmert sich, wie gesagt, noch nicht um die Individuen. Sie ist diejenige, „die sich sehen lässt" (Foucault 1977, 241), die zur Darstellung gebracht, betrachtet und beobachtet wird. In Erscheinung tritt hier vornehmlich noch die Individualität der Mächtigen, die anderen „Individuen" bewegen sich zu dieser Zeit, so Foucault, noch „unterhalb der Wahrnehmungs- und Beschreibungsschwelle" (ebd., 246). Für Pongratz ist es im Kontext Schule im Rahmen dieser Machtkonfiguration entsprechend auch der „Schul-Meister", der „das Recht, ja die Pflicht zur körperlichen Züchtigung innehatte" in der „die Macht körperliche Gestalt" gewann (Pongratz 1989, 156). Die Schülerinnen und Schüler hingegen bilden in dieser Zeit noch heterogene Haufen im Schulraum, wie es künstlerische Darstellungen alter Schulszenen eindrücklich dokumentieren. Dass die Schüler in den Fokus der Beobachtung und Kontrolle rücken, sei erst ein späteres Verdienst der pädagogischen Technologie (Foucault 1977, 238ff), die eine Umbildung der Machtkonfiguration anzeigt – und zwar aus ökonomischen Gründen: Die Macht wirkt effektiver, wenn sie „ohne Unterbrechung bis in die elementarsten und feinsten Bestandteile der Gesellschaft eindringen kann" (ebd., 267) und nicht nur äußerlich bleibt. Es ist die neuzeitliche Pädagogik, so Foucault, die zu diesem Zweck die Prüfungsschule hervorbringt und damit die *„Ökonomie der Sichtbarkeit in der Machtausübung"* umkehrt (ebd., 241). Von diesem Zeitpunkt an wird nicht mehr der Fürst, sondern werden die Untertanen im Scheinwerferlicht der Macht stehen. Aus dem Hofzeremoniell wird die Zeremonie der Prüfung, in der die Objekte der Macht zur Beobachtung vorgeführt werden. Im Examen, so Foucault, konstituiere sich das Individuum „als beschreibbarer und analysierbarer Gegenstand" (ebd., 245). Die Schule als Disziplinaranstalt, in der fortan auch die unübersichtliche Haufenbildung durch die gleichförmige Anordnung im Raum überwunden wird, ist geboren. Pongratz sieht das Aufkommen dieses neuen Machttyps bereits durch das „comenianische Prinzip des Klassen- bzw. Frontalunterrichts" anbrechen, das eine „deutliche Konzentration auf den Schüler" zur Folge gehabt habe (Pongratz 1989, 175). Die Folgen, so Foucault, seien bis in den Bereich des Curriculums hinein spürbar. Aus dem „Altehrwürdigen", aus der Beschäftigung mit der Individualität von denkwürdigen Menschen wird mehr und mehr das „Normale". In der Normalschule greifen entsprechend mehr und mehr die Wissenschaft vom Menschen und die Methoden seiner Steuerungen um sich (Foucault 1977, 249f) Die Umkehrung der Sichtbarkeit dokumentiert sich in besonderer Weise auch in der Umkehrung des Strafmechanismus: Der verdunkelte Kerker oder Karzer weicht dem „Panopticon von Bentham" (ebd., 256ff), einer Strafanstalt, in der sich alle von der Macht beobachtet wissen ohne sich selbst beobachten zu können. In der Disziplinaranstalt Schule gibt es fortan „kein Abschreiben, keinen Lärm, kein Schwätzen, keine Zerstreuung" mehr (ebd., 258). Foucault spricht vom „Prinzip der elementaren Lokalisierung oder der Parzellierung" als einer „Antiagglomerationstaktik" der modernen Disziplinarmacht (ebd., 183), wobei die Disziplinierung wesentlich eine Art der Formung und weniger eine rein äußerliche Machtdemonstration darstellt. Mit ihr hänge, so Foucault, auch die Entwicklung der neuzeitlichen Didaktik zusammen: Der Lehrstoff wie die Lernenden werden elementarisiert, die analytische Pädagogik „zerlegt den Unterrichtsstoff in seine einfachsten Elemente" (ebd., 205). „Die Schule wird zu einem Lernapparat, in welchem alle Schüler, alle Niveaus, alle Augenblicke bei richtiger Kombination ständig im allgemeinen Unterrichtsprozeß eingesetzt sind" (ebd., 214), für Foucault eine subtile Form der „Dressur der Schüler", die unter ständiger Beobachtung gehalten im Gleichschritt und durch Signaltechniken abgesichert voranschreiten (ebd.). Pongratz hebt hervor, wie in diesem Zusammenhang das gymnasiale Alte-Sprachen-Studium, das Humboldt im Rahmen seiner Bildungsidee propagierte, zu einem „Exerzierplatz des Verstandes" wurde (Pongratz 1989, 199) und sich damit schließlich in die Machtarchitektur der Disziplinaranstalt durch das Ablegen seiner ästhetischen Implikationen widerstandslos einfügen ließ. Die Bildungssemantik im 19. Jahrhundert, nach der nicht mehr Stoff gepaukt und systematisch Kenntnisse gesammelt, sondern die „menschlichen Kräfte" geübt werden, steht für Pongratz insgesamt weniger für den vielfach propagierten Freiheits- bzw. Autonomiegewinn, der sich heranbildenden Individualitäten als vielmehr für die „Einbindung in die Disziplinargesellschaft", die die Schule als Dispositiv der Macht zu leisten hatte (ebd., 200). Insgesamt wird der Freiheitsgewinn seit der Aufklärung im Gefolge Foucaults als ambivalent beurteilt: „Die ‚Aufklärung', welche die Freiheiten entdeckt hat, hat auch die Disziplinen erfunden" (Foucault 1977, 285).

Die Schule im Zeichen der *Disziplinarmacht* lässt sich somit als eine Verquickung aus Staats- und Pastoralmacht beschreiben. Die in der Schule eingeübte Disziplin war, so Foucault, „niemals wichtiger und wurde niemals höher bewertet als von dem Moment an, da man versuchte, die Bevölkerung zu verwalten" (Foucault 2006a, 161). Die ökonomische Steigerung der Macht, die sich in der Entwicklung der pädagogischen Techniken im Schulwesen dokumentiert, lässt sich im Gefolge Foucaults zunehmend auch als ein Bedeutungsverlust der eigentlichen Staatsmacht lesen. Der Staat, so Foucault, habe sich damit nämlich zunehmend „gouvernementalisiert" (ebd., 163). Wie eingangs erwähnt, bezeichnet Regierung für Foucault die „Führung der Führungen": Die Ökonomisierung dieser Regierungspraxis besteht nun letztlich darin, dass sich die Menschen selbst zu führen bzw. zu steuern wissen und auf diese Weise die äußerlich sichtbare Macht mehr und mehr obsolet wird.

Die neue Macht ist eine *ökonomische Macht*. Es sind, so Foucault, die Ökonomen, durch die sich die Betrachtung der Bevölkerung weiter verändert (ebd., 495), weil sich mehr und mehr die Ansicht durchsetzt, dass eine äußere Regulierung und Reglementierung der Individuen „nicht nur nicht in die gewünschte Richtung" gehe, sondern sie vielmehr „ganz einfach nutzlos" sei (ebd., 494). Die Produktivkräfte, so die neue Einsicht, werden vielmehr durch das „Spiel des Interesses von Einzelpersonen, die sich gegenseitig Konkurrenz machen und jeder für sich ihr eigenes Profitmaximum suchen" gesteigert (ebd., 497). Es ist, so Foucault, der *homo oeconomicus* der den *homo juridicus* der neuzeitlichen Staatsmacht verdrängt, weil er einer gänzlich anderen Rationalität folgt (Foucault 2006b, 388). In der pastoralen Staatsidee der Neuzeit sei, so Foucault, die Idee enthalten gewesen, dass es so etwas wie eine souveräne Perspektive auf die Gesamtheit des Staates gebe, aus deren Logik heraus (z.B. durch Gesetze und Reglements) das Staatswesen einheitlich geführt werden könne, wie es sich zuletzt in den staatlich organisierten Wohlfahrtsökonomien und dem allgemeinbildenden staatlich kontrollierten und organisierten Schulwesen dokumentierte. Aus ökonomischer Sicht ist genau diese Vorstellung eines „gesamten politischen Projekts" (ebd., 390), das sich „am Staat und seiner Souveränität orientiert" (ebd.), Makulatur. Der sich entwickelnde *homo oeconomicus* verfolgt keine Eingliederung in ein höheres Ganzes, als dessen Teil er sich erlebt, sondern für ihn greift „eine egoistische Mechanik [...] eine Mechanik ohne jegliche Transzendenz"[15] (ebd., 378). Der ausschließlich seinen Interessen folgende *homo oeconomicus*, der sich im Staatsgefüge entwickeln konnte, hat die Staats- und Pastoralmacht, die Führung von außen und die verinnerlichte Eingliederung in überindividuelle Zusammenhänge (sei es religiöser oder staatlicher Art) abgelegt.

Dass diese Veränderung in der Machtarchitektur auf gesellschaftlicher und speziell schulischer Ebene jedoch das Ende von Fremdbestimmung und Herrschaft durch Autonomie und Selbsttätigkeit hervorgebracht hätte, liegt nicht im Gefälle der machtanalytischen Beschreibung: Was „wie eine erweiterte Freiheit des Subjekts" aussieht, kann nämlich auch als „die Machtergreifung der herrschenden Rationalität über den Menschen" gelesen werden (Radtke 2007, 233). Entsprechend lässt sich die aktuelle Schulentwicklung mit ihrer Umstellung von einer Input- zu einer Outputsteuerung und der propagierten Ersetzung frontalunterrichtlicher Arrangements durch Techniken des selbstgesteuerten Lernens, im Rückgriff auf Foucault, durchaus auch als ein neuer machtspezifischer Überformungs- bzw. Überwältigungstypus lesen: Jochen Krautz beispielsweise, der in seinem gleichnamigen Aufsatz auf Foucault rekurrierend von der *Kompetenz des homo oeconomicus* (Krautz 2010, 336) spricht, sieht im Modell des Schülers als Unternehmer seiner selbst nur einen „Schein" von Selbständigkeit gegeben, wenn ständig Interesse und das *Gefühl* von Selbständigkeit und Autonomie geweckt werden müssten und in der Schule insgesamt die vermeintliche Autonomie durch eine „dauernde Selbstkontrolle zur Steigerung des Outputs" bzw. durch „‚Qualitäts'-Kontrollen" verstärkt würden (ebd., 337). Für Krautz und andere Kritiker der „Ökonomisierung des Bildungswesens" handelt es sich auch in dieser aktuellen Entwicklung letzlich nur um die Beförderung von „Scheinautonomie", weil die schulischen Entwicklungsmaßnahmen und die neue Lern- und Wissenskultur einseitig auf „Verwertbarkeit in einer vor allem auf Profitmaximierung [aus]gerichteten Ökonomie" abzielten (ebd.). Auch der Einfluss neuer Erziehungsregimes wie der OECD oder auch der Weltbank, die eine veränderte, marktorientierte, auf Effektivität und Effizienz ausgerichtete Bildungspolitik verfolgen (Amos 2010, 95f), lässt mehr auf eine Verlagerung von das Schulwesen überformenden Machtverhältnissen schließen denn auf eine Überwindung derselben durch Autonomie- und Freiheitsgewinn von Schülern und der Institution insgesamt. Dass der vermeintliche Freiheitsgewinn im Schulwesen auch mit neuen gesellschaftlichen Zwängen und Härten einhergehen kann, hat Karin Amos eindrücklich für den US-amerikanischen Kontext an öffentlichen Schulen beschrieben. So zeigt sie, wie der gesteigerte schulische Performanz- und Effektivitätsdruck verstärkt dazu führt, dass Schulen schwächere Schülerinnen und Schüler nicht mehr zu inkludieren gewillt sind, sondern sie vor Durchführung der „nationalen Testbatterien" abzustoßen versuchen. Für Amos wird hier die „voraussetzungslose Inklusion", die man machtanalytisch als Ausdruck der vergangenen pädagogischen und staatlichen Pastoralmacht interpretieren kann, durch ein auf „Selbsttätigkeit und Eigenverantwortung" beruhendes „aktivisch formuliertes Mitgliedschaftsverhältnis" im „Big Business" Schule ersetzt (Amos 2006, 727f). Dass die Umstellung auf unterrichtliche Selbsttätigkeitsmodelle, die das Bild der Schulklasse derzeit wiederum auf ein Neues verändert, nicht nur als Steigerung von Schülerautonomie und Mündigkeit, sondern – antinomisch betrachtet – auch als Steigerung von Macht- und Kontrolltechniken gelesen werden kann, demonstriert Werner Helsper: Er bezeichnet die neue Schulkultur in paradoxer Manier als Ausdruck einer „kontrollförmigen Autonomie", wenn Schülerinnen und Schüler (wie in kooperativen Lernformen üblich) in der Form zur Partizipation und Selbstbestimmung aufgefordert werden, „dass sie sich an der Kontrolle und Überwachung von missliebigen und abweichenden Mitschülern beteiligen sollen" (Helsper 2002, 88). Für Helsper ist diese neue Schulkultur faktisch eine solche der „restriktiven, hierarchischen Dominanz" (ebd.) und er hebt die Bedeutung von machttheoretisch sensibilisierten Konzepten der Lehrerprofessionalität hervor (ebd., 74). Inwiefern die Antiagglomerationstechnik der Disziplinarschule auch bei unterrichtlicher Individualisierung nicht abgelegt, sondern nur verfeinert wurde, führt Jochen Krautz am Beispiel der sich durch Kompetenzraster selbst kontrollierenden und isoliert arbeitenden Schülerschaft vor (Krautz 2010, 332). Diese neuen schulischen Arbeitstechniken lassen sich insgesamt als Spiegel einer sich auf der gesamtgesellschaftlichen Ebene in die Fläche verlagernden Machtstruktur lesen, die auf modernen, effektiver gewordenen Formen einer internalisierten Fremdsteuerung beruht. So ist jedenfalls die Lesart der zahlreichen sozialwissenschaftlichen Beiträge, die das mitunter als „Neoliberalismus" bezeichnete Phänomen gesellschaftlicher Umstrukturierungen aus Foucaults machtanalytischer Perspektive heraus beleuchten und analysieren (Bröckling et al. 2000).

Kritische Würdigung

Eine schultheoretische Betrachtung aus der Perspektive der Machtanalytik Foucaults wirkt auf den ersten Blick desillusionierend. Aus Foucaults Sicht ist es geschichtlich und theoretisch betrachtet nicht schlüssig, dass es in Machtdispositiven wie der Schule, um individuelle Befreiung zur Mündigkeit gehen könne, auch wenn die neuzeitliche Bildungs- und die derzeitige Kompetenzsemantik anderes suggerieren. Für Ursula Frost stellt diese Einsicht das „Ende einer starken und selbstbewussten Bildungsgeschichte" dar, weil „ihre fragwürdigen Machtansprüche eine Leerstelle bezeichnet und hinterlassen hat" (Frost 2010, 318). Die Schule jedenfalls erscheint aus dieser Perspektive stets als Spiegelbild dieser sich verändernden Machtkonstellationen, die sich kritisch dechiffrieren lassen und, folgt man dem geschichtlichen Verlauf, auch stets wieder abgelöst bzw. weiterentwickelt werden. Genau dieses Ziel jedoch verfolgen Foucault und seine Rezipienten, nämlich Machtkonfigurationen aufzudecken und gleichzeitig abzuweisen, also „die Machtausübung der politischen Rationalität zu begrenzen" (Foucault 1994, 244). Für Foucault steht hinter dieser Arbeit die philosophische Frage, wer wir sind und das Bestreben, Machtkonfigurationen wie die pastorale, die staatliche und auch die ökonomische zurückzuweisen, weil jede dieser Machtformen „nicht wissen will, wer wir als Individuen sind" (ebd., 246). Sie seien vielmehr darauf ausgerichtet, durch Überformung eine den jeweiligen Machtkonstellationen angepasste Subjektivität in uns hervorzubringen. Ob man im Rückgriff auf Foucault die mitunter als „Pathosformeln" bezeichneten schulischen Bildungsansprüche nach „Sachlichkeit, Mündigkeit, Humanität und Individualität" (Frost 2010, 319) tatsächlich aufgeben sollte, weil sie sich wiederum machtanalytisch problematisieren ließen bzw. unter Illusionsverdacht geraten sind, ist allerdings eine andere Sache. Ohne sie jedenfalls dürfte es schwer fallen, auch im Sinne von Foucault, intellektuelle Gegenkräfte gegen zweifelhafte Machtdeformationen von Individuen im Schulwesen zu mobilisieren.

3.3.11 Mehrperspektivische Betrachtung: Fend

Helmut Fend (geb. 1940 in Hohenems/Österreich) hat seit den 1970er Jahren mit sowohl sozialwissenschaftlichen als auch mit bildungstheoretischen und ideengeschichtlichen Beiträgen eine mehrperspektivische Betrachtung der Schule vorgelegt, die den Spannungsbogen der eingangs vorgestellten Theorieverständnisse abbildet. Weil Fend dabei stets die Frage nach dem Gewinn, aber auch den Grenzen und Beschränktheiten der einzelnen Theorieperspektiven für eine umfassende Betrachtung der Schule im Blick behält und indem er sie miteinander konfrontiert und aufeinander bezieht, ist seine Schultheorie in besonderer Weise geeignet, unsere Darstellung einzelner Theorientwürfe zu beschließen. Eine Besonderheit von Fends Beitrag besteht darin, dass er zunächst im Jahre 1980 eine umfassende Publikation mit dem Titel *Theorie der Schule* vorgelegt hat, die er seit der 2006 begonnenen, auf vier Bände hin angelegten *Neuen Theorie der Schule* in Ansätzen revidiert bzw. weiterentwickelt. Als Weiterentwicklung kann dabei zum einen die Tatsache gelten, dass er seine bereits 1980 geäußerte Kritik an der Beschränkung auf eine rein strukturfunktionale Betrachtung der Schule durch eine Mehrebenenanalyse der in ihr handelnden Akteure erweitert (vgl. Kapitel 2). Zum anderen arbeitet er das geschichtliche Gewordensein des Schulwesens weiter auf, um schließlich leitende Bildungs- und Kulturideen als bleibende Gestaltprinzipien des Schulischen zu formulieren.

Strukturfunktionale Betrachtung und ihre Kritik

Die Grundzüge des strukturfunktionalen Ansatzes haben wir bereits bei Parsons erarbeitet, auf den Fend in seiner Analyse auch zurückgreift (Fend 1980, 14). Fend sieht Parsons Grundansatz, „Gesellschaften in Analogie zu Organismen" zu betrachten an biologischem Denken ausgerichtet (Fend 2006a, 33). Dies dürfte auch der Grund dafür sein, dass Fend sowohl 1980 als auch 2006 die Darstellung dieses Ansatzes zugleich mit einem „kritischen Gegenbild" (ebd., 34) versieht. Dieses „Gegenbild" kreist um zwei kritische Einwände: Der erste, ein deskriptiver, wirft die Frage auf, ob das Bildungswesen tatsächlich so funktional ist, wie es die theoretische Analyse suggeriert. Dieser Frage geht Fend vor allem in seiner *Ersten Theorie* der Schule nach. Der zweite Einwand, ein normativer, fragt, ob man die beschriebene Funktionalität von Schule für die Gesellschaft überhaupt wollen kann, ob sie ethisch zu rechtfertigen ist (ebd., 35). Beide Kritikpunkte laufen darauf hinaus, dass Fend zu dem Ergebnis kommt, die handelnden Akteure im Bildungswesen seien durch die strukturfunktionale Betrachtung unterbestimmt.

Als Funktionen von Schule unterscheidet Fend die *Qualifikationsfunktion*, die *Selektions- bzw. Allokationsfunktion* und die *Integrations- und Legitimationsfunktion,* die er in seiner *Neuen Theorie* der Schule noch um die *Enkulturationsfunktion* ergänzt. Diese Funktionen werden nachfolgend dargestellt:

Qualifikation: Nach dieser Funktionsbestimmung vermittelt die Schule diejenigen Fertigkeiten und Kenntnisse, die für konkrete Arbeit und zur „Aufrechterhaltung und Verbesserung der *wirtschaftlichen Wettbewerbsfähigkeit* erforderlich sind" (ebd., 50). Die Voraussetzung dafür ist, dass eine „Passung zwischen dem Bedarf des Beschäftigungssystems und dem schulischen Angebot" besteht (Fend 1980, 20). An dieser Stelle formuliert Fend nun folgendes, kritisches Gegenbild: Der deskriptive Einwand lautet, dass die gesellschaftlich-ökonomischen Anforderungen zu schnelllebig seien, um hier in der Schule passgenau qualifizieren zu können und das Bildungswesen zudem „ein zu schwerfälliger Apparat", der sich „weitgehend verselbständigt" habe (ebd., 25). In der Schule finden nämlich, so Fend, Prozesse statt, die nicht primär an wirtschaftlichen Erfordernissen orientiert sind, man denke etwa an die zweckfreie Beschäftigung mit Literatur und Poesie. Der normative Einwand gegen die Qualifikationsfunktion lautet, dass der direkte Zusammenhang von realer schulischer Qualifikation und dem ökonomischen Bedarf „kein anzustrebender Zustand" sei (ebd., 28). Verstünde man den Gedanken der Funktionalität nämlich programmatisch, liefe das unter Umständen darauf hinaus, Bildungschancen einzuschränken, wenn für gewisse Bildungsaspekte kein gesellschaftlicher Bedarf bestünde. Wenn Fend an dieser Stelle vom humanen Recht auf Bildung spricht, greift er den neuzeitlichen Gedanken einer allgemeinen Menschenbildung auf, der uns u.a. bei Humboldt und Herbart begegnet ist.

Selektion und Allokation: Dass die moderne Leistungsgesellschaft auf schulische Selektion und Allokation angewiesen ist, erscheint zunächst selbstevident: Anders als etwa noch im 19. Jahrhundert dient Schule nämlich nicht mehr der Festigung des Status Quo, in der jeder eine standesgemäße Bildung erfährt. Es geht heute primär um die Verteilung von Lebenschancen im Rahmen einer konkurrenzorientierten und nach Gewinnmaximierung strebenden Wirtschafts- und Sozialordnung. Entsprechend wählt Fend im Rahmen dieser Funktion das Bild eines großen Rüttelsiebs für die Schule, das zur Neuverteilung von Lebenschancen führt und durch die Verteilung unterschiedlicher Berechtigung die Heranwachsenden entsprechend in unterschiedliche gesellschaftliche Bereiche loziert (ebd., 29).

Auch im Rahmen dieser Funktionsbestimmung formuliert Fend sowohl einen deskriptiven als auch einen normativen Vorbehalt. Der deskriptive lautet, dass die Schule gar kein großes Rüttelsieb sei, da sie de facto kaum eine Neuverteilung von Lebenschancen zwischen den Generationen leiste. Noch 1980 jedenfalls veranschlagt Fend den Einfluss der Schule auf die Varianz von Schulleistung nur bei ca. 1-5%, 12-23% seien hingegen dem sozialen Hintergrund zuzurechnen (ebd., 35, 265). Nun kann man freilich sagen, dass dieser Einwand insofern nicht greift, als die Schule auch dann als Rüttelsieb „funktioniert", selbst wenn die wesentlichen Wirkungen nicht von der Schule ausgehen. Das Bild besagt ja nur, dass es die Schule ist, wodurch das Berechtigungswesen loziert wird. Im Zusammenhang mit der Selektionsfunktion ist es wohl auch vor allem der normative Einwand, um den es Fend geht: Ein wie oben beschriebenes Rüttelsieb zementierte nämlich die Ungleichheit von Bildungschancen, was aufgrund der ethischen Tradition aus sozialen und humanen Gründen zu kritisieren sei (ebd., 37). Auch an dieser Stelle kehrt bei Fend zumindest implizit der Gedanke der Bildsamkeit als Grundbegriff der Pädagogik wieder, der, wie wir eingangs dargelegt haben, eine programmatische Verstärkung von Anlage- und Umwelteinflüssen problematisiert. Eine solche Verstärkung wäre der Fall, wenn de facto, wie von Fend ausgeführt, die Intelligenz und die soziale Herkunft maßgeblich für schulische Selektionsprozesse fungierten. Fend setzt dieser Verstärkung den Selbstwert der Person und den Selbstwert ihres intellektuellen Strebens entgegen.

Integration und Legitimation: Mit dieser dritten Funktion, die uns bereits bei Parsons begegnet ist, soll zum Ausdruck gebracht werden, dass Schulsysteme Instrumente gesellschaftlicher Integration sind. Schulen sind demnach der Ort, an dem diejenigen Werte und Normen vermittelt werden, die die Reproduktion der politischen und sozioökonomischen Verhältnisse erlauben (Fend 2006a, 50). Es geht also um die Internalisierung von Ordnungsstrukturen. Durch das hundertfache Erbringen von Prüfungen und Leistungen (ebd., 46) würden auf diese Weise die Normen der Leistungsgesellschaft angeeignet. Fend bezeichnet sie in kritischer Manier als „Leistungsideologie", die die *„ungleiche Verteilung knapper Güter"* legitimiere (Fend 1980, 45). Gelernt werde in der Prüfungsschule ferner die Maxime, dass der Wert einer Sache nur Begleiterscheinung des Tauschwerts sei (ebd., 43). Gemeint ist damit die Ökonomisierung des Bildungsprozesses, wenn an die Stelle des Bildungswertes die Verwertungslogik des Gelernten tritt: Man lerne, nicht um seiner selbst willen zu lernen, sondern um der guten Noten willen, die die Münzen, die Tauschwährung der Schule darstellen, wie später das Geld im Produktionsprozess (ebd.).

Der Vorbehalt Fends gegenüber dieser Beschreibung ist auf deskriptiver Ebene derjenige, dass es gerade immer wieder das Bildungswesen gewesen sei, in dem sich eine Opposition gegen herrschende gesellschaftliche Normen herausgebildet habe, wie etwa in der Studentenbewegung von 1968. Fend zeigt auf, dass sich dies mittelfristig auch in einer dezidiert gesellschaftskritischen Ausrichtung etwa des Deutschunterrichts niederschlug (ebd., 48). Auf normativer Ebene stellt Fend die Frage, was *begründeterweise* von der Schule überhaupt legitimiert werden könne und an welcher Stelle die Beeinflussung als illegitime Manipulation angesehen werden müsse. Fend rekurriert in diesem Kontext wiederum auf den Bildungsbegriff der pädagogischen Tradition, den er strikt von „Dressur oder auch Manipulation" als Typen sozialer Beeinflussung abgrenzt (ebd., 98). Auch hier argumentiert Fend, wie sich zeigt, wiederum in den Denkbahnen der erziehungs- und bildungstheoretischen Tradition.

Enkulturation: Mit dieser Funktionsbeschreibung, die Fend in dieser Form erst in seiner *Neuen Theorie* der Schule formuliert, erweitert er den schulischen Fokus über die Qualifikation hinaus, wenn er davon spricht, dass eine Gesellschaft so etwas wie eine gemeinsame „Eigentümlichkeit", eine „gemeinsame Geschichte" entwickelt, Sinnformen also, die der Pflege und Weitertradierung bedürfen. Dieses familienübergreifende Gemeinsame der Kultur seien die „Verständnisformen der Welt und der Person" (Fend 2006a, 49). Bei dieser weniger technischen, als vielmehr verstehensorientiert gedachten Funktionsbeschreibung zielt Fend nicht auf das bloße Einüben gesellschaftlich-funktionaler Normen und Werte, wie die Leistungserbringung und die dafür nötigen Qualifikationen, sondern auf die verständigungsorientierte Befähigung zur bewussten Teilhabe am Ganzen der Kultur. Das schließt mit ein, zu verstehen, dass geltende Werte eine Geschichte haben, sich weltanschaulich-religiösen Einflüssen verdanken und ggf. auch weitertradiert bzw. -entwickelt werden müssen, sollen sie nicht verloren gehen. Mit dem so gefassten Gedanken der Enkulturation, der die „historische Vielfalt und Wandlungsfähigkeit" der Kultur verdeutlicht und sich nicht auf Anpassungsleistungen reduzieren lässt, bricht Fend das aus seiner Sicht „[Z]wanghaft-[N]aturhafte […][,] das nur allzu oft sozialwissenschaftliche Darstellungen kennzeichnet" auf (Fend 1980, 99). Ein rein funktionsanalytisches Denken für die Schule legte für Fend nichts anderes als „theoretisch fundierte Resignation" nahe, „so dass verantwortlich zu gestaltende Handlungsmöglichkeiten aus dem Blickfeld geraten" (ebd., 99).

Mehrebenenanalyse und Akteurperspektive

Die *Neue Theorie* der Schule, die Fend 2006 vorgelegt hat, soll nun die „struktur-theoretische Darstellung des Bildungswesens um eine handlungs- und gestaltorientierte" ergänzen (Fend 2006a, 169). Wie wir bereits bei Parsons gesehen haben, treten in der strukturfunktionalen Betrachtung die handelnden Personen hinter den Strukturen, von denen sie geleitet bzw. gar gesteuert sind, zurück. Man denke dabei etwa an die Aussage Bernfelds, dass die Schule als Institution erziehe, nicht etwa eine einzelne Lehrkraft. Fend stellt aus diesem Grunde dieser Sichtweise, die er als naturalistisch bezeichnet und die wir eingangs als einseitig am naturwissenschaftlichen Wissenschaftsparadigma ausgerichtet charakterisiert haben, einen *handlungsorientierten Ansatz* entgegen. Dieser geht von der Grundannahme aus, „dass man Makrostrukturen der Gesellschaft nicht als neue Realitäten postulieren darf, sondern sie auf individuelle Handlungen zurückführen muss, deren Summierung (Aggregierung) auf alle Gesellschaftsmitglieder dann zu dem führt, was man ‚Makrostruktur' nennt" (ebd., 147). Die Makroebene, also die gesellschaftliche Ebene, bleibt aus dieser Sicht stets an die Mikroebene, also die Ebene der tatsächlich handelnden Individuen zurückgebunden. Bewegen sich Handlungen nun im Rahmen einer Institution wie der Schule, so bezeichnet Fend solche Handlungen als *„normativ strukturiertes Zusammenhandeln"* (ebd., 153). Es handeln in der Schule zwar immer nur individuelle Akteure und nicht die Institution selbst, wie es die Aussage Bernfelds nahelegt, die Handelnden richten sich jedoch, so Fend, an den sozialen Regeln, die diese Institution prägen, aus. Normatives Zusammenhandeln besagt somit, dass im Rahmen von Institutionen eine hohe Wahrscheinlichkeit besteht, dass sich die einzelnen Akteure in ihren Handlungen an den geltenden Regeln ausrichten. Man denke etwa an das Selektionsprinzip. Die Normen, die eine Institution wie die Schule prägen, sind jedoch aus dieser akteursspezifischen Sicht nicht etwa „naturgegeben". Sie sind vielmehr „humane Schöpfungen", die historisch entstanden sind (ebd., 154). Aus diesem Grund können die Spielregeln, die Normen der Institution Schule, auch unterschiedlich ausfallen, was sich wiederum auf das Zusammenhandeln der Akteure auswirkt. Fend nennt als Beispiel für unterschiedliche Spielregeln das differente Berechtigungswesen in den USA und in Deutschland: Während in den USA der Zugang zur Universität in der Regel über universitäre Aufnahmeprüfungen erfolgt, fungiert im staatlichen deutschen Schulwesen das Abitur als Berechtigung. Diese unterschiedlichen Regelungen auf der Makroebene haben nun Rückkopplungseffekte auf die Mikroebene schulischer Interaktion: Eltern und Lehrkräfte interagieren, so Fend, in den USA völlig anders als in deutschen Schulen. In den USA könne man dieses Verhältnis kooperativ nennen, weil sowohl Eltern als auch Lehrkräfte das bestmögliche Coaching der

Schüler verfolgten. In Deutschland hingegen sieht Fend „eher ein latentes ‚Kampf-verhältnis'" zwischen Lehrkräften und Schülern gegeben, weil die situative Logik eine andere sei, wenn Lehrkräfte selektieren, Eltern aber das Vorankommen ihrer Kinder verfolgen (Fend 2008, 160). Was Fend mit dieser Beschreibung vor allem zeigen will, ist, dass die Institution Schule auch tatsächlich unterschiedlich gestaltet werden kann. Anders als aus einer rein strukturfunktionalen Betrachtung heraus ergibt sich aus dem Blickwinkel des normativen Zusammenhandelns so gesehen die Perspektive einer Schulentwicklung, wenn die Handlungsbedingungen dabei nicht aus dem Blick geraten. Um dies zu gewährleisten, müssen die verschiedenen Ebenen des schulischen Handelns reflektiert werden. Fend unterscheidet dabei:

- die *Makroebene*, also die Ebene „bildungspolitischer Entscheidungen zu Bildungszielen und kulturellen Inhalten, die vermittelt werden sollen" (Fend 2006a, 167) und die sich dann in den Lehr- und Bildungsplänen abbilden,
- die *Mesoebene*, die die Besonderheiten der Schule „als pädagogische ‚Gemein-schaften'" und hinsichtlich „lokaler Besonderheiten" darstellt (ebd.),
- die *Mikroebene*, auf der „Inhalte erneut umgedeutet, ausgewählt und in bestimmter Weise arrangiert werden" (ebd.). Sie ist die Ebene des konkreten Schulunter-richts.

Um zu verstehen, dass Schule immer schon gestaltet wurde und um begründete Entscheidungen für künftige Gestaltung treffen zu können, reicht nach Fend diese erweiterte, akteurorientierte soziologische Betrachtung der Schule nicht aus. Um die Schule zu verstehen, bedarf es darüber hinaus einer historisch-ideengeschicht-lichen Perspektive.

Kulturideen als bleibende Gestaltungsprinzipien des Schulischen

Menschliches Handeln, so Fend im Rückgriff auf Max Weber, sei „ideengesteuerte, epistemische Aktivität" (Fend 2006a, 145). Um die Schule zu *verstehen*, und nicht nur Erklärungsmuster für funktionale Zusammenhänge zu liefern, müsse man die Genese der leitenden gesellschaftlichen Handlungsmuster klären und so gesehen eine (ideen-)geschichtliche Perspektive einnehmen, denn: Es sind „Ideensysteme und Weltanschauungen, insbesondere Religionen, die eine wirklichkeitsgestaltende Dynamik je eigener Art entwickeln" (ebd.).

Diese – man könnte sagen geisteswissenschaftlich orientierte – Erweiterung der Schultheorie begnügt sich nicht damit zu beschreiben, wie institutionelles Zusam-menhandeln entsteht und wie es ggf. durch schulische Entwicklungsbemühungen beeinflusst werden kann. Sie richtet den Blick auf das *Inhaltliche* des schulischen Bildungsprozesses: Es geht hierbei darum, *welche* Normen sich in den Bildungsplä-nen auf der Makroebene abbilden und woher sie kommen, *wie* sich die Zielpers-pektiven schulischer Bildung verändert haben und damit die Kultur, die vermittelt wird. Und schließlich geht es darum, *was* schulische Bildung in der Zukunft sein kann und sein sollte.

Es ist die Überzeugung Fends, dass die letzte Frage nicht unabhängig von den vorhergehenden beantwortet werden kann. Wertbildungsprozesse finden, so Fend, nicht im luftleeren Raum statt. Sie haben ihre Geschichte, ihr Herkommen. Es wäre ungeschichtlich zu glauben, man könne unter Absehung dieser Geschichte Normen „erfinden" bzw. „verordnen", die dann das Zusammenhandeln tatsächlich auch zu bestimmen vermögen: „Die historisch entstandenen und sich verändernden Formen des Denkens und die Sichtweisen der Wirklichkeit ordnen und disziplinieren unsere Handlungen und unsere Gestaltungen der Wirklichkeit" (ebd., 166). Fend hat aus diesem Grund eine *Geschichte des Bildungswesens* verfasst, die er mit dem Untertitel *Der Sonderweg im europäischen Kulturraum* versehen hat (Fend 2006b). Er nimmt dabei auch auf den Einfluss der Religion auf die Entwicklung des Schulwesens Bezug, wenn er schreibt, dass aus unterschiedlichen religiösen Kulturkreisen – z.B. dem christlichen, dem jüdischen, dem buddhistischen, dem islamischen … – unterschiedliche Schulen hervorgegangen seien. Worin besteht nun nach Fend der europäische Sonderweg?

Der europäische Sonderweg besteht nach Fend – und er greift dabei wiederum vor allem auf Max Weber zurück – darin, dass sich in Europa durch den Einfluss des Christentums und der Antike folgende wirklichkeitsgestaltende Prinzipien entwickelt hätten: Der *universale Wert des individuellen Menschen* und das *Sozialprinzip* sowie das *Prinzip innerweltlicher Askese* und der *Rationalität*. Diese vier Prinzipien oder Kulturwerte prägen, so Fend, in ihrem Zusammenspiel den abendländischen Bildungsbegriff und damit die Schulkultur. Sie sollen nach Fends Ansicht ihre normative Kraft auch im Bildungswesen des 21. Jahrhunderts behalten.

Der universale Wert des individuellen Menschen und das Sozialprinzip
Nach christlicher Vorstellung, so Fend, sei jeder individuelle Mensch ein Abbild des Schöpfergottes. Jeder Mensch habe somit den gleichen Ursprung (Fend 2008, 363) und bilde auf seine Weise, so lässt sich hier folgern, das göttliche Wesen ab. Jedem einzelnen, so kann man den Gedanken weiter fortführen, komme aus diesem Grunde, wie dem göttlichen Wesen, auch Würde in sich, nicht nur Wert für etwas zu. Dieser ursprünglich religiöse Gedanke reiche, so Fend, „bis zur Erklärung der Menschenrechte im Umfeld der Aufklärung" (Fend 2008, 363). Der abendländische Bildungsgedanke, ein Säkularisat des christlichen Abbildgedankens, bringt die Hochschätzung des Individuums in der Vorstellung zum Ausdruck, dass Bildungsplanung „auf das humane Ziel der optimalen Förderung und des Rechtes auf Bildung" ausgerichtet sein müsse (Fend 1980, 29). Mit Humboldt gesprochen steht die Bildung der Kräfte des Individuums im Vordergrund, nicht die funktionale Ausbildung. Im Vordergrund steht die Person als solche, nicht ihre Brauchbarkeit. Die Gleichwertigkeit und Würdigkeit aller Menschen als Individuen hat nun auch soziale Konsequenzen. Ihren Ursprung sieht Fend in der „Brüderlichkeitsethik des Christentums" und seiner säkularen Fortsetzung in den sozialen Bewegungen des

19. Jahrhunderts (Fend 2008, 363). In der Schule komme dieses Prinzip dort zum Tragen, wo nicht das Konkurrenzprinzip, sondern der Gedanke der „community' als Leitidee des Schullebens und der sozialen Orientierung" fungiere (ebd., 363f).

Das Prinzip der innerweltlichen Askese und der Rationalität

Eine weitere Besonderheit der europäischen Kulturgeschichte sei, so Fend im Rückgriff auf Max Weber, das Prinzip der innerweltlichen Askese. Sie hänge direkt mit der Rationalisierung der Lebenswelt zusammen und habe wiederum religiöse Wurzeln, vor allem in der altjüdischen Prophetie, dem Calvinismus und den protestantischen Sekten (Fend 2006b, 35ff). Während die kultische Religionspraxis auf rituellem Wege, etwa in Gestalt des Opfers, Heil zu erlangen suche, sei in den genannten Religionsgestalten der Mensch ganz auf sich selbst zurückgeworfen und die rituelle Praxis abgeschafft worden. An die Stelle der magischen Kultpraxis tritt nunmehr die ethische Formung des eigenen Selbst. Die religiöse Grundhaltung der Askese wurde darüber hinaus, so Max Weber, von den Mönchszellen in das Berufsleben verlagert, die weltabgewandten Klöster im protestantischen Christentum aufgelöst. Der Gläubige hat sich fortan im Alltag der Welt, in seinem Beruf und nicht in einer religiösen Sonderwelt zu bewähren. Das Zurücktreten religiöskultureller Praxis führte aber nicht zur Verweltlichung im Sinne von Selbst- und Weltgenuss (die Welt gilt es ja auch nach christlich-protestantischer Vorstellung zu überwinden), sondern zu Selbst- und Weltbeherrschung, was Max Weber als *innerweltliche* Askese bezeichnete. Das Ende der Magie durch die Rationalisierung der Religion im Protestantismus habe so auf der individuellen Ebene den entsagenden, leistungsbereiten Berufsarbeiter hervorgebracht, auf überindividueller Ebene die Wirtschaftsform des Kapitalismus, die sich vor allem in protestantischen Ländern ausbreitete. Gemeint ist dabei das sparsame und der Verschwendung abholde Unternehmertum, das auf diese Weise Kapital zu akkumulieren vermag. In der Schule wirkt sich bis heute, so Fend, diese ursprünglich religiös geprägte Grundhaltung im Leistungsprinzip aus, das hier seine ideengeschichtlichen Wurzeln habe. Auch das schulische Leistungsprinzip geht mit der Entsagung von unmittelbaren Wünschen und Bedürfnissen einher und ist so gesehen Ausdruck innerweltlicher Askese. Bereits in seiner ersten Theorie der Schule hat Fend darauf hingewiesen, dass der Schule besondere Bedeutung beim Erwerb einer rationalen Grundeinstellung zukomme (Fend 1980, 338). Das Prinzip der Rationalität wirke sich in der Schule vor allem in der Weise aus, dass es die animistischen Erklärungsweisen von Ereignissen in der Natur zurücktreten lasse, was Fend auch mittels schulischer Wirkungsanalysen zeigen konnte (ebd.).

Diese leitenden Grundideen, die die geschichtliche Entwicklung des Schulwesens beeinflussten, unterstehen, so Fend, zeitgeistbedingten Konzentrationen bzw. Veränderungen und unterschiedlichen Machtfaktoren. So stand über lange Zeit „der Kampf um die Seele des Menschen" im Mittelpunkt der Schule, was der kirchlichen Macht- und Einflusssphäre geschuldet war (Fend 2006b, 232). In der zweiten Hälfte des 19. Jahrhundert löste die politische Einflusssphäre die dominierende kirchliche ab. Die heutigen Kampflinien, so Fend, „sind vor allem wirtschaftspolitischer Natur", es gehe vor allem „um die Erhaltung der wirtschaftlichen Konkurrenzfähigkeit" (ebd., 233). Neben diesen Einflusssphären, die sich letztlich im Rahmen der europäischen Wertbildung bewegen, konnten sich im Laufe der Schulgeschichte auch andere Weltanschauungen Geltung verschaffen, wie z.B. die „germanische, biologistisch durchsetzte Weltanschauung" seit dem späten 19. Jahrhundert (Fend 2008, 48).

Für Fend stellt sich an dieser Stelle die Frage, *welche* Kultur in der Schule tradiert wird, welche Prinzipien sich Geltung verschaffen *sollen*. Dieser Frage könne von daher nicht ausgewichen werden, da sich „wertvolle Kultur' nicht historisch von selbst herauskristallisiert, sondern eine Konstruktionsleistung ist" (ebd.). Man kommt also gar nicht umhin zu formulieren, welche kulturell gewordenen Normen und Vorstellungswelten man der kommenden Generation vermitteln will. Hier stelle sich konkret die Frage nach „Konturen der ,Allgemeinbildung'" (ebd.) und damit die Frage nach einem Bildungskanon. Für Fend sind es die oben entfalteten Grundprinzipien, die er gegen eine einseitige Fixierung schulischer Bildung auf „pragmatische Existenzbewältigung" (ebd., 67) und gegen eine einseitige „utilitaristische Begründung im Sinne der Zukunftsrelevanz" (ebd.) in Stellung bringen will. Angesichts des „dominanten Denkens der Verwertbarkeit des Menschen", so Fend, sei „die Idee der Bildung des Menschen als Menschen immer noch leitbildmächtig" (ebd., 45).

Kritische Würdigung

Der Spannungsbogen, den Fend in seiner Schultheorie vom strukturfunktionalen Paradigma bis hin zum neuzeitlich-pädagogischen Gedanken einer allgemeinen Menschenbildung schlägt, ist groß. Das Hauptaugenmerk liegt insgesamt, so haben wir gesehen, darauf, zu zeigen, wie die Veränderung der theoretischen Perspektive auf die Schule die Phänomene in einem unterschiedlichen Licht erscheinen lässt. Die von Fend präferierte Perspektive konzentriert den Fokus auf die handelnden Akteure. Bei der Erweiterung um die historische Perspektive hatte Fend nicht zuletzt die Lehrpersonen im Blick. Sie seien, so Fend, die wichtigsten Akteure im Bildungswesen und es ist ihm ein Anliegen, dass sie verstehen, „in welchem ,größeren Ganzen' sie tätig sind und welchen Regeln sie dabei folgen" (Fend 2006b, 17). Auch an diejenigen, die wie die Kultusadministratoren gestaltend in das Bildungswesen eingreifen, hat Fend sich mit seiner Theorie der Schule gerichtet. Es sei zentral, die „Spielregeln" der Institution allererst zu verstehen, bevor man sie verändert. Ohne eine „historische Sensibilität können Gestaltungsaktivitäten im Bildungswesen schnell zu Vorschlägen und Maßnahmen führen, die an die historisch entstandenen kulturellen Vorgaben nicht anschließbar sind und deshalb vom schulischen ,Innensystem' abgestoßen werden" (ebd.).

Fend will mit seiner Schultheorie eine Sicht auf die Schule vorlegen, die theoretische Beschreibung und normative Gestaltung zusammendenkt und auf diese Weise handlungsorientierende Kraft gewinnt (Fend 2006a, 15). Sie ist so gesehen eine Schultheorie in praktischer Absicht, die sowohl Wirkanalysen, auf die wir am Rande zu sprechen kamen und die sich dem empirisch-analytischen Wissenschaftsverständnis verpflichtet wissen, als auch pädagogische Perspektiven, die sich mehr der philosophisch-geisteswissenschaftlichen Reflexion verdanken, verbindet. Darin kann mit Sicherheit die große Stärke dieser multiperspektivischen Betrachtung gesehen werden. Ob Fends Überlegungen zur bleibenden Bedeutung der abendländischen Kulturwerte angesichts einer pluralistisch ausdifferenzierten und globalisierten Gesellschaft dauerhaft anschlussfähig bleiben, ist eine grundsätzliche Anfrage, auf die wir an dieser Stelle nur hinweisen können. Jedenfalls entsteht die Frage, ob es als bildungstheoretische Begründungsfigur für den Wertbildungsprozess ausreicht darauf hinzuweisen, dass die präferierten Kulturideen eben die (alt-) europäisch-abendländischen sind.

In diesem Kapitel haben wir gelernt
- dass die geisteswissenschaftliche Perspektive einen verstehensorientierten Ansatz darstellt, der die Schule im Kontext verschiedener Sinnrichtungen bzw. Kulturwerte interpretiert und dabei einen besonderen Fokus auf das Bildungsgeschehen zwischen Erzieher und Zögling richtet (z.B. Spranger)
- dass sozialisationstheoretisch ausgerichtete Betrachtungen das Ziel verfolgen, den gesellschaftlichen Einfluss auf schulische Bildungsprozesse zu beschreiben und zu erklären (z.B. Parsons)
- dass sozialisationstheoretisch ausgerichtete Betrachtungen der Schule an den klassischen und geisteswissenschaftlichen Perspektiven kritisieren, sie stellten mehr eine normative Programmatik dar, die die real vorherrschende, gesellschaftlich bedingte Funktionsleistungen der Schule ausblende (z.B. Bernfeld und Bourdieu)
- dass die Kritische Theorie zum einen den Sozialisationscharakter von Schule als gesellschaftliche Entfremdung bzw. als „Halbbildung" problematisiert und zum anderen die Vorstellung, es könne eine Schule geben, die frei von dieser Problematik wäre (z.B. Adorno)
- dass im Rahmen einer spät- bzw. postmodernen Betrachtung der Schule der dem abendländischen Bildungsdenken zugrundeliegende Emanzipations- bzw. Fortschrittsgedanke eine machtanalytische Dekonstruktion erfährt (z.B. Foucault)
- dass eine multiperspektivische Betrachtung der Schule die verschiedenen Theorieansätze aufeinander bezieht und dabei die bleibende Bedeutung des Bildungsgedankens herausstreicht (z.B. Fend)

3.4 Zusammenfassung

▶ In diesem Kapitel besprechen wir
- welche Grundlinien von schultheoretischer Reflexion ausgemacht werden konnten
- wie sich diese verschiedenen Theoriestränge voneinander unterscheiden
- welche Bedeutung schultheoretische Reflexion für die Praxis gewinnen kann
- warum es wichtig ist, auf keinen dieser Theoriestränge zu verzichten, wenn man verstehen will, was Schule ist
- was man unter Schultheorie abschließend verstehen kann

Der Durchgang durch die verschiedenen schultheoretischen Reflexionen aus Vergangenheit und Gegenwart hat den eingangs geäußerten Vorbehalt erhärtet, dass mit einer systematischen Theorie der Schule, die allgemeine Anerkennung erfahren könnte, nicht zu rechnen ist. Vielmehr sind es die zu Beginn beschriebenen unterschiedlichen Denklinien und die ihnen zugrunde liegenden Interessen, die sich in den Einzelbeiträgen jeweils Geltung zu verschaffen vermochten: So verdeutlichte sich, dass es eine mehr sozialwissenschaftlich ausgerichtete, gesellschaftliche Sicht auf die Schule gibt, bei der die Schule *funktional* in einen gesellschaftsübergreifenden Zusammenhang eingepasst erscheint und bei der es die Makrostrukturen institutioneller Verflochtenheit sind, die letztlich auch das pädagogische Lehrer-Schüler-Verhältnis durchgreifend bestimmen.

Eindrücklich hat diese Position Parsons bezogen und mit seinem Strukturfunktionalismus ein eher pädagogikkritisches Bild von Schule gezeichnet. Denn hier erscheinen klassisch-pädagogische Determinationen (nämlich die Bildsamkeit bzw. wesentliche Unbestimmtheit des Heranwachsenden und eine damit korrelierende Erziehung, die zur Selbstbestimmung auffordert) durch gesellschaftliche ersetzt (die gesellschaftlichen Strukturen). Die von Schleiermacher in pädagogischer Absicht formulierte und bewusst offen gehaltene Frage: „Was will denn eigentlich die ältere Generation mit der jüngeren?" (Schleiermacher 1826/1983, 9), was kann und darf sie legitimer Weise wollen, erscheint aus dieser Sicht obsolet, weil die Frage durch die Strukturen bereits „beantwortet" ist. In den Denkbahnen des Strukturfunktionalismus, aber etwa auch bei Bernfeld, verschwindet das genuin Pädagogische in der Schule, weil die Handlungen einzelner im Horizont des institutionellen Ganzen zu vernachlässigen seien: „Die Schule – als Institution – erzieht" (Bernfeld 1928/1973, 28).

Helmut Fend hat bei einer solchen, aus seiner Sicht, einseitig sozialwissenschaftlichen Ausrichtung der Schultheorie, wie bereits ausgeführt, etwas „zwanghaft-naturhaftes" ausgemacht (Fend 1980, 99). Wir haben eingangs darauf hingewiesen, dass diese Art von Theoriebildung sich an einem naturwissenschaftlichen Denkstil ausrichtet, für den es charakteristisch ist, übergreifende Wirkzusammenhänge unter Absehung des Individuellen und Besonderen festzustellen. Werden solche

Theorieansätze (unter Umständen gegen deren Intention) in praktischer Absicht vorgetragen, dann liegt, wie wir bereits ausgeführt haben, ein Sicherungs- und Kontrollinteresse zugrunde. Aus den schultheoretischen Perspektiven von Parsons und Bourdieu beispielsweise ließe sich die Forschungsfrage entwickeln, durch welche Interventionsmaßnahmen die Schule ihre gesellschaftliche Funktionalität erhalten oder steigern könnte bzw. wie sich ungewünschte soziale Selektionseffekte minimieren ließen. Interessanter Weise sind derartige Anwendungsfragen alles andere als „zwanghaft-naturhaft", jedenfalls dann, wenn damit gerechnet wird, dass steuernd und regelnd Einfluss auf gesellschaftliche Prozesse genommen werden kann. Für die einzelne Lehrkraft wäre es in diesem Zusammenhang interessant, sich selbst dabei zu beobachten, ob sie in ihrem Unterricht kulturelle Kapitalakkumulation im Sinne Bourdieus betreibt (also diejenigen bevorzugt, die deren Sprache geschickt zu bedienen wissen) oder ob sie es vermag, dieses Geschehen zu durchbrechen, etwa weil sie es durchschaut: Eine Schülerin oder ein Schüler ist nicht deshalb zu bevorzugen, nur weil er dem Lehrer oder der Lehrerin mit seinem soziokulturellen Habitus ähnlicher erscheint als der andere.

Gänzlich anders stellen sich diejenigen Theorieperspektiven dar, die sich an einer mehr pädagogisch-bildungsphilosophischen Denkart orientieren und verstärkt auf die pädagogischen Grundbegriffe der Erziehung und Bildung zurückgreifen. Bei ihnen steht von Anfang an die Bildsamkeit des Heranwachsenden, der Gedanke der Allgemeinen Bildung sowie die Interaktion von Erzieher-Zögling bzw. das Lehrer-Schüler-Verhältnis in diesem Zusammenhang im Zentrum. Dieser gegenüber den sozialwissenschaftlichen Beiträgen veränderte Fokus führt diese Perspektiven im Kontext Schule zur Problemstellung, in welcher Weise das Pädagogische in seiner Eigenart gegenüber gesellschaftlich determinierenden Kräften (wie dem Politischen oder auch dem Ökonomischen) herausgearbeitet und beschrieben werden kann. In all diesen Beiträgen findet sich eine anthropologisch begründete Grundbestimmung der prinzipiell offenen Natur des Menschen, die ihn nach diesen Theorieansätzen erziehungsbedürftig und bildungsfähig erscheinen lässt. Die Ansätze sind entsprechend der Sorge getragen, dass der Mensch durch evozierte Anpassungsleistungen in seiner Bildsamkeit beschädigt werden kann: Rousseau hat dies eindrücklich am Beispiel des schreienden Kindes demonstriert, wie wir oben ausgeführt haben. Auch Humboldt, Herbart, Hegel und später Spranger arbeiten sich auf ihre Weise an der Problemstellung ab, die Folgen einer aus bildungstheoretischer Perspektive einseitig affirmativen Erziehung darzustellen. Das geschieht etwa bei Spranger, der die Schule zwar de facto als bewusst angelegten Kanal beschreibt, um zeitgeistbedingte Einflüsse vorherrschender gesellschaftlicher Strömungen direkt an die Heranwachsenden heranzubringen. Für ihn *sollte* die Schule dieser Kanal aber nicht sein, weil das dem Gedanken allgemeiner Bildung widerstreite (Spranger 1966b, 233). Alle bildungstheoretisch qualifizierten Schultheorien gehen explizit oder zumindest implizit mit einer Grundsatzkritik am Nützlichkeitsprimat schulischer

Bildung einher, weil sie – in Anlehnung an das eingangs ausgeführte griechische Denken – einen anderen Begriff von Schule und Bildung unterlegen als sozialisationstheoretische Ansätze. Für letztere ist de facto Bildung nämlich im Wesentlichen nichts anderes als eine adaptive Anpassungsleistung.

Von den beiden beschriebenen Theorieperspektiven lässt sich noch eine dritte abheben, auf die wir eingangs nicht gesondert eingegangen sind. Diese dritte Linie zeigt Überschneidungen zu den beiden anderen Theorieperspektiven. Gemeint sind solche Ansätze, die – anders als die klassischen oder auch noch der geisteswissenschaftliche Sprangers – den Begriff der Bildung selbst einer kritischen Analyse unterziehen und die mit einem Grundgedanken der abendländischen Bildungsgeschichte brechen, den Hegel als „Fortschritt im Bewusstsein der Freiheit" (Hegel 1961, 62) bezeichnet hat: Gehen seit der Aufklärung die Klassiker und auch moderne Bildungstheoretiker davon aus, dass sich in der Bildungsgeschichte so etwas wie eine geistige Höherentwicklung des Menschen vollzieht, an der die Schule einen gehörigen Anteil hat (so beispielsweise Fichte), haben Adorno mit seiner *Negativen Dialektik* oder auch Foucault mit seiner Machtanalytik diesen Gedanken fallengelassen. Bei Adorno erscheint Bildung selbst als ambivalent, führt sie immer wieder zu dem, was sie eigentlich zu überwinden trachtet, nämlich zu inhumanen Anpassungsleistungen, ja gar zur *Barbarei*. Auch die Schule, die sich selbst ein humanistisches Gepräge gibt, wird hier als Inbegriff gesellschaftlicher Entfremdung gesehen. Aus der Perspektive Foucaults ist Schule, wie wir sahen, im Grunde nichts anderes als ein Dispositiv der Macht, in ihrer Grundstruktur dem Gefängnis analog. Sie habe sich nicht „humanisiert", weil etwa nicht mehr in ihr geprügelt wird, sondern andere, z.T. perfidere Machtstrukturen entwickelt, die die Einzelnen beherrschen. Dass diesen spätmodernen Ansätzen gleichwohl so etwas wie ein emanzipatorisches Interesse zugrunde liegt, ist, wie wir sahen, allerdings nicht von der Hand zu weisen, wollen sie schließlich aufklären und den Einzelnen, Lehrern wie Schülern, die Möglichkeit geben, sich fragwürdigen und nicht durchschauten Machtzugriffen entziehen zu können. So gesehen, lebt auch in diesen spätmodernen Theoriebildungen der emanzipatorische Anspruch neuzeitlicher Pädagogik fort.

Wir wollen an dieser Stelle festhalten, dass die vorgestellte Multiperspektivität schultheoretischer Theoriebildungen keine Bürde darstellt, sondern unabdinglich ist, will man nicht den Fokus der Analyse und das damit einhergehende leitende Interesse einseitig verengen. Wir haben deutlich gemacht, dass Theoriebildung, auch „wissenschaftliche" Theoriebildung, stets mit weltanschaulichen Grundhaltungen einhergeht, die sich nicht abstreifen, sondern nur offenlegen lassen. Jegliche Grundhaltung impliziert ein eigentümliches Menschenbild, das eben mehr an einer naturwissenschaftlichen Denkart ausgerichtet ist oder einer mehr philosophisch-idealistischen, bzw. emanzipatorischen Denkart folgt. Die beiden Begriffe *Determiniertheit* und *Anpassung* versus *Freiheit* und *Selbstbestimmung* dokumentieren das auf ihre Weise. Deutlich hat diese Grundaporie des Denkens und ihren Einfluss auf die Theoriebildung bereits der Philosoph Wilhelm Dilthey herausgearbeitet (Harant 2013b, 50ff).

Wir wollen uns gleichwohl an dieser Stelle an eine Bestimmung dessen wagen, was wir unter Schultheorie insgesamt verstehen und diese Bestimmung zur Diskussion stellen:

Schultheorie ist eine multiperspektivische Betrachtung, die der Eigenart des unterschiedlichen Phänomenbestandes, der für die Schule konstitutiv ist, Rechnung trägt und zusammenhängend zur Darstellung bringt.

Dieser Theoriebegriff geht, das ist deutlich, grundsätzlich über einen enger gefassten Science-Begriff, der in Natur- und Sozialwissenschaften vorherrscht, hinaus. Das erscheint uns deshalb geboten, weil es Schule immer auch mit geistigen Sinngebilden und mit der Erziehungstatsache zu tun hat. Ein technisches Durchgriffsdenken wäre hier verkürzt und brächte diese zentralen Ebenen des Schulischen methodisch zum Verschwinden. Gleichzeitig ist die Schule eingebettet in überindividuelle gesellschaftliche Zusammenhänge, Wirkfelder und Machtkonstellationen. Auch auf der Mikroebene findet in der Schule durchaus auch vorwillentliches Verhalten statt, erfolgen unbewusste Anpassungsleistungen, die mit dem Begriff der bildenden Selbsttätigkeit allenfalls ideologisch überhöht würden. Es ist offensichtlich so, dass der eine Theoriepol, nennen wir ihn den naturalistischen des anderen Theoriepols, nennen wir ihn den idealistischen, bedarf, um den Phänomenbestand Schule nicht ungebührlich zu verkürzen und zu verzerren. Das Unternehmen Schultheorie ist somit längst nicht abgeschlossen. Die kommenden Jahre werden zeigen, ob eine verstärkt kritische Zusammenschau von sozialwissenschaftlicher, psychologischer und pädagogisch-bildungsphilosophischer Theoriebildung auf der einen Seite und von empirischer Schulforschung auf der anderen Seite das Unternehmen Schultheorie über das bisher Gedachte und Vorgelegte hinauszubringen vermag.

4 Schlussbetrachtung

Die Betrachtung von Schulpädagogik und Schultheorie zeigt das inhaltliche und methodisch breite Feld, in dem sich die wissenschaftlich eigenständige Disziplin und ihr gewichtiges Teilgebiet im gemeinsamen Ziel, das pädagogische Handeln in institutionellen Strukturen zu beschreiben, heute bewegen. Sie verdeutlicht darüber hinaus gerade in der Zusammenschau, inwiefern sich Schulpädagogik und Schultheorie als Einheit – die den früher aufgeworfenen Gegensatz von pädagogischen und sozialwissenschaftlichen Ansätzen längst überwunden hat – begründet von anderen bildungswissenschaftlichen Teildisziplinen abgrenzt. Diese Grenzziehung zu reiner Forschung einerseits, zu den Erfordernissen der Praxis andererseits, konturiert unseres Erachtens die Identität der vielfach kritisierten Disziplin maßgeblich mit, wie wir nachfolgend erläutern.

Schulpädagogik arbeitet heute, wie im ersten Teil ausgeführt, verstärkt forschungsbasiert als empirische Wissenschaft mit gängigen Methodenstandards und hat die früher vorherrschende methodische und programmatische Engführung, ausschließlich eine Theorie der Praxis bzw. für die Praxis zu sein, oder wie in den 1970er Jahren zuweilen ersichtlich wird, sich in metatheoretischen Entwürfen zu verlieren, hinter sich gelassen. Ihre heutige Erscheinung und ihr Abstraktionsgrad ist dem notwendigen Bestreben geschuldet, die pädagogischen Prozesse und institutionellen Strukturen differenziert zu beschreiben, aber darin sowohl Anschluss an die Lehrerbildung als auch an empirische Forschung mit ihrer operationalisierten Begrifflichkeit zu halten. Ihr historisches Bewusstsein ist dabei in der Schultheorie verankert: Schulpädagogik ruht auf einer breiten Theorietradition auf, die sich von neuzeitlichen bildungsphilosophischen Reflexionen bis hin zu moderneren, sozialisationstheoretischen und emanzipatorisch-kritischen Ansätzen erstreckt. Die daraus resultierenden inhaltlichen Tradierungen, Begrifflichkeiten und Zugangsweisen markieren gerade in ihrem Anspruch die Grenze zu einer Forschungsdisziplin einerseits, die in ihrem Kern durch methodische Zugangsweisen zusammengehalten wird und andererseits zu einer reinen Praxeologie, die sich vorwiegend im Bestreben auf „Nützlichkeit" und Umsetzbarkeit für die Praxis artikuliert.

Der Ansatz einer gedachten Forschungsdisziplin allein, zumal wenn sie sich empirischer Methoden bedient, vermag zwar das „Sein" der Schule zu beschreiben, aber unzureichend ihr „Sollen" als einer kritischen Betrachtung des Bestehenden im Hinblick auf dessen Weiterentwicklung: einem Ziel, das sich normativer Ansätze nicht entheben kann. An dieser Stelle findet die Schultheorie ihre gewichtigste Legitimation als konstituierendes Teilgebiet der Disziplin, weil sie mit historischem Blick und analytischer Durchdringung darauf zielt, diese Aspekte systematisch einzuordnen, zu gewichten und zu problematisieren und damit theoretische und empirische Versatzstücke bündelt. Die Gestaltung des Bildungssystems und der Schule kann über eine deskriptive Beschreibung hinaus nur aus dieser Zusammenschau detaillierter Einzelbefunde heraus erfolgen. Aus der differenzierenden Klärung des Theorie-Praxis-Verhältnisses, die im Kapitel zur Schulpädagogik vorgenommen und im einleitenden Kapitel zur Schultheorie vertieft wurde, erwächst eine weitere Legitimation der Schultheorie: Sie führt aus, was überhaupt als Praxis bezeichnet werden kann bzw. welche Phänomene schulischer Wirklichkeit dazu in den Blick zu nehmen sind. In historischer Perspektive wird deutlich, dass neben der handlungstheoretischen Klärung des Praxisbegriffs im weiteren Verlauf des schultheoretischen Kapitels vor allen Dingen die geschichtlich-hermeneutische Perspektive auf die Schulwirklichkeit in ihrem Gewordensein klärend wirkte. Diese Perspektive sensibilisiert die Schulpädagogik im Hinblick auf die Gefahr, einer wissenschaftlich anmutenden „Praxeologie" zeitgeistbedingter Programmatiken und Wissenschaftsmoden, wie sie in früheren Zeiten drohte, zu verfallen.

Durch die Frage, wodurch schulische Prozesse überhaupt beeinflusst werden und wie sich diese Einflussgrößen bzw. -sphären theoriebasiert beschreiben lassen, erfolgte eine weitere Infragestellung schulpädagogischer Praxisanleitung seit den 1960er Jahren. In diesem Kontext galt es sozialisationstheoretische Perspektiven zu beachten bzw. das Bildungssystem und die Schule in theoretischer Hinsicht mehrebenenanalytisch zu konzeptualisieren.

Eine dritte und nicht minder entscheidende Brechung einer direkten Praxisanleitung erfuhr die Schulpädagogik schließlich durch die Frage, was man im Hinblick auf Schule begründeterweise überhaupt wollen kann und mit welchen Brechungen hinsichtlich von Intention und Wirkung zu rechnen ist. So verdeutlichte sich, dass die Schule von jeher dem Zugriff mannigfaltiger gesellschaftlicher Einflussgrößen, wie z.B. Weltanschauungsgruppierungen, Staat, oder auch Ökonomie, ausgesetzt ist. Die Legitimität der an die Schule herangetragenen vielfältigen Ansprüche versteht sich nicht zwingend von selbst; der gesellschaftspolitisch ambitionierte Zugriff auf die Schulwirklichkeit im Rahmen schulreformerischer Maßnahmen erzeugt mitunter vielfach kontraintentionale Wirkungen, die gerade nicht beabsichtigt sind und in der Schultheorie zu einer komplexeren Theoriebildung führten. Hier ist insbesondere eine Ablösung des kausalen Steuerungsverständnisses über die Rekontextualisierungstheorie und die Educational-Governance-Perspektive anzuführen.

Gerade angesichts dieses spezifischen Profils ist Schulpädagogik wie keine andere Disziplin in der Lage, die vielfältigen Wissensbestände des Feldes zu bündeln und dabei insbesondere auch ihre Aporien aufzugreifen, sie aus der historischen Entwicklung heraus zu klären, durch Theorien begrifflich zu fassen, sie mit empirischen Befunden zu kontrastieren und dadurch die Eigenlogik des pädagogischen Verhältnisses und der Schule adäquat darzustellen.

Die Zusammenschau von Schulpädagogik und Schultheorie grenzt Schulpädagogik als wissenschaftliche Disziplin, so lässt sich abschließend zusammenfassen, ab von

- praxeologischen Zugriffen auf die Schulwirklichkeit, wie sie in Form von Ratgeberliteratur – etwa zum Bereich der Disziplin und in zahlreichen weiteren Bereichen – gegeben sind. Diese läuft beispielsweise Gefahr, trivialbehavioristische Anpassungsmechanismen zu propagieren ohne sie machtanalytisch zu reflektieren und am bildungstheoretisch begründeten Handlungsbegriff und dem damit einhergehenden Anspruch des Subjekts zu brechen. Praxeologie läuft so stets Gefahr, einer unreflektierten Einsozialisierung ins herrschende Allgemeine Vorschub zu leisten,
- einer reinen Prinzipienwissenschaft, die die pädagogischen Grundbegriffe der Erziehung und Bildung unabhängig von gesellschaftlichen und institutionellen Bedingungen der Schulwirklichkeit bespricht,
- der Reduktion auf eine Forschungsdisziplin, in deren Kern die methodischen Verfahren stehen und deren impliziter Vernunftbegriff eine instrumentelle Verengung erfährt und von daher dazu neigt, Bildungsprozesse in Analogie zu technischen Abläufen zu modellieren.

Wenn der genuin neuzeitlich-pädagogische Bildungsbegriff als übergeordnete Rahmung der Schulpädagogik im Allgemeinen und der Schultheorie im Speziellen als Integral der Disziplin bestimmt wurde, dann klärt sich abschließend die Bedeutung der Forschungsbasiertheit der Schulpädagogik dergestalt, dass sie sich einerseits dezidiert von einem empiriearmen Prinzipienillusionismus abgrenzt, andererseits problematisiert sie als Disziplin gleichermaßen technisch motivierte Steuerungsvorstellungen, die letztlich als die Kehrseite des eingangs beschriebenen „stahlharten Gehäuses" (Weber) gesellschaftlicher Prozesse betrachtet werden können und diese nolens volens sanktionieren. Die Problematisierung geschieht auf der Grundlage des bildungstheoretisch begründeten Freiheitsanspruchs der Subjekte, den die Schul*pädagogik* auch im Hinblick auf institutionell bedingte Sachzwänge des Schulischen bleibend mitreflektiert und diese Reflexionsleistung nicht unter dem Vorwand der Wissenschaftlichkeit, dem freien Spiel der Kräfte anheimstellt und sie als Grundlagenreflexion aus der Disziplin exkludiert.

5 Literaturverzeichnis

Ackeren, I. v./Klemm, K. (2009): Entstehung, Struktur und Steuerung des deutschen Schulsystems: eine Einführung. Wiesbaden: Verlag für Sozialwissenschaften.

Adl-Amini, B./Dichanz, H./Schulze, Th./Tillmann, K.-J. (1993): Theorie der Schule – eine abschließende Diskussion. In: K.-J. Tillmann (Hrsg.): Schultheorien. 2. Aufl., Hamburg: Bergmann und Helbig, 117-127.

Adorno, Th. W. (1970): Negative Dialektik. Jargon der Eigentlichkeit. Frankfurt a.M.: Suhrkamp (= Gesammelte Schriften Bd. 6).

Adorno, Th. W. (1971) Tabus über dem Lehrberuf 1965. In: K. Kadelbach (Hrsg.): Erziehung zur Mündigkeit. Vorträge und Gespräche mit Hellmut Becker 1959-1969. Frankfurt a.M.: Suhrkamp, 70-87 (Erstausgabe 1965).

Adorno, Th. W.(1971a): Erziehung nach Auschwitz 1966. In: K. Kadelbach (Hrsg.): Erziehung zur Mündigkeit. Vorträge und Gespräche mit Hellmut Becker 1959-1969. Frankfurt a.M.: Suhrkamp, 88-104 (Erstausgabe 1966).

Adorno, Th. W. (1971b): Erziehung – wozu? In: K. Kadelbach (Hrsg.): Erziehung zur Mündigkeit. Vorträge und Gespräche mit Hellmut Becker 1959-1969. Frankfurt a.M.: Suhrkamp, 105-119 (Erstausgabe 1966).

Adorno, Th. W. (1971c): Erziehung zur Entbarbarisierung 1968. In: K. Kadelbach (Hrsg.): Erziehung zur Mündigkeit. Vorträge und Gespräche mit Hellmut Becker 1959-1969. Frankfurt a.M.: Suhrkamp, 120-132 (Erstausgabe 1968).

Adorno, Th. W. (1971d): Erziehung zur Mündigkeit 1969. In: K. Kadelbach (Hrsg.): Erziehung zur Mündigkeit. Vorträge und Gespräche mit Hellmut Becker 1959-1969. Frankfurt a.M.: Suhrkamp, 133-147 (Erstausgabe 1969).

Adorno, Th. W. (1972): Theorie der Halbbildung. In: K. Kadelbach (Hrsg.): Soziologische Schriften I. Frankfurt a.M.: Suhrkamp (= Gesammelte Schriften Bd. 8) (Erstausgabe 1959).

Adorno, Th. W. (2003): Minima Moralia. Reflexionen aus dem beschädigten Leben. Frankfurt a.M.: Suhrkamp (Erstausgabe 1951).

Adorno, Th. W./Horkheimer, M. (1969): Dialektik der Aufklärung. Philosophische Fragmente. Frankfurt a.M.: Suhrkamp.

AG Institutsgeschichte (2010): Erziehungswissenschaft an der Eberhard Karls Universität Tübingen. Hohengehren: Schneider.

Albisser, S./Keller-Schneider, M./Wissinger, J. (2013): Zusammenarbeit in Kollegien von Schulen unter dem Anspruch von Professionalität. In: M. Keller-Schneider/S. Albisser/J. Wissinger (Hrsg.): Professionalität und Kooperation in Schulen. Beiträge zur Diskussion über Schulqualität. Bad Heilbrunn: Klinkhardt, 9-29.

Altrichter, H./Maag Merki, K. (Hrsg.) (2010): Handbuch neue Steuerung im Schulsystem. Wiesbaden: VS Verlag für Sozialwissenschaften.

Amos, K. (2006): Zero Tolerance an öffentlichen Schulen in den USA – amerikanisches Syndrom oder Symptom für eine Neubestimmung gesellschaftlicher Mitgliedschafts- und Erziehungsverhältnisse? In: Zeitschrift für Pädagogik 52 (5), 717-731.

Amos, K. (2010): The morphodynamics of modern education systems: On the relation between governance and governmentality as analytical tool in explaining current transformations. In: K. Amos (Hrsg.): International Educational Governance. International perspectives on education and society. Volume 12. Emerald Group Publishing Limited, 79-104.

Apel, H.-J./Grunder, H.-J. (Hrsg.) (1995) : Texte zur Schulpädagogik. Selbstverständnis, Entstehung und Schwerpunkte schulpädagogischen Denkens. Weinheim u.a.: Juventa.

Apel, H. J./Sacher, W. (2002): Schulpädagogik als Wissenschaft. In: H. J. Apel/W. Sacher (Hrsg.): Studienbuch Schulpädagogik. Bad Heilbrunn: Klinkhardt, 7-32.

Apel, K.-O. (1972): Wissenschaft als Emanzipation? Eine kritische Würdigung der Wissenschaftskonzeption der „Kritischen Theorie". In: K.-O. Apel (Hrsg.): Transformation der Philosophie. Bd. 2. Frankfurt a.M.: Suhrkamp, 128-154.

Apel, K.-O. (1973): Szientistik, Hermeneutik, Ideologiekritik. Entwurf einer Wissenschaftslehre in erkenntnisanthropologischer Sicht. In: K.-O. Apel (Hrsg.): Transformation der Philosophie. Bd 2. Frankfurt a.M.: Suhrkamp, 96-127.

Arnold, K.-H./Blömeke, S./Messner, R./Schlömerkemper, J. (2009): Allgemeine Didaktik und Lehr-Lernforschung. Kontroversen und Entwicklungsperspektiven einer Wissenschaft vom Unterricht. Bad Heilbrunn: Klinkhardt.

Arnold, K.-H./Koch-Priewe, B. (2008): Allgemein und fachlich bildender Unterricht. Die integrative Perpsektive der kritisch-konstruktiven Didaktik. In: M. A. Meyer/M. Prenzel/S. Hellekamps (Hrsg.): Perspektiven der Didaktik. Zeitschrift für Erziehungswissenschaft. Sonderheft 9, 87-99.

Artelt, C./Stanat, P./Schneider, W./Schiefele, U. (2001): Lesekompetenz: Testkonzeption und Ergebnisse. In: J. Baumert/E. Klieme/M. Neubrand/M. Prenzel/U. Schiefele/W. Schneider/P. Stanat/K.-J. Tillmann/M. Weiß (Hrsg.): PISA 2000. Basiskompetenzen von Schülerinnen und Schülern im internationalen Vergleich. Opladen: Leske+Budrich, 69-137.

Bastian, J. (2007): Einführung in die Unterrichtsentwicklung. Weinheim u.a.: Beltz.

Bastian, J. (2010): Pädagogische Schulentwicklung. In: T. Bohl/W. Helsper/H.-G. Holtappels/C. Schelle (Hrsg.): Handbuch Schulentwicklung. Bad Heilbrunn: Klinkhardt, 93-96.

Bauer, J. (2009): Spiegelneurone. Nervenzellen für das intuitive Verstehen sowie für Lehren und Lernen. In: R. Caspary (Hrsg.): Lernen und Gehirn. Der Weg zu einer neuen Pädagogik. 6. Aufl., Freiburg u.a.: Herder, 36-53.

Bauer, K.-O. (2000): Konzepte pädagogischer Professionalität und ihre Bedeutung für die Lehrerarbeit. In: J. Bastian/W. Helsper/S. Reh/C. Schelle (Hrsg.): Professionalisierung im Lehrerberuf. Von der Kritik der Lehrerrolle zur pädagogischen Professionalität. Opladen: Leske+Budrich, 55-72.

Baumert, J./Bos, W./Lehrmann, R. (Hrsg.) (2000): TIMSS/III – Dritte Internationale Mathematik und Naturwissenschaftsstudie – Mathematische und naturwissenschaftliche Bildung am Ende der Schullaufbahn; Band 1: Mathematische und naturwissenschaftliche Grundbildung am Ende der Pflichtschulzeit. Opladen: Leske+Budrich.

Baumert, J./Cortina, K. S./Leschinsky, A. (2008): Grundlegende Entwicklungen und Strukturprobleme im allgemein bildenden Schulwesen. In: K. S. Cortina/J. Baumert/A. Leschinsky/K. U. Maier/L. Trommer (Hrsg.): Das Bildungswesen der Bundesrepublik Deutschland. Strukturen und Entwicklungen im Überblick. Reinbek bei Hamburg: Rowohlt, 52-147.

Baumert, J./Klieme, E./Neubrand, M./Prenzel, M./Schiefele, U./Schneider, W./Stanat, P./Tillmann, K.-J./Weiß, M. (Hrsg.) (2001): PISA 2000. Basiskompetenzen von Schülerinnen und Schülern im internationalen Vergleich. Opladen: Leske+Budrich.

Baumert, J./Kunter, M. (2006): Stichwort: Professionelle Kompetenz von Lehrkräften. In: Zeitschrift für Erziehungswissenschaft 9 (4), 469-520.

Baumert, J./Maaz, K./Stanat, P./Watermann, R. (2009): Schulkomposition oder Institution – was zählt? Schulstrukturen und die Entstehung schulformspezifischer Entwicklungsverläufe. In: Die Deutsche Schule 101, 33-46.

Baumert, J./Roeder, P. M. (1990a): Zur personellen Situation der Erziehungswissenschaft an den wissenschaftlichen Hochschulen der Bundesrepublik Deutschland. In: Erziehungswissenschaft 1 (1), 7-43.

Baumert, J./Roeder, P. M. (1990b): Expansion und Wandel der Pädagogik. Zur Institutionalisierung einer Referenzdisziplin. In: L.-M. Alisch/J. Baumert/K. Beck (Hrsg.): Professionswissen und Professionalisierung. Braunschweig (= Braunschweiger Studien zur Erziehungs- und Sozialwissenschaft, Band 28), 79-128.

Baumert, J./Roeder, P. M. (1994): „Stille Revolution". Zur empirischen Lage der Erziehungswissenschaft. In: H.-H. Krüger/Th. Rauschenbach (Hrsg.): Erziehungswissenschaft. Die Disziplin am Beginn einer neuen Epoche. Weinheim u.a.: Juventa, 29-48.

Baumert, J./Schümer, G. (2001): Familiäre Lebensverhältnisse, Bildungsbeteiligung und Kompetenzerwerb. In: J. Baumert/E. Klieme/M. Neubrand/M. Prenzel/U. Schiefele/W. Schneider/P. Stanat/K.-J. Tillmann/M. Weiß (Hrsg.): PISA 2000. Basiskompetenzen von Schülerinnen und Schülern im internationalen Vergleich. Opladen: Leske+Budrich, 323-407.

Becker, M./Lüdtke, O./Trautwein, U./Baumert, J. (2006): Leistungszuwachs in Mathematik. Evidenz für einen Schereneffekt im mehrgliedrigen Schulsystem? In: Zeitschrift für Pädagogische Psychologie 20 (4), 233-242.

Becker, R. (2006): Dauerhafte Bildungsungleichheiten als unerwartete Folge der Bildungsexpansion? In: A. Hadjar/R. Becker (Hrsg.): Die Bildungsexpansion. Erwartete und unerwartete Folgen. Wiesbaden: Verlag für Sozialwissenschaften, 27-61.

Bellmann, J. (1999): Die Konstruktion des Ökonomischen bei Eduard Spranger und Theodor Litt. In: Zeitschrift für Pädagogik 45 (2), 261-279.

Benner, D. (1977): Was ist Schulpädagogik? In: J. Derbolav (Hrsg.): Grundlagen und Probleme der Bildungspolitik. Ein Theorieentwurf. München u.a.: Piper, 88-111.

Benner, D. (1990): Wilhelm von Humboldts Bildungstheorie. Eine problemgeschichtliche Studie zum Begründungszusammenhang neuzeitlicher Bildungsreform. Weinheim u.a.: Juventa.

Benner, D. (1993): Die Pädagogik Herbarts. Eine problemgeschichtliche Einführung in die Systematik neuzeitlicher Pädagogik. 2., überarb. Aufl., Weinheim u.a.: Juventa .

Benner, D. (1994): Pädagogisches Experiment. In: Ders: Studien zur Theorie der Erziehungswissenschaft. Pädagogik als Wissenschaft, Handlungstheorie und Reformpraxis. Bd. 1. Weinheim u.a.: Juventa, 79-114 (Erstausgabe 1972).

Benner, D. (1995a): Das Theorie-Praxis-Problem in der Erziehungswissenschaft und die Frage nach den Prinzipien pädagogischen Denkens und Handelns. In: Studien zur Theorie der Erziehung und Bildung. Pädagogik als Wissenschaft, Handlungstheorie und Reformpraxis. Bd. 2. Weinheim u.a.: Juventa, 13-30 (Erstausgabe 1980).

Benner, D. (1995b): Was ist Schulpädagogik? In: Studien zur Didaktik und Schultheorie. Pädagogik als Wissenschaft, Handlungstheorie und Reformpraxis. Bd. 3. Weinheim u.a.: Juventa, 47-82 (Erstausgabe 1977).

Benner, D. (1995c): Zur theoriegeschichtlichen und systematischen Relevanz nicht-affirmativer Erziehungs- und Bildungstheorie. In: Studien zur Theorie der Erziehung und Bildung. Pädagogik als Wissenschaft, Handlungstheorie und Reformpraxis. Bd. 2. Weinheim u.a.: Juventa, 161-178 (Erstausgabe 1991).

Benner, D. (2010): Allgemeine Pädagogik. Eine systematisch-problemgeschichtliche Einführung in die Grundstruktur pädagogischen Denkens und Handelns. 6., überarb. Aufl., Weinheim u.a.: Juventa.

Benner, D./Brüggen, F./Göstemeyer, K.-F. (1995): Heydorns Bildungstheorie. In: Benner, D.: Studien zur Theorie der Erziehung und Bildung. Pädagogik als Wissenschaft, Handlungstheorie und Reformpraxis. Bd. 2. Weinheim u.a.: Juventa, 95-140 (Erstausgabe 1982).

Bernfeld, S. (1973): Sisyphos oder die Grenzen der Erziehung. Frankfurt a.M.: Suhrkamp (Erstausgabe 1925).

Blankertz, H. (1963): Berufsbildung und Utilitarismus. Problemgeschichtliche Untersuchungen. Düsseldorf: Pädagogischer Verlag Schwan.

Blumer, H. (1973): Der methodologische Standort des symbolischen Interaktionismus. In: Arbeitsgruppe Bielefelder Soziologen (Hrsg.): Alltagswissen, Interaktion und gesellschaftliche Wirklichkeit 1: Symbolischer Interaktionismus. Reinbek bei Hamburg: Rowohlt, 80-146.

Bohl, T. (2009): Prüfen und bewerten im Offenen Unterricht. 4., neu ausgestattete Aufl., Weinheim u.a.: Beltz.

Bohl, T./Kleinknecht, M. (2009): Weiterentwicklung der Allgemeinen Didaktik – Theoretische und empirische Impulse aus einer Aufgabenkulturanalyse. In: K.-H. Arnold/S. Blömeke/R. Messner/ J. Schlömerkemper (Hrsg.): Allgemeine Didaktik und Lehr-Lernforschung. Kontroversen und Entwicklungsperspektiven einer Wissenschaft vom Unterricht. Bad Heilbrunn: Klinkhardt, 145-157.

Bohl, T./Kucharz, D. (2010): Offener Unterricht heute. Konzeptionelle und didaktische Weiterentwicklung. Weinheim u.a.: Beltz.

Bonsen, M. (2010): Schulleitungshandeln. In: H. Altrichter/K. Maag Merki (Hrsg.): Handbuch neue Steuerung im Schulsystem. Wiesbaden: Verlag für Sozialwissenschaften, 277-294.

Bonsen, M./Rolff, H.-G. (2006): Professionelle Lerngemeinschaften von Lehrerinnen und Lehrern. In: Zeitschrift für Pädagogik 52 (2), 167-184.

Böttcher, Wolfgang (2002): Kann eine ökonomische Schule auch eine pädagogische sein? Schulentwicklung zwischen Neuer Steuerung, Organisation, Leistungsevaluation und Bildung. Weinheim u.a.: Juventa.

Bourdieu, P. (1987): Die feinen Unterschiede. Kritik der gesellschaftlichen Urteilskraft. Frankfurt a.M.: Suhrkamp.

Bourdieu, P. (1992): Die verborgenen Mechanismen der Macht. In: M. Steinrücke (Hrsg.): Schriften zu Politik & Kultur 1. Hamburg: VSA-Verlag.

Bourdieu, P. (2001): Wie die Kultur zum Bauern kommt: über Bildung, Schule und Politik. In: M. Steinrücke (Hrsg.): Schriften zu Politik & Kultur. Bd. 4. Hamburg: VSA-Verlag.

Breidenstein, G. (2006): Teilnahme am Unterricht. Ethnographische Studien zum Schülerjob. Wiesbaden: Verlag für Sozialwissenschaften.

Bromme, R. (1992): Der Lehrer als Experte. Zur Psychologie des professionellen Wissens. Bern: Huber.

Brügelmann, H. (2005): Schule verstehen und gestalten. Regensburg: Libelle.

Bröckling, U./Krasmann, S./Lemke, T. (Hrsg.) (2000): Gouvernementalität der Gegenwart. Studien zur Ökonomisierung des Sozialen. Frankfurt a.M.: Suhrkamp.

Brumlik, M. (1989): Interaktionismus, Symbolischer. In: D. Lenzen (Hrsg.): Pädagogische Grundbegriffe. Bd. 1: Aggression-Interdisziplinarität. Reinbek bei Hamburg: Rowohlt, 764-781.

Brusten, M/Hurrelmann, K. (1973): Abweichendes Verhalten in der Schule. Eine Untersuchung zu Prozessen der Stigmatisierung. München: Juventa.

Caselmann (1949): Wesensformen des Lehrers. Stuttgart: Klett.

Combe, A./Helsper, W. (1996): Einleitung. Pädagogische Professionalität. Historische Hypotheken und aktuelle Entwicklungstendenzen. In: A. Combe/W. Helsper (Hrsg.): Pädagogische Professionalität. Untersuchungen zum Typus professionellen Handelns. Frankfurt a.M.: Suhrkamp, 9-48.

Comenius, J. A. (1679): Joh. Amos Comenii Orbis sensualium pictus quadrilinguis: hoc est omnium fundamentalium in mundo rerum. Pictura et nomenclatura Germanica, Latina, Italica et Gallica. Noribergae: Michaelis & Joh. Friderici Endterorum.

Comenius, J. A. (1991): Pampaedia. Allerziehung. In deutscher Übersetzung herausgegeben von Klaus Schaller. Sankt Augustin: Academia Verlag.

Comenius, J. A. (1992): Labyrinth der Welt und Paradies des Herzens. Burgdorf: A+O (Erstausgabe 1663).

Comenius, J. A. (2007): Große Didaktik. Übersetzt und herausgegeben von Andreas Flitner. Mit einem Nachwort zur neueren Comeniusforschung von Klaus Schaller. 10. Aufl., Stuttgart: Klett-Cotta.

Cramer, C. (2012): Entwicklung von Professionalität in der Lehrerbildung. Empirische Befunde zu Eingangsbedingungen, Prozessmerkmalen und Ausbildungserfahrungen Lehramtsstudierender. Bad Heilbrunn: Klinkhardt.

Dalin, P./Rolff H.-G. (1990): Institutionelles Schulentwicklungs-Programm. Soest: Soester Verlag Kontor.

Dammer, K.-H. (2008): Zur Integrationsfunktion von Erziehung und Bildung. Historisch-systematische Studie zu einem „blinden Fleck" der bürgerlichen Gesellschaft und ihrer Pädagogik. Hamburg: Dr. Kovač.

Dammer, K.-H. (2010): Das Theorie-Praxis-Problem der Pädagogik oder: warum Theorie gesundheitsförderlich sein kann. Unveröffentlichtes Manuskript. Heidelberg.

Derbolav, J. (1980): Hegels Bildungsverständnis und wie weit ihm die Pädagogik folgen kann. In: E. Heitel (Hrsg.): Wiener Jahrbuch für Philosophie. Wien: Wilhelm Braumüller, 125-139.

Dreeben, R. (1980): Was wir in der Schule lernen. Mit einer Einleitung von Helmut Fend. Frankfurt a.M.: Suhrkamp.

Dahrendorf, R. (1965): Bildung ist Bürgerrecht. Plädoyer für eine aktive Bildungspolitik. Hamburg: Nannen.

Danner, S. (1991): Georg Simmels Beitrag zur Pädagogik. Bad Heilbrunn: Klinkhardt.

Dedering, K. (2012). Steuerung und Schulentwicklung. Bestandsaufnahme und Theorieperspektive. Wiesbaden: Springer VS.

Depapepe, M. (1993): Zum Wohle des Kindes? Pädologie. pädagogische Psychologie und experimentelle Pädagogik in Europa und den USA, 1890-1940. Beiträge zur Theorie und Geschichte der Erziehungswissenschaft. Bd. 14. Weinheim,unveröffentlichtes Manuskript: Deutscher Studien Verlag.

Deutscher Bildungsrat (1970): Empfehlungen der Bildungskommission. Strukturplan für das Bildungswesen. Bad Godesberg: Deutscher Bildungsrat.

Deutscher Bildungsrat (Hrsg.) (1970) : Strukturplan für das Bildungswesen. Stuttgart: Klett.

Diederich, J./Tenorth, H.-E. (1997): Theorie der Schule. Ein Studienbuch zur Geschichte, Funktionen und Gestaltung. Berlin: Cornelsen.

Dieterich, V.-J. (1991): Johann Amos Comenius. Reinbek bei Hamburg: Rowohlt.

Dilthey, W. (1924): Ideen über eine beschreibende und zergliedernde Psychologie. In: W. Dilthey (Hrsg.): Die geistige Welt. Einleitung in die Philosophie des Lebens. Erste Hälfte. Abhandlungen zur Grundlegung der Geisteswissenschaften. Gesammelte Schriften. Bd. V. 2., unveränderte Aufl., Göttingen: Vandenhoeck, 139-240 (Erstausgabe 1894).

Dilthey, W. (1971): Schriften zur Pädagogik. Besorgt von Hans-Herrmann Groothoff und Ulrich Herrmann. Paderborn: Schöningh.

Ditton, H. (2009): Unterrichtsqualität. In: K.-H. Arnold/U. Sandfuchs/J. Wiechmann (Hrsg.): Handbuch Unterricht. 2. Aufl., Bad Heildbrunn: Klinkhardt, 177-183.

Dolch, J. (1959): Lehrplan des Abendlandes. Zweieinhalb Jahrtausende seiner Geschichte. Ratingen: Henn

Doyle, W. (1986): Classrrom Organization and Management. In: M. C. Wittrock (Hrsg.): Handbook of Research on Teaching. New York: Macmillan, 392-397.

Einsiedler, W. (1994): Schulpädagogik – Unterricht und Erziehung in der Schule. In: L. Roth (Hrsg.): Pädagogik. Handbuch für Studium und Praxis. München: Ehrenwirt.

Esslinger, I. (2002): Berufsverständnis und Schulentwicklung: ein Passungsverhältnis? Eine empirische Untersuchung zu schulentwicklungsrelevanten Berufsauffassungen von Lehrerinnen und Lehrern. Bad Heilbrunn: Klinkhardt.

Etzioni, A. (Hrsg.) (1969) : The Semi-Professions and their Organizations. New York: The Free Press.

Fend, H. (1980): Theorie der Schule. München u.a.: Urban & Schwarzenberg.

Fend, H. (1986): Gute Schulen – schlechte Schulen: Die einzelne Schule als Handlungseinheit. In: Die deutsche Schule 78(3), 275-293.

Fend, H. (2006a): Neue Theorie der Schule. Einführung in das Verstehen von Bildungssystemen. Wiesbaden: Verlag für Sozialwissenschaften.

Fend, H. (2006b): Geschichte des Bildungswesens. Der Sonderweg im europäischen Kulturraum. Wiesbaden: Verlag für Sozialwissenschaften.

Fend, H. (2008): Schule gestalten. Systemsteuerung, Schulentwicklung und Unterrichtsqualität. Wiesbaden: Verlag für Sozialwissenschaften.

Fend, H. (2009): Bildungsforschung von 1965 bis 2008. Eine biografisch geprägte Geschichtsschreibung. In: B. Wischer/K.-J. Tillmann (Hrsg.): Erziehungswissenschaft auf dem Prüfstand. Schulbezogene Forschung und Theoriebildung von 1970 bis heute. Weinheim u.a.: Juventa, 15-33.

Fend, H. (2010): Bildungsforschung von 1965 bis 2008 – ein Zeitzeugenbericht zu Fortschritten, Rückschlägen und Höhepunkten. In: C. Ritzi/U. Wiegmann (Hrsg.): Beobachten, Messen, Experimentieren. Beiträge zur Geschichte der empirischen Pädagogik/Erziehungswissenschaft. Bad Heilbrunn: Klinkhardt, 275-303.

Foucault, M. (1977): Überwachen und Strafen. Die Geburt des Gefängnisses. Übersetzt von Walter Seitter. Frankfurt a.M.: Suhrkamp.

Foucault, M. (1994): Warum ich Macht untersuche: Die Frage des Subjekts. In: H. L. Dreyfus/P. Rabinow (Hrsg.): Michel Foucault. Jenseits von Strukturalismus und Hermeneutik. Mit einem Nachwort und einem Interview mit Michel Foucault. Weinheim: Beltz, 243-250.

Foucault, M. (2006a): Sicherheit, Territorium, Bevölkerung. Vorlesungen am Collège de France 1977-1978. In: M. Sennelart (Hrsg.): Geschichte der Gouvernementalität I. Aus dem Französischen von Claudia Brede-Konersmann und Jürgen Schröder. Frankfurt a.M.: Suhrkamp.

Foucault, M. (2006b): Die Geburt der Biopolitik. Vorlesungen am Collège de France 1978-1979. In: M. Sennelart (Hrsg.): Geschichte der Gouvernementalität II. Aus dem Französischen von Jürgen Schröder. Frankfurt a.M.: Suhrkamp.

Frey, A./Heinze, A./Mildner, D./Hochweber, J./Asseburg, R. (2010): Mathematische Kompetenz von PISA 2003 bis 2009. In: E. Klieme/C. Artelt/J. Hartig/N. Jude/O. Köller/M. Prenzel/W. Schneider/ P. Stanat (Hrsg.): PISA 2009. Bilanz nach einem Jahrzehnt. Münster u.a.: Waxmann, 153-176.

Fromm, M. (1987): Die Sicht der Schüler in der Pädagogik. Untersuchungen zur Behandlung der Sicht von Schülern in der pädagogischen Theoriebildung und in der quantitativen und qualitativen empirischen Forschung. Weinheim: Deutscher Studienverlag.

Frost, U. (2010): Bildung bedeutet nicht Anpassung, sondern Widerstand. In: Vierteljahresschrift für wissenschaftliche Pädagogik 86, 312-322.

Füssel, H.-P./Leschinsky, A. (2008): Der institutionelle Rahmen des Bildungswesens. In K. S. Cortina/ J. Baumert/A. Leschinsky/K. U. Mayer/L. Trommer (Hrsg.): Das Bildungswesen der Bundesrepublik Deutschland. Reinbek bei Hamburg: Rowohlt, 131-203.

Gerstner, H.-P./Wetz, M. (2008): Einführung in die Theorie der Schule. Darmstadt: Wissenschaftliche Buchgesellschaft.

Glöckel, H. (1981): Beiträge zu einer realistischen Schulpädagogik. Donauwörth: Auer.

Goethe, J. W. (1986): Die Leiden des jungen Werther. Stuttgart: Reclam.

Goethe, J. W. (1998): Gedichte. West-östlicher Divan. In: F. Apel/H. Birus/A. Bohnenkamp et al. (Hrsg.): Goethe Werke. Jubiläumsausgabe. Bd. 1. Frankfurt a.M.: Insel.

Gruschka, A. (2002): Didaktik. Das Kreuz mit der Vermittlung. Elf Einsprüche gegen den didaktischen Betrieb. Wetzlar: Büchse der Pandorra.

Gruschka, A. (2011): Verstehen lernen. Ein Plädoyer für guten Unterricht. Stuttgart: Reclam.

Handke, P. (1972): Ich bin ein Bewohner des Elfenbeinturms. Frankfurt a.M.: Suhrkamp.

Harant, M. (2013a): „Die Fruchtbarkeit des Elementaren". Eine Hommage an Eduard Spranger anlässlich seines 50. Todestages und des 60-jährigen Erscheinens eines gleichnamigen Beitrags aus dem Jahre 1953. In: Vierteljahresschrift für wissenschaftliche Pädagogik 89 (3), 329-340.

Harant, M. (2013b): Schultheorien und Deutscher Idealismus. Eine weltanschauungstypologisch-hermeneutische Analyse. Paderborn u.a.: Ferdinand Schöningh.

Hasselhorn, M./Gold, A. (2009): Pädagogische Psychologie. Erfolgreiches Lernen und Lehren. 2., durchges. Aufl., Stuttgart: Kohlhammer.

Hegel, G. W. F. (1961): Vorlesungen über die Philosophie der Geschichte. Mit einer Einführung von Theodor Litt. Stuttgart: Reclam.

Hegel, G. W. F. (1970a): 2. Rede zum Schuljahrabschluß am 29. September 1809. In: Nürnberger und Heidelberger Schriften 1808-1817. Theorie Werkausgabe. Werke in zwanzig Bänden. Bd. 4. Frankfurt a.m.: Suhrkamp, 312-326. (Original 1809)

Hegel, G. W. F. (1970b): 3. Rede zum Schuljahrabschluß am 14. September 1810. In: Nürnberger und Heidelberger Schriften 1808-1817. Theorie Werkausgabe. Werke in zwanzig Bänden. Bd. 4. Frankfurt a.m.: Suhrkamp, 327-343. (Original 1810)

Hegel, G. W. F. (1970c): 4. Rede zum Schuljahrabschluß am 2. September 1811. In: Nürnberger und Heidelberger Schriften 1808-1817. Theorie Werkausgabe. Werke in zwanzig Bänden. Bd. 4. Frankfurt a.m.: Suhrkamp, 344-359 (Erstausgabe 1811).

Hegel, G. W. F. (1970d): Grundlinien der Philosophie des Rechts. In: Theorie Werkausgabe. Werke in zwanzig Bänden. Bd. 7. Frankfurt a.m.: Suhrkamp (Erstausgabe 1821).

Hegel, G. W. F. (1970e): Gutachten über die Stellung des Realinstituts zu den übrigen Studienanstalten. In: Nürnberger und Heidelberger Schriften 1808-1817. Theorie Werkausgabe. Werke in zwanzig Bänden. Bd. 4. Frankfurt a.m.: Suhrkamp: 379-397. (Original 1810)

Hegel, G. W. F. (1970f): Rechts-Pflichten und Religionslehre für die Unterklasse. In: Nürnberger und Heidelberger Schriften 1808-1817. Theorie Werkausgabe. Werke in zwanzig Bänden. Bd. 4. Frankfurt a.m.: Suhrkamp, 204-274. (Original 1810)

Hegel, G. W. F. (2000): Enzyklopädie der philosophischen Wissenschaften im Grundrisse. Unter Mitarbeit von Hans-Christian Lucas und Udo Rameil. In: W. Bonsiepen/K. Grotsch (Hrsg.): Gesammelte Werke. Bd. 13. Hamburg: Meiner (Erstausgabe 1817).

Heiland, H. (1995): Zum Selbstverständnis der Schulpädagogik. In: H.-J. Apel/H.-U. Grunder (Hrsg.): Texte zur Schulpädagogik. Selbstverständnis, Entstehung und Schwerpunkte schulpädagogischen Denkens. Weinheim u.a.: Juventa, S. 178-189 (Erstausgabe 1974 in Pädagogische Rundschau 28 (6), 451-471).

Helmke, A. (2006): Was wissen wir über guten Unterricht. In: Pädagogik 58(2), 42-45.

Helmke, A. (2009): Unterrichtsforschung. In: K. H. Arnold/U. Sandfuchs/J. Wiechmann (Hrsg.): Handbuch Unterricht. 2., aktual. Aufl., Bad Heilbrunn: Klinkhardt, 44-53.

Helmke, A. (2012): Unterrichtsqualität und Lehrerprofessionalität. Diagnose, Evaluation und Verbesserung des Unterrichts. Seelze-Velber: Klett, Kallmeyer.

Helmke, A./Weinert, F. E. (1997): Unterrichtsqualität und Leistungsentwicklung. Ergebnisse aus dem Scholastik-Projekt. In F. E. Weinert/A. Helmke (Hrsg.): Entwicklung im Grundschulalter. Weinheim: Beltz, 241-252.

Helsper, W. (2000): Antinomien des Lehrerhandelns und die Bedeutung der Fallrekonstruktion. In: E. Cloer/D. Klika/H. Kunert (Hrsg.): Welche Lehrer braucht das Land? Weinheim: Juventa, 142-177.

Helsper, W. (2002): Lehrerprofessionalität als antinomische Handlungsstruktur. In: M. Kraul/W. Marotzki/C. Schweppe (Hrsg.): Biographie und Profession. Bad Heilbrunn: Klinkhardt.

Helsper, W. (2004): Antinomien, Widersprüche, Paradoxien: Lehrerarbeit – ein unmögliches Geschäft? Eine strukturtheoretisch-rekonstruktive Perspektive auf das Lehrerhandeln. In: F.-U. Kolbe/B. Koch-Priewe/J. Wildt (Hrsg.): Grundlagenforschung und mikrodidaktische Reformansätze in der Lehrerbildung. Bad Heilbrunn: Klinkhardt, 49-98.

Helsper, W. (2010): Einführung: Die Bedeutung der Einzelschule. In: T. Bohl/W. Helsper/H. G. Holtappels/C. Schelle (Hrsg.): Handbuch Schulentwicklung. Bad Heilbrunn: Klinkhardt, 389-396.

Helsper, W./Böhme, J. (2004): Einleitung in das Handbuch der Schulforschung. In: W. Helsper/J. Böhme (Hrsg.): Handbuch der Schulforschung. Wiesbaden: Verlag für Sozialwissenschaften, 11-31.

Hentig, H. v. (1976): Was ist eine humane Schule? Drei Vorträge. München: Carl Hanser.

Hentig, H. v. (2003): Die Schule neu denken. Eine Übung in pädagogischer Vernunft. Erw. Neuausg., Weinheim u.a.: Beltz.

Hentig, H. v. (2004): Bildung. Ein Essay. Weinheim u.a.: Beltz.

Hentig, H. v. (2007): Bewährung. Von der nützlichen Erfahrung, nützlich zu sein. Die Entschulung der Mittelstufe und ein einjähriger Dienst für die Gemeinschaft. Ein pädagogisches Manifest im Jahre 2005. Weinheim u.a.: Beltz.

Herbart, J. F. (1835): Umriss pädagogischer Vorlesungen. Göttingen: Dieterichsche Buchhandlung.

Herbart, J. F. (1851a): Über die Ästhetische Darstellung der Welt, als das Hauptgeschäft der Erziehung. In: G. Hartenstein (Hrsg.): Schriften zur Pädagogik. Zweiter Theil. Leipzig: Voss, 213-233 (Erstausgabe 1804).

Herbart, J. F. (1851b): Über Erziehung unter öffentlicher Mitwirkung. Vorgelesen in der Königlichen Deutschen Gesellschaft zu Königsberg den 5. September 1810. In: G. Hartenstein (Hrsg.): Schriften zur Pädagogik. Zweiter Theil. Leipzig: Voss, 367-377 (Erstausgabe 1810).

Herbart, J. F. (1983): Allgemeine Pädagogik aus dem Zweck der Erziehung abgeleitet. Hrsg. von H. Holstein. 6. durchges. u. verbesserte Aufl., Bochum: Kamp (= Kamps pädagogische Taschenbücher. Bd. 23) (Erstausgabe 1806).

Herbart, J. F. (1986): Systematische Pädagogik. eingel., ausgewählt u. interpretiert von Dietrich Benner. Stuttgart: Ernst Klett.

Herbart, J. F. (1989): Allgemeine Pädagogik aus dem Zweck der Erziehung abgeleitet. In: K. Kehrbach/O. Flügel (Hrsg.): Sämtliche Werke. Bd. 2. Neudruck der Ausgabe von 1887. Aalen: Scienta (Erstausgabe 1806).

Hericks, U. (2006). Professionalisierung als Entwicklungsaufgabe: Rekonstruktionen zur Berufseingangsphase von Lehrerinnen und Lehrern. Studien zur Bildungsgangforschung: Vol. 8. Wiesbaden: VS Verlag für Sozialwissenschaften.

Hericks, U. (2008): Bildungsgangforschung und die Professionalisierung des Lehrerberufs – Perspektiven für die Allgemeine Didaktik. In: M. A. Meyer/M. Prenzel/S. Hellekamps (Hrsg.): Perspektiven der Didaktik. Zeitschrift für Erziehungswissenschaft. Sonderheft 9, 61-75.

Herrlitz, H.-G./Hopf, W./Titze, H. (1998): Deutsche Schulgeschichte von 1800 bis zur Gegenwart. Eine Einführung. Weinheim u.a.: Juventa.

Herrmann, U. (2000): Der lange Abschied vom „geborenen Erzieher". Lehrerpersönlichkeit, Lehrerausbildung, Lehrerberuf und -berufsalltag – Erwartungen, Positionen und Thesen vom Ende der 40er bis zu den 70er Jahren. In: J. Bastian/W. Helsper/S. Reh/C. Schelle (Hrsg.): Professionalisierung im Lehrerberuf. Von der Kritik der Lehrerrolle zur pädagogischen Professionalität. Opladen: Leske+Budrich, 15-32.

Herzog, W. (1999): Die vorschnelle Disziplin. Schulpädagogik zwischen Praxisanleitung und Wissenschaft. In: H. Badertscher/H.-U. Grunder/A. Hollenstein (Hrsg.): Brennpunkt Schulpädagogik. Die Zukunft der Schulpädagogik in der Schweiz. Bern: Haupt, 119-148.

Herzog, W. (2002): Zeitgemäße Erziehung. Die Konstruktion pädagogischer Wirklichkeit. Weilerswist: Velbrück Wissenschaft.

Herzog, W. (2005): Pädagogik und und Psychologie. Eine Einführung. Grundriss der Pädagogik/Erziehungswissenschaft. Bd. 20. Stuttgart: Kohlhammer.

Herzog, W./Herzog, S./Brunner, A./Müller, H. P. (2007): Einmal Lehrer, immer Lehrer? Eine vergleichende Untersuchung der Berufskarrieren von (ehemaligen) Lehrpersonen. Bern: Haupt.

Heydorn, H.-J.: (1980): Ungleichheit für alle. Zur Neufassung des Bildungsbegriffs. Bildungstheoretische Schriften. Bd. 3. Frankfurt a.M.: Syndikat.

Höhn, E. (1967): Der schlechte Schüler. Sozialpsychologische Untersuchungen über das Bild des Schulversagers. München: Piper.

Hoffmeister, J. (Hrsg.) (1953): Briefe von und an Hegel. Bd. 2. 1813-1822. Hamburg: Meiner (= Philosophische Bibliothek, Bd. 236).

Holland, J. L. (1996): Exploring careers with a typology. In: American Psychologist 51 (4), 397-406.

Holtappels, H. G. (1984): Abweichendes Verhalten oder Schulalltagsbewältigung? Subjektive Deutungsmuster von Schülern zu Problemen im Schulalltag. In: Die Deutsche Schule 76 (1), 18-30.

Holzkamp, K. (1993): Lernen. Subjektwissenschaftliche Grundlegung. Frankfurt a.M. u.a.: Campus Verlag.

Horn, K.-P. (1999): Professionalisierung und Disziplinbildung. Zur Entwicklung des Diplomstudiengangs Erziehungswissenschaft. In: H.-J. Apel/K.-P. Horn/P. Lundgreen/U. Sandfuchs (Hrsg.): Professionalisierung pädagogischer Berufe im historischen Prozess. Bad Heilbrunn: Klinkhardt, 295-317.

Horn, K.-P. (2003): Erziehungswissenschaft in Deutschland im 20. Jahrhundert. Zur Entwicklung der sozialen und fachlichen Struktur der Disziplin von der Erstinstitutionalisierung bis zur Expansion. Bad Heilbrunn: Klinhardt.

Horn, K.-P. (2008): Disziplingeschichte. In: G. Mertens/U. Frost/W. Böhm/V. Ladenthin/L. Koch (Hrsg.): Handbuch der Erziehungswissenschaft. Bd. 1. Grundlagen Allgemeine Erziehungswissenschaft. Paderborn u.a.: Schöningh, 5-31.

Horstkemper, M./Tillmann, K.-J. (2004): Schulformvergleiche und Studien zu Einzelschulen. In: W. Helsper/J. Böhme (Hrsg.): Handbuch der Schulforschung. Wiesbaden: Verlag für Sozialwissenschaften, 287-323.

Humboldt, W. v. (1999a): Der Königsberger und der Litauische Schulplan. In: W. Stahl (Hrsg.): Wilhelm v. Humboldt. Sämtliche Werke. Bd. 4. Schriften zu Kultus und Unterricht 1809-1810. Essen: Mundus, 132-152 (Erstausgabe 1809).

Humboldt, W. v. (1999b): Ideen zu einem Versuch, die Grenzen der Wirksamkeit des Staats zu bestimmen. In: W. Stahl (Hrsg.): Wilhelm v. Humboldt. Sämtliche Werke. Bd. 1. Schriften zur Anthropologie und Geschichte. Essen: Mundus, 190-316 (Erstausgabe 1792).

Humboldt, W. v. (1999c): Theorie der Bildung des Menschen. In: W. Stahl (Hrsg.): Wilhelm v. Humboldt. Sämtliche Werke. Bd. 1. Schriften zur Anthropologie und Geschichte. Essen: Mundus, 16-20 (Erstausgabe 1794).

Illich, I. (1972a): Entschulung der Gesellschaft. Mit einem Vorwort von Hartmut von Hentig. München: Kösel.

Illich, I. (1972b): Schulen helfen nicht. Über das mythenbildende Ritual der Industriegesellschaft. Einleitung von Erich Fromm. Reinbek bei Hamburg: Rowohlt.

Illich, I. (1978): Wider die Verschulung. In: I. Illich (Hrsg.): Fortschrittsmythen. Reinbek bei Hamburg: Rowohlt, 113-138.

Illich, I.(1984): Schule ins Museum. Mit einer Einleitung von Ruth Kriss-Rettenbeck und Ludolf Kuchenbuch. Bad Heilbrunn: Klinkhardt.

Jackson, Ph. W. (1968): Life in Classrooms. New York: Holt, Rineheart and Winston.

Jackson, Ph. W. (1975): Einübung in die bürokratische Gesellschaft. Zur Funktion der sozialen Verkehrsformen im Klassenzimmer. In: J. Zinnecker (Hrsg.): Der heimliche Lehrplan. Untersuchungen zum Schulunterricht. Weinheim u.a.: Beltz, 19-34.

Jank, W./Meyer, H. (2005): Didaktische Modelle. 7. Aufl., Berlin: Cornelsen.

Jude, N./Klieme, E. (2010): Das Programme for International Student Assessment (PISA). In: E. Klieme/ C. Artelt/J. Hartig/N. Jude/O. Köller M. Prenzel/W. Schneider/P. Stanat (Hrsg.): PISA 2009. Bilanz nach einem Jahrzehnt. Münster u.a.: Waxmann, 11-21.

Jürgens, E. (2009): Schulstufen und Schulformen des allgemeinbildenden Schulwesens. In: K. H. Arnold/U. Sandfuchs/J. Wiechmann (Hrsg.): Handbuch Unterricht. 2., aktual. Aufl., Bad Heilbrunn: Klinkhardt, 74-80.

Kant, I. (1968): Über Pädagogik. In: Kants Werke. Akademie-Textausgabe. Band IX. Logik, Physische Geographie, Pädagogik. Berlin: De Gruyter, 437-499 (Erstausgabe 1803).

Kauder, P. (2010): Niedergang der Allgemeinen Pädagogik? Die Lage am Ende der 1990er Jahre. Beiträge zur Theorie und Geschichte der Erziehungswissenschaft. Bd. 33. Bad Heilbrunn: Klinkhardt.

Keck, R. (1994): Schulpädagogik. In: R. Keck/U. Sandfuchs (Hrsg.): Wörterbuch Schulpädagogik. Bad Heilbrunn: Klinkhardt.

Kelchtermans, G. (2006): Teacher collaboration and collegiality as workplace conditions. A review. In: Zeitschrift für Pädagogik 52 (2), 220-237.

Keller-Schneider, M. (2008). Herausforderungen im Berufseinstieg von Lehrpersonen. Beanspruchungswahrnehmung und Zusammenhänge mit Merkmalen der Persönlichkeit. Zürich: Studentendruckerei.

Kemnitz, H./Sandfuchs, U. (2009): Geschichte des Unterrichts. In: K. H. Arnold/U. Sandfuchs/J. Wiechmann (Hrsg.): Handbuch Unterricht. 2. aktual. Aufl., Bad Heilbrunn: Klinkhardt, 22-30.

Kemper, H. (2001): Schulpädagogik. Eine problemgeschichtliche Einführung. Weinheim u.a.: Juventa.

Kemper, H. (2004): Schule/Schulpädagogik. In: D. Benner/J. Oelkers (Hrsg.): Historisches Wörterbuch der Pädagogigk. Darmstadt: Wissenschaftliche Buchgesellschaft, 834-865.

Kersting, C. (2014): Wissenschaftspolitik und Disziplinentwicklung. Pädagogik nach 1945 und ihre nationalpolitischen Prämissen. In: Zeitschrift für Erziehungswissenschaft 60 (1), 32-53.

Kiel, E. (2010): Unterrichtsforschung. In: R. Tippelt/B. Schmidt (Hrsg.): Handbuch Bildungsforschung. Wiesbaden: Verlag für Sozialwissenschaften, 773-791.

Klafki, W. (1958): Didaktische Analyse als Kern der Unterrichtsvorbereitung. In: Die Deutsche Schule 50, 450-471.

Klafki, W. (1985): Neue Studien zur Bildungstheorie und Didaktik. Beiträge zur kritisch-konstruktiven Didaktik. Weinheim u.a.: Beltz.

Klieme, E./Avenarius, H./Blum, W. et al. (2003): Zur Entwicklung nationaler Bildungsstandards. Eine Expertise. Bonn: Bundesministerium für Bildung und Forschung.

Klieme, E./Jude, N./Baumert, J./Prenzel, M. (2010): PISA 2000-2009. Bilanz der Veränderungen im Schulsystem. In: E. Klieme/C. Artelt/J. Hartig/N. Jude/O. Köller/M. Prenzel/W. Schneider/P. Stanat (Hrsg.): PISA 2009. Bilanz nach einem Jahrzehnt. Münster u.a.: Waxmann, 277-300.

Klieme, E./Rakoczy, K. (2008): Empirische Unterrichtsforschung und Fachdidaktik. Outcome-orientierte Messung und Prozessqualität des Unterrichts. In: Zeitschrift für Pädagogik 54 (2), 222-237.

Klippert, H. (1997): Schule entwickeln – Unterricht gestalten. In: Pädagogik 49 (2), 12-17.

[KMK] Sekretariat der ständigen Konferenz der Kultusminister der Länder in der Bundesrepublik Deutschland (Hrsg.) (2000) : Gemeinsame Erklärung des Präsidenten der Kultusministerkonferenz und der Vorsitzenden der Bildungs- und Lehrergewerkschaften sowie ihrer Spitzenorganisationen. Verfügbar unter:http://www.kmk.org/fileadmin/veroeffentlichungen_beschluesse/2000/2000_10_05-Aufgaben-Lehrer.pdf (Zugriff am 16.2.2014).

Koch-Priewe, B. (2000): Schulpädagogisch-didaktische Schulentwicklung. Baltmannsweiler: Schneider Verlag Hohengehren.

Koller, H.-C. (2010): Grundbegriffe, Theorien und Methoden der Erziehungswissenschaft. Eine Einführung. 5. Aufl., Stuttgart: Kohlhammer.

Köller, O./Watermann, R./Trautwein. U./Lüdtke, O. (Hrsg.) (2004): Wege zur Hochschulreife in Baden-Württemberg. Tosca – eine Untersuchung an allgemein bildenden und beruflichen Gymnasien. Opladen: Leske+Budrich.

Koring, B: (1997): Das Theorie-Praxis-Verhältnis in Erziehungswissenschaft und Bildungstheorie. Ein didaktisches Arbeitsbuch für Studierende und DozentInnen. Donauwörth: Auer.

Kramp, W. (1973): Studien zur Theorie der Schule. München: Kösel.

Krappmann, L. (1993): Soziologische Dimensionen der Identität. Strukturelle Bedingungen für die Teilnahme an Interaktionsprozessen. 8. Aufl., Stuttgart: Klett-Cotta.

Krautz, J. (2010): Die Kompetenz des homo oeconomicus. In: Vierteljahresschrift für wissenschaftliche Pädagogik 86 (3), 332-345.

Kron, F. W. (1993): Grundwissen Didaktik. München u.a.: Reinhardt.

Kronenberg, G. (2006): Art. Täuschung als Profession. In: Frankfurter Rundschau vom 23.12.2006, 20.

Kunter, M./Baumert, J./Blum, W./Klusmann, U./Krauss, S./Neubrand, M. (Hrsg.) (2011): Professionelle Kompetenz von Lehrkräften. Ergebnisse des Forschungsprogramms COACTIV. Münster u.a.: Waxmann.

Kussau, J./Brüsemeister, T. (2007): Educational Governance: Zur Analyse der Handlungskoordination im Mehrebenensystem der Schule. In: H. Altrichter/T. Brüsemeister/J. Wissinger (Hrsg.): Educational Governance. Handlungskoordination und Steuerung im Bildungssystem. Wiesbaden: Verlag für Sozialwissenschaften, 15-54.

Langewand, A. (2004): Theorie und Praxis. In: D. Benner/J. Oelkers (Hrsg.): Historisches Wörterbuch der Pädagogigk. Darmstadt: Wissenschaftliche Buchgesellschaft, 1016-1030.

Lichtenstein-Rother, I. (1971): Schulpädagogik. In: H. Rombach (Hrsg.): Lexikon der Pädagogik. Bd. 4. Freiburg u.a.: Herder, 37-39.

Litt, Th. (1957): Technisches Denken und menschliche Bildung. Heidelberg: Quelle & Meyer.

Litt, Th. (1959): Das Bildungsideal der deutschen Klassik und die moderne Arbeitswelt. 2. Aufl., Bochum: Kamp.

Luhmann, N./Schorr, K.-E. (1979a): Das Technologiedefizit der Erziehung und die Pädagogik. In: Zeitschrift für Pädagogik 25 (3), 345-366.

Luhmann, N./Schorr, K.-E. (1979b): Reflexionsprobleme im Erziehungssystem. Stuttgart: Klett.

Maag Merki, K./Werner, S. (2013): Schulentwicklungsforschung. Aktuelle Schwerpunkte und zukünftige Forschungsperspektiven. In: Die Deutsche Schule 105 (3), 295-304.

Maaz, K./Neumann, M./Trautwein, U. (2009): Schulsysteme im deutschsprachigen Raum. In: S. Blömeke/ T. Bohl/L. Haag/G. Lang-Wojtasik/W. Sacher (Hrsg.): Handbuch Schule. Bad Heilbrunn: Klinkhardt UTB, 171-179.

Macke, G. (1994): Disziplinärer Wandel. Erziehungswissenschaft auf dem Weg zur Verselbständigung ihrer Teildisziplinen? In H.-H. Krüger/T. Rauschenbach (Hrsg.): Erziehungswissenschaft. Die Disziplin am Beginn einer neuen Epoche. Weinheim u.a: Juventa, 49-68.

Maier, H. (2011): Böse Jahre, gute Jahre. Ein Leben 1931ff. 3. Aufl., München: C.H. Beck.

Maier, U. (2012): Lehr-Lernprozesse in der Schule: Studium. Bad Heilbrunn: Klinkhardt UTB.

Malinowski, B. (1949): Eine wissenschaftliche Theorie der Kultur. In: B. Malinowski (Hrsg.): Eine wissenschaftliche Theorie der Kultur und andere Aufsätze. Zürich: Pan-Verlag.

Mayer, K. U. (2008): Das Hochschulwesen: Der institutionelle Rahmen des Bildungswesens. In: K. S. Cortina/J. Baumert/A. Leschinsky/K. U. Mayer/L. Trommer (Hrsg.): Das Bildungswesen der Bundesrepublik Deutschland. Reinbek bei Hamburg: Rowohlt, 599-645.

Mead, G. H. (1973): Geist, Identität und Gesellschaft aus der Sicht des Sozialbehaviorismus. Mit einer Einleitung herausgegeben von Charles W. Morris. Frankfurt a.M.: Suhrkamp.

Menze, C. (1975): Die Bildungsreform Wilhelm von Humboldts. Hannover u.a.: Schroedel.

Menze, C. (1986): Institution und Bildung. Entwürfe zur Organisation des Bildungswesens im frühen neunzehnten Jahrhundert. In: A. Regenbrecht (Hrsg.): Bildungstheorie und Schulstruktur. Historische und systematische Untersuchungen zum Verhältnis von Pädagogik und Politik. Münster: Aschendorff, 5-49 (= Münstersche Gespräche zu Themen der wissenschaftlichen Pädagogik, Heft 3).

Meyer, H. (1997): Schulpädagogik. Bd. 2. Berlin: Scriptor, 47-63.

Meyer, H. (2001): Türklinkendidaktik. Aufsätze zur Didaktik, Methodik und Schulentwicklung. Berlin: Cornelsen.

Meyer, H. (2006): Was ist guter Unterricht? Berlin: Cornelsen.

Meyer, H./Meyer, M. (2008): Disput über aktuelle Probleme und Aufgaben der Didaktik. In: M. A. Meyer/M. Prenzel/S. Hellekamps (Hrsg.): Perspektiven der Didaktik. Zeitschrift für Erziehungswissenschaft. Sonderheft 9, 77-86.

Morger, V./Bitto, H. (2008): PISA 2006: Porträt des Kantons Thurgau. Herausgegeben von der Forschungsgemeinschaft PISA Deutsch-Schweiz/FL. Zürich. Verfügbar unter: http://www.phtg.ch/fileadmin/ user_upload/Dokumente/PFW/Forschung/PISA_2006_TG.pdf (Zugriff am 11.4.2014).

Morris, Ch. W. (1973): Einleitung. George H. Mead als Sozialpsychologe und Sozialphilosoph. In: G. H. Mead (Hrsg.): Geist, Identität und Gesellschaft aus der Sicht des Sozialbehaviorismus. Frankfurt a.M.: Suhrkamp, 13-38 (Erstausgabe 1934).

Münch, R. (2002): Soziologische Theorie. Bd. 1. Grundlegung durch die Klassiker. Frankfurt a.M.: Campus.

Müller, W. (2002): Lehrplantheorie und Lehrplanentwicklung. In: H.-J. Apel/W. Sacher (Hrsg.): Studienbuch Schulpädagogik. Bad Heilbrunn: Klinkhardt, 86-130.

Nath, A. (2002): Aufstieg und Ableitung. Zur ambivalenten Entwicklung der Mittelschule/Realschule in Preußen und der Bundesrepublik im 19. und 20. Jahrhundert. In: M. v. Saldern (Hrsg.): Bildungsgang Realschule. Baltmannsweiler: Schneider Verlag Hohengehren, 7-50.

Naumann, J./Artelt, C./Schneider, W./Stanat, P. (2010): Lesekompetenz von PISA 2000 bis PISA 2009. In: E. Klieme/C. Artelt/J. Hartig/N. Jude/O. Köller/M. Prenzel/W. Schneider/P. Stanat (Hrsg.): PISA 2009. Bilanz nach einem Jahrzehnt. Münster u.a.: Waxmann, 23-71.

Neumann, D. (2002): Ein Klassiker der Pädagogik in evolutionärer Perspektive: Eduard Sprangers „Lebensformen" im Lichte der modernen Biologie. In: Zeitschrift für Pädagogik. Weinheim u.a.: Beltz, 720-740.

Nohl, H. (1933): Die Theorie der Bildung. In: H. Nohl (Hrsg.): Die Theorie und die Entwicklung des Bildungswesens. Handbuch der Pädagogik, Bd. 1. Langensalza u.a.: Betz, 3-15.

Oevermann, U. (1996): Theoretische Skizze einer revidierten Theorie professionalisierten Handelns. In: A. Combe/W. Helsper (Hrsg.): Pädagogische Professionalität. Untersuchungen zum Typus professionellen Handelns. Frankfurt a.m.: Suhrkamp, 70-182.

Ohlhaver, F. (2005): Schulwesen und Organisation. Gestalt und Problematik staatlicher Schulregulierung. Wiesbaden: Verlag für Sozialwissenschaften.

Orthmeyer, B. (2009): Mythos und Pathos statt Logos und Ethos. Zu den Publikationen führender Erziehungswissenschaftler in der NS-Zeit: Eduard Spranger, Herman Nohl, Erich Weniger und Peter Petersen. Weinheim u.a.: Beltz.

Oser, F./Oelkers, J. (Hrsg.) (2001): Die Wirksamkeit der Lehrerbildungssysteme. Von der Allrounderbildung zur Ausbildung professioneller Standards. Chur u.a.: Rüegger.

Pauli, C./Reusser, K. (2010): Unterrichtsgestaltung im internationalen Vergleich: Die Schweiz in der TIMSs 1999 Video Study. In: K. Reusser/C. Pauli/M. Waldis (Hrsg.): Unterrichtsgestaltung und Unterrichtsqualität. Ergebnisse einer internationalen schweizerischern Videostudie zum Mathematikunterricht. Münster u.a.: Waxmann, 57-89.

Parsons, T. (1966): The Social System. 3. Aufl., Toronto: Collier-Macmillan Canada.

Parsons, T. (1972): Das System moderner Gesellschaften. München: Juventa.

Parsons, T. (1981): Die Schulklasse als soziales System: Einige ihrer Funktionen in der amerikanischen Gesellschaft. In: T. Parsons (Hrsg.): Sozialstruktur und Persönlichkeit. Frankfurt a.M.: Fachbuchhandlung für Psychologie Verlagsabteilung, 161-193.

Peisert, H. (1967): Soziale Lage und Bildungschancen in Deutschland. München: Piper.

Peterßen, W. H. (1983): Lehrbuch Allgemeine Didaktik. München: Ehrenwirth.

Picht, G. (1964): Die Deutsche Bildungskatastrophe. Olten u.a.: Walter.

Pietsch, M. (2010): Evaluation von Unterrichtsstandards. In: Zeitschrift für Erziehungswissenschaft 13 (1), 420-452.

Pietsch, M. (2013): Was guten Unterricht kennzeichnet. In: Bildung & Wissenschaft (12), 24-27.

Pongratz, L. A. (1989): Pädagogik im Prozeß der Moderne. Studien zur Sozial- und Theoriegeschichte der Schule. Weinheim: Deutscher Studien Verlag.

Praetorius, A.-K./Pauli, C./Reusser, K./Rakoczy, K./Klieme, K. (2014): One lesson is all you need? Stability of instructional quality across lessons. In: Learning and Instruction 31 (1), 2-12.

Prange, K. (1983): Bauformen des Unterrichts. Eine Didaktik für Lehrer. Bad Heilbrun: Klinkhardt.

Prange, K. (2009): Schlüsselwerke der Pädagogik. Bd. 2. Von Fröbel bis Luhmann. Grundriss der Pädagogik/Erziehungswissenschaft. Stuttgart: Kohlhammer.

Radtke, F.-O. (2007): Wiederaufrüstung im Lager der Erwachsenen. Bernhard Buebs Schwarze Pädagogik für das 21. Jahrhundert. In: M. Brumlik (Hrsg.): Vom Missbrauch der Disziplin. Antworten der Wissenschaft auf Berhard Bueb. Weinheim u.a.: Beltz, 204-242.

Radtke, F.-O. (2009): Evidenzbasierte Steuerung. Der Aufmarsch der Manager im Erziehungssystem. In: R. Tippelt (Hrsg.): Steuerung durch Indikatoren. Opladen: Barbara Budrich, 157-180.

Reich, K. (2002): Konstruktivistische Didaktik. Neuwied: Luchterhand.

Robinsohn, S. B. (1967): Bildungsreform als Revision des Curriculums. Neuwied: Luchterhand.

Rösner, E. (2014): Schulstruktur in der Sekundarstufe. In: Pädagogik 66 (2), 44-47.

Rolff, H.-G. (1993): Wandel durch Selbstorganisation. Theoretische Grundlagen und praktische Hinweise für eine bessere Schule. Weinheim u.a.: Juventa.

Rolff, H.-G. (1998): Entwicklung von Einzelschulen. Viel Praxis, wenig Theorie und kaum Forschung – ein Versuch, Schulentwicklung zu systematisieren. In: H.-G. Rolff/K.-O. Bauer/K. Klemm/H. Pfeiffer (Hrsg.): Jahrbuch der Schulentwicklung. Daten, Beispiele, Perspektiven. Bd. 10. Weinheim u.a.: Juventa, 295-326.

Rolff, H.-G. (2010): Schulentwicklung als Trias von Organisations-, Unterrichts- und Personalentwicklung. In: T. Bohl/W. Helsper/H. G. Holtappels/C. Schelle (Hrsg.): Handbuch Schulentwicklung. Bad Heilbrunn: Klinkhardt, 29-36.

Rolff, H.-G. (2012): Schule als soziale Organisation – zur Duplexstruktur schulpädagogischen Handelns. In: U. Bauer/U. Bittlingmeyer/A. Scherr (Hrsg.): Handbuch Bildungs- und Erziehungssoziologe. Wiesbaden: Verlag für Sozialwissenschaften.

Rothland, M. (2008): Allgemeine Didaktik – disziplinäre Bestimmung zwischen Willkür und Pragmatismus. Theorie und Praxis. In: M. A. Meyer/M. Prenzel/S. Hellekamps (Hrsg.): Perspektiven der Didaktik. Zeitschrift für Erziehungswissenschaft. Sonderheft 9, 173-185.

Rothland, M./Terhart, E. (2010): Forschung zum Lehrerberuf. In: R. Tippelt/B. Schmidt (Hrsg.): Handbuch Bildungsforschung. Wiesbaden: Verlag für Sozialwissenschaften, 791-810.

Rousseau, J.-J. (1762). Émile ou de l'éducation. Tome premier. Amsterdam: Jean Néaulme.

Rousseau, J.-J. (1971): Émile oder Über die Erziehung. Paderborn u.a.: Ferdinand Schöningh (Erstausgabe 1762).

Rumpf, H. (1976): Unterricht und Identität. Perspektiven für ein humanes Lernen. München: Juventa.

Saldern, M. v. (2010): Geschichte der empirischen Pädagogik/Erziehungswissenschaft in der Bundesrepublik – Offene Fragen. In: C. Ritzi/U. Wiegmann (Hrsg.): Beobachten, Messen, Experimentieren. Beiträge zur Geschichte der empirischen Pädagogik/Erziehungswissenschaft. Bad Heilbrunn: Klinkhardt, 305-324.

Salzmann, C. G. (1964): Ameisenbüchlein oder Anweisung zu einer vernünftigen Erziehung der Erzieher. 2. Aufl. d. Neudrucks, Bad Heilbrunn: Klinkhardt (Erstausgabe 1806).

Schaarschmidt, U. (Hrsg.) (2005): Halbtagsjobber? Psychische Gesundheit im Lehrerberuf – Analyse eines veränderungsbedürftigen Zustands. 2., neu ausgestatt. Aufl., Weinheim: Beltz.

Schaub, H./Zenke, K. G. (2007): Wörterbuch Pädagogik. Grundlegend erw. u. aktual. Neuausgabe. München: dtv.

Schleiermacher, F. D. E. (1983): Die Vorlesungen aus dem Jahre 1826. In: E. Weniger (Hrsg.): Pädagogische Schriften I. Unter Mitwirkung von Theodor Schulze. Frankfurt a.M. u.a.: Ullstein (Erstausgabe 1826).

Schiller, H. (1890): Handbuch der praktischen Pädagogik für höhere Lehranstalten. Leipzig: Fues.

Schwenk, B. (1996): Geschichte der Bildung und Erziehung von der Antike bis zum Mittelalter. Weinheim: Deutscher Studien Verlag.

Shulman, L. S. (1986): Those who understand: Knowledge growth in teaching. In: Educational Researcher 15 (2), 4-14.

Simmel, G. (1922): Schulpädagogik. Osterwieck u.a.: Zieckfeldt.

Skiera, E. (2003): Reformpädagogik in Geschichte und Gegenwart. Eine kritische Einführung. München u.a.: Oldenbourg.

Spinath, B. (2012): Beiträge der Pädagogischen Psychologie zur Professionalisierung von Lehrerinnen und Lehrern: Diskussion zum Themenschwerpunkt. In: Zeitschrift für Pädagogische Psychologie 26 (4), 307-312.

Spranger, E. (1910): Wilhelm von Humboldt und die Reform des Bildungswesens. Berlin: Von Reuther und Reichard.

Spranger, E. (1964): Eduard Spranger. Kurze Selbstdarstellung. In: H. W. Bähr/H. Wenke (Hrsg.): Eduard Spranger. Sein Werk und sein Leben. Heidelberg: Quelle & Meyer, 13-21 (Erstausgabe 1961).

Spranger, E. (1966a): Lebensformen. Geisteswissenschaftliche Psychologie und Ethik der Persönlichkeit. 9. Aufl., Tübingen: Max Niemeyer Verlag.

Spranger, E. (1966b): Psychologie des Jugendalters. 28. Aufl., Heidelberg: Quelle & Meyer.

Spranger, E. (1968): Der geborene Erzieher. 5. Aufl., Heidelberg: Quelle & Meyer.

Spranger, E. (1969a): Die wissenschaftlichen Grundlagen der Schulverfassungslehre und Schulpolitik. In: G. Bräuer/A. Flitner (Hrsg.): Gesammelte Schriften I. Geist der Erziehung. Heidelberg: Quelle & Meyer, 90-161 (Erstausgabe 1928).

Spranger, E. (1969b): Grundlegende Bildung, Berufsbildung, Allgemeinbildung. In: G. Bräuer/ A. Flitner (Hrsg.): Gesammelte Schriften I. Geist der Erziehung. Heidelberg: Quelle & Meyer, 7-19 (Erstausgabe 1918).

Spranger, E. (1970a): Der Eigengeist der Volksschule. In: L. Englert (Hrsg.): Gesammelte Schriften III. Schule und Lehrer. Heidelberg: Quelle & Meyer, 261-319 (Erstausgabe 1955).

Spranger, E. (1970b): Gedanken über Lehrerbildung. In: L. Englert (Hrsg.): Gesammelte Schriften III. Schule und Lehrer. Heidelberg: Quelle & Meyer, 27-73 (Erstausgabe 1920).

Spranger, E. (1970c): Von der Lernschule zur Erziehungsschule. In: L. Englert (Hrsg.): Gesammelte Schriften III. Schule und Lehrer. Heidelberg: Quelle & Meyer, 320-323 (Erstausgabe 1956).

Spranger, E. (1980). Zur Theorie des Verstehens und zur geisteswissenschaftlichen Psychologie. In: H. W. Bähr (Hrsg.): Gesammelte Schriften VI. Grundlagen der Geisteswissenschaften. Tübingen: Max Niemeyer Verlag, 1-42 (Erstausgabe 1918).

Stanat, P./Artelt, C. (2010): Schulleistungsuntersuchungen. In: S. Blömeke/T. Bohl/L. Haag/G. Lang-Wojtasik/W. Sacher (Hrsg.): Handbuch Schule. Bad Heilbrunn: Klinkhardt UTB, 119-125.

Steindorf, G. (1972): Einführung in die Schulpädagogik. Bad Heilbrunn: Klinkhardt.

Stichweh, R. (1984): Zur Entstehung des modernen Systems wissenschaftlicher Disziplinen. In: R. Stichweh (Hrsg.): Zur Entstehung des modernen Systems wissenschaftlicher Disziplinen: Physik in Deutschland 1740-1890. Frankfurt a.M.: Suhrkamp, 7-93.

Tenorth, H.-E. (2003): Schulmänner, Volkslehrer und Unterrichtsbeamte: Friedrich Adolph Wilhelm Diesterweg, Friedrich Wilhelm Dörpfeld, Friedrich Dittes. In: H.-E. Tenorth (Hrsg.): Klassiker der Pädagogik 1. Von Erasmus bis Helene Lange. München: Beck, 224-245.

Tenorth, H.-E. (2004): Erziehungswissenschaft. In: D. Benner/J. Oelkers (Hrsg.): Historisches Wörterbuch der Pädagogik. Weinheim: Beltz, 341-382.

Tenorth, H.-E. (2010): Forschungspraxis in der Konstruktion der Erziehungswissenschaft. In: C. Ritzi/ U. Wiegmann (Hrsg.): Beobachten, Messen, Experimentieren. Beiträge zu einer Geschichte der empirischen Pädagogik/Erziehungswissenschaft. Bad Heilbrunn: Klinkhardt, 195-210.

Terhart, E. (1994): Unterricht. In: D. Lenzen (Hrsg.): Erziehungswissenschaft. Ein Grundkurs. Reinbek bei Hamburg: Rowohlt, 133-158.

Terhart, E. (2001). Lehrerberuf und Lehrerbildung: Forschunsgbefunde, Problemanalysen, Reformkonzepte. Weinheim: Beltz

Terhart, E. (2002): Standards für die Lehrerbildung. Eine Expertise für die Kultusministerkonferenz. Universität Münster. ZKL-Texte Nr. 24. Münster.

Terhart, E. (2004): Unterricht. In: D. Lenzen (Hrsg.): Erziehungswissenschaft. Ein Grundkurs. 6. Aufl., Reinbek bei Hamburg: Rowohlt.

Terhart, E. (2008): Die Lehrerbildung. In K. S. Cortina/J. Baumert/A. Leschinsky/K. U. Mayer/ L. Trommer (Hrsg.): Das Bildungswesen der Bundesrepublik Deutschland. Reinbek bei Hamburg: Rowohlt, 745-772.

Terhart, E. (2009a): Didaktik. Eine Einführung. Stuttgart: Reclam.

Terhart, E. (2009b): Theorie der Schule. Auf der Suche nach einem Phantom? In: B. Wischer/K.-J. Tillmann (Hrsg.): Erziehungswissenschaft auf dem Prüfstand. Schulbezogene Forschung und Theoriebildung von 1970 bis heute. Weinheim u.a.: Juventa, 35-50.

Thiersch, H. (1978): Alltagshandeln und Sozialpädagogik. In: Neue Praxis 8 (Sonderheft), 6-25.

Tillmann, K.-J. (1993): Theorie der Schule – eine Einführung. In: K.-J. Tillmann (Hrsg.): Schultheorien. 2. Aufl., Hamburg: Bergmann und Helbig, 7-18.

Tillmann, K.-J. (2012): Das Sekundarschulsystem auf dem Weg in die Zweigliedrigkeit. Historische Linien und aktuelle Verwirrungen. In: Pädagogik 64 (5), 8-12.

Tillmann, K.-J./Meier, U. (2001): Schule, Familie und Freunde – Erfahrungen von Schülerinnen und Schülern in Deutschland. In: J. Baumert/E. Klieme/M. Neubrand/M. Prenzel/U. Schiefele/W. Schneider/P. Stanat/K.-J.Tillmann/M. Weiß (2001): PISA 2000. Basiskompetenzen von Schülerinnen und Schülern im internationalen Vergleich. Opladen: Leske+Budrich, 468-509.

Tillmann, K.-J./Weiß, M. (Hrsg.) (2001) : PISA 2000. Zusammenfassung zentraler Befunde. Berlin: Max-Planck-Institut für Bildungsforschung. Verfügbar unter: http://www.mpib-berlin.mpg.de/Pisa/ergebnisse.pdf (Zugriff am 18.10.2013).

Titze, H. (1990): Der Akademikerzyklus. Historische Untersuchungen über die Wiederkehr von Überfüllung und Mangel in akademischen Karrieren. Göttingen: Vandenhoeck und Ruprecht.

Treml, A. K. (2006): Warum der Berg ruft. Bergsteigen aus evolutionstheoretischer Sicht. Hamburg: Merius.

Tröhler, D. (2014): Tradition oder Zukunft? 50 Jahre Deutsche Gesellschaft für Erziehungswissenschaft aus bildungshistorischer Sicht. In: Zeitschrift für Erziehungswissenschaft 60 (1), 9-31.

Uhle, R. (2003): Wilhelm Dilthey. Ein pädagogisches Porträt. Weinheim u.a.: Beltz.

Vollstädt, W./Tillmann, K.-J./Rauin, U./Höhmann, K./Tebrügge, A. (1999): Lehrpläne im Schulalltag. Eine empirische Studie zur Akzeptanz und Wirkung von Lehrplänen in der Sekundarstufe I. Opladen: Leske+Budrich.

Wacker, A./Groß, D. (2014): Wie belastend empfinden Lehrerinnen und Lehrer outputorientierte Bildungsreformen? Eine Längsschnittuntersuchung am Beispiel von Realschullehrkräften aus Baden-Württemberg. In: Zeitschrift für Berufs- und Wirtschaftspädagogik 110 (3), 462-473.

Wacker, A./Maier, U./Wissinger, J. (Hrsg.) (2012a): Schul- und Unterrichtsreform durch ergebnisorientierte Steuerung. Empirische Befunde und forschungsmethodische Implikationen. Wiesbaden: Verlag für Sozialwissenschaften.

Wacker, A./Maier, U./Wissinger, J. (2012b): Ergebnisorientierte Steuerung – Bildungspolitische Strategie und Verfahren zur Initiierung von Schul- und Unterrichtsreformen. In: Schul- und Unterrichtsreform durch ergebnisorientierte Steuerung. Empirische Befunde und forschungsmethodische Implikationen. Wiesbaden: Verlag für Sozialwissenschaften, 9-33.

Weishaupt, H. (2009): Die Hauptschule – ein Auslaufmodell? Eine Bestandsaufnahme im förderalen Vergleich. In: Die Deutsche Schule 101 (1), 20-32.

Weniger, E. (1952a): Die Eigenständigkeit der Erziehung in Theorie und Praxis. Probleme der akademischen Lehrerbildung. Weinheim: Beltz.

Weniger, E. (1952b): Die Theorie der Bildungsinhalte und des Lehrplans. Langensalza: Beltz (Erstausgabe 1930).

Wenzel, H. (2008): Studien zur Organisations- und Schulkulturenticklung. In: W. Helsper/J. Böhme (Hrsg.): Handbuch der Schulforschung. Wiesbaden: Verlag für Sozialwissenschaften.

Wiater, W. (2009): Lehrplan, Curriculum, Bildungsstandards. In: K.-H. Arnold/U. Sandfuchs/J. Wiechmann (Hrsg.): Handbuch Unterricht. Bad Heilbrunn: Klinkhardt, 127-133.

Wischer, B./Tillmann, K.-J. (2009): Gibt es Erkenntnisfortschritte in der Erziehungswissenschaft? In: B. Wischer/K.-J. Tillmann (Hrsg.): Erziehungswissenschaft auf dem Prüfstand. Schulbezogene Forschung und Theoriebildung von 1970 bis heute. Weinheim u.a.: Juventa, 7-12.

Wittek, D. (2013). Heterogenität als Handlungsproblem. Entwicklungsaufgaben und Deutungsmuster von Lehrenden an Gemeinschaftsschulen. Opladen u.a.: Budrich.

Wittgenstein, L (1989): Logisch-philosophische Abhandlung. Tractatus logico-philosophicus. In: B. McGuiness/J. Schulte (Hrsg.): Kritische Edition. Frankfurt a.m.: Suhrkamp.

Wocken, H. (2005): Andere Länder, andere Schüler? Vergleichende Untersuchungen von Förderschülern in den Bundesländern Brandenburg, Hamburg und Niedersachsen (Forschungsbericht).

Wörterbuch der Schulpädagogik (1974). 3. Aufl., Freiburg u.a.: Herder.

Zaborowski, K. U./Meier, M./Breidenstein, G. (2011): Leistungsbewertung im Unterricht. Ethnografische Studien zur Bewertungspraxis in Gymnasium und Sekundarschule. Wiesbaden: Verlag für Sozialwissenschaften.

Zedler, P. (1982): Erziehungswissenschaftliche Theoriebildung am Beginn der 80er Jahre – Probleme, Strukturen und Perspektiven. In: E. König/P. Zedler (Hrsg.): Erziehungswissenschaftliche Forschung: Positionen, Perspektiven, Probleme. Paderborn: Schöningh, 266-290.

Zedler, P. (2013): Allgemeine Erziehungswissenschaft und Empirische Bildungsforschung. Entwicklungslinien eines gelegentlich schwierigen Verhältnisses. Teil 1. In: Die Deutsche Schule 105 (3), 321-335.

Zinnecker, J. (1975): Kritischer Überblick über die Literatur und zugleich ein Nachwort. In: J. Zinnecker (Hrsg.): Der heimliche Lehrplan. Untersuchungen zum Schulunterricht. Weinheim u.a.: Beltz, 167-195.

Zymek, B. (2013): Die Zukunft des zweigliedrigen Schulsystems in Deutschland. Was man von der historischen Schulentwicklung dazu wissen kann. In: Zeitschrift für Pädagogik 59 (4), 469-481.

6 Anmerkungen

1   Ausführlich hat Dietrich Benner immer wieder die Art des antiken teleologischen Denkstils mit der neuzeitlich vorherrschenden Denkart kontrastiert, für die er einen „Telosschwund", den Mangel an Zielgerichtetheit ausmacht. Vgl. u.a. Benner 2010, 118ff.

2   Dieser Hinweis ist von daher wichtig, als z.b. Hegel, der sich von Rousseau durch seine Kritik am „Naturzustand" abgrenzt, einen völlig anderen Naturbegriff hat. Natur steht bei Hegel für blinde Überwältigung und Chaos, also genau für das, was im Sinne Rousseaus gerade *nicht* natürlich ist. Ähnliches dürfte z.b. auch für Herbart gelten, der sich ebenfalls dezidiert von Rousseau abgegrenzt hat.

3   „Du fragst, ob du mir meine Bücher schicken sollst? Lieber, ich bitte dich um Gottes willen, lass sie mir vom Halse! Ich will nicht mehr geleitet, ermuntert, angefeuert sein, braust dieses Herz doch genug aus sich selbst" (Goethe 1986, 9).

4   Für Herbarts Pädagogik ist das Postulat der unmittelbaren Evidenz und Wirksamkeit der ästhetischen Darstellung von daher zentral, als er damit der Aporie begegnet, die allgemeine Verbindlichkeit und Wirksamkeit der praktischen Ideen der Sittlichkeit auch ohne theoretischen Beweis behaupten und gegen andere gesellschaftlich wirkmächtigen Kräfte ins Feld zu können.

5   Unter „Zucht" versteht Herbart unterstützende Maßnahmen der Erziehung, die dem Zögling helfen, seine begründeten Willensentscheidungen auch durchhalten zu können. Sie besteht wesentlich darin, ihn dazu aufzufordern, seinen Gedankenkreis zu erweitern und seinem einsichtigen Urteil gemäß zu handeln. Durch Zwang Erziehungsziele zu verfolgen schließt Herbart aus, weil dies die Selbstbestimmungsfähigkeit unterlaufe. Sobald sich beim Heranwachsenden ein echter Wille regt ist es nach Herbart illegitim, ihn zu etwas bewegen, motivieren zu wollen. Er würde dann nicht seinem einsichtigen Urteil folgen, sondern lernen das zu tun, was andere von ihm wollen, dass es er es tut. Vgl. dazu weiterführend: Benner 1993, 119ff.

6   Weil der Geborene sich von Anfang an in einem (zunächst unbewussten) Zusammenhang vorfindet, gibt es de facto keinen Naturzustand, der – anders als bei Rousseau – bei Hegel als „Zustand der Gewalttätigkeit" verstanden wird, weil er der Zustand der reinen Vereinzelung und des reinen Gegensatzes darstellte. Ein „Zurück" zu diesem Zustand wäre für Hegel sinnwidrig (Hegel 1817/2000, 228).

7   Mit Entelechie meint Aristoteles eine innere Wesensform, der gemäß sich Existierendes entwickelt. Eine scharfe Kritik an diesem Denken artikuliert beispielsweise P. Bourdieu.

8   Es kann als Kennzeichen der geisteswissenschaftlichen Didaktik gelten, dass Lehr- und Lernmethoden hinter der Formulierung von Bildungszielen zurücktreten. Vgl. Weniger 1930/1952b, 18ff.

9   Diese besteht in der Vorstellung der Überweltlichkeit von Vernunft und Seele, oder auch den „ererbten Dualismen von Geist und Materie, Erfahrung und Natur [...] Teleologie und Mechanismus" (Morris 1934/1973, 14): Dualismen, wie sie vor allem bei Comenius, Rousseau oder auch bei Humboldt erscheinen und transzendentalphilosophisch gewendet auch bei Kant, dessen Ethik Mead gesellschaftstheoretisch zu überwinden trachtete.

10   Dass die Schule tatsächlich bestehende Sozialstrukturen befördert, ließ sich im Rahmen der sog. PISA-Studien auch empirisch erhärten. Vgl. Baumert 2001.

11   Empirische Hinweise für die Bedeutung von Ähnlichkeit bei Sozialwahlen im Bildungswesen wurden immer wieder, vor allem für Freundschaftsbindungen unter Schülern und Studierenden, vorgetragen. So formuliert z.B. Fend: „Als wichtigster Mechanismus für die Entstehung von ‚Zuneigung'

hat sich das Prinzip der Ähnlichkeit herauskristallisiert, also die wahrgenommene Übereinstimmung in wichtigen Merkmalen" (Fend 1980, 205). Dass dieser Mechanismus auch beim Lehrer-Schüler-Verhältnis greifen kann und dann auch Auswirkungen auf die Beurteilung von Schülern hat, dürfte angesichts bekannter Urteilsfehler, wie z.b. dem sog. „Haloeffekt", nicht als unwahrscheinlich gelten. Vgl. Bohl 2009, 67f.

12 Auf die lernpsychologische Problematik dieser Aussagen Illichs, nämlich dass das Gelingen des Wissenserwerbs zum Großteil auf das Vorhandensein von Vorwissen beruht, kann hier nicht näher eingegangen werden. Insgesamt muss man wohl festhalten, dass sich Illich um die empirische Verifizierung seiner Thesen nicht sonderlich bemüht hat.

13 Illich (1978) weist in diesem Zusammenhang darauf hin, dass es auch andere geschichtliche Formen des Berechtigungserwerbs gegeben habe, wie z.b. das Prüfungsverfahren im alten kaiserlichen China das seiner Ansicht nach „kein eigentliches Kirchen- oder Schulsystem kannte" (125). Um dort kaiserlicher Beamter werden zu können, wurde das von Schulen und Universitäten unabhängig erworbene Wissen einer Prüfung unterzogen, einer Prozedur, die, so Illich, auch Voltaire und seine Zeitgenossen priesen.

14 Pongratz spielt in diesem Zusammenhang auf den sog. „Fürst der Scholastik" Thomas von Aquin, an. Für Foucault selbst ist der Theologe Thomas jedoch noch der Inbegriff eines Regierungsdenkers der Pastoralmacht (Foucault 2006a, 339f): In der scholastischen Philosophie wurde in der Tat weniger neues Wissen generiert als vielmehr die Tradition, vor allem Aristoteles, „ausgeschöpft".

15 Für Foucault bedeutet Ökonomisierung, dass jegliche übergeordnete Zielvorstellung, ein die Partikularinteressen der Einzelnen überschreitender (transcendere=überschreiten) Gesamtzusammenhang, wie er für die Staats- und Pastoralmacht kennzeichnend war, abgelegt ist: „die Ökonomie ist eine Disziplin, die nicht nur die Nutzlosigkeit, sondern die Unmöglichkeit einer souveränen Perspektive manifestiert" (Foucault 2006b, 387).